房屋开发总公司

镇江伍润粤海国际酒店

镇江长江金融产业园

镇江实验学校远洋分校项目效果图

图书在版编目（CIP）数据

润州年鉴. 2019 / 润州区史志档案办公室编. —北京:方志出版社，2019. 9
ISBN 978-7-5144-3815-4

Ⅰ. ①润… Ⅱ. ①润… Ⅲ. ①区（城市）— 镇江—2019—年鉴 Ⅳ. ①Z525.34

中国版本图书馆 CIP 数据核字(2019) 第 220352 号

润州年鉴（2019）

编　　者：	润州区史志档案办公室
责任编辑：	李　静
出 版 者：	方志出版社
	地址　北京市朝阳区潘家园东里 9 号(国家方志馆 4 层)
	邮编　100021
	网址　http://www.fzph.org
发　　行：	方志出版社图书经销中心
	电话（010）67110500
经　　销：	各地新华书店
印　　刷：	扬中市人民印刷有限公司
开　　本：	889× 1194　　1 / 16
印　　张：	18
字　　数：	517 千字
版　　次：	2019年 9 月第 1版　2019 年 9 月第 1次印刷
印　　数：	0001~1000 册

ISBN 978-7-5144-3815-4　　定价：280. 00 元

润州年鉴

2019

总第17卷

镇江市润州区人民政府主办
润州区史志办公室编

方志出版社

《润州年鉴》主审

高国成　　徐心田

《润州年鉴》编审人员

主　　编　贾敬远

副 主 编　江朝民　华晨明

编　　辑　谢竞美　田　崇　何春华　孙　伟　马雪松
　　　　　　薄开鹏

封面题字　王明龙

编辑说明

一、《润州年鉴》以马克思列宁主义、毛泽东思想、邓小平理论、“三个代表”重要思想、科学发展观、习近平新时代中国特色社会主义思想为指导，坚持辩证唯物主义和历史唯物主义的立场、观点和方法，是镇江市润州区人民政府主办，区政府办公室、区史志办公室具体承办的综合性地方年鉴，旨在记载润州区经济、政治、文化、社会、生态文明等建设方面的成就、经验及发展情况，为了解润州、研究润州、发展润州提供信息密集、准确权威的地情资料，也为续修《润州区志》积累史料。

二、《润州年鉴(2019)》为《润州年鉴》总第17期，记述时限为2018年1月1日至2018年12月31日。为保持年鉴的完整性、实用性，部分资料的时间略有前溯和后延。

三、全书采用条目体，分类编辑。全书共51.7余万字，分类目、分目、条目3个层次，共设28个类目、127个分目、523个条目、47个表格、黑白图照30幅。条目为记述实体，其标题用黑体字节加【】表示。

四、本年鉴所用稿件由区各部门、单位专人撰写(部分内容由编辑自撰或收录媒体发表的文章)，经各单位领导审阅后定稿，在条目后署撰稿人姓名或单位，一个分目内同一作者的连续几个条目，署在最后一个条目。所有稿件均经过编辑部编辑加工，并经区地方志编委会审定。正文中数据由撰稿单位提供，如数据不一致的以区统计局提供的数据为准。量和单位的使用，执行国家标准。为保持文章原貌，“特载”“重要文件选录”等类目中的工作报告、文件、文章所涉及的数据、计量单位不作改动。

五、本年鉴在编辑过程中得到方志出版社和市史志办公室专家的热情指导，全区各级领导和有关方面给予热情支持，在此一并致谢。由于编辑人员水平有限，疏漏错误之处在所难免，在此谨表歉意。

润州区行政区划图

镇江市民政局
润州区民政局
监制

镇江市勘察测绘研究院
镇江市基础地理信息中心
编制

地图审查号:苏镇S（2019）03号

秋雨南山　陈岗 摄

生态家园　陈岗 摄

西津渡之夜　陈岗 摄

润州便览 2018

【数字润州】

土地面积88.87平方公里
户籍总人口为24.2万人
7个街道　3个场圃
8个行政村　52个社区
地区生产总值218.4亿元
财政总收入24.14亿元
全社会固定资产投资108.66亿元
社会消费品零售总额124亿元
外贸进出口总额2.86亿美元
中小学17所
在校学生17452人
城乡基本社会保险覆盖率98%
城镇登记失业率1.55%
城镇常住居民人均可支配收入48639元
城镇常住居民人均消费支出28997元

【辖区内风景名胜】

全国重点文物保护单位：镇江英国领事馆旧址、昭关石塔
全国重点寺庙道观：金山江天禅寺
国家重点风景名胜区：“三山”风景名胜区中的“金山”
国家AAAAA级旅游风景区：金山公园
国家AAAA级旅游风景区：镇江博物馆、南山风景区
国家森林公园：南山国家森林公园
省级风景名胜区：南山风景名胜区、西津渡历史文化街区

【荣誉】

全国科技进步先进区
江苏省社会治安安全区
江苏省工会工作模范区
江苏省依法行政示范点
江苏省土地执法模范区
江苏省素质教育实验区
江苏省社区建设示范区
江苏省社区卫生服务先进区
江苏省人口和计划生育工作示范区
江苏省科普示范区
党建工作先进区
江苏省科技进步考核先进区
江苏省残疾人社区康复先进区

区政府所在地位于北纬32°11′42″、东经119°24′20″。
地址：镇江市润州路5号
邮政编码：212005
政府网站为“中国•润州”（网址「http://www.runzhou.gov.cn」）。

总目录

特　载
专　记
润州概况
大事记
中共润州区委员会
润州区人民代表大会
润州区人民政府
政协润州区委员会
中共润州区纪律检查委员会
润州区监察委员会
民主党派·工商联
社会团体
法治·人民武装
综合管理
农业·水利
工业·服务业
城乡建设·环境保护
商业经济
财政·税务·审计·金融
教　育
科技·卫计·广播电视·文化·体育
居民生活与社会保障
街道·场圃
人　物
荣誉榜
文件选录·题录
统计资料
彩色画页
索　引

《润州年鉴》主要机构(单位)简称全称对照表

简　称	全　　称	简　称	全　　称
区　委	中国共产党镇江市润州区委员会	规划分局	镇江市规划局润州分局
区人大	镇江市润州区人民代表大会常务委员会	税务局	国家税务总局镇江市润州区税务局
区政府	镇江市润州区人民政府	环保局	镇江市润州区环境保护局
区政协	中国人民政治协商会议镇江市润州区委员会	国土分局	镇江市国土资源局润州分局
纪委(监察委)	中国共产党镇江市润州区纪律检查委员会 镇江市润州区监察委员会	城管局	镇江市润州区城市管理局
法　院	镇江市润州区人民法院	科技局	镇江市润州区科学技术局
检察院	镇江市润州区人民检察院	科　协	镇江市润州区科学技术协会
政法委	中共镇江市润州区委政法委员会	人社局	镇江市润州区人力资源和社会保障局
区委办	中共镇江市润州区委办公室	安监局	镇江市润州区安全生产监督管理局
人大办	镇江市润州区人民代表大会常务委员会办公室	机关事务服务中心	镇江市润州区政府机关事务服务中心
政府办	镇江市润州区人民政府办公室	工贸总公司	镇江市润州区工贸总公司
政协办	政协镇江市润州区委员会办公室	编　办	镇江市润州区机构编制委员会办公室
统战部	中共镇江市润州区委统一战线工作部	台　办	中共镇江市润州区委台湾工作办公室
机关工委	中共镇江市润州区委区级机关工作委员会		镇江市润州区人民政府台湾事务办公室
信访局	镇江市润州区信访局	台谊会	镇江市润州区台属联谊会
法制办	镇江市润州区政府法制办公室	侨　办	镇江市润州区人民政府侨办办公室
史志档案办	镇江市润州区史志档案办公室	侨　联	镇江市润州区归国华侨联合会
团区委	共青团镇江市润州区委员会	工商联	镇江市润州区工商业联合会
妇　联	镇江市润州区妇女联合会	残　联	镇江市润州区残疾人联合会
文明委	镇江市润州区精神文明建设指导委员会	供销社	镇江市润州区供销合作总社
区广播电视台	镇江市润州区广播电视台	环卫所	镇江市润州区环境卫生管理所
关工委	镇江市润州区关心下一代工作委员会	作　协	镇江市润州区作家协会
财政局	镇江市润州区财政局	书　协	镇江市润州区书法家协会
农　委	镇江市润州区农业委员会	民革润州支部	中国国民党革命委员会 镇江市委员会润州区支部
发改经信委	镇江市润州区发展改革和经济信息化委员会	民建润州支部	中国民主建国会镇江市委员会润州区支部
商务局	镇江市润州区商务局	城投公司	镇江市润州区城市建设投资公司
公安分局	镇江市公安局润州分局	城管润州执法大队	镇江市城市管理执法支队润州大队
市场监管局	镇江市润州区市场监督管理局		

目　录

特　载

报告 …… 1
区委工作报告 …… 1
政府工作报告 …… 6

专　记

“联想之星·星云加速器(镇江)”项目落户润州 …… 13
城市经济破题开篇 …… 13
农村集体产权制度改革不断深化 …… 14
举办广播剧《初心难忘》首发式 …… 14

润州概况

区情概要 …… 15
位置、面积、区划 …… 15
环境、交通 …… 15
地貌、资源 …… 15
雨情、水情、气象 …… 16
风景名胜 …… 17
民族、方言 …… 17
人口 …… 17

经济和社会发展 …… 17
国民经济 …… 17
社会事业和人民生活 …… 17

政治文明建设 …… 17
政治文明建设 …… 17

生态文明建设 …… 18
生态文明建设 …… 18

润州区组织机构及领导人名录 …… 18
中共镇江市润州区委员会 …… 18
润州区人大常委会 …… 19
润州区人民政府 …… 20
政协润州区委员会 …… 22
润州区纪律检查委员会(监察局) …… 22
润州区人民法院 …… 22
润州区人民检察院 …… 22
润州区人武部 …… 23
社会团体 …… 23
街道、场圃 …… 23

大事记

1月 …… 25
2月 …… 26
3月 …… 27
4月 …… 28
5月 …… 28
6月 …… 29
7月 …… 30
8月 …… 31
9月 …… 31
10月 …… 33
11月 …… 34
12月 …… 34

中共润州区委员会

区委常委分工 …… 36

中共镇江市润州区第八届委员会委员、候补委员名单 …… 36

综述 …… 37
概况 …… 37
区委办公室工作 …… 38
保密工作 …… 38

重要会议 …… 38
中共润州区第八届委员会第五次全体会议 …… 38
中共润州区第八届代表大会第三次会议 …… 39

组织工作 …… 39
概况 …… 39
“三聚三提五创”活动 …… 40
区管干部“政治体检” …… 41
年轻干部“润苗工程” …… 41
干部教育培训 …… 41
干部监督管理 …… 41
基层党建“书记项目” …… 41
“全域党建”工作探索 …… 41
社区(村)工作者职业体系建设 …… 42
“润州英才”计划 …… 42
特色招才活动 …… 42

宣传工作 …… 45
概况 …… 45
解放思想大讨论活动 …… 45
宣传思想文化项目 …… 45
更高水平文明城市建设 …… 46
文化产业建设 …… 46
文化事业发展 …… 46

统战工作 …… 47
概况 …… 47
思想政治工作 …… 47
联谊交友工作 …… 47
服务发展工作 …… 47
网络社会组织统战工作 …… 47
民族宗教工作 …… 48

对台工作 …… 48
概况 …… 48
对台招引项目工作 …… 48
对台专项交流工作 …… 49
对台基层基础工作 …… 49

信访工作 …… 49
概况 …… 49
严格落实接访下访制度 …… 49
加强信访工作规范化建设 …… 49
深入开展矛盾隐患排查 …… 49
推进信访积案“挂图作战” …… 49
全面提升应急处置能力 …… 50

史志工作 …… 50
概况 …… 50
《润州年鉴(2018)》出版发行 …… 50
《江苏省地方志工作条例》宣传 …… 50
联合市博物馆举办镇江历史文化名人展 …… 50

档案工作 …… 50
概况 …… 50
档案资源体系建设 …… 50
档案利用体系建设 …… 51
档案安全体系建设 …… 51
档案法制宣传 …… 51
润州档案馆通过省AAA级数字档案馆测评 …… 51
档案业务培训班 …… 51
档案工作督查 …… 51

机关党建工作 …… 51
概况 …… 51
注重组织引领,带动机关党建整体强素质 …… 51
推进书记项目,提升党组织建设水平 …… 52
突出特色培育,扩大机关党建工作影响力 …… 52
投身全域党建,彰显机关党建服务功能 …… 52
组建社会监督员队伍,监督提升机关作风效能 …… 52
抓强自身建设,机关党工委走在前列 …… 52

老干部工作 …… 53
概况 …… 53
突出离退休干部政治建设首位度 …… 53
管理服务彰显真情实效 …… 53
润州区老年人体育协会 …… 54
润州区诗词协会 …… 54

党校工作 …… 55
概况 …… 55
创新实施干部教育培训 …… 55
着力打造“周末课堂”升级版 …… 55
在“对标找差”中加强自身建设 …… 56

润州区人民代表大会

区人大常委会主任、副主任工作分工 …… 58

区人大常委会组成人员名单 …… 58

综述 …… 58
概况 …… 58
提高政治站位，服务发展大局有作为 …… 58
聚焦热点难点，发挥人大监督有刚性 …… 59
弘扬法治精神，推进依法治区有力度 …… 59
创新工作机制，发挥代表作用有成效 …… 60
强化自身建设，推动履职能力有提升 …… 60

重要会议 …… 60
区人大常委会议 …… 60
区人大主任会议 …… 61
重要考察活动 …… 61
区第九届人民代表大会第三次会议 …… 61

润州区人民政府

区长、副区长工作分工 …… 65

重要会议 …… 66
润州区召开全区城市经济发展大会 …… 66
润州区政府召开组成人员全体（扩大）会议 …… 66
国际低碳（镇江）大会润州分会举行 …… 67

综合服务和协调工作 …… 68
区政府办公室工作 …… 68
外事工作 …… 69

机关事务服务中心工作 …… 69
概况 …… 69
后勤管理 …… 69
后勤服务 …… 70
后勤保障 …… 70

侨务工作 …… 70
概况 …… 70
发挥海外资源优势，搭建经贸合作桥梁 …… 70
借助海外媒体资源，拓展海外宣传渠道 …… 70
发挥政府部门桥梁纽带作用，搭建企业家交流平台 …… 70
组织企业互相交流，助推商企合作发展 …… 70
搭建侨务联络渠道，积极涵养海外侨务资源 …… 70
贯彻落实侨务政策法规，加强为侨公共服务体系建设 …… 70
改善侨界民生，做好侨务扶贫救助 …… 71
开展文化交流，增强侨务凝心聚力 …… 71
指导基层“侨之家”活动阵地，开展融侨为侨服务 …… 71
加强侨务信息工作，搭建海内外信息交流平台 …… 71
加强侨务法治建设，深入宣传和贯彻执行侨法 …… 71
坚持涉侨依法行政，推进行政权力网上办事 …… 71

政协润州区委员会

政协润州区第六届委员会主席、副主席、秘书长工作分工 …… 72

政协润州区第六届委员会常务委员会 …… 72

综述 …… 72
概况 …… 72
把握政治方向，突出思想引领，在弘扬主旋律中增进共识 …… 72
聚焦转型升级，积极资政建言，在推动新发展中主动担当 …… 73
情系民生实事，助力幸福润州，在践行新理念中恪尽职守 …… 74
加强团结协作，激发履职活力，在实现新作为中展示风采 …… 74
政协六届二次全体会议 …… 75

重要建议 …… 75
关于加强润州区城市历史文化街区保护和利用的建议 …… 75
关于加快推进润州金融产业集聚区建设的建议 …… 75
关于发展润州城市经济的建议 …… 75
关于加快发展特色化养老产业的建议 …… 75

中共润州区纪律检查委员会

润州区纪委常委、委员名单 …… 79

综述 …… 79
概况 …… 79
纪检监察体制改革 …… 80
巡察工作 …… 80
监督执纪“四种形态” …… 80
专项治理工作 …… 80
“贴牌信访”问题破解 …… 80
涉农“微腐败”治理 …… 81
纪检监察“深耕”行动 …… 81

民主党派·工商联

民革润州支部 …… 83
概况 …… 83
民革参政议政 …… 83
小话剧《中山装·1915》在南京人民大会堂演出 …… 83
民革思想组织建设和社会服务 …… 83

民盟润州支部 …… 84
概况 …… 84
民盟参政议政 …… 84
民盟思想组织建设和社会活动 …… 84

民建润州基层委员会 …… 84
概况 …… 84
民建参政议政 …… 84
民建思想组织建设和社会服务 …… 84

民进润州综合支部 …… 84
概况 …… 84
民进参政议政 …… 84
民进思想组织建设和社会服务 …… 85

农工党润州支部 …… 85
概况 …… 85
农工党参政议政 …… 85
农工党思想组织建设和社会服务 …… 85

致公党润州总支委员会 …… 85
概况 …… 85
致公党参政议政 …… 85
致公党思想组织建设和社会服务 …… 85

九三学社润州委员会 …… 86
概况 …… 86
九三学社参政议政 …… 86
邀请九三学社江苏省委科技专门委员会专家走进润州 …… 86
九三学社思想组织建设与社会服务 …… 86

润州区工商业联合会 …… 86
概况 …… 86
工商联参政议政 …… 87
“亲清”新型政商关系教育活动 …… 87
商会内部友爱互助活动 …… 87

社会团体

润州区总工会 …… 88
概况 …… 88
推动“两新组织”建会 …… 88
工会改革 …… 88
职工技能竞赛 …… 88
职工文化建设 …… 88
工资协商全程写实 …… 89
女工工作 …… 89

共青团润州区委员会 …… 89
概况 …… 89
基层组织建设 …… 89
服务青年创业就业 …… 89
青年志愿者服务工作 …… 89
服务青年婚恋交友 …… 90

预防青少年违法犯罪 …… 90
学校及少先队工作 …… 90

润州区妇女联合会 …… 90
概况 …… 90

润州区科学技术协会 …… 91
概况 …… 91
基层开展各项创建活动 …… 91
学会工作开创新局面 …… 91
自主品牌活动特色亮眼 …… 91
微型科普馆建设 …… 91
青少年基地建设 …… 91
农技协建设 …… 91

润州区文学艺术界联合会 …… 91
概况 …… 91
制作广播剧"初心难忘" …… 92
区10家单位被授予"江苏省诗教先进单位"称号 …… 92
曾竹花诗歌创作丰硕 …… 92
举办"润州情社区廉政文化书画展" …… 92
吕祥顺出版《尘世烟雨》 …… 92
钱罗成出版2部诗集 …… 92
举办"墨韵淳雅"高淳、润州九人书画联展 …… 92
润州3作家入省作协 …… 92
润州区诗词创作和发表成绩斐然 …… 92
区诗词组织诗歌大赛获奖 …… 92
全区诗词活动丰富多彩 …… 93

润州区残疾人联合会 …… 93
概况 …… 93
全国残疾预防试验区创建全力推进 …… 93
换届选举圆满完成 …… 93

润州区红十字会 …… 93
概况 …… 93

润州区归国华侨联合会 …… 93
概况 …… 93
强化网络建设，做好思想引领 …… 94
整合资源，提升影响力 …… 94
送温暖，大走访活动 …… 94
中国侨联副主席、江苏省侨联主席周建农首次到镇调研 …… 94

润州区关心下一代委员会 …… 94
概况 …… 94
主题教育活动 …… 94
校外辅导站和电子阅览室阵地建设 …… 95
维护青少年成长环境 …… 96
关爱青少年弱势群体 …… 96
自身建设 …… 96

法治·人民武装

政法委及综治工作 …… 97
概况 …… 97
全区政法暨信访工作会议 …… 99
创新社会治理专题研修班 …… 99
全市首例涉黑涉恶团伙案件公开宣判 …… 99

法治政府建设 …… 99
概况 …… 99

公安 …… 100
概况 …… 100

检察 …… 104
概况 …… 104
倾力维护国家政治安全 …… 104
着力护航经济健康发展 …… 104
主动服务社会和谐稳定 …… 104

法院 …… 106
概况 …… 106

司法行政工作 …… 109
概况 …… 109
高效助力"三大攻坚战" …… 109
提升护航"城市经济"发展能力 …… 109
筑牢维护社会稳定"第一线" …… 109
提升服务特殊人群实效 …… 110
精准开展法治宣传教育 …… 110
全面加强服务保障与队伍建设 …… 110

人民武装 …… 110
概况 …… 110
政治思想建设扎实有效 …… 110
民兵组织整顿创新求实 …… 111
民兵演训活动紧贴实战 …… 111
战备工作逐步规范 …… 111
兵役征集工作保质择优 …… 111

安全管理工作持续加强 …………………………… 111

综合管理

经济发展与计划管理 …………………………… 112
概况 ……………………………………………… 112
城市经济破题开篇 ……………………………… 112
大项目建设有效推动 …………………………… 112
招商引资扎实开展 ……………………………… 112
科技创新成效明显 ……………………………… 113
积极助力防污攻坚战 …………………………… 113
社会事业全面进步 ……………………………… 113

国有资产管理 ………………………………… 113
概况 ……………………………………………… 113

国土资源管理 ………………………………… 113
概况 ……………………………………………… 113
资源保护工作 …………………………………… 113
用地管理工作 …………………………………… 114
群众权益保障工作 ……………………………… 114
污染防治工作 …………………………………… 114
“互联网+国土资源应用”新突破 ……………… 114
党风廉政建设 …………………………………… 114

安全生产监督管理 …………………………… 115
概况 ……………………………………………… 115
安全生产管理体系建设 ………………………… 115
安全生产执法工作 ……………………………… 115
重点行业领域整治 ……………………………… 115
安全生产保障工作 ……………………………… 116

交通运输管理 ………………………………… 116
概况 ……………………………………………… 116
交通沿线环境整治 ……………………………… 116
官塘新城拆迁扫尾 ……………………………… 116
农村公路管养 …………………………………… 117
道路运输市场效能提升 ………………………… 117
党建工作质量提升 ……………………………… 117
党风廉政建设 …………………………………… 117

人事劳动管理 ………………………………… 117
概况 ……………………………………………… 117
就业创业工作 …………………………………… 118
人才队伍建设 …………………………………… 118
劳动关系持续和谐稳定 ………………………… 118
人事管理工作 …………………………………… 118

物价管理 ……………………………………… 119
概况 ……………………………………………… 119
价费改革工作 …………………………………… 119
收费统计制度、年度报告制度 ………………… 119
“暖企惠民”活动 ……………………………… 119
价格服务管理工作 ……………………………… 119
电网和转供电环节收费清理规范工作 ………… 120
平价商店建设 …………………………………… 120
小区物业收费和停车收费管理 ………………… 120
市场价格监测和数据上报工作 ………………… 120
市场监督工作 …………………………………… 120
价格认证工作 …………………………………… 121
机关作风建设 …………………………………… 121

市场监督管理 ………………………………… 122
概况 ……………………………………………… 122
经济发展供给质量实现新跃升 ………………… 122
公平有序经济秩序实现新成效 ………………… 122
职能转型服务质效实现新跨越 ………………… 122
群众生活幸福指数实现新突破 ………………… 123
作风效能建设水平实现新提升 ………………… 123

统计管理 ……………………………………… 123
概况 ……………………………………………… 123
国民经济各行业经济数据、调查监测数据的报送与发布 ……………………………………… 123
第四次经济普查 ………………………………… 124
第三次农业普查后续工作圆满完成 …………… 124
推进法治和双基建设，深入大走访 …………… 124
海洋经济调查深入开展 ………………………… 124
统计宣传工作成效显著 ………………………… 124
统计队伍人才建设不断强化 …………………… 124

农业·水利

农业 ………………………………………… 126
概况 ……………………………………………… 126
农业生产蹄疾步稳 ……………………………… 126
农村改革行稳致远 ……………………………… 126
农业生态环境标本兼治 ………………………… 126
农业行政执法加大力度 ………………………… 127
农业安全生产警钟长鸣 ………………………… 127

农业法规政策严格执行 …… 127

水利 …… 127
概况 …… 127
防汛抗旱工作成效显著 …… 128
水法规宣传形式多样 …… 128
水行政执法稳扎稳打 …… 128
节水型社会建设稳步推进 …… 128

工业·服务业

工业 …… 129
概况 …… 129
多方位服务企业发展 …… 129
对上争取各类项目扶持资金 …… 129
不断强化生态文明建设 …… 129

服务业 …… 129
概况 …… 129
现代商贸业 …… 130
文化旅游业 …… 130
商务服务业 …… 130
软件信息业 …… 130
成功入选省级服务业综合改革试点 …… 130
全力构建亲上加清的良好政企关系 …… 130
多维开展“招商引资招才引智”活动 …… 130
扎实推进全区重大项目按序时完成 …… 131

工贸总公司 …… 131
概况 …… 131
全力推进巡察整改工作 …… 131
严格落实党风廉政建设“两个责任” …… 131
以“书记项目”破解党建难题 …… 131
资产管理精细化 …… 131

供销合作总社 …… 131
概况 …… 131
专项试点工作 …… 132
“三代会”召开 …… 132
项目建设 …… 132
为农服务 …… 132
巡察工作 …… 132

城乡建设·环境保护

城市建设 …… 133
概况 …… 133
润州山路南段(中山西路至崇实女中段)建成通车 …… 133
新西门桥危桥改造工程竣工通车 …… 133
太古山路建成全线通车 …… 133
团山路西段城市化改造工程竣工 …… 133
“263”和“一湖九河”整治工作完成 …… 134
金山湖路及周边道路绿化提升改造工程竣工 …… 134
西津音乐厅及实验剧场工程通过“中国建筑工程鲁班奖”现场复查 …… 134
和平路文体公园建成开放 …… 134
润州广场提升改造工程竣工 …… 134
全国文明城市复检测评顺利通过 …… 134
城区防汛工作 …… 135

住房管理 …… 135
概况 …… 135
重点工程房屋征收拆迁 …… 135
大桥家园建成安置 …… 135
茶砚山庄保障性安置房项目竣工 …… 135
老小区改造工作 …… 135
危旧房解危工作超额完成 …… 136
润州辖区直管公房维修任务完成 …… 136
住房保障工作 …… 136
住宅小区物业管理工作 …… 136
房改工作 …… 136

建筑业管理 …… 136
概况 …… 136
服务区属建筑施工企业的发展 …… 136
有效管控建筑工地扬尘 …… 137
建筑业安全生产管理 …… 137
开展区属施工企业文明工地创建 …… 137

区属房地产开发 …… 137
润州区房地产开发总公司 …… 137
润州区土地房屋开发总公司 …… 138

城乡卫生管理 …… 138
概况 …… 138

运行机制更加完善 …… 138
专项整治更加扎实 …… 138
市容环境更加整洁 …… 139
队伍管理更加规范 …… 139
润州区环卫所 …… 139

城管执法 …… 140
概况 …… 140
推进散乱污专项整治 …… 140
开展车载占道经营整治 …… 140
开展校园周边整治行动 …… 140
开展校外培训机构整治 …… 140
开展烟花爆竹禁放专项整治 …… 140
加强队伍建设 …… 140
落实全面从严治党 …… 140
推进意识形态工作 …… 141

环境保护 …… 141
概况 …… 141
扎实推进约束性指标完成 …… 141
全面推进中央环保督察“回头看”和省环保督察交办信访及反馈意见整改落实 …… 141
环保专项整治持续推进 …… 141
环境空气质量管控 …… 142
水环境治理 …… 142
土壤污染防治工作 …… 142
西南片区综合整治 …… 142
全国第二次污染源普查工作 …… 142

商业经济

综述 …… 143
概况 …… 143

利用外资 …… 143
概况 …… 143

对外招商 …… 144
概况 …… 144
赴英国、芬兰招商引资 …… 144
赴法国、挪威招商引资 …… 144
举办国际低碳(镇江)大会润州分会 …… 144

商贸流通 …… 145
概况 …… 145

对外贸易 …… 145
概况 …… 145

对外经济技术合作 …… 146
概况 …… 146

财政·税务·审计

财政 …… 147
概况 …… 147
护税协税 …… 147
规范加强支出预算管控 …… 147
持续优化预算管理方式 …… 147
有效提升财务管理水平 …… 147
稳步推进财政体制调整 …… 148
积极防范化解债务风险 …… 148

税务 …… 148
概况 …… 148
突出党建工作引领 …… 148
征管体制改革 …… 148
税收征管水平提升 …… 148
全面优化纳税服务 …… 149
积极推进依法治税 …… 149
强化干部队伍建设 …… 149

审计 …… 149
概况 …… 149
审计全覆盖高定位推进 …… 149
高成效做好固定资产投资审计 …… 149
领导干部自然资源资产离任审计首次开展 …… 150

金融 …… 150
概况 …… 150
加强理论学习,强化责任意识和廉政意识 …… 150
支持金融业发展成共识,与金融机构沟通更加畅通 …… 150
金融业扶持政策正式出台 …… 151
金融业发展态势良好 …… 151
金融产业园建设稳步推进 …… 151
持续加强对小贷公司监管,推进新三板企业转板 …… 151

宣传防范并举，全力消除金融风险隐患 …… 151

教　育

综述 …… 153
概况 …… 153

幼儿教育 …… 154
概况 …… 154

中小学教育 …… 155
概况 …… 155

职业教育 …… 157
概况 …… 157

社会教育 …… 157
概况 …… 157

师资队伍 …… 158
概况 …… 158

重点学校、幼儿园介绍 …… 158
镇江市桃园中心小学 …… 158
镇江市中山西路幼儿园 …… 158

科技·卫生·广播电视·文化·体育

科学技术 …… 160
概况 …… 160
深入企业挖掘课题项目 …… 160
指导企业申报国家高企 …… 161
试点推行科技创新卷 …… 161
加强知识产权工作 …… 161
开展“科技讲堂”讲座 …… 161

卫生与计划生育 …… 161
概况 …… 161
人口计生工作 …… 162
疾控应急工作 …… 162
卫生监督工作 …… 163
润州区人民医院 …… 163

广播电视 …… 164
概况 …… 164
主题宣传精准发力 …… 164
强化意识形态工作 …… 164
电台频率平稳过渡 …… 165
规范内部管理提质增效 …… 165

文化 …… 165
概况 …… 165
校园文化建设 …… 166
润州区图书馆 …… 166
润州区文化馆 …… 166

体育 …… 167
概况 …… 167

居民生活与社会保障

民政工作 …… 170
概况 …… 170
救灾救济 …… 170
积极配合参与创新网格化社会治理 …… 170
2017年度社区党组织为民服务项目结项工作完成 …… 170
2018年度社区党组织为民服务专项工作 …… 170
区域性社区服务中心建设 …… 171
“政社互动”运行机制全面推行 …… 171
村(社区)减负工作高标准落实 …… 171
村(社区)工作者队伍管理进一步规范 …… 171
省现代社区治理创新实验区建设持续推进 …… 171
积极构建“1+5”村(社区)工作者职业体系 …… 171
区划微调工作 …… 171
地名普查规划转化“图录典志”工作 …… 171
第四轮行政区域界线联合检查工作部署 …… 171
地名词典和地名志的编撰工作 …… 171
双拥优抚工作 …… 172
养老服务 …… 172
社会福利 …… 172
社会组织 …… 172

民族·宗教 …… 172
概况 …… 172

民族工作 …… 173
宗教工作 …… 173

润州区慈善总会 …… 174
概况 …… 174
慈善募捐 …… 174
慈善救助 …… 175
慈善公益 …… 175
慈善文化宣传 …… 175
自身建设 …… 176

润州区见义勇为基金会 …… 176
概况 …… 176
严格规范制度管理 …… 176
稳妥把握褒奖节奏 …… 176
拓展网络动态模式 …… 176
权益保护 …… 177
强化宣传 …… 177
加强自身建设 …… 177

社会保障 …… 177
概况 …… 177
社会保障工作 …… 177
城乡低保工作 …… 178
特困群体救助 …… 178

街道·场圃

七里甸街道 …… 179
概况 …… 179
作风建设常抓不懈 …… 180
加大舆论宣传力度 …… 180
强化党建为民服务 …… 180
严格自律依法办事 …… 181

官塘桥街道 …… 181
概况 …… 181
坚持学法遵法普法用法 …… 183
农副产品交易领跑全市 …… 183
街道全力推进项目建设 …… 183
举办农耕文化旅游节 …… 184
举办第三届农民运动会 …… 184
戏曲专场走进官塘新城 …… 184

宝塔路街道 …… 185
概况 …… 185
重点项目建设 …… 185
加大城市建设 …… 185
加强社会服务 …… 186

和平路街道 …… 186
概况 …… 186
协力共推社会稳定 …… 187
大力提升安居指数 …… 187
社会救助全面覆盖 …… 187
有力提升城市环境 …… 187
有效维护生态环境 …… 187
全方位满足文化需求 …… 187

金山街道 …… 188
概况 …… 188
创新举措落实“全域党建” …… 189
纪念改革开放40周年 …… 189
成立旅游产业联盟 …… 190
太古山路正式开通 …… 190
展翅新飞工作坊 …… 190
党建微家重温《共产党宣言》 …… 190

韦岗街道 …… 191
概况 …… 191
“263”专项治理持续深入 …… 192
推进“弘扬韦岗精神”书记项目 …… 192
推进韦岗村股改和土地确权 …… 192
打造体育健身广场 …… 192
排水沟渠防涝升级改造 …… 192
交通干线沿线专项整治 …… 192

南山街道 …… 192
概况 …… 192
街道党建工作 …… 193
街道经济发展 …… 194
环境综合治理 …… 194
持续改善民生 …… 194
街道文体工作 …… 194

镇江市黄山园艺场 …… 194
概况 …… 194

镇江市水产养殖试验场 …… 195
概况 …… 195

润州茶场 …… 196
概况 …… 196

人　物

新任区级党政领导 …… 197

逝世人物 …… 198

荣誉榜

市级以上先进集体名录 …… 199
2018年润州区获市和市级以上表彰的先进集体名录 …… 199

市级以上先进个人名录 …… 200
2018年润州区获市和市级以上表彰的人物一览表 …… 200

区委、区政府表彰名录 …… 201
2018年度润州区先进集体名录 …… 201
润州区"三聚三提五创"活动先进典型表彰名单 …… 201
润州区首批区级党建微家、行动支部、红色微网格名单 …… 202

文件选录·题录

重要文件选录 …… 203
中共镇江市润州区委　镇江市润州区人民政府关于印发《关于实施"润州英才"计划的意见》的通知 …… 203
中共镇江市润州区委　镇江市润州区人民政府关于印发《润州区关于加快推进产业发展的政策意见(试行)》的通知 …… 205
中共镇江市润州区委　镇江市润州区人民政府关于印发《镇江市润州区产业转型发展引导基金管理办法》的通知 …… 207
中共镇江市润州区委关于印发《关于深化红色形象体系的实施意见》的通知 …… 209
中共镇江市润州区委关于印发《关于推进城市基层"全域党建"的意见》的通知 …… 211

文件题录 …… 213
区委 …… 213
区人大常委会 …… 217
区政府 …… 219
区政协 …… 223

统计资料

统计公报 …… 225
2018年润州区国民经济和社会发展统计公报 …… 225

统计数据 …… 228
基本概况 …… 228
国民经济与社会发展主要指标 …… 228
规模以上工业(分街道) …… 230
建筑业主要指标 …… 230
固定资产投资 …… 231
房地产开发投资 …… 231
城镇非私营单位从业人员和劳动报酬 …… 232
社会消费品零售总额(分街道) …… 233
利用外资(分街道) …… 233
财政总收入 …… 234
财政总支出 …… 234
教育 …… 235
医疗机构 …… 236

彩色画页

前环　区土地房屋开发总公司

润州区行政区划图
秋雨南山
生态家园
西津渡之夜
润州便览

润州区史志档案办公室

镇江市公安局润州分局
镇江市润州区人民检察院
镇江市润州区人民法院
镇江市润州区财政局
润州区人力资源和社会保障局
镇江市国土资源局润州分局
润州区卫生和计划生育委员会
润州区教育局
国家税务总局镇江市润州区税务局
镇江市润州区七里甸街道办事处
镇江市润州区官塘桥街道办事处
镇江市润州区宝塔路街道办事处
镇江市润州区和平路街道办事处
镇江市润州区金山街道 办事处
镇江市润州区韦岗街道办事处
镇江市润州区南山街道办事处
润州区民政局
润州区住房和城乡建设局
润州区环境保护局
镇江市润州区城市管理局
润州区交通运输局
润州区市场监督管理局
镇江市润州区房地产开发总公司

润州区七里甸街道四圩社区
润州区官塘桥街道官塘桥村
润州区官塘桥街道平山村
润州区官塘桥街道秀山村
润州区官塘桥街道远洋社区
润州区官塘桥街道宝平社区
润州区宝塔路街道黎明社区
润州区和平路街道新金江社区
镇江市润州区南山街道回龙社区
镇江市润州区城市建设投资公司
镇江市润州区妇幼保健计划生育服务中心
润州区宝塔路社区卫生服务中心
润州区黎明社区卫生服务中心
镇江市五峰茶场
镇江文化旅游产业集团有限责任公司
镇江润州长江村镇银行
恒大地产
万科地产
美的地产
镇江智慧停车有限公司
中国电信
中国移动
润州区摄影家协会

后环　鸿润家园

索　引

深耕城市经济 创新社会治理 努力开创高质量发展新局面

——在中共镇江市润州区第八届代表大会第三次会议上的报告

区委书记 高国成

（2018 年 12 月 30 日）

各位代表、同志们：

这次大会的主要任务是：深入贯彻落实党的十九大、中央经济工作会议、省委十三届五次全会和市委七届八次全会精神，坚持以习近平新时代中国特色社会主义思想为指引，总结今年工作，部署明年任务，深耕城市经济，创新社会治理，全面从严治党，努力开创高质量发展新局面。

现在，我代表中共润州区委，向大会作报告，请予审议。

一、精细谋划城市经济，转型之年实现良好开局

即将过去的 2018 年，是润州发展历程中极不平凡的一年。一年来，全区上下紧扣高质量发展这条主线，大力解放思想、深度对标苏南，积极应对区划调整带来的新变化、新挑战，以白手起家的决心、白纸作画的勇气，全面绘制城市经济的战略蓝图，全面谋划城市经济的突破路径，产业转型迈出关键步伐，城市经济发展如火如荼。**发展质效大幅提升。**预计（下同）完成地区生产总值 214 亿元、增长 4%，高于全市平均增幅；一般公共预算收入 13.5 亿元、其中税收收入 12 亿元，分别增长 20.5%、29.2%，增幅全市领先；生产性服务业呈现爆发式增长，重点企业净增 106 家、增长 17%，实现税收 6.76 亿元、增长 46%，税收贡献份额由去年的 14.7%提升至 28.4%。**市场活力有效激发。**盘活商务 A 区、国控双子楼、常发广场等存量楼宇约 9.4 万平方米。全区实有各类市场主体 38666 户，注册资本总额 831 亿元，分别增长 40.7%、23.8%，其中实有企业 11903 家、增长 34.7%，注册资本 807 亿元、增长 23.6%。**高端人才争相涌入。**入选省“双创人才”1 人、市“金山英才”计划 7 人，分别完成任务数的 100%、175%。每万人劳动力中高技能人才数达 880 人，增长 16.4%。

一年奋斗，一年拼搏，在回顾中总结，我们深刻感受到：

*润州发展日益强劲，结构更优化。*出台了城市经济发展战略规划和“1+4”政策文件[①]，明确了“生产性服务业、现代旅游业、高端商贸、低碳产业和智能制造”五大产业发展方向，常态化开展企业大走访、企业家座谈会活动，密集开展以城市经济为主题的“双招双引”活动。全区 25 个重点产业项目实现投资 97 亿元，联想星云加速器投入运营，大西路商业中心开工

建设，镇江长江金融产业园加快推进，树实科技、慧灵科技成功落户。润州成为全市唯一入选省级服务业综合改革试点区域，现代服务业应税营业收入达105亿元，增长15.9%。全力打造优质的营商环境，371项政务服务事项实现不见面审批，占总量的97%，企业、个体工商户注册登记压减至1个工作日；创新政银合作，办理全程电子化营业执照688件，占全市比例34%。10个村(涉农社区)完成农村集体经营性资产股份合作制改革。供销社专项试点改革任务在全省率先完成。

润州生态越来越好，环境更宜居。以前所未有的力度狠抓生态保护和污染防治，中央环保督察"回头看"、省委环保督察交办问题全部办结，$PM_{2.5}$年平均浓度市区最低，污染物减排任务全面完成，运粮河新河桥国控断面及水功能区水质全面达标，750家"散乱污"企业完成整治，西南片区(韦岗区域)生态修复加快推进，西团结河、周家河、御桥港等水环境整治工程全部竣工。实施7个地块棚户区改造，结转征收项目扫尾攻坚取得突破，完成征收1895户、45万平方米。完成同德里和朱方路片区21万平方米老旧小区改造任务。全力开展扫黑除恶专项斗争，打掉恶势力犯罪团伙10个98人次，破获涉黑涉恶类案件27起。切实加强地方政府债务管理，积极消化存量、严格控制增量，政府性债务规模较小、结构合理、风险可控。积极开展"清风行动"，加大防范和处置非法集资工作力度。市交办重点信访积案化解率达93%，转业士官各项政策全面落实，依法稳妥处置了联合水泥破产、江河汇重整、东方伟业权证办理、协信太古城商铺纠纷等社会矛盾。荣获"全省法治建设示范区"，社会环境、法治环境更加安全公正。

润州民生持续改善，事业更蓬勃。教育现代化建设继续走在全省前列，新一轮义务教育布局调整优化全面启动，学前教育办学体制改革稳妥实施。基层卫生综合改革进一步深化，创新家庭医生团队"首诊式"签约管理服务模式。城镇居民人均可支配收入达48639元，增长7.8%；养老保险基金征缴总收入超3亿元，完成率达122%。2个标准化老年人日间照料中心投入运行，12个老年人助餐点投入使用。帮扶救困稳步推进，"善行义举榜"在全市推广。防灾减灾进展顺利，2个村(社区)入围全国综合减灾示范社区。积极推进创新网格化治理，初步建立覆盖全区的"全要素"网格。开展村(社区)工作者职业体系建设，构建了涵盖待遇保障、绩效考核、事务准入、员额管理、统一招录的全方位政策制度体系。

润州党建不断加强，政治更清明。深入学习贯彻习近平新时代中国特色社会主义思想和党的十九大精神，扎实开展解放思想大讨论活动。全面压实意识形态工作责任制，不断增强社会主义意识形态凝聚力和引领力。"两级领办"抓实三级"书记项目"，统筹解决了一批基层党建重点难点问题。先行探索以"六统十八联"②为核心内涵的城市基层"全域党建"，承办全市现场会向面上推广，《中国组织人事报》、中国共产党新闻网、省委《快报》予以报道推介。新增全市"五星"先进党支部2个，市级支部书记工作室、党员教育实境课堂各1个。深化"润苗工程"和"三聚三提五创"活动，制定出台"三项机制"③实施细则，创新实施"政治体检"和区管领导班子综合评价、领导干部360°适岗评价，推动广大党员干部做改革促进派、发展实干家。网络社会组织统战工作得到中央统战部、省委统战部高度肯定。深化纪检监察体制改革，探索建立"三双三集"④工作机制，巡察"利剑"锋芒初显，派驻"探头"作用进一步发挥。严肃查处违反中央八项规定精神问题，动真碰硬整治作风效能"顽症"，持续保持反腐高压态势，全面从严治党纵深推进。坚持党的集中统一领导，着力加强民主政治建设，区人大围绕中心、依法履职，区政协参政议政、推动全局，各民主党派、工商联和群团组织主动融入、服务大局，巩固了团结奋进的良好局面。

今年以来，我们立足新时代、践行新思想、顺应新形势、把握新要求，团结带领全区上下奋力迈入新的征程。**我们心无旁骛谋发展，在成功转型中引领新的奋斗。**始终把发展作为第一要务，面对城市经济这一崭新课题，区委谋定而后动、深思以致远，在综合分析现实基础、比较优势和未来潜力的基础上，着重理清"有什么、要什么、做什么"等关键性问题，召开了具有里程碑意义的城市经济发展大会，统一思想认识，统领工作全局，凝聚万众之志，激发磅礴力量，奏响了发展城市经济的最强音，开启了润州人二次创业、接续奋斗的宏伟大幕。一年来的业绩充分说明，我们选择的道路是正确的、制定的举措是可行的、工作的成效是明显的。对此，市委惠书记在不久前调研时给予充分肯定，认为润州"很好适应了工作上的转型，从原来的开发区经济、工业经济的发展模式转变为城市经济的发展模式"。**我们鼓足干劲再出发，在解放思想中展现新的作为。**紧密结合润州的发展实际、思想实际、干部队伍实际，认真开展解放思想大讨论活动，引导全区各级党员干部来一次思想上的大洗礼、作风上的大转变，进一步激发敢为人先的斗志、树立勇争一流的追求，动员全区上下以迎难而上、一往无前的气势，全身心投入到润州改革发展的崭新实践中去。广大党员干部不再困惑于"区域变小了、资源变少了"这些表面现象，不再受制于"发展载体不充分、发展主动权不掌握"这些客观因素，主动去想办法、主动去解决问题、主动去推动工作，敢于突破陈规、打破思维定势、积极创新进取，干事创业、担当作为成为润州广大党员干部的主旋律。正因为全区上下担当的激情充分迸发，润州发展的热度才会真正“沸腾”！**我们全面从严抓规范，在政治体检中营造新的气象。**省委第一巡视组对润州进行了为期三个月的巡视，这是对我们坚持党的全面领导、从严管党治党的一次政治体检。区委严格落实主体责任，既对省委巡视过程中指出的问题采取果断举措，边巡边改、即知即改，更以省委巡视为契机，严肃党内政治生活，加强国有企业监管，深化农村集体“三资”管理，严肃行政事业单位财经纪律，一批治当下、管长远的制度得以建立健全。党纪党规、法律法规成为润州各级党组织想问题、定决策、抓工作的前提和准则，全区各方面、各领域、各环节的工作更加规范，广大党员干部学会了在约束中工作、习惯了在监督下干事。

成绩来之不易，得益于市委、市政府的正确领导，得益于区四套班子的精诚团结，得益于全区广大干部群众、各界人士的共同努力。全体党代表在各自岗位上心系大局、勤奋工作，对润州的发展作出了巨大贡献。在此，我代表区委，向同志们表示衷心的感谢！在看到成绩的同时，我们也清醒认识到存在的问题和不足：区域经济总量偏小，财力保发展、保民生、保运转的压力越来越大；高质量发展的后劲不足，重大产业项目较为缺乏；改革进入深水区，前进的道路崎岖蜿蜒；社会治理遇到很多新挑战，防范和化解重大风险的形势更加严峻；城市功能品质、生态环境改善、社会文明水平与广大人民群众期待相比还有差距；少数干部发展城市经济的能力还有欠缺。对于这些矛盾和问题，区委高度重视，将始终坚持问题导向，在今后工作中认真加以解决。

二、紧紧围绕推动高质量发展，干出实实在在的业绩

2019 年是新中国成立 70 周年，是开启改革开放新征程和深化机构改革后的第一年，也是决胜全面建成小康社会、纵深推动高质量发展的关键之年。站在全新的历史方位和历史起点，润州正全面步入城市经济不断壮大、产业结构加速转型的关键时期，全面步入城市功能不断完善、主城区首位度加速提升的关键时期，全面步入社会治理不断创新、体制机制加速变革的关键时期。全区上下要切实强化战略思维、创新思维、辩证思维、法治思维、系统思维、底线思维，观大势、谋要事、干实事，既敏锐发现和把握新时代所蕴含的重大机遇，又积极应对和化解前进道路上的各种风险、阻力和矛盾。**放眼国际，新的挑战必须勇于面对。**外部环境发生明显变化，国际贸易保护主义、单边主义抬头，多边主义和自由贸易体制受到冲击，发展面临的不确定性因素增多。美联储进入加息周期，全球逐步进入货币紧缩时代，新兴经济体风险可能进一步暴露，世界经济增长将明显弱化甚至出现逆转。外部环境的风险和挑战，对于我们发展金融产业、引导企业投资预期、扩大利用外资，都会带来不利影响。我们既不要轻视，更不能消极，要加强预判研判，努力有效应对、化危为机。**综观国内，新的变化必须积极把握。**刚刚闭幕的中央经济工作会议对当前及今后一个时期经济形势作出重大判断、对做好经济工作作出精准部署，再次强调要坚持稳中求进工作总基调，进一步稳就业、稳金融、稳外贸、稳外资、稳投资、稳预期，要支持民营企业发展，营造法治化制度环境，保护民营企业家人身安全和财产安全。中央对民营经济发展高度重视，明年对民企、中小企业的政策支持力度会显著加大。民营经济占润州经济总量的 90%以上，对区域经济的“稳”与“进”、“量”与“质”起着决定性作用。更加利好的宏观政策，对以民营经济为主的城市经济实现高质量发展，一定会起到积极的促进作用。我们要及时关注、深入研究“更大规模减税、更明显降费”“有效缓解企业融资难融资贵”等方面政策的变化，帮助辖区企业充分享受政策的红利。**审视润州，新的机遇必须全力拼抢。**随着首届中国国际进口博览会的成功举办，长三角一体化发展上升为国家战略。润州地处长三角核心地带，得天独厚的区位优势、厚重悠久的人文历史、宜居宜业的生态环境，依然是我们对标苏南、追赶超越的坚实基础。面对百舸争流、千帆竞发的竞争态势，我们要更加清醒地看大局、明大势，敢想敢干，敢为人先，全力抓好千载难逢的历史机遇，把阻碍发展的问题解决好，真正取得高质量发展的过硬成果。

2019 年，全区工作的总体要求是：**以习近平新时代中国特色社会主义思想为指引，深入贯彻落实党的十九大、中央经济工作会议、省委十三届五次全会和市委七届八次全会精神，坚持稳中求进工作总基调，坚持新发展理念，统筹推进稳增长、促改革、调结构、惠民生、防风险工作，继续打好三大攻坚战，深耕城市经济，创新社会治理，努力开创高质量发展新局面，为全面建成小康社会打下决定性基础，以优异成绩庆祝中华人民共和国成立 70 周年。**

明年经济社会发展的主要目标是：地区生产总值增长 6.5%，一般公共预算收入增长 4.5%，确保城镇居民收入增长与经济增长同步；现代服务业应税营业收入、现代服务业产业投资分别增长 8%、10%；全面完成节能减排约束性指标。

具体做好以下五个方面的工作：

*1. 加快推进产业动能转换，让经济发展持续升温。*城市经济的谋篇布局已经基本完成，下一步要保持战略定力，在深耕不辍中不断扩大区域经济总量、提升经济发展质量。**在推进项目建设上实现突破。**围绕重大战略机遇、重大政策导向、重大现实需要，有效推进落实一批重大产业项目，切实提高项目的开工率、竣工率、达产达效率，加快形成一批新的增长点，

确保城市经济当前有活力、未来有潜力。始终把招商作为城市经济的核心工程,更加注重招商实效,认真研究比较优势和市场前景,采取针对性、定向性的招商,提高项目的落户率、落地后的成功率;更加注重信息挖掘,借助各地在镇商会、行业协会广泛联系企业的优势,扎实开展以商引商、产业招商、基金招商,不断拓展项目信息源。**在发展生产性服务业上形成亮点**。充分发挥主城区和行政中心所在地的政治、文化、区位优势,着眼于服务好全市产业强市战略,持续巩固今年以来城市经济中现代金融、商务服务、科技服务集聚加快、繁荣向好的态势,积极发展检验检测、审计评估、中介服务等业态,努力引进集团公司总部、地区总部以及企业的决策中心、结算中心、研发中心,着力聚集一批高能级、有活力的经济主体,不断壮大生产性服务业规模,为全市制造业提档升级提供人力、知识、资金等各方面支持。**在构筑创新载体上精准发力**。积极推动镇江市低碳产业技术研究院、镇江市技术交易所2个公共服务平台市场化运作,大力支持联想星云加速器、启迪协信科技城、易沃客创意空间的建设与运营,深化与同济大学、四川大学等高校院所的全方位合作,引导和支持各类创新要素向企业集聚,支持企业与高校院所合作共建研发中心,努力提升区域创新能力,促进创新成果孵化、转化和产业化。**在集聚优秀人才上多措并举**。优化"润州英才"计划,同步抓好各类配套政策的落地,重点引进现代服务业领军人才和产业紧缺型人才,提升招才引智的靶向性和实效性。健全人才服务链条,对人才项目实行全过程管理,一人一策、一企一策,满足高层次人才在注册落户、医疗教育、科研成果转化等方面个性化、多元化需求,真正做到"引得进、用得好、留得住"。

2. *持续推进城市有机更新,让区域品质全面提升*。不断强化以人为本的发展理念,着力补齐城市短板、完善城市功能,彰显宜居宜业宜游的城市魅力。**坚持精心规划**。全面落实镇江"2020~2035"城市总体规划,加强总体规划和专业规划衔接,积极对上协调,高标准完成官塘、韦岗两个片区发展规划的编制。将城市功能设计融入规划制定全过程,合理布局商业开发、居民住宅、产业发展、基础设施,充分体现空间的立体性、功能的协调性、风貌的整体性和文化的传承性,着力提升主城区首位度。**坚持精致建设**。抢抓国务院实施新三年棚改攻坚计划机遇,积极应对棚改政策调整变化,继续做好重点地块棚户区改造和老小区整治,显著改善群众居住环境。高度重视房地产市场的健康平稳发展,加强各类要素关联性研究,按照做一片成一片的要求,积极推动条件成熟的地块上市,逐步提高城市品味。统筹考虑居民分布、辐射范围等因素,科学布点学校、医院、菜市场、文体公园等民生设施,加快完善排污管网配套及垃圾分类处理中心建设,推进城市功能系统性整体性提升。**坚持精细管理**。紧扣"管什么""怎么管"两大问题,聚焦"违法建设、占道经营、散乱污企业"三大顽疾,稳步推进城乡生活垃圾分类处理,积极完善住宅小区物业管理机制,着力构建长效治理的工作机制,营造整洁美观的生活环境。

3. *大力开展生态环境整治,让城市面貌更加清新*。良好的生态环境,关系人民切身利益、关系城市长远发展。要深入贯彻习近平生态文明思想,牢固树立"两山理念",切实抓好生态文明建设。**坚决打好污染防治攻坚战**。扎实开展省"263"、市"116"专项整治行动,保持大气污染防治高压态势,确保空气质量稳步提升,$PM_{2.5}$浓度稳定在合理水平;严格落实"河长制""断面长制",扎实做好"控源、截污、清淤、活水、绿岸"等工作,确保重点断面水质全面达标,主体功能区水质大幅改善。加强各类湿地、林地、水源地保护,进一步筑牢润州的生态屏障。**积极主动回应社会关切**。巩固深化中央环保督察"回头看"、省委环保督察反馈问题整改落实成果,以重点环境信访案件、舆情热点为线索,常态化开展环境风险隐患排查,着力解决群众关注的突出问题。深入开展综合执法行动,严厉打击环境违法行为,坚决整治突出环境问题。**持之以恒建立长效机制**。严格落实环境保护"党政同责""一岗双责",完善体现生态文明建设要求的目标体系、考核办法、奖惩机制。建立健全企业环保信用信息强制性披露和环境信用联合奖惩机制,督促企业自觉履行环境保护法定义务和社会责任。认真开展第二次全国污染源普查,建设环境管理"大数据"平台,对项目准入、生产制造、达标排放实行全程监管。大力推广绿色低碳循环的生产生活方式,强化市民环保意识,共同保护润州的好山好水好风光。

4. *不断优化公共服务体系,让发展红利不断释放*。坚持以人民为中心的发展思想,把群众身边的小事当作党委政府的大事来抓,让人民群众共享改革发展成果,实现人的全面发展和社会全面进步。**坚持共建共享,推动社会事业发展**。对照省市"十三五"基层基本公共服务标准化建设要求,进一步优化基本公共服务供给。坚决贯彻省委决策部署,积极稳妥推进教育改革,不断满足群众多层次、多样化、均衡化、优质化的教育需求。主动回应群众对医疗、养老、住房、文化等领域的关切,认真研究解决事关群众切身利益的现实问题,努力让发展更有温度、百姓幸福更有质感。**坚持统筹协调,完善社会保障**。深入推进聚焦富民行动,充分挖掘就业惠民、创业富民的潜力,拓宽居民收入渠道。深入推进全民参保计划,健全信息动态共享联动机制,促进各类用工单位及人群依法参保。对大走访摸排的精准扶贫对象、低保户等特殊困难群体,坚持一户一策,有针对性地实施产业扶持、转移就业、结对帮困，确保小康路上“一户不少、一人不落”。**坚持问题导向，激发改革活力**。严格按照中央和省委、市委部署，有组织、有纪律、有步骤推进党政机构改革，实现管理流程再造，提高政府行政效率，推进我区治理体系和治理能力的现代化。全面完成农村集体经营性资产股份合作制改革，规范基层经济事务、公共事务管理，从根子上解决群众身边不正之风和腐败问题，优化基层政治生态。坚持以质量和效益为核心，推动区属国有企业公司制改革，建立产权清晰、权责明确、管理科学的现代企业制度。

5. *坚决守住安全稳定底线，让社会环境更加和谐*。切实强化法治意识和忧患意识，针对安全生产、环境保护、社会稳定等风险隐患，突出源头管控，深化专项治理，进一步提高防范应对风险的能力水平。**全方位保障公众安全**。以“平安润州”建设为抓手，深入开展“扫黑除恶”“清风行动”、打击“盗抢骗”“食药环”违法犯罪等系列专项斗争，持续深化群租房整治，完善治安防控体系建设，进一步保障人民群众“舌尖上”和“钱袋子”的安全。时刻绷紧安全生产这根弦，把握关键环节，狠抓重点领域，全面排查安全隐患，有效防范和坚决遏制重特大事故发生。**多角度推进社会治理创新**。全面加强以党建为引领的基层网格化社会治理机制建设，形成“社区党组织—网格党支部—楼栋党小组—党员中心户”组织架构，建设“一网、一终端、一库、一中心”全要素网格，充分整合各类公共资源和监管职能，实现“一网覆盖、多网协同、实用实效”目标，真正做到有诉求及时回应、有问题及时发现、有矛盾及时化解，把网格打造成基层治理的扎实基础和有力保障。全力推进村（社区）工作者职业体系建设，逐步提升社区从业人员能力和“双全”⑤社工占比，全面提高村（社区）工作者队伍整体素质。**深层次化解社会风险矛盾**。高度关注投资理财、商铺返租、企业改制等群体性矛盾突出的严峻形势，注重运用法治思维和法治方式化解各类矛盾，严格落实领导干部接访、下访、包案等制度，完善矛盾纠纷多元化解机制，做到发现在早、防范在先、处置在小，把问题解决在基层、矛盾化解在萌芽，切实担负起维护一方稳定、保护一方平安的重大责任。

三、雷厉风行抓好省委巡视整改，着力提高新时代党的建设质量

认真落实新时代党的建设总要求，既统筹兼顾、全面推进，又突出重点、抓住关键，以高质量党建引领推动高质量发展。以省委巡视反馈意见整改工作为主线，把全面从严治党不断推向纵深。

1. *强化政治建设，筑牢思想根基*。旗帜鲜明把党的政治建设摆在首要位置，充分发挥政治建设举旗定向、提纲挈领的领航作用，引导广大党员干部坚定政治信仰、增强政治定力、擦亮政治底色。深入学习贯彻习近平新时代中国特色社会主义思想和党的十九大精神，持续推进“两学一做”学习教育常态化制度化，扎实开展“不忘初心、牢记使命”主题教育，树牢“四个意识”、坚定“四个自信”，践行“两个维护”，切实强化忠诚核心、拥戴核心、维护核心的行动自觉。抓牢各级党委（党组）理论学习中心组这个龙头，上下“一盘棋”带动形成全区理论“大学习”格局，为高质量发展凝聚最强思想动力。加强党对意识形态工作的全面领导，牢牢掌握意识形态工作领导权、管理权、话语权；深化网络主阵地建设与融媒体发展，稳妥处置网络舆情，依托“润州发布”“润州先锋”做强正面宣传、讲好润州故事，奏响团结奋进的思想舆论“主旋律”。落实新时代统战工作新特点新要求，精心打造“网络社会组织、商务中介组织”统战工作两大亮点。

2. *建强组织体系，激活神经末梢*。大力推进党的组织和工作在各个领域的有效覆盖，在强化政治功能中提升组织力。按照试点、推开、提升三步“路线图”，推动城市基层“全域党建”提质扩面，提高工作标准和实施精度，以组织的紧密联合、资源的高效整合、治理的深度融合，加快形成一批具有润州特色的工作成果，为全市城市基层党建引向指路。像抓经济项目一样抓基层党建“书记项目”，健全完善“两级领办”“季度督查”机制，着力推动“书记抓”向“班子抓”“碎片化抓”向“制度化抓”“单领域抓”向“全领域抓”转变。建强基层组织带头人队伍，统筹做好村（社区）党组织换届工作。贯彻执行《中国共产党支部工作条例（试行）》，充分激发基层组织凝聚力、战斗力。

3. *激励担当作为，提升干部队伍*。严格落实20字“好干部”标准，坚持好中选优、优中选强，大力选配一批想干事、会干事、敢干事的“良将”，精心打造一支政治强、能力强、作风强的“铁军”。建立全区干部信息大数据库和专业型人才需求清单，实施新一轮后备干部库和专业人才库组建工作，常态化开展年轻干部双向挂职、一线历练，加大干部培养性、结构性交流，大胆选派优秀年轻干部到重要岗位加压锻炼、加速成长。用准用好“三项机制”，努力发掘一批典型案例，以案析理、以案引路，营造鼓励干事、支持创业、宽容失误的良好氛围。突出“政治体检”，完善考评机制，科学有效开展领导干部360° 适岗评价，探索建立多维度、立体式干部考评资料库，对考评“末位”者该调即调、当下则下，促使领导干部在其位谋其政、展其能尽其职。

4. 抓好巡视整改，优化政治生态。把省委巡视问题整改作为最重要的政治任务，切实担负起整改主体责任，扎实做好巡视“后半篇文章”，从根子上祛除“病灶”、消灭“顽疾”，在全面整改、彻底整改、务实整改的过程中塑造更清明的政治生态。认真贯彻新修订的《中国共产党纪律处分条例》，正确运用监督执纪“四种形态”，抓早抓小、防微杜渐，使“五个必须”成为自党,让“七个有之”⑥无所遁形。驰而不息抓好作风建设,集中整治形式主义、官僚主义。加强党对反腐败工作的统一领导,健全权力运行制约和监督体系,严密扎紧制度笼子,努力将腐败问题遏于初萌、止于未发。

同志们,清风扬正气,奋进正当时。让我们以习近平新时代中国特色社会主义思想为指引,在市委的坚强领导下,团结带领全区人民,深耕城市经济,创新社会治理,全面从严治党,努力开创高质量发展新局面,以经济社会发展的优异成绩迎接中华人民共和国成立70周年!

【注释】

(1)“1+4”政策文件:围绕城市经济发展编制出台的产业发展规划和配套扶持文件,“1”是指《润州区产业发展战略规划》,“4”是指《关于加快推进产业发展的政策意见(试行)》《润州区产业转型发展引导基金管理办法》《润州区招商工作实施意见》和《关于实施“润州英才”计划的意见》。

(2)“六统十八联”:推行城市基层“全域党建”,开展政治统领、组织统联、阵地统建、队伍统管、资源统用、治理统抓6方面工作,实施三级责任联动、条块横向联手、组织共建联席、示范片区联建、星火计划联育、行动支部联组、阵地标准联推、党建微家联心、网络平台联通、书记队伍联培、工作队伍联抓、党员队伍联管、区域载体联享、关爱基金联筹、为民项目联认、红色网格联治、党群事务联商、六项服务联办18项举措。

(3)“三项机制”:鼓励激励、容错纠错、能上能下“三项机制”。

(4)“三双三集”:“纪委监委双机关集聚、派驻巡察双机构集成、街道村居双层级集合”的“三双三集”监督格局。

(5)“双全”社工:“全科+全能”社工,指全面掌握各项社区(村)工作职业技能,具有一人多岗、一专多能优势的社区(村)工作者。

(6)“七个有之”:习近平总书记指出的无视党的政治纪律和政治规矩的一些突出问题:搞任人唯亲、排斥异己的有之;搞团团伙伙、拉帮结派的有之;搞匿名诬告、制造谣言的有之;搞收买人心、拉动选票的有之;搞封官许愿、弹冠相庆的有之;搞自行其是、阳奉阴违的有之;搞尾大不掉、妄议中央的也有之。

政府工作报告

——在润州区第九届人民代表大会第三次会议上

区长 徐心田

(2019年1月4日)

各位代表:

现在,我代表润州区人民政府向大会作报告,请予审议,并请区政协委员和其他列席人员提出意见。

2018年工作回顾

刚刚过去的2018年,是润州区全面发展城市经济的开局之年,也是我们攻坚克难、奋力拼搏的一年。面对宏观环境复杂多变、困难挑战显著增多的不利形势,在市委、市政府和区委的坚强领导下,在区人大、区政协的监督支持下,我们团结和依靠全区人民,紧紧围绕“六个高质量”发展目标,自觉践行新发展理念,在压力下砥砺前行,在困难中开拓奋进,城市经济发展成效初显、生态环境质量明显提升、城市运营管理更加优化、社会民生事业蓬勃发展,完成了区九届人大二次会议确定的各项目标任务,在润州转型发展的新征程中迈出了坚实而有力的步伐。

回顾这一年,重点开展了六个方面的工作:

*一是城市经济在开篇布局中迸发活力。*始终坚持“产业强区”理念,转型升级成效持续显现、城市经济

发展稳中向好，成为全市唯一入选省新一轮服务业综合改革试点区域。**主要指标稳中有进**。预计（下同）实现地区生产总值214亿元、增长4%，高于全市平均增幅；完成一般公共预算收入13.5亿元，增长20.5%，增幅全市领先；完成现代服务业应税营业收入105亿元，规上现代服务业产业投资3.7亿元；完成社会消费品零售总额114亿元，增长6.5%；完成固定资产投资101亿元，增长4.6%；实现城镇居民人均可支配收入48639元，增长7.8%，高于经济增长水平；省"双创计划"完成率100%，为全市唯一完成指标的辖市（区）；入选市"金山英才"计划7人，指标完成率175%，列全市第一。**项目招引全力推进**。25个重点产业项目基本达到年度序时进度，大西路商业广场、长江金融产业园、鸿鑫商业广场3个亿元产业项目开工入库①，"联想之星·星云加速器"项目成功落户、创新中心正式投入运营；宁卫医药销售咨询服务平台项目落户官塘并吸引90余家小微市场主体注册；华润燃气、恒信集团等总部企业，南京银行、华夏银行等金融机构落户；成功引进树实科技、慧灵科技等高科技企业；盘活商务A区、国投商务广场、常发广场、朱方大厦、金山东街等存量楼宇约9.4万平方米，去化率14.9%。**产业结构逐步优化**。生产性服务业实现税收6.76亿元，增长46%，对税收贡献份额由去年末的14.7%提升至28.4%；高新技术企业增长率200%；新增各类市场主体11397户、注册资本总额165.14亿元，分别增长40.7%、23.8%。

二是城市运营在精耕细作中全面提升。牢固树立"精明增长""紧凑城市"的理念，坚持走内涵式发展之路，城市形象不断优化、城市品质得到提升。**城市配套设施更加完善**。镇江农批市场被评为农业部蔬菜定点批发市场，桃园菜市场开业，远洋菜市场、南山路菜市场按序时顺利推进，万科倍全邻里中心布点16家社区店；城乡生活垃圾分类和治理工作扎实推进，新增垃圾分类设施投入小区28个，生活垃圾分类市场化运作试点小区3个，实现党政机关垃圾分类设施全覆盖；大力实施"厕所革命"，完成城区范围内15座公厕改造升级工作；太古山路建成通车。**城市面貌更新全面提速**。实施恒顺北地块征收、太平圩、山巷路东西两侧棚户区改造等新老项目13个，完成签约1895户，45.4万平方米；完成同德里和朱方路两个片区老旧小区改造共21万平方米，居民居住环境得到改善；实现危房解危239户，1.67万平方米，超计划完成年度解危任务。**城市管理水平不断提升**。以"绣花"功夫破解城市管理"顽疾难症"，全面开展露天烧烤、废品回收、路边洗车、主次干道沿线环境专项整治行动，拆除违法建设5.5万平方米，铁路沿线环境整治工作得到省整治办高度肯定；国土资源节约集约利用综合评价考核成绩优异，被省政府办公厅通报表扬。

三是生态环境在攻坚克难中得到优化。以"压倒性思维"加强生态环境治理与保护，坚决打好污染防治攻坚战，力求让城市既有绿色形象又有生态内涵。**环境质量有效改善**。全区$PM_{2.5}$年平均浓度53微克/立方米，为全市最低，同比下降8.2%，降幅全市最大；空气质量优良天数比率为60%，同比上升5%，增幅全市最高；运粮河新河桥国控断面总体水质均值达Ⅲ类，污染物减排和第二次全国污染源普查年度任务全面完成。**污染防治纵深推进**。大气治理方面：排查整治"散乱污"企业②750家，实施完成工业类整治项目7个，完成城区259家餐饮店油烟净化系统及5家重点餐饮单位油烟在线监控系统安装工作；水环境治理方面：全面推进"河湖长制"工作，高质量建成运粮河国控监测站点，有效清理征润洲水源地一级保护区内违法违规设施，完成周家河、御桥港中段、下段、西团结河中段4条黑臭水体整治任务；土壤治理方面：完成农用地土壤详查采样工作，原江南化工厂土壤及地下水修复试点项目已正式启动；综合整治方面：西南片区（韦岗区域）阶段性整治任务全部完成，地块复绿工作全面收尾。在全市率先完成重点货运源头企业监控设备的安装与调试，创新治超治限方式。**督办问题全力解决**。全面完成中央环保督察"回头看"、省第三环保督察组交办的73件信访工作任务，全力推进督察反馈意见整改工作。扎实开展"263""116"专项行动③，环境问题得到有效解决。

四是民生福祉在共建共享中持续改善。坚决落实以人民为中心的发展观，坚持普惠性、保基本、均等化、可持续的方向，持之以恒加快社会民生事业改善。**富民举措抓得更实**。认真落实各项就业创业政策，千方百计提高城乡居民收入。城镇新增就业11780人，扶持自主创业2340人，城镇登记失业率1.55%。创成省级创业孵化基地1家、省级创业型街道3家、省级创业型社区（村）21家，创成率全市最高。在全市率先挂牌成立镇江创业大学润州分院，打通培训—创业有效途径。**惠民实事办得更好**。教育现代化建设水平全省领先，教育重点工程深入推进，苏州外国语学校落户官塘新城项目正式签约，2所幼儿园完成"公办委托幼儿园"改革试点工作；实施11个省级综合性文化服务中心提升任务，7个街道文化馆分馆全部挂牌正常运行，建成体育公园1个；家庭医生签约服务、全—专联合门诊等工作获省委主要领导充分肯定，刘素萍家庭医生团队荣获"全国优秀家庭医生团队"，七里社区卫生服务中心被省卫健委列为首批社区医院建设试点，黎明社区卫生服务中心被列为省家庭医生签约模式创新建设单位；新增2个标准化老年人日间照料中心、12个老年人助餐点，纳入政府购买服务老人999名，发放尊老金8992人、651.85万元，迎江路中心社区日间照料中心成为全市首家综合性康养服务平台；

公共法律服务实现社区(村)全覆盖。**安民环境做得更优。**认真做好新形势下双拥工作,荣获省"第十一届双拥模范区"称号。创新网格化治理机制,推动现代科技与社会治理深度融合,选齐配强网格管理员队伍。深入开展"清风行动"④和"扫黑除恶"专项斗争,坚决落实维稳责任。加强安全生产、食品药品、公共卫生、金融风险防控等安全体系建设,严守安全底线。

*五是重点改革在创新实践中不断深化。*继续在深化改革创新上亮实招、出硬招、谋新招,以改革强化制度供给、以创新永葆发展活力。召开城市经济发展大会,出台《润州区产业发展战略规划》《润州区关于加快推进产业发展的政策意见》,构筑起润州产业发展"1+4"政策文件体系⑤,完成了夯基垒台、立柱架梁的基础性工作;e 办事服务中心实质化运行,371 项政务服务事项实现不见面审批,占全区政务服务事项总量的 97%,区驻市政务中心窗口考评成绩位居前列;"3550"改革取得重大突破,企业注册登记压减至 1 个工作日,个体工商户注册登记当场办结;创新政银合作,在银行网点设立受理企业登记的"注册 e 线通",办理全程电子化营业执照 688 件、占全市比例 34%;农村"三资"⑥管理持续深化,街道资产清产核资工作全面完成,10 个村(涉农社区)顺利完成农村集体经营性资产股份合作制改革;调整区对街道财政管理体制,完善财政分配格局,促进财权事权匹配;完善国有企业监管制度,出台《润州区国有企业重大事项管理暂行规定》《区属场圃、工贸总公司绩效管理考核实施方案》,进一步加强国有资产管理,推动国有企业规范经营、做优做强。

*六是自身建设在砥砺奋进中切实加强。*全面加强政府自身建设,扎实开展解放思想大讨论活动,服务效能不断提升,政务环境持续优化。**完善政策制度。**进一步规范和完善了政府各项政策文件,先后出台《润州区人民政府"三重一大"事项集体决策制度实施办法》《关于进一步规范区级行政事业单位财务报销的有关规定》等规章制度,强化了制度建设,优化了管理流程。**坚持依法行政。**严格按照法定权限和程序履行政府职责,出台了《润州区行政执法公示制度》《润州区行政执法全过程记录制度》等文件。充分发挥政府法律顾问作用,全年为全区各单位提供法律建议、处理各类法律事务 91 件 / 次。自觉接受人大依法监督、政协民主监督,全年办理人大代表建议和政协委员提案 170 件。**加强作风建设。**扎实开展"暖企惠民"大走访活动,共开展 2 轮大走访,走访企业 283 家 / 次,办结问题和建议 249 条,及时了解并呼应企业诉求。全面落实党风廉政建设主体责任,11 家政府组成部门接受区委常规巡察和省区联动巡察。加强审计全覆盖监管,突出对重点领域、关键环节的全过程监控,提高公共资金使用效益。全年办理"12345"政务服务热线 7000 余件,"书记、市长信箱"124 件,妥善解决群众反映的问题。

这一年里,各街道也抢抓机遇、创出特色,奏响了高质量发展的主旋律:**七里甸街道**获批省级创业型街道,引进多家总部企业,金融集聚初具规模;**官塘桥街道**全力打造小微企业集聚区,民营经济绽放新活力;**宝塔路街道**高效服务重点产业项目,经济总量稳居全区第一;**和平路街道**主要经济指标超额完成,服务业投资领跑全区;**金山街道**文化旅游产业发展势头良好,西津渡景区已成为沪宁线旅游新地标;**韦岗街道**率先完成西南片区环境综合整治,民生基础设施持续完善;**南山街道**南入口、东入口整治全面启动,为未来产业发展奠定良好基础。

税务、公安、审计、规划、国土、人民武装等相关单位倾心服务经济社会发展,工会、共青团、妇联、科协、残联、关工委等群众团体充分发挥桥梁纽带作用,民族宗教、外事侨台、史志档案等各方面工作取得了新成绩,共同推动了政府工作全面进步。

各位代表,过去的一年,我们以思想解放破解现实难题,以重点突破带动发展全局,取得了来之不易的成绩,积累了弥足珍贵的经验。这是全区人民在区委总揽全局、坚强领导下,同心同德、同向同行的结果;是区人大及其常委会法律监督、工作监督的结果;是区政协民主监督、参政议政的结果;是各民主党派、工商联、无党派人士、人民团体和社会各界热忱支持、团结协作的结果。在此,我代表区人民政府,向辛勤工作在各条战线的同志们,向区人大代表、政协委员,离退休老领导、老同志,各民主党派、工商联、无党派、人民团体和社会各界人士以及所有参与、支持和关心润州发展的各界朋友,表示衷心的感谢并致以崇高的敬意!

在肯定成绩的同时,我们也清醒地看到,全区经济社会发展中还存在一些问题和短板:一是产业层次还不够高,项目支撑明显不足,招引力度有待加强。二是城市品质仍需提升,基础设施配套、生态治理等方面还需持续用力。三是民生改善、社会事业发展还有欠账,与群众期盼仍有一定差距;四是影响社会稳定的隐患依然较多,征地拆迁、非法金融等领域风险隐患还需进一步化解。此外,少数同志不敢担当、不愿作为的状况仍然存在,改革意识、服务意识需要进一步锤炼。对这些问题,我们将高度重视,切实加以解决。

2019 年工作安排

2019 年,是新中国成立 70 周年,是决胜高水平全面建成小康社会的关键之年,也是润州城市经济发展的提升之年。放眼新的一年,宏观经济面临下行压力,区域发展竞争日趋激烈,一些领域的风险仍在集聚。但总体来看,机遇大于挑战。从全国看,长三角一体化已经上升为国家战略,将对华东区域经济产生深远影响;从全省看,扬子江城市群建设、宁镇扬一体化取得实质性进展,为更高程度聚合优质资源提供了重要契机;从全市看,交通区位、产业结构不断优化,改革红利、政策红利加快释放,为我们有效利用各种发展机遇创造了条件;从润州自身看,经过一年探索,润州产业定位更加准确,产业思路愈加明晰,为加快城市经济发展奠定了良好基础。因此,我们必须坚定信心决心,抓住有利机遇,全力推动润州经济社会持续健康发展。

按照区八届三次党代会部署,**今年政府工作的指导思想是:**全面贯彻落实党的十九大精神,以习近平新时代中国特色社会主义思想为指导,认真落实中央经济工作会议、省委十三届五次全会和市委市政府决策部署,坚持稳中求进工作总基调,紧紧围绕"推动高质量发展落地见效""决胜高水平全面小康社会"这两项全局性任务,以"深耕城市经济""创新社会治理"为重点目标,推动城市经济大发展大繁荣,奋力开创润州"强富美高"新局面!

今年经济社会发展的主要预期目标是:地区生产总值增长6.5%左右;一般公共预算收入增长4.5%左右;规上现代服务业产业投资增长10%;现代服务业应税营业收入增长8%;社会消费品零售总额增长6.5%;城乡居民人均可支配收入增长与经济增长同步;全面完成市下达的节能减排约束性指标。

围绕上述目标,我们将重点抓好五个方面的工作:

一、坚持产业强区,提升发展能级

坚持项目引领、产城融合导向,全力构建与润州主城区特点相适应、资源环境相协调、区位优势相融合的产业体系,不断提升城市经济发展水平与能级。

*推动产业升级。*坚定不移实施城市经济发展战略,在产业培育上进一步理清方向、精准发力。*一是丰富传统服务业。*以旅游业发展为抓手,全力推动环金山、西津渡片区服务业向多业态、高端化升级,利用南山森林公园资源优势发展健康养老、体育休闲等产业,倾力服务魔幻海洋世界、韦岗温泉康养项目建设。继续强化城际商圈作为全市核心商圈的地位,重点服务好体育馆北地块商业综合体建设,利用东方伟业整体资产着力打造教育综合体。*二是发展生产性服务业。*以楼宇社区建设为试点,聚焦金融服务和科技服务,重点打造以长江金融产业园为龙头、南徐大道和檀山路为中心的镇江金融服务集聚区,全力推进以市知识产权交易市场、市产业研究院建设为重点、商务A区为核心的镇江科技服务集聚区。*三是培育城市经济新的发力点。*以孵化器建设为载体,坚定不移地推动产城、产研融合,加快推进以城市制造型机器人产业为主的高端制造业。招引数字经济、中介服务、检测机构、培训认证等更加高端的服务型业态。

*强化项目招引。*进一步强化产业招商,抓紧推进目前在手在谈的阿里体育、爱尔威机器人等招商项目。通过慧灵科技和树实科技开展"1+N"招商,引进上下游企业;进一步盘活载体资源,以协信太古城商业中心开业和大西路商业中心建设为发力点,抓好西津渡片区闲置资产去化和产业提升。坚持以发展规划指导招商,用好鸿鑫商业广场、金山东街等楼宇资源;进一步创新招商方式,充分发挥"1+4"政策体系和产业引导基金作用,主推"和润之州"品牌,实现润州招商向"投资推广"阶段逐步过渡。支持"风投+科技"发展模式,注重采用基金招商、网络媒介招商、中介合作招商等方式。

*实现高效产出。*将有效投入、高效产出放在项目建设的核心位置,提高项目建设、产业发展的精准度。围绕长江金融产业园、树实科技等产业项目,不断完善项目推进机制,促开工、提进度、解难题,加快推动项目投产达效。进一步强化"马上办、帮助办、上门办、办成功",加快推进"多评合一"⑦和政府审批制度改革。通过落实项目建设五项制度,加大协调推进力度,全力推动一批项目早投产早见效,真正以一批重大项目的开花结果,为润州长期稳增长、长远增后劲注入强劲动力。

二、坚持创新引领,激活发展潜力

深入实施创新驱动发展战略,充分发挥科教人才资源优势,着力培育市场创新主体,促进科技成果产业化,营造更加优良的创新创业生态环境,为经济转型升级注入新动力。

*培育壮大创新阵营。*大力推动创新要素向企业聚集,使企业真正成为创新决策、研发投入、科研组织和成果应用的主体。充分发挥产业引导基金作用,支持初创期、种子期的科技型企业发展,着力实现高新技术成果在地转化。以镇江市技术交易中心吸引多家高校和技术交易公司进驻,建成镇江市技术交易市场,为全市产业发展提供技术服务。以镇江低碳产业研究院落户、实体化运作为契机,建成符合全市产业发展方向的多个专业研究所,做成镇江产业强市的技术支撑。大力支持联想星云创新中心、启迪协信众创工社、易沃客创意空间建设与运营,加快推进产业科技创新平台建设,充分发挥科研院所"强磁场"作用,共建符合城市经济发展的现代化产业园区。

*大力集聚创新人才。*充分利用"金山英才""润州英才"计划,发挥科技镇长团优势,吸引各类人才来润州发展。强化市场主导作用,鼓励企业通过高薪聘用、股权激励、特聘顾问等方式,"柔性"引进高层次人才和创新团队。制定优惠政策吸引猎头、培训、咨询、测评等各类中高端人才中介机构入驻我区,发挥他们在

引才、融资、资源整合方面独到作用。借助“引才大使”人脉资源,帮助引才荐才,拉长人才招引线路,加强与大院大所、知名高校的对接,努力提升区域创新能力。

持续优化创新环境。继续推进“不见面审批”改革,实现各类政务服务事项全进驻,持续降低创新创业制度性成本。优化升级“润州英才”计划,重点支持现代服务业创业人才和全职创新人才,并对引进紧缺人才的企业给予补贴。依托联想星云创新中心及中德职业教育中心等培训平台,大力实施人才培养工程。充分用好各类资源,优先扶持优秀的人才创业项目,全面支持高科技小微企业发展。坚持以“质量强区”推动品牌建设,支持企业建立健全标准化体系和质量管理体系。积极搭建政银企合作平台,为促进小微企业、民营企业高质量发展创设良好环境。大力营造鼓励创新、宽容失败的良好氛围,为各类市场主体开展创新活动提供有力支持。

三、坚持绿色理念,擦亮发展底色

践行“绿水青山就是金山银山”的理念,以提升生态环境质量为目标,以解决生态环境领域突出问题为重点,让天蓝、山青、水秀、城美成为润州最具吸引力的城市品牌。

铁腕抓治理。持之以恒推进“263”“116”专项行动,全面落实中央环保督察“回头看”和省环保督查反馈意见整改。围绕治水、治气、治土三项重点,完成凤凰河、四圩老铁路河两条黑臭水体整治任务,建立健全大气管控体制机制,加强农业面源污染防治,切实抓好环保突出问题的整改。严格生态红线区域保护责任,加强对生态红线区域保护工作的检查和监督,依法坚决查处逾越生态红线和破坏环境的违法行为。

源头抓管控。持续保持污染防治高压态势,确保全区 $PM_{2.5}$ 年平均浓度、空气优良天数比率、运粮河新河桥国控断面总体水质均值等重点指标达到市级要求。针对西南片区综合整治、长江豚类省级自然保护区、征润州饮用水源地保护等工作,经常性开展拉网式排查,避免问题反弹。严把项目准入关,避免引进“两高一低”企业[8],常态化推进“散乱污”企业整治。健全完善以绿色发展为导向的科学发展目标考核体系,加大生态文明建设目标考核权重。

严格抓督察。全面落实“三线一单”[9]管理要求,强化空间、总量、准入环境管控,确保发展不超载、底线不突破。实行环保重大事故一票否决制和环境损害终身追责制,健全网格化巡查监管制度。强化环境执法与刑事司法联动,促使环境守法成为常态,让环境保护真正进入制度化、法制化的轨道。进一步树立公众的环保责任意识,动员最广泛的社会力量踊跃参与,让每个人都成为污染防治的“千里眼”和“顺风耳”,成为政府监管的重要补充。对人民群众反映的问题,快速反应、迅速处置。

四、坚持优质运营,提高发展品位

更大力度做好城市运营这一最直观、最可感的民生,统筹推进配套提档、治理提质、管理提效,高品质优化城市功能,高水平建设宜居润州。

补齐城市基础设施。积极对接市相关部门和平台,加快弥补排污管网等基础设施欠账。继续开展“厕所革命”,新建和改造升级 10 座公厕。加强垃圾分类推广,新建垃圾分类中心以及农贸市场易腐易烂处置中心,提高垃圾分类处理水平。进一步拓展城市经济发展空间,启动实施太古山一号地块三期、山巷东西杨家门片区棚户区改造,完成结转项目征收扫尾。继续做好老旧小区改造工作,确保完成危房解危年度任务。

解决城市治理难题。积极探索通过政府购买服务,引进专业化环卫公司进入垃圾分类领域的市场化运作模式,提升城市管理专业化水平。坚持行政手段与经济手段、专项整治和长效监管有机结合,严厉打击占道经营、露天烧烤、随意排污等行为。加快出台《关于深化违法建设长效防控和查处机制的实施意见》,严厉查处新增违建,分步处置存量违建,确保完成“建成区范围内违法建设三年清理行动”任务。严格落实《润州区住宅小区物业管理考核暂行办法》,构建“条块结合、重心下移、属地管理、行业监督”的物业管理格局,充分发挥物业矛盾调处中心作用,加快消除物业监管盲点。

强化城市长效管理。结合文明城市创建,综合运用系统化、精细化、法制化手段加强市容管理;深化机制创新,进一步健全“大城管”格局,强化综合执法。继续推动城市管理重心下移,以网格化管理为抓手,提高社区治理和服务能力,把问题更多解决在基层;加快智慧城市建设,按照“一个数字化平台、多个数字化终端”的思路,整合公共设施和基础服务信息,打造“互联网 +”城市管理新模式;突出全民参与,通过聘请市民监督员、壮大志愿者队伍等方式,形成全社会齐抓共管的浓厚氛围。

五、坚持民生优先,共享发展红利

坚持尽力而为、量力而行,抓实民生项目,让改革发展成果更多更公平地普惠于民,使群众获得感、幸福感、安全感更加充实、更有保障、更可持续。

全方位完善社会保障。坚持就业优先,实施创业引领计划,落实好《就业惠民创业富民实施意见》等各类政策文件。大力推动创业实训基地实体化运作,力争今年实训人数 500 人以上,创业带动就业 3000 人。积极拓展公益性岗位,保持城镇“零就业”和农村“零转移”家庭动态清零。完善集体经济与农民增收紧密结合机制,切实提高农业户籍人口财产性收入。充分发挥社会保障“安全网”功能,深入推进机关事业单位养老保险制度改革。坚持一户一策,有针对性地对全

区222户精准扶贫对象实施产业扶持、转移就业、结对帮困。创新帮扶救困形式,全力推动社会救助云平台上线工作。

普惠性优化公共服务。继续保持教育现代化建设水平全省领先,总体达到江苏省教育现代化县级示范区要求。继续加大校外培训机构专项整治力度,引导其合法合规开展培训。高质量推进文化建设,完成国家公共文化服务示范区创建年度目标。积极争创省级健康促进区,不断加强"一中心一特色"健康服务品牌建设,大力推进医养融合发展,持续做强家庭医生签约服务。打通养老医疗壁垒,支持社会力量兴办医养融合机构,护理型床位达50%以上。引导待建和有条件的社区日间照料中心融入社区卫生服务机构主要功能,打造全域公益性康养服务品牌。

大力度维护社会稳定。全力创新社会治理,加强各类社会资源有效整合,初步形成"三社联动"的社区治理新格局,打造具有润州特色、体现新时代要求的社区(村)工作者职业体系。全力保障公众安全,着力打造共建共治共享的社会治理格局,构建立体化、现代化社会治安防控网络。持续深化"扫黑除恶"、"清风行动"等专项斗争,不断优化安全监管措施,整治社会关注的治安突出问题。全力维护社会稳定,牢固树立安全发展理念,推进安全隐患大排查大整治,确保安全生产、食品安全形势稳定向好。

今年,将努力办好涉及民生福祉的十件实事。

1. 优化教育事业布局。完成红星桃花源幼儿园装修、实施李家大山小学改扩建工程、启动金西中学新建和孔家巷小学迁建工程。

2. 优化养老服务保障。新建南山街道、韦岗街道老年人日间照料中心,新建12家老年人助餐点。实施政府购买养老服务,为全区60周岁以上低保户家庭、失独家庭、重点优抚对象和分散供养的三无人员提供服务。

3. 优化文化惠民供给。深入推进"书香润州"建设,实现区图书馆与社区书屋通借通还率达100%,为社区居民提供便利的公共阅读服务。

4. 优化食品监管模式。实施食品安全"你点我检"[10]项目,提升辖区内食品安全指数。

5. 优化政务服务水平。推动"互联网+政务服务"向基层延伸,在江苏政务服务网润州旗舰店增设各街道服务频道,在部分街道为民服务中心布局自助服务终端,提供便民服务。

6. 优化水利设施建设。实施征润州堤防能力提升工程,对征润州段1.6公里长江堤防进行加固改造。

7. 优化社区公共服务。完成银山门社区、远洋社区、琴园巷社区、李家大山社区升级改造任务。

8. 优化群众居住环境。继续实施张家湾片区棚户区改造,建设龚家湾片区和张家湾片区安置房项目。

9. 优化菜市场布点运营。建成南山路菜市场主体工程,远洋菜市场建成开业,万科倍全邻里中心新增社区店5~6家。

10. 优化就业创业扶持。投入资金100万元,实现省级创业型街道覆盖率100%,省级创业型社区(村)覆盖率95%以上。扶持创业1200人,创业带动就业4800人,扶持就业困难人员再就业720人。完成远洋产业楼创新创业服务基地建设。

加强政府自身建设

民之所望,政之所向。加快润州城市经济高质量发展,增进民生福祉,政府系统必须自觉做到坚持党的领导,树牢"四个意识",加快转变政府职能,不断提高行政效能,持续用力、深处着力,努力建设人民满意的政府。

坚持解放思想。解放思想只有"进行时",没有"完成时",要真正以思想大解放推动各项事业的高质量发展。树立问题意识,在深入发现问题、精准分析问题、有效解决问题上下功夫,大力排查发展中的难点堵点痛点,逐个寻求破解难题的金钥匙,聚焦环境保护、征收安置等领域突出问题,以创造性的思路和举措打赢攻坚战、啃下硬骨头;树立创新意识,自觉摒弃惯性思维和路径依赖,转变理念思路,努力推动经济工作转向追求质量效益、城市运营转向内涵提升、社会建设转向共建共享;树立精品意识,进一步提高发展站位,努力在区域竞争中扬长补短、借力发力,以追求卓越、精益求精的精神推进各项工作。

推进依法行政。加快构建系统完备、科学规范、运行有效的依法行政制度体系,进一步提高政府法治化水平。健全行政决策机制,将公众参与、专家论证、风险评估、合法性审查、集体讨论决定确定为重大行政决策的法定程序,更大力度发挥政府法律顾问的参谋、助手作用;完善行政执法机制,健全行政执法和监督体系,做好行政复议和行政应诉工作,落实"谁执法谁普法"普法责任制;强化履职监督机制,充分发挥区政府门户网站、"润州发布"等平台作用,规范实施政务公开,自觉接受人大、政协监督,认真办理人大代表建议和政协委员提案,高度重视社会监督和舆论监督。

强化务实担当。始终坚持实事求是,真正把心思用在谋发展上,把精力放在干事业上。加强能力建设,全面增强执政本领,贯彻落实新发展理念,用新思维、新观念解决问题、推动发展,加快知识更新、优化知识结构,努力培养具备专业思维和素养的干部队伍;强化责任意识,以对工作负责、对润州负责,对人民负责的道德操守，切实做到忠实履责、尽心尽责，担起改革发展的重任，干成群众认可的事业；提升工作效率，实行重点工作清单化管理，建立清晰明确可追溯的责任体系，健全重点工作督查机制，明确督查重点，盯住关键环节，确保各项工作任务全面及时高效落实。

树牢廉洁意识。认真落实“一岗双责”，严格执行党风廉政建设责任制，深化廉政风险防控，驰而不息纠正“四风”。坚持用制度管权管人管事，强化权力运行制约监督，加快形成不敢腐、不能腐、不想腐的体制机制；坚持厉行勤俭节约、反对铺张浪费，严控“三公”经费支出，把有限的财力用在推动发展和改善民生上；坚持挺纪在前，加强纪律教育，强化纪律执行，让全体公务人员知敬畏、存戒惧、守底线，习惯在受监督和制约的环境中工作。

各位代表！我们正处在一个伟大的新时代，这个新时代既是奋斗出来的，更是奋斗者的时代。让我们在习近平新时代中国特色社会主义思想的指引下，在区委的坚强领导下，以逢山开路、遇水架桥的开拓精神，紧握奋斗之桨，高扬奋斗之帆，扛起责任、勇于担当、不畏艰难、不负时代，共同创造润州更加美好的明天，用优异成绩向新中国成立70周年献礼！

【名词解释】

(1)开工入库：指新建项目取得施工许可后开工建设，同时列入统计部门固定资产投资统计库登记管理。

(2)“散乱污”企业：指不符合产业政策，不符合当地布局规划，未办理相关审批手续，不能稳定达标排放或不具备治理价值的企业。

(3)“116”专项行动：指“一江一河六行业”生态环境综合整治专项行动。

(4)“清风行动”：指防范化解涉稳和金融风险，整治非法集资和传销的专项行动。

(5)润州产业发展“1+4”政策文件体系：指润州区围绕城市经济发展的关键环节、关键要素，编制出台产业发展规划和配套扶持文件，其中“1”是指《润州区产业发展战略规划》，“4”是指《关于加快推进产业发展的政策意见（试行）》《润州区产业转型发展引导基金管理办法》《润州区招商工作实施意见》《关于实施“润州英才”计划的意见》。

(6)农村“三资”：指农村集体资金、资产和资源。

(7)“多评合一”：指将投资项目报批阶段所涉及到的各类评估评价程序，由一个窗口统一受理项目建设的基本资料，一次性告知项目企业评估清单和工作要求，并配合项目单位与评估中介机构对接，通过“一表式”对清单内容进行并联评估、审批。

(8)“两高一低”企业：指高能耗、高污染、低水平的企业。

(9)“三线一单”：指生态保护红线、环境质量底线、资源利用上线和环境准入清单。

(10)“你点我检”：指针对上级抽检任务、社会关注高的食品、投诉举报涉及的食品开展抽检工作，同时完善检测装备，确保辖区内食品消费安全。

“联想之星·星云加速器(镇江)”项目落户润州

3月5日,润州区政府、市科技局与北京星云极客科技孵化器有限公司举行“联想之星·星云加速器(镇江)”项目签约仪式,标志着镇江市与联想控股股份有限公司达成战略合作协议后的首个子项目正式落户润州。3月23日,润州区举行2018年全市重大产业项目集中开工润州分会场活动暨“联想之星·镇江星云极客科技孵化器”项目开工仪式。市委常委、组织部部长、统战部部长李健,副市长胡宗元,区委书记高国成,联想星云加速器CEO、极星资本创始人杨海涛等出席项目开工仪式,区委副书记、区长徐心田主持开工仪式。

城市经济破题开篇

3月14日,润州区召开全区城市经济发展大会。区委书记高国成出席会议并讲话,区长徐心田作工作部署,区委副书记、常务副区长贾敬远主持会议。会议印发《润州区产业发展战略规划》《润州区关于加快推进产业发展的政策意见》《2018年润州区招商工作实施意见》《润州区产业转型发展引导基金管理办法》《润州区关于实施“润州英才”计划的意见》《关于进一步优化人才发展环境的实施意见》等政策文件。一年来,城市经济发展热度提升、成效初显、态势良好。启迪众创工社、联想之星·星云加速器等优质项目落户润州区,华润集团、长申超市、美年大健康、苏宁小店等企业的入驻为城市经济发展注入活力。

3月14日,润州区召开全区城市经济发展大会,区四套班子全体领导出席 (区电台 摄)

农村集体产权制度改革不断深化

2018 年 8 月 9 日，润州区七里甸街道光华社区股份经济合作社正式揭牌成立，成为镇江市主城区首家农村集体产权制度改革试点成功的社区。光华社区坚持“尊重历史、照顾现实、程序规范、群众认可”的原则，共折股量化集体经营性资产 1.4 亿元，认定合作社成员 1911 名，合作社成员认定工作得到 99%以上居民认可，选举产生股东代表 53 名，合作社章程(草案)已获全体股东代表一致同意。截至 2018 年年末，润州 10 家涉农村(社区)完成农村集体经营性资产股份合作制改革。

举办广播剧《初心难忘》首发式

10 月 16 日，中共润州区委、市文广集团联合举办“不忘初心 一心向党”重阳节活动暨广播剧《初心难忘》首发式，学习宣传剧中主人公何以范老人初心难忘、一心向党的情怀，执着奋斗的品格，老当益壮的精神，用发生在身边先进人物的先进事迹提振广大干部干事创业的精气神，为建设“强富美高”新润州提供强大精神动力。该剧已于 2018 年 10 月 17 日重阳节当天，于中央人民广播电台、中国广播网、江苏广播电台、镇江广播电台等国家、省、市三级媒体上线播出。

10 月 16 日，润州区举办“不忘初心 一心向党”重阳节活动暨广播剧《初心难忘》首发式，区四套班子主要领导、分管领导出席 （区电台 摄）

润州概况

栏目编校：孙 伟

区情概要

【位置、面积、区划】 润州区是镇江市市辖区，位于长江下游南岸古运河以西，地处镇江市区西南部。东以古运河为界，与镇江市京口区毗邻；东南部分地段与镇江新区（江苏省镇江经济开发区）连接；北濒长江，与扬州市邗江区隔江相望；西南与镇江市丹徒区接壤。

2018年年末，润州区土地总面积88.87平方公里，其中，耕地面积1489公顷，茶园面积98公顷，果园面积5.20公顷，另有淡水养殖面积 53.3公顷。辖七里甸街道、官塘桥街道、宝塔路街道、和平路街道、金山街道、韦岗街道、南山街道7个街道，镇江市黄山园艺良种场、镇江市水产养殖试验场、润州茶场等3个场圃。境内七里甸街道14.77平方公里，官塘桥街道22.2平方公里，宝塔路街道7.63平方公里，和平路街道26平方公里，金山街道6平方公里，韦岗街道12.8平方公里，南山街道15.58平方公里，共8个行政村，52个社区。其中，七里甸街道辖1个行政村，11个社区；官塘桥街道辖3个行政村，2个社区；宝塔路街道辖11个社区；和平路街道辖3个行政村，12个社区；金山街道辖10个社区；韦岗街道辖1个行政村；南山街道辖6个社区；区政府所在地位于北纬32°11′42″、东经119°24′20″，地址为镇江市润州路5号，邮政编码为212005，政府网站中文域名为“中国·润州”（网址 http://www.runzhou.gov.cn）。

【环境、交通】 润州区境内有金山、南山国家森林公园、伯先公园、西津渡、彭公山石晶洞等旅游名胜。境内长江、运河交汇构成水路运输网；沪宁铁路、312国道、243省道、222省道、沪宁高速公路和润扬长江公路大桥等重要交通要道纵横交织，陆运非常发达。官塘桥路、南徐大道、润州路、朱方路、中山西路、黄山路、电力路、大西路、长江路、跑马山路、檀山路、团山路等贯通境内城区，农村实现村村通公路。

【地貌、资源】 润州区位于长江运河交汇处，属宁、镇、扬丘陵地区和长江冲积平原区，地势西高东低，南高北低。境内丘陵平地此起彼伏，有金山、宝盖山、跑马山、五州山、嶂山、南山、长山等，征润州、牌湾、小码头一带滨江沙洲由长江淤泥沉积而成，地形平坦宽阔。土壤类型分为水稻土、潮土、黄壤土和石灰岩土。土壤分布低，山以黄棕壤为主，岗地以黄土为主，平原以潜育型水稻土为主。

全区北有长江，东有古运河，西有运粮河，南有周家河、四明河等，开掘成大、中、小沟渠45条共75.98千米，有小型水库6座，水闸、滚水坝15座，排灌站31座共55台（套），总装机容量2328.5千瓦。区域内自然资源比较丰富，全区矿产资源以非金属矿产为主，有分布于韦岗一带的优质熔剂灰岩、铁矿，分布于五州山至彭公山一带的石灰石，及分布于赣山北麓、五州山等地的石英砂岩等，区内砖瓦粘土、水泥配料等分布广泛。生物资源也很丰富。植物主要有常绿树种如雪松、侧柏、广玉兰、女贞等；落叶树种有腊梅、白杨、银杏、水杉、槐等，药用植物有枸杞、黄芪、何首乌、龙胆草、车前草等，经济作物有茶树、果树、桑树、竹林等。森林覆盖率32.31%。

哺乳类动物有犬、猫、狐、鼠等，鸟类有麻雀、喜鹊、乌鸦等100多种，家禽类有鸡、鸭、鹅、鹌鹑、家鸽等，爬行类有水蛇、蜥蜴、壁虎、龟、鳖等，昆虫类有蟋蟀、金龟子、天牛、蝉等，境内长江鱼类有13目25科90多种，其中刀、鲥、鳗、河豚等属名贵鱼类，另外近郊养殖户养殖青鱼、草鱼、鲫鱼、鲤鱼等。 (史志办)

【雨情、水情、气象】 2018年，镇江市区平均气温17.2℃，较常年偏高1.4℃，属异常偏高年份，排历史第三极值。

2018年，镇江市主要灾害性天气有台风、暴雨(大暴雨)、短时强降水、高温、降雪和积雪、大雾和霾、雷暴、梅雨、大风、霜或霜冻、低温冰冻等灾害性天气，对交通运输、工农业生产、人民的生产以及身体健康造成一定影响，给人民的生活带来一定程度的不便。特别是7—8月的4次台风、1月的3次强降雪天气过程、秋冬季节的严重雾霾等灾害性天气严重影响了人们的生活和身体健康。 由于2018年平均气温异常偏高，排历史第二极值，因此这一年的总体评价是属于异常年景。

3月11日入春，比常年平均(3月19日)早了8天；从5月28日正式入夏，较常年平均(5月23日)晚5天，2018年春季(3月11日—5月27日)共77天，较常年平均的65天多12天。

10月1日正式入秋，比常年平均的(9月24日)晚7天。夏天共126天，较常年平均的124天多2天。

12月5日进入冬季，比30年平均(11月23日)晚12天。因此今年秋季为65天，比历史平均60天多5天。

12月12日出现初霜，比常年平均初霜日(11月13日)晚了29天。

降水：全年(2018年1—12月)年平均降水量1222.3毫米，比常年平均偏多12.6%，属正常年份。

全年各月降水量水平为：1月异常偏多，2月偏少，3月正常，4月偏少，5月异常偏多，6月显著偏少，7月偏少，8月显著偏多，9月、10月正常，11月偏多，12月异常偏多。

2018年梅雨总体特点是：入梅略晚、出梅略早、煤气偏短，梅雨量明显偏少，区域性强降水频次少，且呈过程性、间歇性特点。6月22日入梅(常年平均6月19日)，7月9日出梅(常年平均7月12日)，入梅略晚，出梅略早，梅雨期18天(常年23天)，较常年偏短。

全市梅雨期降水量明显偏少，降水量为114.2~164.9毫米，平均梅雨量为138.3毫米，较常年平均(253.9毫米)偏少4成多。梅雨期降水呈间歇性、过程性。梅雨期内雨带南北摆动，降水呈间歇性、过程性特点，其中在6月28日和7月5—6日出现明显降雨过程，其余时间均以分散性降雨为主。

日照：全年(2018年1—12月)日照时数为1821.2小时，与常年同期比，偏少82.5小时。年累计日照时数为1912.7小时，比常年同期偏少3.0%，属正常范畴。

全年各月日常时数水平：1月偏少，2月、3月、4月正常，5月偏少，6月、7月、8月、9月正常，10月偏多，11月偏少，12月显著偏少。

重要天气气候事件

1. 暴雨(大暴雨)。2018年，暴雨日镇江5天；大暴雨日镇江2天。

2. 短时强降水。2018年，短时强降水主要集中在梅雨期和8、9月份的台风和副高边缘影响下。

7月，两次短时强降水都出现在梅雨期内，具体为：2日18—19时丹阳32.1毫米；6日6—7时镇江37.0毫米。

8月13日受14号台风“摩羯”影响，镇江01:00—02:00出现44.2毫米的短时强降水；

3.高温。2018年，高温天气集中在6、7、8月份，6月共有高温日5天，7月份高温日镇江11天，其中13—15日、24—26日连续3天高温，17—20日、28—31日连续4天高温。25—26日最高气温更是在37℃以上。8月，共出现8天高温天气，另外扬中2天、丹阳6天、句容8天，其中5—11日连续7天高温，但没有出现37℃以上的高温。

4.降雪和积雪。2018年，共出现7个降雪日，1月3日白天出现中雨，3日晚上20点后转为纯雪，4日全市累计降雪量均达特大暴雪标准，并有明显积雪。4日夜里降雪减弱并逐渐停止。1月24日下午到夜里镇江各地自西南向东北逐渐出现降雪，24日20时—25日20时降雪量达暴雪、并有明显积雪，25日夜间降雪停止。1月27日早晨各站陆续出现降雪，27日夜里渐止。26日20时—27日20时累计降雪量达暴雪量级，在24—25日降雪产生的积雪之上积雪又有增加。

12月，在7日、9日和30日出现3次降雪过程，其中7日和9日的过程因前后都有降雨，没有积雪。

5. 大雾和霾。2018年，全年霾天数175天，雾日数55天，均较往年有所下降。2018年的1月，出现13天的霾天气和6天的大雾天气 。

6. 大风。2018年，大风天气37次，其中，扬中8月17日22米/秒的大风破当地有气象记录以来的8月极大风历史极值，镇江8月17日20.2米/秒的大风排当地有气象记录以来的8月极大风历史第二位。

7. 霜或霜冻。3月两天出现霜冻，3月22日全区出现霜冻，比

常年平均初霜日(1980 年到 2010 年 30 年平均初霜日为 11 月 13 日)迟了 29 天;

8. 低温冰冻。2018 年日最低气温小于等于 0℃的日数镇江 37 天。

2018 年，出现在 1 月 12 日，镇江 -7.4℃。 (市气象局)

【风景名胜】 润州区具有“城市森林”和“真山真水”的独特风貌，以“天下第一江山”闻名于世。“寺裹山”的金山以绮丽著称。市区的昭关石塔、西津渡古街、镇江英国领事馆旧址等古、近代建筑和近郊的金山寺、招隐寺、竹林寺、鹤林寺等寺庙体现润州历史名胜深厚的内涵；城南有南山国家森林公园，公园青山连绵，古木幽深，昭明太子读书台、文苑、增华阁等点缀其中。长江路和金桥大道把春江潮广场、金山江天禅寺、润扬长江公路大桥连为一体，成为润州版图一道亮丽的风景线。

(史志办)

【民族、方言】 全区有回、蒙古、满、维吾尔、苗、壮、布依等少数民族 21 个，4300 余人，其中回族约 3900 人。

润州话属北方方言的次江淮方言，城区及近郊(七里甸街道)以镇江话为主要方言，而远郊韦岗一带有部分移民操河南罗山话，征润州部分居民带有明显泰兴话。与普通话相比，镇江话没有全浊声母和舌尖后音声母，鼻化元音介于前鼻音韵母与元音韵母之间，in、ing 不分，en、eng 不分，n、l 不分；有入声调。词汇中保留着丰富的吴方言词。 (史志办)

【人口】 2018 年年末，全区总户数为 10.1784 万户，户籍总人口为 24.24 万人，其中男 12.15 万人，女 12.09 万人，男、女之比为 100.5%；全年出生 1845 人(男人 946，女人 899)，全年死亡 1912 人(男人 1111，女人 801) (公安分局)

经济和社会发展

【国民经济】 2018 年，完成地区生产总值 214 亿元、增长 4%，高于全市平均增幅；一般公共预算收入 13.5 亿元、其中税收收入 12 亿元，分别增长 20.5%、29.2%，增幅全市领先；生产性服务业呈现爆发式增长，重点企业净增 106 家、增长 17%，实现税收 6.76 亿元、增长 46%，税收贡献份额由上年的 14.7%提升至 28.4%。市场活力有效激发。盘活商务 A 区、国控双子楼、常发广场等存量楼宇约 9.4 万平方米。全区实有各类市场主体 38666 户，注册资本总额 831 亿元，分别增长 40.7%、23.8%，其中实有企业 11903 家、增长 34.7%，注册资本 807 亿元、增长 23.6%。高端人才争相涌入。入选省“双创人才”1 人、市“金山英才”计划 7 人，分别完成任务数的 100%、175%。每万人劳动力中高技能人才数达 880 人，增长 16.4%。

润州发展日益强劲，结构更优化。出台城市经济发展战略规划和“1+4”政策文件，明确“生产性服务业、现代旅游业、高端商贸、低碳产业和智能制造”五大产业发展方向，常态化开展企业大走访、企业家座谈会活动，密集开展以城市经济为主题的“双招双引”活动。全区 25 个重点产业项目实现投资 97 亿元，联想星云加速器投入运营，大西路商业中心开工建设，镇江长江金融产业园加快推进，树实科技、慧灵科技成功落户。润州成为全市唯一入选省级服务业综合改革试点区域，现代服务业应税营业收入达 105 亿元，增长 15.9%。全力打造优质的营商环境，371 项政务服务事项实现不见面审批，占总量的 97%，企业、个体工商户注册登记压减至 1 个工作日；创新政银合作，办理全程电子化营业执照 688 件，占全市比例 34%。10 个村(涉农社区)完成农村集体经营性资产股份合作制改革。供销社专项试点改革任务在全省率先完成。

【社会事业和人民生活】 润州民生持续改善，事业更蓬勃。教育现代化建设继续走在全省前列，新一轮义务教育布局调整优化全面启动，学前教育办学体制改革稳妥实施。基层卫生综合改革进一步深化，创新家庭医生团队“首诊式”签约管理服务模式。城镇居民人均可支配收入达 48639 元，增长 7.8%；养老保险基金征缴总收入超 3 亿元，完成率达 122%。2 个标准化老年人日间照料中心投入运行，12 个老年人助餐点投入使用。帮扶救困稳步推进，“善行义举榜”在全市推广。防灾减灾进展顺利，2 个村(社区)入围全国综合减灾示范社区。积极推进创新网格化治理，初步建立覆盖全区的“全要素”网格。开展村(社区)工作者职业体系建设，构建涵盖待遇保障、绩效考核、事务准入、员额管理、统一招录的全方位政策制度体系。

政治文明建设

【政治文明建设】 深入学习贯彻习近平新时代中国特色社会主义思想和中共十九大精神，扎实开展解放思想大讨论活动。全面压实意识形态工作责任制，不断增强社会主义意识形态凝聚力和引领力。“两级领办”抓实三级“书记项目”，统筹解决一批基层党建重点难点问题。先行探索以“六统十八联”为核心内涵的城市基层“全域党建”，承办全市现场会向面上推广，《中国组织人事报》、中国共产党新闻网、省委《快报》予以报道推介。新增全市“五星”先进党支部2个,市级支部书记工作室、党员教育实境课堂各1个。深化“润苗工程”和“三聚三提五创”活动,制定出台“三项机制”实施细则,创新实施“政治体检”和区管领导班子综合评价、领导干部三百六十度适岗评价,推动广大党员干部做改革促进派、发展实干家。网络社会组织统战工作得到中央统战部、省委统战部高度肯定。深化纪检监察体制改革,探索建立“三双三集”工作机制,巡察“利剑”锋芒初显,派驻“探头”作用进一步发挥。严肃查处违反中央八项规定精神问题,动真碰硬整治作风效能“顽症”,持续保持反腐高压态势,全面从严治党纵深推进。坚持党的集中统一领导,着力加强民主政治建设,区人大围绕中心、依法履职,区政协参政议政、推动全局,各民主党派、工商联和群团组织主动融入、服务大局,巩固团结奋进的良好局面。

坚持作风建设逢会必讲、逢节必讲、逢事必讲,注重发挥党员领导干部带头作用,形成“头雁效应”。严格执行中央八项规定及实施细则精神,出台润州贯彻落实具体措施,集中整治形式主义、官僚主义,查处违反中央八项规定精神问题9起,给予党纪政务处分13人。始终保持反腐肃纪高压态势,共立案51件,同比上升21.4%,留置6件6人。坚持挺纪在前,精准运用执纪监督“四种形态”,抓早抓小、防微杜渐,共处理146人次,占比分别为69.9%、24%、3.4%、2.7%。扎实开展专项治理,对环境保护、作风效能等方面履职不力实施工作问责18起19人,查处群众身边腐败和作风问题13起、给予党纪政务处分22人,基层政治生态更加优化。

接受省委第五轮巡视,既对省委巡视过程中指出的问题采取果断举措,边巡边改、即知即改,更以省委巡视为契机,严肃党内政治生活,加强国有企业监管,深化农村集体“三资”管理,严肃行政事业单位财经纪律,建立健全一批治当下、管长远的制度。着力提升区委巡察实效,探索对被巡察党组织进行政治生态评价,每轮巡察结束后及时召开书记专题会听取情况。做好巡察“后半篇文章”,对问题和线索建立清单,实行台账式管理,压实整改责任。共开展3轮常规巡察和1轮省区联动巡察,查找出问题308个,移交问题线索33条,问责9人。

生态文明建设

【生态文明建设】 以“压倒性思维”加强生态环境治理与保护,坚决打好污染防治攻坚战,力求让城市既有绿色形象又有生态内涵。环境质量有效改善。全区 $PM_{2.5}$ 年平均浓度53微克/立方米,为全市最低,同比下降8.2%,降幅全市最大;空气质量优良天数比率为60%,同比上升5%,增幅全市最高;运粮河新河桥国控断面总体水质均值达Ⅲ类,污染物减排和第二次全国污染源普查年度任务全面完成。污染防治纵深推进。大气治理方面:排查整治“散乱污”企业750家,实施完成工业类整治项目7个,完成城区259家餐饮店油烟净化系统及5家重点餐饮单位油烟在线监控系统安装工作;水环境治理方面:全面推进“河湖长制”工作,高质量建成运粮河国控监测站点,有效清理征润洲水源地一级保护区内违法违规设施,完成周家河、御桥港中段、下段、西团结河中段4条黑臭水体整治任务;土壤治理方面:完成农用地土壤详查采样工作,原江南化工厂土壤及地下水修复试点项目已正式启动;综合整治方面:西南片区(韦岗区域)阶段性整治任务全部完成,地块复绿工作全面收尾。在全市率先完成重点货运源头企业监控设备的安装与调试,创新治超治限方式。督办问题全力解决。全面完成中央环保督察“回头看”、省第三环保督察组交办的73件信访工作任务,全力推进督察反馈意见整改工作。扎实开展“263”“116”专项行动,环境问题得到有效解决。

润州区组织机构及领导人名录

中共镇江市润州区委员会

书　　记　高国成
副 书 记　徐心田
　　　　　贾敬远
常　　委　蒋　勇
　　　　　徐　燕(女)
　　　　　杨　坚
　　　　　周文雄(　~2018.10)
　　　　　陈家军(　~2018.08)
　　　　　张庆松
　　　　　胡如明(2018.08~　)
　　　　　张　成(2018.10~　)

区委办公室

主　　任　江其兵
副 主 任　季前进(　~2018.06)
　　　　　高　飞(2018.10~　)
　　　　　陈赞群
　　　　　吴从芜

区委机要保密局

局　　长　季前进(　~2018.06)
副 局 长　吴从芜

区委督查室

主　　任　于彬彬(2018.03~　)

组织部

部　　长　徐　燕(女)

副部长　徐文军
凌　鑫

区级机关工委

书　记　江　琳(女)

区委老干部局

局　长　徐文军
副局长　吴国良

区委离退休干部工作委员会

书　记　徐文军

区委新经济社会组织工委

副书记　李　远
薛锦涛

区委党员电教中心

主　任　李　志

宣传部

部　长　陈家军(　~2018.08)
蒋　勇(2018.08~　)
副部长　张　镇
蒋天舒(女)
杜婷婷(女)

文明办

主　任　张　镇
副主任　方　翔

文联

主　席　蒋天舒(女)
副主席　杨　镇

互联网信息办公室

主　任　束志祥

广播电视台

台　长　杜婷婷(女)
副台长　陈　岗
王晓滢(女)
于彬彬(　~2018.03)

统战部

部　长　徐　燕
(女，　~2018.08)
胡如明(2018.08~　)

副部长　杨庆荣
高　峰

民族宗教局

局　长　杨庆荣

台湾工作办公室

主　任　潘大林
副主任　王镇俐(女)

政法委

书　记　张庆松
副书记　贺永欣(女)
顾忠卫

社会管理综合治理委员会办公室

主　任　贺永欣(女)
副主任　王纪庚

国家安全领导小组办公室

主　任　顾忠卫

依法治区领导小组办公室

主　任　张庆松
副主任　赵仲秋

区委 610 办公室

主　任　陈廷桥
副主任　康金林(　~2018.08)

编办

主　任　张　斌
副主任　徐海萍(女)
张　伟

人才工作领导小组办公室

专职副主任　袁　颖(女)

信访局

局　长　高　飞
副局长　胡中良
张梅平

区社会矛盾纠纷调处服务中心

主　任　张志荣
副主任　张　健
王玉坤

维稳办

主　任　姜亚东
副主任　马晓波

史志档案办公室

主　任　华晨明
副主任　谢竞美(女)
孙　伟

档案馆

馆　长　华晨明

区委党校

校　长　贾敬远
常务副校长　卢春生
副校长　朱恒赏
何　峥(女)

润州区人大常委会

主　任　范永放
副主任　刘凯成
易丽娟(女)
赵宝恒
徐菊生
党组书记　范永放
党组副书记　刘凯成

办公室

主　任　祝昌镜

人事代表联络委员会

主　任　杨　飚
副主任　李庆华

内务司法委员会

主　任　孙　渊
副主任　姜克才

财政经济委员会

主　任　魏春平
副主任　邹媚华(女)

社会事业委员会

主　任　黄成龙
副主任　蔡文辉

环境资源城乡建设委员会

主　　任　徐厚华

润州区人民政府

区　　长　徐心田
副 区 长　贾敬远
　　　　　祝中昊
　　　　　陆金火
　　　　　胡如明（　~2018.08）
　　　　　刘国明
　　　　　王家振（2018.08~　）

政府办公室

主　　任　江朝民
副 主 任　张　杰
　　　　　周恒祥
　　　　　吴润宇
　　　　　杜　炜（2018.12~　）
党组书记　江朝民

外事办公室

主　　任　吴润宇

侨务办公室

主　　任　周　红（女）

法制办公室

主　　任　张群林
副 主 任　陈　飞
　　　　　丁一舟
　　　　　（女，　~2018.12）
党组书记　张群林

机关事务服务中心

主　　任　李其兵
副 主 任　王　毅
　　　　　姚　缤（女）
　　　　　王玉坤

区e办事服务中心

主　　任　张　杰

发展改革和经济信息化委员会

主　　任　吴斌斌
副 主 任　李　伟
　　　　　冯　斌（　~2018.06）
　　　　　向　绯（女）
　　　　　杨海莲（女）
　　　　　倪守俊
党组书记　吴斌斌
党组副书记
　　　　　冯　斌（　~2018.06）

旅游局

局　　长　向　绯（女）

教育局

局　　长　庄炳锁
党委书记　庄炳锁
党委副书记　陈晓鸽（女）
纪委书记　陈晓鸽
　　　　　（女，　~2017.08）
副 局 长　钱　进
　　　　　马国金
　　　　　曹　琳（女）
　　　　　樊安成
党委委员　束乾春
　　　　　夏建平
　　　　　李祥荣

区政府教育督导室

主　　任　陈晓鸽（女）
副 主 任　张　悦
　　　　　（女，2018.03~　）

文体局

局　　长　钱　进

镇江市信息中等专业学校

校　　长　杜闽生

润州中等专业学校

校　　长　杜闽生
党支部副书记　李祥荣

镇江实验学校

校　　长　夏建平
副 校 长　文执良
党总支书记　夏建平
党总支副书记　束乾春

润州区实验小学

校　　长　靳钟琦（女）
党支部书记　张　悦
　　　　　（女，　~2018.03）

科学技术局

局　　长　张　娟（女）
副 局 长　孙　伯
　　　　　郭海燕（女）
　　　　　孙　山（2018.11~　）
党组书记　张　娟（女）

民政局

局　　长　夏兴政
副 局 长　徐怀联
　　　　　李　忠
　　　　　张海东
　　　　　王志华（　~2018.11）
　　　　　仇耀峰（2018.11~　）
党组书记　夏兴政

司法局

局　　长　张志荣
副 局 长　解宏亮
　　　　　张　健
　　　　　王宝凤（女）
党组书记　张志荣

财政局

局　　长　匡淑平
副 局 长　吴建春
　　　　　徐新华
　　　　　朱建福
　　　　　殷荣栋
党组书记　匡淑平
党组成员　易仁东
　　　　　殷歌民
七里甸分局局长　倪秋凤（女）
官塘桥分局局长　戴洪祥

区会计服务中心

主　　任　徐新华

资产经营管理公司

总 经 理　殷歌民

人力资源和社会保障局

局　　长　孙祥波
副 局 长　徐子强
　　　　　陆承宝

沈　军
张国荣
戴　敏
党委书记　孙祥波
党委副书记　胡志中

社会保险管理中心

主　　任　杜建华

劳动就业管理中心

主　　任　戈新苏

人才服务中心

主　　任　蒋厚军

住房和城乡建设局

局　　长　徐建春
副 局 长　许　谦
池鹤云
卢　军
党委书记　徐建春

城管局

局　　长　沈明安
副 局 长　刘　俊
刘洪建
党委书记　沈明安
党委副书记　李　俊

环卫所

所　　长　卜　平
党支部书记　卜　平

交通运输局

局　　长　纪宁军
副 局 长　于苏平
夏　兵
朱　辉
党组书记　纪宁军
党组副书记　于苏平

农业委员会

主　　任　黄　昕
副 主 任　张云凯
江再连
党委书记　祁明星(女)
党委副书记　王明新

水利局

局　　长　孙学斌
副 局 长　张建明
李国楠
党组书记　孙学斌
党组成员　王桂元

商务局

局　　长　范海进
副 局 长　仲　凡(女)
熊　文
党组书记　范海进
党组副书记　仲　凡（女）

招商中心

主　　任　范海进
副 主 任　邓　燕(女)
梅　俊

卫生和计划生育委员会

主　　任　蒋阿喜
副 主 任　赵立军
王国文
袁其中
江蓓芬
党委书记　蒋阿喜

区人民医院

党支部书记　满　明

区红十字会

会　　长　袁其中
副 会 长　朱月霞(女)

审计局

局　　长　史润忠
副 局 长　施耘宁
(女，　~2018.10)
季吉祥
党组书记　史润忠

安全生产监督管理局

局　　长　范丰年
副 局 长　杨宗庆
顾万银
钱勇建
党组书记　范丰年

统计局

局　　长　江金保
副 局 长　李玉萍(女)
张涵宇
党组书记　江金保

环保局

局　　长　唐明乐
副 局 长　曹　阳
沙开红(女)
曾远忠
党组书记　唐明乐

金融办

主　　任　姜银土
副 主 任　陈伟林
钱玲凤(女)
党组书记　姜银土

市场监督管理局
（食品药品监督管理局）

局　　长　朱　明
副 局 长　蔡　勇(　~2018.06)
刘　健
赵　敏(女)
胡　俊
肖　骁
稽查大队大队长　郑江新
第一分局局长　蔡　雷
第二分局局长　吴华昆
第三分局局长　卢惠平
第四分局局长　袁界荣
第五分局局长　司智玲
党委书记　朱　明
党委委员　戴　鹏
孙　浪

税务局

党委书记　彭仁发(2018.11~　)
党委副书记　戴敬民(2018.11~　)

退役军人事务局

局　　长　张群林(2018.11~　)
副 局 长　王志华(2018.11~　)
党组书记　张群林(2018.11~　)

物价局

局　　长　李　伟

党组书记　李　伟

供销合作总社

主　　任　王桂元
副 主 任　李慧萍(女)
　　　　　谭福良
　　　　　李火云
　　　　　缪　迪
党委书记　王桂元
纪委书记　李火云

区工贸总公司

总 经 理　蔡　飞
副总经理　周望梢(女)
　　　　　葛月鹏
　　　　　谷志源
党委书记　刘志敏
纪委书记　周望梢
　　　　　(女,　　~2018.06)

房地产开发总公司

副总经理　陈志强
　　　　　刘景荣
　　　　　王永海
　　　　　窦阿林

土地房屋开发总公司

党总支书记　余江华
副总经理　田伟忠

城市建设投资公司

副 经 理　陈宏平
　　　　　王昌仁

政协润州区委员会

主　　席　蔡文龙
副 主 席　高亚明
　　　　　蔡　飞
　　　　　季　莉(女)
　　　　　倪南成
　　　　　张春平
党组书记　蔡文龙
党组副书记　倪南成
秘 书 长　王寿从

政协办公室

主　　任　刘向华(女)

提案委员会

主　　任　宦玉兔

学习和文史委员会

主　　任　肖尚平
副 主 任　吕　芹(女)

经济科技委员会

主　　任　杨东明

社会事业委员会

主　　任　陆庆宏

润州区纪律检查委员会(监察局)

书　　记　杨　坚
副 书 记　周向群
　　　　　孙建民
常　　委　孙建军
　　　　　李志鹰(女)
办公室主任　许传亮
信访室主任　郑永明
案件审理室主任　袁小鲁
党风政风监督室主任　汪　健
案件监督管理室主任
　　　　　刘　玥(女)
第一纪检监察室主任　金威威
第二纪检监察室主任
　　　　　顾　宁(2018.06~　)
第三纪检监察室主任
　　　　　赵　莹(女)
第四纪检监察室主任　彭　明

区委巡察工作办公室

主　　任　周向群
副 主 任　曾晓亚
　　　　　许育根
　　　　　杨留永
巡察组组长
　　　　　蒋志诚(　~2018.09)
　　　　　周志红(女)
巡察组副组长　高　奇
　　　　　刘祝迁
派驻区委办公室纪检组组长
　　　　　沈小梅(女)
派驻区政府办公室纪检组组长
　　　　　吴国武
派驻区人民法院纪检组组长
　　　　　殷叶飞
派驻区人民检察院纪检组组长
　　　　　王　霞(女)
派驻区财政局纪检组组长
　　　　　易仁东
区属国有公司(场圃)
综合纪检组组长
　　　　　易仁东(2018.10~　)

润州区人民法院

院　　长　张子敏
副 院 长　马　力
　　　　　姚维新
　　　　　徐根法
党组书记　张子敏
党组副书记　马　力
政治处主任　王　琳
　　　　　(女,2018.06~　)

审判委员会

专职委员　吴　翔
　　　　　叶志祥

执行局

局　　长　王　翔

润州区人民检察院

检 察 长　王　飞
副检察长　张耀林(　~2018.06)
　　　　　曹学卫
　　　　　王志祥(　~2018.06)
　　　　　田云山
党组书记　王　飞
党组副书记　王志祥(　~2018.06)
党组成员　张耀林(　~2018.06)
　　　　　曹学卫
　　　　　杨　可
　　　　　蒋文明
　　　　　成建民
政治处主任　蒋文明

检察委员会

专职委员　成建民
　　　　　杨海峰

润州区人武部

部　　长　张　成
政　　委　闫海蛟(2018.08~　　)
副 部 长　王正荣

社会团体

总工会

主　　席　夏祝平
副 主 席　叶宏军(　　~2018.06)
　　　　　丁建美
　　　　　(女，　　~2018.10)

团区委

书　　记　蒋　蒙(女)
副 书 记　金　恺

区妇联

主　　席　张媛媛
　　　　　(女，2018.06~　　)
副 主 席　范玲玲(女)

科协

主　　席　刘　旭
副 主 席　尹　忠

残疾人联合会

理 事 长　杜长春

工商业联合会

主　　席　刘永飞
副 主 席　马雪松

侨联

主　　席　田　冰

街道、场圃

七里甸街道

书　　记　邵建海(　　~2018.08)
　　　　　周　藜
　　　　　(女，2018.11~　　)
副 书 记　戴克祥
　　　　　郑奇斌(　　~2018.11)
　　　　　陈欣国
纪工委书记　吴　瑛(女)
组织宣传统战委员　霍晓剑
人武部部长　瞿惠林
主　　任　戴克祥
副 主 任　周景润
　　　　　瞿惠林
　　　　　蔡楚天
　　　　　刘　欢(女)
人大工委主任　陈小坤

官塘桥街道

书　　记　刘春光
副 书 记　张　铁
　　　　　蒋伟林
纪工委书记　王美吉
组织宣传统战委员
　　　　　杜　炜(　　~2018.11)
　　　　　丁一舟
　　　　　(女，2018.11~　　)
人武部部长　孙宝定
主　　任　张　铁
副 主 任　孙宝定
　　　　　袁尤其
　　　　　朱　怡
　　　　　曹　阳
人大工委主任　张　浩

宝塔路街道

书　　记　韩绪超
副 书 记　田　伟
　　　　　康　云
　　　　　陈稳宇
纪工委书记　黎　骏
组织宣传统战委员　杨　娴(女)
人武部部长　李建国
主　　任　田　伟
副 主 任　俞进东
　　　　　康　伟
　　　　　李建国
　　　　　鄂　萍(女)
人大工委主任　刘步楼

和平路街道

书　　记　王重阳
副 书 记　陆振兴
　　　　　石光亚
　　　　　常耀中
纪工委书记　王卫领
组织宣传统战委员　赵　翼
人武部部长　张　宇
主　　任　陆振兴
副 主 任　高　闯
　　　　　张　宇
　　　　　丁笑笑
　　　　　陶文琦(女)
　　　　　胡笑宇
人大工委主任　邵建栋

金山街道

书　　记　周　藜
　　　　　(女，　　~2018.11)
　　　　　纪宁军(2018.11~　　)
副 书 记　汤小东
　　　　　李　雍
　　　　　戴永能
纪工委书记　臧荣辉
组织宣传统战委员　尤　毅
人武部部长　刘银辉
主　　任　汤小东
副 主 任　房　永
　　　　　杨　勇
　　　　　王　慧(女)
　　　　　刘银辉
　　　　　甘文茂
人大工委主任　卢庆荣

韦岗街道

书　　记　孙　晶(女)
副 书 记　马　乐
　　　　　程相会
　　　　　耿长旭
纪工委书记　王　妮(女)
组织宣传统战委员　张　晋(女)
人武部部长
　　　　　刘银辉(　　~2017.05)
主　　任　马　乐
副 主 任　吴俊彪
　　　　　耿长旭
　　　　　刘　亮
人大工委主任　姚　继

南山街道

书　　记　朱　震(　　~2018.08)
　　　　　黄华良(2018.11~　　)
副 书 记　郑奇斌(2018.11~　　)
　　　　　石荣贺
　　　　　费荣海

纪工委书记　刘美中
组织宣传统战委员　吴　莹(女)
主　　任　黄华良(　~2018.11)
　　　　　郑奇斌(2018.11~　)
副 主 任　张　希(女)
人大工委主任　蔡　军

南山联合社区服务中心

副 主 任　杨　斌
　　　　　姜光明
　　　　　赵　鸣

黄山园艺良种场

副 场 长　朱邦政(　~2018.12)
　　　　　郑红青
　　　　　龚祝峰(　~2018.12)
　　　　　糜有俊(　~2018.12)
　　　　　朱一国
纪委书记　郑红青

水产养殖试验场

副 场 长　谢泉林(　~2018.12)
　　　　　丁　军
　　　　　张红军

润州茶叶良种场

副 场 长　窦宏进(　~2018.12)
　　　　　倪南强(　~2018.12)
　　　　　周　斌(　~2018.12)
　　　　　洪　敏
　　　　　(女,　~2018.12)

亭前新绿　(陈　岗　摄)

大事记

栏目编校：薄开鹏

1 月

2–4日 中国人民政治协商会议镇江市润州区第六届委员会第二次全体会议召开。区委书记高国成代表区委作题为《迈入新时代 争创新作为 凝心聚力加快发展城市经济》讲话，区政协主席蔡文龙代表区政协第六届委员会常务委员会作工作报告，区政协副主席倪南成作提案工作报告，会议通过区政协六届二次全体会议关于提案审查情况的报告和区政协六届二次全体会议决议。

3–5日 润州区第九届人民代表大会第二次会议召开。代区长徐心田代表润州区人民政府向大会作《政府工作报告》，区人大常委会主任范永放、区人民法院院长张子敏、区人民检察院检察长王飞分别作工作报告。会议通过《关于政府工作报告的决议》《关于区2017年国民经济和社会发展计划执行情况与2018年计划的报告的决议》《关于区2017年财政预算执行情况和2018年财政预算的报告的决议》《关于区人大常委会工作报告的决议》《关于区人民法院工作报告的决议》《关于区人民检察院工作报告的决议》。会议按照法定选举程序，补选徐心田为镇江市润州区人民政府区长，选举杨坚为镇江市润州区监察委员会主任，补选魏春平、陈小坤、姚继、张媛媛为镇江市润州区人大常委会委员。

4日 团省委书记王伟一行到镇江开展“1+100”团干部宣讲党的十九大精神活动，参观润州区金山街道迎江路中心社区。区委书记高国成，区委副书记、常务副区长贾敬远，区委常委、组织部部长、统战部部长徐燕等陪同。

5日 润州区九届人大常委会第10次会议召开。区人大常委会主任范永放出席会议，区人大副主任易丽娟主持会议。会议通过有关人事任免，新当选者向宪法宣誓。

6日 镇江市润州区监察委员会正式挂牌成立，标志着润州区深化监察体制改革工作进入新阶段。

8日 市八届人大二次会议各代表团审议市政府工作报告，并就有关专题进行专题审议。市委书记、市人大常委会党组书记惠建林参加润州代表团审议。

9日 省老体协常务副主席华洪兴一行到润州区视察“江苏省老年气排球之乡”创建工作。市老体协主席张甫雄陪同视察，区委副书记、区长徐心田，副区长刘国明出席汇报交流会。

12日 区委书记高国成主持召开区委常委会会议。会议研究通过《中共镇江市润州区委常委会2018年工作要点》《中共镇江市润州区委关于贯彻落实中央八项规定〈实施细则〉、省委〈具体办法〉、市委〈实施办法〉的具体措施》《关于进一步规范提升村（社区）干部待遇保障水平的意见》，传达学习全省、全市组织部长会议精神，研究区委常委工作分工、区委常委及副区长挂钩基层联系点等其他事项。

15日 润州区召开区委（扩大）会议，接受市委对全区落实党风廉政建设责任制情况的检查考核。区委书记高国成主持会议并代表区委常委会作述责述廉述职述法报告以及2017年度干部选拔任用工作情况报告。区委常委、区纪委书记、区监委主任杨坚代表区纪委班子作述责述廉述职述法报告。

是日 责任督学挂牌督导工作考核巡视组和国家督导评估认定专家组到润州，对润州区申报“全国中小学校责任督学挂牌督导创新市”进行实地核查。副区长刘国明陪同检查。

24日 《润州区发展战略规划》汇报会召开。区委书记高国成主持会议,区四套班子领导出席会议。

是日 润州区政府召开紧急会议,部署全区应对暴雪低温天气相关工作。

25日 区委副书记、区长徐心田,区委副书记、常务副区长贾敬远现场督查菜市场大棚安全和扫雪除冰工作。

27日 润州区首届书法临摹展在西津画院开展。

29日 市见义勇为表彰慰问会在润州区举行。市见义勇为基金会理事长李茂川、区委书记高国成出席会议。

是日 在全国基层卫生工作会议上,润州区黎明社区卫生服务中心刘素萍家庭医生服务团队荣获"全国优秀家庭医生团队"称号。江苏省仅2支家庭医生团队获此殊荣。

30日 润州区人武部召开2018年党委(扩大)会议。区委书记、区人武部党委第一书记高国成出席会议并讲话,区委常委、区人武部政委周文雄代表区人武部党委作工作报告。

31日 润州区召开2017年度抓基层党建和落实全面从严治党主体责任述职会并进行现场评议。区委书记高国成主持会议,区领导贾敬远、蒋勇、徐燕、杨坚、张庆松出席会议,市委组织部县(市)区干部处处长周永祥到会指导。

是日 区委常委班子召开2017年度民主生活会。区委书记高国成主持会议,市委常委、宣传部部长童国祥到会指导并讲话,市纪委、市委组织部派员参加。

是日 市政协主席、市慈善总会会长李国忠带领市、区两级慈善总会工作人员、爱心企业家代表,看望润州区部分重点受助对象。副区长、区慈善总会会长陆金火陪同走访。

2 月

1日 润州区委召开书记专题会,听取第二轮巡察情况汇报,研究部署巡察工作。区委书记高国成主持会议并讲话。

6日 润州区政协召开六届十二次主席会议。会议讨论《润州区政协2018年工作意见(征求意见稿)》《政协镇江市润州区提案工作条例(2018年修订)(征求意见稿)》《关于加强和改进区政协民主监督工作的实施意见(征求意见稿)》,对区政协六届二次全体会议的提案立案及重点提案的确定进行商讨,提出改进工作要求。

7日 润州区举行2018年"老干部迎新春"座谈会。区委书记高国成出席会议并讲话,区委副书记、常委副区长贾敬远通报2017年全区经济社会发展情况和2018年工作打算,区委常委、组织部部长、统战部部长徐燕主持会议。

是日 润州区政协召开六届五次常委会议。会议审议通过《润州区政协2018年工作意见(讨论稿)》《政协镇江市润州区提案工作条例(2018年修订)》,区政协主席蔡文龙主持会议。

8日 区委书记高国成主持召开区委常委会会议。会议研究通过《关于创新网格化社会治理机制的意见》。传达学习上级纪委全会精神、省市统战部长会议精神、省市宣传部长会议精神、全市机关党建工作会议精神、全市离退休干部党建工作会议精神,研究绩效管理考核等工作。

是日 区委书记、区委全面深化改革领导小组组长高国成主持召开区委全面深化改革领导小组会议,会议研究并原则同意《中共镇江市润州区委全面深化改革领导小组2018年工作要点》。

9日 中国共产党镇江市润州区第八届纪律检查委员会第三次全体会议召开。区委书记高国成出席会议并讲话,区四套班子全体领导出席会议,区委常委、区纪委书记、区监委主任杨坚主持会议。全会审议通过杨坚代表区纪委常委会所作的工作报告和全会决议。

是日 润州区召开2017年度宣传思想文化重点项目表彰会,区委常委、宣传部部长陈家军出席会议并讲话。

10日 市委副书记、市长张叶飞率队到润州检查农批市场保供情况,并开展安全生产检查。区委副书记、区长徐心田陪同检查。

23日 润州区召开作风效能建设大会。区委书记高国成出席会议并讲话,区委副书记、区长徐心田主持会议。

24日 润州区召开全区政法暨信访工作会议。区委常委、政法委书记张庆松出席会议并讲话。

26日 润州区九届人大常委会召开第十一次会议。会上对2017年度机关效能建设优秀单位进行表彰、颁奖,讨论并通过《区九届人大常委会2018年度工作要点》,以及2018年度区九届人大常委会、主任会议历次会议议题安排。

27日 润州区召开安全生产工作会议。会上宣读区委书记高国成关于全区安全生产工作的批示,区委副书记、区长徐心田出席会议并讲话。

28日 润州区召开民兵调整改革任务部署会,副区长、区民兵组织整顿领导小组组长陆金火出席会议并讲话。

3 月

1日 市委市级机关工委机关党总支与金山街道西津古渡社区党总支签下润州区2018年第一张党建双向服务清单。市委市级机关工委书记潘国建，区委常委、组织部部长、统战部部长徐燕出席签约仪式。

5日 润州区政府、市科技局与北京星云极客科技孵化器有限公司举行“联想之星·星云加速器（镇江）”项目签约仪式，标志着镇江市与联想控股股份有限公司达成战略合作协议后的首个子项目正式落户润州。

6日 2018年首届“润州区校长（园长）论坛”开幕。润州区各中小学和幼儿园校长、园长围绕“全面提升教师综合素养”主题，开展研讨和经验分享。

7日 市委书记惠建林到润州区金山街道西津古渡社区调研，实地了解社区工作者职业体系建设情况。市委常委、组织部部长、统战部部长李健，市委常委、秘书长郭建参加调研，区委书记高国成，区委常委、组织部部长、统战部部长徐燕陪同调研。

8日 润州区召开全区统战工作领导小组全体成员（扩大）会议，全面部署2018年全区统战工作任务。区委书记高国成出席会议并讲话。

是日 区委副书记、区长徐心田带领区职能部门和相关街道主要负责人走访镇江市交通产业集团。市交产集团党委书记、董事长余国根，集团总经理王明法，副总经理部益农，区委常委、组织部部长、统战部部长徐燕等参加对接会。

是日 润州区召开八届区委第三轮巡察工作动员部署会。区委常委、组织部部长、统战部部长徐燕宣读区委书记高国成对区委第三轮巡察工作的批示，区委常委、区纪委书记、区监委主任、区委巡察工作领导小组组长杨坚就做好该轮巡察工作作动员讲话。

10日 润州区举行区委中心组学习扩大会暨2018年“周末课堂”第一讲，江苏科技大学马克思主义学院、人文社科学院副院长郭昭昭博士专题授课。

12日 市委书记惠建林率领市四套班子领导到南山国家森林公园莲花洞景区，与润州区四套班子领导一起参加义务植树活动。

是日 区政协召开六届十三次主席会议，专题视察推进全区诗教内涵提升工作。区政协主席蔡文龙主持会议。

14日 润州区召开全区城市经济发展大会。区委书记高国成出席会议并讲话，区长徐心田作工作部署，区委副书记、常务副区长贾敬远主持会议。会议印发《润州区产业发展战略规划》《润州区关于加快推进产业发展的政策意见》《2018年润州区招商工作实施意见》《润州区产业转型发展引导基金管理办法》《润州区关于实施“润州英才”计划的意见》《关于进一步优化人才发展环境的实施意见》等政策文件。

是日 润州区召开全区党建工作会议暨三级基层党建“书记项目”启动部署会。区委书记高国成出席会议并讲话，区委副书记、区长徐心田主持会议。区委常委、组织部部长、统战部部长徐燕，区委常委、宣传部部长陈家军分别从组织、宣传、统战方面对2018年全区党建工作暨三级“书记项目”进行总结和部署。

15日 润州区在万达广场举行2018年“3·15”国际消费者权益日广场咨询服务活动。

17日 润州区举办区委中心组学习扩大会暨“周末课堂”第二讲，省审计厅财政处处长刁品庆专题授课。

20日 中央统战部理论课题调研组课题负责人、中央统战部理论研究会理事、中国社会科学院新闻与传播研究所新媒体研究室主任、首席研究员孟威教授一行到润州区调研网络社会组织统战工作。

21日 省委组织部二处处长季振华、《群众》杂志社政治处处长丁和平一行考察润州区金山街道西津古渡社区基层党建工作。

23日 润州区举行2018年全市重大产业项目集中开工润州分会场活动暨“联想之星·镇江星云极客科技孵化器”项目开工仪式。市委常委、组织部部长、统战部部长李健，副市长胡宗元，区委书记高国成，联想星云加速器CEO、极星资本创始人杨海涛等出席项目开工仪式，区委副书记、区长徐心田主持开工仪式。

24日 润州区召开传达学习贯彻全国“两会”精神大会。区委书记高国成主持会议并讲话。区委副书记、区政府区长徐心田传达十三届全国人大一次会议和全国政协十三届一次会议精神。

是日 润州区城市经济之“补钙蹲苗·提能善政”专题研修班开班仪式暨“周末课堂”第三讲举行。区委副书记、区长徐心田作动员讲话，区委常委、组织部部长、统战部部长徐燕主持会议，副区长祝中昊专题授课，全区21名80后副科职干部和30名85后股级年轻干部参加培训班。

26日 润州区九届人大常委会召开第33次主任会议。区人大常委主任范永放主持会议，副区长刘国明列席会议。会议听取关于“推进西津渡旅游风情小镇建设”建议的处理意见；听取金山街道人大工委、宝塔路街道人大工委关于开展同级预算监督、专项工作评议试点工作方案的报告。

27—29日 区委书记高国成带队到北京开展低碳技术新兴产业招商，区政协主席蔡文龙、副区长胡如明陪同。

29日 润州区召开全区打好污染防治攻坚战暨“263”专项行动推进会。区委副书记、区长徐心田出席会议并宣读区委书记高国成关于做好环境保护工作的批示，副区长祝中昊主持会议。

30日 润州区旅游协会成立大会召开，147家企事业单位以及相关行业内有影响的个人成为首批会员。市老领导、市旅游协会领导张庆生、凌苏等到会指导。区委书记高国成出席会议并作讲话，区长徐心田在会上致辞并向新当选的润州区旅游协会会长王明龙颁发社团证书，副区长刘国明主持会议。

4 月

3日 润州区召开恒顺北地块项目征收动员部署会。区委副书记、区长徐心田出席会议并讲话，副区长祝中昊主持会议，区政协副主席张春平，市国控集团副总经理朱涛出席会议。

是日 共青团镇江市润州区委十届二次全体(扩大)会议举行。区委常委、组织部部长、统战部部长徐燕出席会议并作讲话。

4日 省发改委公布新一轮服务业综合改革试点区域名单，润州区榜上有名，成为镇江市唯一入选的辖市区。

8日 区委书记高国成召集会议，研究推进全区机关作风效能建设工作。

9日 润州区召开2018年区人大代表建议、政协委员提案交办会。区委副书记、常务副区长贾敬远出席会议并讲话。

10日 省委常委、统战部部长杨岳到润州区调研网络社会组织统战工作。市委常委、组织部部长、统战部部长李健，区委书记高国成，区委常委、组织部部长、统战部部长徐燕陪同参观调研。

11日 润州区召开信息软件类企业家座谈会，9家辖区内信息软件类企业负责人受邀参会。区委书记高国成出席会议并讲话。

12—13日 江苏省诗词协会副会长徐宗文，省诗词协会秘书长陈玉金率检查组到润州区开展创建江苏省诗教先进单位检查。市诗词楹联协会会长赵庆荣、市诗词楹联协会副会长徐邦义、市中华诗教创建办主任王华，区政协主席蔡文龙、区政协副主席高亚明等陪同。

13日 市政协副主席王冬生率政协专题调研组到润州区开展关于加快老旧城区改造提升居民幸福指数调研活动。区政协主席蔡文龙、副区长祝中昊陪同调研。

16日 润州区与北京好未来教育科技集团举行共建区域智慧教育战略合作签约仪式。区委副书记、区长徐心田，市教育局局长刘元良，好未来智慧教育事业部总经理王鲁等出席签约仪式。

是日 江苏省老年人体育协会主席王湛和省体育局、省老龄办、省体总秘书处及全省13个市老体协领导到润州区气排球训练基地现场推进“气排球特色之乡”工作。市老体协主席张甫雄、市体育局局长戚亚新，区委副书记、区长徐心田，副区长刘国明等陪同。

19日 润州区召开全区大项目建设暨招商工作推进会。区委书记高国成主持会议并讲话，区委常委、副区长分别对各自挂钩的重点产业项目进行点评。

是日 润州区第十届“润心阅读节”在赛珍珠广场开幕，对2018年书香润州建设暨“润心阅读节”活动项目进行发布。

20日 润州区召开全区农村工作暨河长制推进会。区委书记高国成出席会议并讲话，区委副书记、区长徐心田主持会议。

24日 区委副书记、区长徐心田率队赴魔幻海洋世界等5个重点项目现场进行调研，了解项目实施进展，对接解决难点问题，副区长胡如明陪同调研。

26日 润州区政协召开六届十四次主席会议，专题视察和推进全区传统商贸业转型升级工作。区政协主席蔡文龙出席会议并讲话。

是日 润州区见义勇为基金会召开表彰大会，表彰2017年度润州区见义勇为工作先进集体、先进个人、优秀志愿者和信息员。

27日 由润州区文体局、润州区老体协、宝塔路街道共同举办的“2018年江苏省老年人体育节镇江市润州区分会场开幕式”在万达广场举行，各街道中老年代表和老年人体育健身团队等500余人参加。

5 月

4日 吉林师范大学与润州区政府举行全面战略合作框架协议签约仪式。区委书记高国成，区委副书记、区长徐心田，吉林师范大学党委书记许才山等出席签约仪式。

是日 润州区举行五四运动99周年纪念大会暨“共青团就在你身边”青年服务巡礼活动启动仪式。

8日 镇江市2018年防灾减灾宣传周启动仪式在润州区和平文化体育公园举行。市政府副秘书长夏卫军、市应急办主任郭必东、副区长陆金火出席启动仪式。

9日 润州区召开建筑类企业家座谈会，10家辖区内建筑类企业负责人受邀参会。区委书记高国成出席会议并作讲话，区委副书记、常务副区长贾敬远，副区长祝中昊出席会议并作指导点评。

10日 润州区召开机关作风效能建设工作推进会。区委副书记、常委副区长贾敬远出席会议并作讲话。

11日 润州区召开全区"走村进企入户"大走访常态化长效化工作推进暨企业诉求问题交办会。区委书记高国成出席会议并讲话，区委副书记、区长徐心田主持会议，区四套班子领导出席会议。

15日 润州区举行2018年度全区"爱在润州 慈善一日捐"动员部署会，区委副书记、常务副区长贾敬远出席会议并讲话。

18日 由市美术馆、镇江画院、润州区文联和润州区书画家协会共同举办的润州区社区廉政文化书画展在镇江画院举行，全区书画爱好者们创作选送的85幅廉政文化书画作品正式面向公众展出。

21日 润州区政协召开六届十五次主席会议，专题视察和推进润州区老城区改造工作。区政协主席蔡文龙出席会议并讲话。

是日 润州区召开第九届人大代表培训会，区人大副主任赵宝恒主持会议，130多名区人大代表参加培训会。

23日 润州区召开全区防汛防旱工作会议，区委书记高国成就做好今年全区防汛防旱工作作出批示，副区长刘国明出席会议并作具体工作部署。

24日 市委常委、组织部部长、统战部部长李健一行到润州区调研解放思想大讨论工作，区委常委、宣传部部长陈家军陪同调研。

26日 由区委区级机关工委、团区委、南山街道党工委联合主办的"不忘初心 日行微善"志愿服务活动启动仪式暨"青春领跑，益起出发"南山毅行活动举行。

27日 区委书记高国成主持召开区委常委会扩大会议，会上传达市环保督察问题整改工作会议的精神，通报省第三环保督察组督察问题情况，并对润州区环保督察问题整改工作进行具体部署。

28日 区委书记高国成率队现场督查全区防汛防旱工作，副区长刘国明陪同。

29日 润州区九届人大常委会召开第37次主任会议。会议听取区人民政府关于金融业发展情况的报告，会议视察启明星幼儿园建设管理情况。区人大常委会主任范永放主持会议，副区长冷静列席会议。

是日 润州区召开镇江市政银担风险分担"惠微贷"推介会，辖区27家小微企业参加会议。副区长刘国明出席会议并讲话。

31日 市委副书记、政法委书记倪斌，副市长曹丽虹率队到润州区调研推进农业农村工作。区委书记高国成，区委副书记、常务副区长贾敬远等陪同调研。

是日 润州区政府召开全区行业协会商会与行政机关脱钩工作动员部署会。

6　月

1日 润州区召开全区大项目建设暨经济"双过半"工作推进会。区委书记高国成主持会议并讲话，区委副书记、区长徐心田就如何实现经济"双过半"及推进大项目建设进行部署。区委常委，区人大、区政协主要领导，区政府副区长参加会议。

是日 润州区召开全区基层党建"书记项目"交流推进会，盘点基层党建"书记项目"的"双过半"成效。区委书记高国成主持会议并作讲话，区委常委、党员副区长对各自领办项目进行点评。

6日 润州区供销合作总社第三次代表大会召开，全区供销合作社系统的36名代表参加。区委书记高国成出席开幕式并表示祝贺，江苏省供销合作总社党组成员、理事会副主任袁森林，市供销合作总社党委书记、主任徐海亮到会并表示祝贺。省供销合作总社组织人事处处长张春耀参加会议。

7日 省军区副司令员周志斌少将到润州区调研人武工作，镇江军分区政治委员李迎久，润州区委书记高国成等陪同调研。

是日 由润州区政协主办，区教育局和区文体局承办的《润州非遗》新书首发式暨部分非遗项目展示活动举行。区政协主席蔡文龙参加活动并致辞。

8日 润州区召开八届区委第四轮巡察工作动员部署会。会上，区委常委、组织部部长、统战部部长徐燕宣读区委书记高国成对区委第四轮巡察工作的批示，区委常委、区纪委书记、区监察委主任、区委巡察工作领导小组组长杨坚作动员讲话。

13日 润州区召开解放思想征求意见座谈会，根据"学习新思想，改革再出发，开放迈新步，发展高质量"的主题，对区委常委会进一步解放思想提出意见建议。区委副书记、常务副区长贾敬远主持会议。

14日 润州区政协召开六届十六次主席会议，专题视察和推进食品药品市场监督工作并进行评议，讨论《关于加强历史文化街区保护的建议案》。区政协主席蔡文龙出席会议并讲话。

15日 区委书记高国成到联系点七里甸街道调研推进解放思想大讨论活动。

19日 省委统战部副部长黄仕亮一行到润州调研统战工作。市委常委、组织部部长、统战部部长李健，区委书记高国成，区委常委、组织部部长、统战部部长徐燕陪同调研。

21日 润州区官塘桥街道首届农耕文化旅游节启动仪式举行。

22日 润州区九届人大常委会召开第39次主任会议。会议听取区人民政府关于养老工作情况的报告。会议组织对区人大常委会任命的检察院干部述职评议。区人大常委会主任范永放主持会议,副区长刘国明、区检察院检察长王飞列席会议。

23日 区委副书记、区长徐心田到联系点官塘桥街道调研推进解放思想大讨论活动。

25日 省委省级机关工委书记李新平一行到润州区调研基层党建工作,区委书记高国成,市委市级机关工委书记潘国建,区委常委、组织部部长、统战部部长徐燕,区法院院长张子敏等陪同调研。

是日 润州区委办公室党支部围绕"进一步解放思想、激励新时代新担当新作为"召开组织生活会,区委书记高国成,区委副书记、常务副区长贾敬远,区委常委蒋勇以普通党员身份参加组织生活会。

是日 润州区九届人大常委会召开第十三次会议。会议听取并审议区人民政府关于2017年财政决算情况和同级审计情况的报告,听取区人民政府关于实施"七五"普法工作情况的报告,组织对区市场监管局、区安监局负责人开展述职评议,接受有关辞职请求,通过有关人事任免,通过有关恢复代表职务事项。区人大常委会主任范永放出席会议。区委常委、区纪委书记、区监委主任杨坚,副区长刘国明、区人民法院院长张子敏,区人民检察院检察长王飞等列席会议。

27–28日 省供销合作总社党组书记、理事会主任诸纪录率队到润州区调研城市供销社转型工作。副市长曹丽虹、区委书记高国成参加调研考察。市供销合作社党委书记、理事会主任徐海亮,副区长刘国明等陪同调研。

29日 润州区召开纪念中国共产党建党97周年大会暨基层党建"书记项目"现场观摩会。区委书记高国成出席会议并以《不忘初心、牢记使命,以思想大解放推动发展高质量》为题,为全区各级党组织书记、党员领导干部上专题党课。区委副书记、区长徐心田主持会议。区委副书记、常务副区长贾敬远宣读首批区级党建微家、行动支部、红色微网格的命名决定。会上举行"润州先锋"微信公众号2.0上线启动仪式。

7 月

2日 润州区解放思想大讨论活动领导小组办公室召开全区解放思想大讨论活动推进会。区委常委、宣传部部长陈家军出席会议并讲话。

4日 润州区召开老区开发促进会、扶贫开发协会第三届会员代表大会第一次会议,区委副书记、常务副区长贾敬远出席会议并讲话。

是日 为期一周的"南山古韵 文化新篇"南山街道首届文体艺术节开演。

5日 泰州市海陵区委常委、组织部部长、统战部部长刘玲率队到润州参观考察润州区组织工作,区委常委、组织部部长、统战部部长徐燕陪同考察。

6日 由市政协秘书长何培树带队的市委督查组一行7人到润州专项督查贯彻落实市委政协工作会议精神情况。区政协主席蔡文龙,区委常委、组织部部长、统战部部长徐燕出席会议。

9日 润州区政府与镇江国控集团举行战略合作暨润州区产业基金成立签约仪式。市委常委、常务副市长裔玉乾,区委书记高国成,区委副书记、区长徐心田,市金融办主任钱仁汉,市国资委主任董和建,镇江国控集团董事长周毅等出席签约仪式。

10日 区委副书记、常务副区长贾敬远率领区水利局、区河长办,以及和平路街道相关负责人,对长江润州段的违章种植情况进行巡查。

13日 位于润州区南徐大道商务A区D楼的"联想星云镇江创新中心"正式投入运营。

14日 市政府办公室、润州区委组织部、区委党校联合举办的市政府办公室工作讲坛暨润州区"周末课堂"第九讲举行。市政府秘书长杭祝鸿,区委副书记、区长徐心田,市政府应急办主任郭必东,市政府副秘书长杨毅,区委常委、组织部部长、统战部部长徐燕等出席活动。

18日 润州区召开全区上半年经济形势分析会暨大项目建设推进会。区委书记高国成主持会议并讲话,区委副书记、区长徐心田就如何抓好产业项目招引,助推产业强区建设进行部署。

20日 润州区召开全区河长制工作推进会议,总结分析实施"河长制"以来的工作情况及存在的问题,推动全区河长制工作开展。区委副书记、区长徐心田出席会议并讲话。

23日 润州区与市城建集团召开工作对接会,就需对方支持和协调的工作事宜进行沟通交流。区委副书记、区长徐心田,镇江城建产业集团董事长庞迅,镇江城建产业集团总经理翟德智,区委副书记、常务副区长贾敬远,副区长祝中昊,区法院院长张子敏等出席会议。

23–25日 区政协主席蔡文龙率队到深圳、东莞两地开展招商考察活动。区委常委蒋勇、副区长胡如明参加活动。

26日 润州区政协召开六届十七次主席会议,听取区政府关于上半年经济工作情况的通报,并进行评议。区政协主席蔡文龙主持会议并讲话,副区长胡如明代表区政府通报全区上半年经济工作情况。

27日 润州区政协召开六届六次常委会议,听取区政协常委对润州区进一步解放思想的意见建议。区政协主席蔡文龙主持会议。

28日 中共镇江市润州区第八届委员会第五次全体会议举行。全会听取和讨论区委书记高国成代表区委常委会所作的题为《大力解放思想，深度对标苏南，奏响润州高质量发展最强音》的工作报告，区委副书记、区长徐心田主持大会开幕式。全会审议并通过《中共镇江市润州区第八届委员会第五次全体会议决议》。

30日 润州区召开2018年度征兵工作会议。区长徐心田出席会议并作讲话，副区长陆金火、区人武部部长张成出席会议。

31日 镇江市城市基层"全域党建"试点工作现场推进会在润州区召开，会议肯定润州区率先开展以"六统十八联"为核心的"全域党建"取得的阶段性成效。市委常委、组织部部长、统战部部长李健出席活动并讲话，省委组织部组织二处调研员单建鸣到会指导，区委书记高国成出席会议。

8 月

2日 镇江市军分区政委李迎久、副司令张惠峰、市政府副市长曹丽虹、市政府副秘书长夏卫军一行到润州区考察征兵体检工作。副区长陆金火、区人武部部长张成陪同。

是日 润州区举行"橙悦女子学堂"成立仪式，副区长冷静、区政协副主席、区女企业家联谊会名誉会长季莉出席活动。

6日 润州区举行镇江长江金融产业园项目签约仪式。区委书记高国成、南京长江金融董事长汪小明等出席仪式。区委副书记、区长徐心田主持签约仪式。

9日 省委党史工办副主任杨中华一行7人到润州区参观考察城市基层"全域党建"工作，区委副书记、常务副区长贾敬远等陪同参观。

是日 七里甸街道光华社区股份经济合作社正式揭牌成立，成为镇江市主城区首家农村集体产权制度改革试点成功的社区。

10日 中央统战部新的社会阶层人士统战工作局局长张明一行5人到润州区调研网络社会组织统战工作。省委统战部副部长黄仕亮，市委常委、组织部部长、统战部部长李健，区委书记高国成，区委常委、统战部部长胡如明陪同调研。

16日 润州区召开全区污染防治攻坚行动指挥部全体成员会议。区委书记高国成出席会议并讲话，区委副书记、区长徐心田作具体工作部署。

17日 润州区政府召开组成人员全体（扩大）会议，聚焦城市运营管理，分析问题现状，研究推进举措。区委副书记、区长徐心田出席会议并讲话，区委副书记、常务副区长贾敬远主持会议。

是日 润州区召开建筑工程领域企业家座谈会，全区45家大气污染管控建设、施工单位负责人受约参会。区委副书记、区长徐心田，市住建局副局长施仁新、副区长祝中昊出席会议并讲话。

是日 润州区召开省区巡视巡察联动工作动员部署会，开展省委第一巡视组部署的省区巡视巡察联动工作。区委常委、组织部部长徐燕宣布巡察组组长、副组长、联络员及组员授权任职和任务分工。区委常委、区纪委书记、区监委主任、区委巡察工作领导小组组长杨坚作动员讲话。

是日 润州区政协对新一轮教育布局规划调整实施情况开展视察活动，并进行协商座谈。区政协主席蔡文龙主持座谈会并讲话。

21日 由31家联盟会员单位组成的金山街道旅游产业联盟正式成立。

23日 润州区委理论学习中心组召开专题学习会，就"坚持依宪执政"专题进行学习交流。区委书记高国成主持会议并讲话。

24日 润州区召开争创"江苏省第十一届双拥模范区"总结表彰暨双拥工作推进会。区委书记高国成出席会议并讲话，区委副书记、区长徐心田主持会议。会议对争创活动中涌现出的15家优秀单位和30名优秀个人进行表彰。

23日 省果品控股党委副书记、副总经理、苏瑞置业董事长王欣一行到润州，与市交通产业集团、润州区政府围绕相关项目开展洽谈。区委副书记、区长徐心田，副区长祝中昊参加洽谈。

26日 润州区政府召开全区水环境整治工作推进会，区长徐心田出席会议并讲话，副区长刘国明主持会议。

29–30日 区委副书记、区长徐心田带队赴深圳考察机器人项目。

30日 润州区委召开全区组织工作高质量发展暨领导干部"政治体检"研判评价部署会，研究部署全区党的建设和组织工作，启动实施领导干部"政治体检"研判评价工作。区委书记高国成出席会议并讲话。

是日 润州区召开第十一批科技镇长团下派会议，对第十一批科技镇长团工作进行动员部署。区委常委、组织部部长徐燕，副区长祝中昊，第十一批科技镇长团团长付志宇出席会议并讲话。

9 月

3日 润州区召开2018年度定兵工作会议，听取2018年应征青年的基本情况汇报并集体审核通过。镇江军分区政委李迎久,副区长、公安润州分局局长陆金火,区人武部部长张成出席定兵会议,区人武部政委闫海蛟主持会议。

4日 润州区召开全区宣传思想文化工作高质量发展推进会,区委常委、宣传部部长蒋勇出席会议并讲话。

4-7日 区委副书记、常务副区长贾敬远带队赴深圳、广州开展招商工作。

7日 区委书记高国成率队赴区民政局调研工作。区委常委、政法委书记张庆松,副区长、公安润州分局局长陆金火参加调研。

是日 中国侨联副主席、省侨联主席周建农,省侨联副主席兼秘书长陈锋到润州区调研侨联工作。

7-8日 区委副书记、区长徐心田带队赴临沂高新区考察机器人项目。

8日 润州区法制办联合区委组织部、区委党校举办全区行政执法人员法制专题培训暨"周末课堂"第十二讲,镇江市中级人民法院行政审判庭庭长张传军和江苏大学法学院院长刘同君进行专题授课。

10日 润州区委理论学习中心组召开专题学习会,学习全国宣传思想工作会议精神。区委书记高国成主持会议并讲话。区委常委、宣传部部长蒋勇传达全国宣传思想工作会议精神和习近平总书记重要讲话。

是日 润州区举行庆祝第34个教师节"弘扬高尚师德,潜心立德树人"主题活动,活动对获得润州区教育系统优秀教师、师德先进个人、德育工作先进个人代表和微视频大赛特等奖的学校颁发证书。

11日 区委书记高国成赴区污染防治攻坚行动指挥部办公室、区环保局,调研全区生态环保重点工作推进情况。

11-18日 区委副书记、区长徐心田带队赴法国、挪威开展招商活动。

13日 润州区召开深化农村集体"三资"管理监督工作推进会议。区委副书记、常务副区长贾敬远出席会议并讲话,区委常委、区纪委书记、区监委主任杨坚主持会议,副区长王家振出席会议并作工作部署。

是日 润州区政协召开六届十八次主席会议,视察推进"263"专项整治工作。区政协主席蔡文龙主持会议并讲话。

14日 区委书记高国成主持召开推进教育重点工作调研会议。区委常委、宣传部部长蒋勇,区委常委、统战部部长胡如明等参加调研活动。

17日 区委副书记、常务副区长贾敬远带领区安监局、消防润州大队及宝塔路街道主要负责人深入辖区企业进行安全生产大检查。

19日 区委书记高国成赴区商务局对全区商务及招商工作情况进行调研,副区长祝中昊参加调研。

是日 润州区召开全区第四次经济普查文化产业统计工作动员部署会。区委常委、宣传部部长蒋勇出席会议并讲话。

是日 由民盟镇江市委、润州区委统战部、润州区侨联、金山街道西津古渡社区联合主办的纪念改革开放40周年"我和我的祖国"联谊晚会举行。

20日 润州区政协召开六届十九次主席会议,专题视察全区农耕文化传承保护工作。区政协主席蔡文龙主持会议并讲话。

22日 润州区委常委会召开专题民主生活会,对照省委《中央第七巡视组关于巡视江苏省的反馈意见》整改工作方案,落实巡视整改工作任务和工作要求。区委书记高国成主持会议。省委第一巡视组相关领导及市纪委、市委组织部有关人员到会指导。

25日 区委副书记、区长徐心田率区政府办、区安监局、区消防中队等部门主要负责人检查国庆节节前安全生产工作。

26日 润州区召开全区落实高质量发展综合考核指标推进会。区委副书记、区长徐心田主持会议并讲话。

27日 市纪委常委、市委巡察办主任、市监委委员聂美红率市纪委调研督查组到润州区开展为长江经济带(镇江段)"共抓大保护、不搞大开发"提供坚强纪律保障课题专项调研督查。区委副书记、区长徐心田,区委常委、区纪委书记、区监委主任杨坚等陪同。

是日 润州区九届人大常委会召开第45次主任会议,听取公安润州分局利用大数据服务实战情况的报告。区人大常委会主任范永放主持会议并讲话,副区长陆金火列席会议。

28日 润州区召开全区基层党建"书记项目"暨"全域党建"督查点评会,集中推进市委、区委、直属党(工)委、村(社区)党组织四级"书记项目"。区委书记高国成出席会议并讲话,区委副书记、常务副区长贾敬远主持会议。

是日 润州区召开推进重大产业项目建设会议。区委书记高国成主持会议并讲话,区委副书记、区长徐心田出席会议并作具体部署,区委常委、统战部部长胡如明,副区长祝中昊出席会议并指导点评。

是日 润州区召开落实全市关于生态环保部约谈交办问题整改会议,区委副书记、区长徐心田主持会议并讲话,副区长祝中昊出席会议并提出具体整改要求。

29日 润州区委举办理论学习中心组专题报告会暨"周末课堂"第14讲。省发展改革委服务业处调研员吴滨专题授课,就进一步开展好省新一轮服务业综合改革试点工作进行解读和分析,区委书记高国成等参加学习,区委副书记、常务副区长贾敬远主持报告会。

10 月

8日 区委副书记、区长徐心田，副区长王家振带队现场推进黑臭水体整治工程。

11日 润州区政协召开六届七次常委会议，传达学习全省政协系统加强新时代党的建设工作座谈会精神，审议通过《关于加快推进润州金融产业集聚区建设的建议案(讨论稿)》。区政协主席蔡文龙主持会议并讲话。

12日 中国少年先锋队镇江市润州区第三次代表大会开幕，全区少先队代表、辅导员代表以及社会各界人士100余人参会。会议传达区委书记高国成关于全区少先队工作的批示，团市委副书记、市少工委主任胡光亮到会并致辞，区委常委、组织部部长徐燕，区委常委、统战部部长胡如明出席会议。

13日 中组部组织二局副巡视员储晓东一行调研润州区城市基层“全域党建”“六统十八联”做法，并实地查看七里甸街道和金山街道西津古渡社区。市委常委、组织部部长、统战部部长李健，省委组织部组织二处处长季振华，市委组织部副部长、“两新”工委书记马振兵，市委组织部部务委员、“两新”工委副书记郭鑫，区委书记高国成，区委常委、组织部部长徐燕等陪同调研。

15日 润州区组织500多名机关、街道党员干部以及入党积极分子到南京国际展览中心，参观“江苏省庆祝改革开放40周年图片展”。

16日 中共润州区委、市文广集团联合举办“不忘初心 一心向党”重阳节活动暨广播剧《初心难忘》首发式。润州区委书记高国成，区委副书记、区长徐心田，市文联主席包建国，区人大主任范永放，区政协主席蔡文龙，市委宣传部副部长陆艳华，市文广集团副总经理汤文彪共同触摸广播剧首发启动球。

是日 润州区召开2019年区级行政事业单位部门预算编制工作会议，回顾2018年预算编制工作情况，对2019年工作进行具体部署。区委副书记、常务副区长贾敬远出席会议并讲话。

是日 “重阳敬老节 慈善送温暖”暨润州区“慈善驿站”揭牌仪式在金山街道迎江路中心社区举办。原市政协副主席宋敬伟，市慈善总会副会长石耘，区委副书记、区长徐心田，副区长、区慈善总会会长陆金火出席仪式。

17日 润州区举行“心系润州·情暖重阳”区老干部活动中心落成暨庆重阳活动。区委副书记、常务副区长贾敬远出席活动并讲话。

是日 润州区召开成立区属国有公司（场圃)综合纪检组动员部署会，标志着区属国有公司(场圃)监督工作实现全覆盖。区委常委、区纪委书记、区监委主任杨坚出席会议并讲话。区委常委、组织部部长徐燕主持会议并宣布区委对综合纪检组组长的任命。

18—20日 区委副书记、区长徐心田带领党政代表团赴新疆参加首届“一首歌 一座城”兵团第四师可克达拉市金秋经贸洽谈会。

19日 润州区召开八届区委第五轮巡察工作动员部署会。区委常委、组织部部长徐燕传达区委书记高国成关于区委第五轮巡察工作的批示，宣布巡察组组长、副组长、联络员及组员授权任职和任务分工。区委常委、区纪委书记、区监委主任、区委巡察工作领导小组组长杨坚作动员讲话。

24日 2018国际低碳(镇江)大会暨润州区城市经济高质量发展恳谈会举行，国内各地的专家、学者以及投资人100余人围绕“双轮驱动、低碳发展”主题，结合润州区城市经济高质量发展，交流分享科研成果和成功经验。区委书记高国成出席会议并致辞，区委副书记、区长徐心田主持活动。

25日 润州区政府与江苏银行镇江分行举行政银合作恳谈会暨战略合作签约仪式。区委书记高国成出席会议并讲话，区委副书记、区长徐心田主持会议，江苏银行镇江分行行长邹宏亮、副行长周元明等出席会议。

26日 润州区召开全区落实高质量发展综合考核指标推进会。区委书记高国成主持会议并讲话。区委副书记、常务副区长贾敬远，区委常委、组织部部长徐燕参加会议，并对相关工作推进情况提出意见与建议。

是日 润州区九届人大常委会召开第15次会议。会议对3名市人大代表进行述职评议；听取并审议区人民政府关于调整润州区2018年财政预算的报告，并作相关决定；听取并审议贾敬远代表区政府所作的关于区九届人大二次会议代表批评、建议和意见办理情况的报告；听取并审议区人民政府关于科技平台建设情况的报告；听取并审议区人民政府关于人社基层公共服务平台建设情况的报告；听取并审议区人民检察院公诉检察工作情况的报告；作关于召开区九届人大三次会议的决定；通过有关人事任免事项，任命付志宇为区人民政府副区长。

30日 润州区委举办理论学习中心组（扩大)专题报告会，邀请市委统战部副部长、市民族宗教事务局局长夏和生专题授课。区委常委、统战部部长胡如明主持会议。

是日 润州区“省诗教先进单位”授牌大会召开。省诗词协会会长凌启鸿出席会议并讲话，省诗词协会秘书长陈玉金出席会议并宣读“江苏省诗教先进单位”

批复通知，区委副书记、常务副区长贾敬远向大会致辞。区政协主席蔡文龙主持会议。

31日 市政务办主任潘文瑜、副主任周春旺、市编办副主任陈小平等一行4人到润州专题调研“放管服”改革和优化营商环境工作。区委书记高国成，区委副书记、常务副区长贾敬远陪同调研。

11 月

1日 润州区召开打好污染防治攻坚战调度会，区委副书记、区长徐心田出席会议并讲话，副区长祝中昊出席会议并部署下一阶段工作。

5日 润州区召开全区警示教育大会暨严格执行中央八项规定精神专题辅导讲座，区委书记高国成出席会议并讲话，区委副书记、区长徐心田主持会议。

8日 润州区召开2019年度重点党报党刊征订工作会议，会上宣读区委书记高国成关于做好2019年度全区党报党刊征订工作的批示，区委常委、宣传部部长蒋勇出席会议并讲话。

是日 润州区召开民营经济协会第十届会员代表大会，区委常委、统战部部长胡如明出席会议并讲话，市工商局党组成员、副局长赵剑萍到会祝贺。

9日 镇江市信访法治化建设系列宣传活动在润州广场举办启动仪式。市委副秘书长、市信访局局长张军，区委副书记、区长徐心田，市经信委主任卜晓放，区委常委、政法委书记张庆松，副区长王家振出席活动。

是日 润州区召开全区城市基层“全域党建”指导委扩大会议，区委常委、组织部部长、“全域党建”指导委主任徐燕出席会议并讲话。

10日 润州区举办“墨韵淳雅”高淳、润州九人书画联展。区委常委、宣传部部长蒋勇，区政协原主席、区旅游协会会长王明龙出席活动。

11日 润州区“增强领导力·提升创新力”高级研修班开班。区委书记高国成，区委副书记、区政府常务副区长贾敬远，区委常委、组织部部长徐燕，以及47名街道、机关部门主要负责人参加研修班开班仪式。

是日 润州区召开建设新时代更高水平文明城市重点工作推进会。

16日 镇江市“五级人大代表统一接待选民日”活动举行，润州区四套班子领导及各级人大代表到全区20个选民接待点与选民交流，倾听民意、了解民情。

19日 润州区召开区委理论学习中心组(扩大)学习会，市委宣传部副部长于伟到会指导，区委书记高国成主持会议并讲话。区领导徐心田、贾敬远、徐燕、胡如明结合习近平总书记在上海进口博览会开幕式上主旨演讲，分别就如何进一步解放思想，改革开放，更好地推动润州高质量发展交流发言。

20日 润州区召开“增强领导力·提升创新力”培训成果汇报会。区委书记高国成，区委副书记、区长徐心田，区委副书记、常务副区长贾敬远，区委常委、组织部部长徐燕以及54名街道、机关部门主要负责人参加会议。

22日 润州区召开迎接全国文明城市省级测评督查情况通报会，区委书记高国成出席会议并讲话，区委常委、宣传部部长蒋勇主持会议，区委常委、统战部部长胡如明，副区长刘国明出席会议。

23日 润州区召开全区划定区域全面禁放烟花爆竹动员部署会，副区长、公安润州分局局长陆金火参加会议并讲话。

是日 九三学社江苏省科技专门委员会受邀到润州区调研指导，围绕“让‘硬科技’园区领跑润州城市经济”主题开展交流座谈。九三学社江苏省科技专门委员会主任、苏州市科技局局长张东驰，区委副书记、区长徐心田出席座谈会，九三学社江苏省科技专门委员会副主任、副区长祝中昊主持会议。

26日 润州区九届人大常委会召开第49次主任会议，区人大常委会主任范永放主持会议，区委副书记、常务副区长贾敬远列席会议。会议听取区政府2018年预算执行情况的汇报，并审查2019年预算草案。

27日 润州区召开镇江长江金融产业园招商推介会，30多家省、市金融机构参加，3家金融机构公司现场签订意向入驻协议。副区长付志宇、南京长江金融信息服务股份有限公司董事长汪小明出席推介会。

29日 润州区委召开理论学习中心组扩大学习会，市纪委副书记、市监委副主任周奇恒受邀对新修订的《中国共产党纪律处分条例》做宣讲，区委书记高国成主持会议。

是日 润州区政协召开六届二十一次主席会议，视察推进润州区科技创新创业平台建设，区政协主席蔡文龙主持会议并讲话。

是月 由润州区人民政府主办、润州区史志档案办公室编纂的《润州年鉴(2018)》正式出版发行。

12 月

4日 润州区召开人才工作领导小组2018年度第二次会议，区委书记、区人才工作领导小组组长高国成出席会议并讲话，区委常委、组织部部长徐燕主持会议，副区长、科技镇长团团长付志宇出席会议。会议听取首批“润州英才”计划实施情况汇报，审议并通过“润州英才”计划建议入选人才名单，并传达学习中央和省委关于人才工作的最新要求。

是日 首届“润州英才”名单出炉，包括3D打印、智能机器人、云计算、无人机智能操控等多个领域的11个人才项目入选。

是日 润州区召开全区房地产企业家座谈会，区委书记高国成主持会议并讲话，副区长刘国明出席会议。

11日 润州区召开全区领导干部务虚会，分析研判全区经济社会发展面临的新形势、新问题，进一步谋划好2019年的工作与举措。区委书记高国成主持会议并讲话，区委副书记、区长徐心田出席会议并作小结。

12日 润州区政协视察“医养融合”发展模式推进情况，并召开专题座谈会。区政协主席蔡文龙主持会议并讲话。

13日 润州区召开全区商会、行业协会负责人座谈会，区委书记高国成主持会议并讲话。区委副书记、常务副区长贾敬远出席会议并发言。

13-16日 区委常委、宣传部部长蒋勇一行到北京考察融媒体中心建设和互联网信息管理工作，并参加人民日报社民生发展论坛。

18日 区委书记高国成以人大代表身份视察区检察院工作，区委副书记、常务副区长贾敬远等七里甸街道人大代表小组20余名代表共同参加，区检察院党组书记、检察长王飞陪同视察。

是日 润州区召开创建“省级健康促进区”动员部署会，区委常委、统战部部长胡如明出席会议并讲话。

是日 润州区召开全区旅游企业座谈会，副区长祝中昊主持会议并讲话，区旅游协会会长王明龙出席会议。全区30家旅游企业负责人参加会议。

21日 润州区监委召开第一届特约监察员聘请会议暨“开放日”活动，16名特约监察员受聘。区委常委、区纪委书记、区监委主任杨坚出席会议，为特约监察员颁发聘书并讲话。

24日 润州区九届人大常委会召开第52次主任会议，听取区政府关于“推进西津渡旅游风情小镇建设”重要建议办理情况的报告。区人大常委会主任范永放主持会议，副区长祝中昊列席会议。

25日 中共镇江市润州区委召开第八届委员会第六次全体会议，区委书记高国成主持会议。全会审议高国成代表中共镇江市润州区第八届委员会和杨坚代表区纪律检查委员会所作的区委工作报告和区纪委工作报告。全会讨论研究区八届三次党代会召开的有关事项，并审议通过区八届三次党代会召开的日程草案、有关建议名单以及代表资格审查报告。会议听取区八届二次党代会代表提案和建议办理情况的报告，作出区委八届六次全会决议。

26日 润州区政协召开六届八次常委会议，讨论区政协六届三次全体会议有关事项，区政协主席蔡文龙主持会议并讲话。会议审议通过区六届政协常委会工作报告、区六届政协常委会关于提案工作情况报告，以及关于召开区政协六届三次全体会议的其他有关事项。会议还审议通过《关于表彰2017-2018年度“优秀政协委员”“先进界别小组”的决定》《关于表彰2017-2018年度优秀提案和提案承办先进单位的决定》《关于加强润州区历史文化资源保护和利用的建议案(讨论稿)》。

是日 润州区九届人大常委会召开第16次会议，区人大常委会主任范永放出席会议，区人大常委会副主任易丽娟主持会议。会议补选庄金泉、徐燕、杨坚3人为镇江市第八届人民代表大会代表。接受有关辞职请求。表决通过有关人事任免。会上，区人大常委会组成人员对政府组成部门、垂直管理部门和区监察委、区人民法院、区人民检察院效能建设进行测评；作出关于表彰区人大代表活动先进小组、优秀区人大代表、优秀议案和建议的决定；讨论并通过区人大常委会工作报告(草案)以及区九届人大三次会议的有关事项。会议还听取并审查区政府关于调整润州区2018年度国民经济和社会发展计划指标的报告，并作相关决定；听取区人民政府2018-2020年突出环境问题清单的报告。

是日 润州区召开新的社会阶层人士联谊会一届一次会员大会暨成立大会，市委统战部副部长邵学军，区委常委、统战部部长胡如明出席会议并讲话。大会选举产生19位理事、1位监事及秘书长、副会长、会长等联谊会领导班子成员。

30日 中共镇江市润州区第八届代表大会第三次会议举行。会上，区委书记高国成代表中共润州区第八届委员会作了题为《深耕城市经济、创新社会治理，努力开创高质量发展新局面》的工作报告，区委副书记、区长徐心田主持大会开幕式。区委常委、区纪委书记、监委主任杨坚代表区纪律检查委员会向大会作书面工作报告。会议审议并通过《中共镇江市润州区第八届代表大会第三次会议关于区委工作报告的决议》《中共镇江市润州区第八届代表大会第三次会议关于区纪委工作报告的决议》《中共镇江市润州区第八届代表大会第三次会议关于代表提案审查情况的报告》。会上，区委副书记、常务副区长贾敬远宣读2018年度全区基层党建“三十佳”表彰命名决定。

中共润州区委员会

区委常委领导分工

高国成：主持区委全面工作，主管党建、干部人事工作，分管区人大、区政协、区人武部工作。

徐心田：主持区政府全面工作，分管经济工作和机构编制、审计、对外开放和人民武装委员会工作。

贾敬远：负责区委党校工作，协助书记分管党建工作、区委日常工作，分管农村、场圃、双拥、保密、区委办公室工作；负责区政府常务工作、应急工作，分管财政、税务、金融、国有资产管理、档案、地方志、政务公开等工作。

蒋　勇：主持区委宣传部工作，分管意识形态、社会科学理论、新闻、文化、科技、科协、教育、医疗卫生、体育、人口与计划生育、精神文明创建工作。

徐　燕：主持区委组织部工作，分管组织人事、干部和干部培训、人才、工会、共青团、妇联、区级机关工委、老干部、关工委工作；协助分管区委党校工作。

杨　坚：主持区纪委、监察委工作，分管纪检监察工作。

张庆松：负责区委政法委工作，分管政法、社会稳定、社会治安综合治理、国家安全、信访、城建城管工作。

胡如明：主持区委统战部工作，分管民族、宗教、侨台、大项目建设工作，联系民主党派、民营经济工作。

张　成：负责人民武装、国防动员和驻区部队联系工作。

中共镇江市润州区第八届委员会委员、候补委员名单

（2018 年 12 月）

区委常委

高国成　徐心田　贾敬远　蒋　勇　徐　燕　杨　坚　张庆松　胡如明　张　成

区委委员

高国成　徐心田　贾敬远　范永放　蔡文龙　蒋　勇　徐　燕　杨　坚　张庆松
胡如明　张　成　陆金火　刘国明　江朝民　徐文军　庄炳锁　匡淑平　沈明安
祁明星　周　藜　孙　晶

区委候补委员

王重阳

综 述

【概况】 2018年，润州区紧密团结在以习近平同志为核心的中共中央周围，坚持以中共十九大精神为指导，认真贯彻落实省市委决策部署，团结带领全区上下，全力稳增长、调结构、促改革、抓创新、惠民生、防风险，取得了显著成效。发展质效大幅提升。完成地区生产总值214亿元、增长4%，高于全市平均增幅；一般公共预算收入13.5亿元、其中税收收入12亿元，分别增长20.5%、29.2%，增幅全市领先；生产性服务业呈现爆发式增长，重点企业净增106家、增长17%，实现税收6.76亿元、增长46%，税收贡献份额由2017年的14.7%提升至28.4%。市场活力有效激发。盘活商务A区、国控双子楼、常发广场等存量楼宇约9.4万平方米。全区实有各类市场主体38666户，注册资本总额831亿元，分别增长40.7%、23.8%，其中实有企业11903家、增长34.7%，注册资本807亿元、增长23.6%。高端人才争相涌入。入选省“双创人才”1人、市“金山英才”计划7人，分别完成任务数的100%、175%。每万人劳动力中高技能人才数达880人，增长16.4%。

润州发展日益强劲，结构更优化。出台了城市经济发展战略规划和“1+4”政策文件，明确了“生产性服务业、现代旅游业、高端商贸、低碳产业和智能制造”五大产业发展方向，常态化开展企业大走访、企业家座谈会活动，密集开展以城市经济为主题的“双招双引”活动。全区25个重点产业项目实现投资97亿元，联想星云加速器投入运营，大西路商业中心开工建设，镇江长江金融产业园加快推进，树实科技、慧灵科技成功落户。润州成为全市唯一入选省级服务业综合改革试点区域，现代服务业应税营业收入达105亿元，增长15.9%。全力打造优质的营商环境，371项政务服务事项实现不见面审批，占总量的97%，企业、个体工商户注册登记压减至1个工作日；创新政银合作，办理全程电子化营业执照688件，占全市比例34%。10个村（涉农社区）完成农村集体经营性资产股份合作制改革。供销社专项试点改革任务在全省率先完成。

润州生态越来越好，环境更宜居。以前所未有的力度狠抓生态保护和污染防治，中央环保督察“回头看”、省委环保督察交办问题全部办结，$PM_{2.5}$年平均浓度市区最低，污染物减排任务全面完成，运粮河新河桥国控断面及水功能区水质全面达标，750家“散乱污”企业完成整治，西南片区（韦岗区域）生态修复加快推进，西团结河、周家河、御桥港等水环境整治工程全部竣工。实施7个地块棚户区改造，结转征收项目扫尾攻坚取得突破，完成征收1895户、45万平方米。完成同德里和朱方路片区21万平方米老旧小区改造任务。全力开展扫黑除恶专项斗争，打掉恶势力犯罪团伙10个98人次，破获涉黑涉恶类案件27起。切实加强地方政府债务管理，积极消化存量、严格控制增量，政府性债务规模较小、结构合理、风险可控。积极开展“清风行动”，加大防范和处置非法集资工作力度。市交办重点信访积案化解率达93%，转业士官各项政策全面落实，依法稳妥处置联合水泥破产、江河汇重整、东方伟业权证办理、协信太古城商铺纠纷等社会矛盾。荣获“全省法治建设示范区”，社会环境、法治环境更加安全公正。

润州民生持续改善，事业更蓬勃。教育现代化建设继续走在全省前列，新一轮义务教育布局调整优化全面启动，学前教育办学体制改革稳妥实施。基层卫生综合改革进一步深化，创新家庭医生团队“首诊式”签约管理服务模式。城镇居民人均可支配收入达48639元，增长7.8%；养老保险基金征缴总收入超3亿元，完成率达122%。2个标准化老年人日间照料中心投入运行，12个老年人助餐点投入使用。帮扶救困稳步推进，“善行义举榜”在全市推广。防灾减灾进展顺利，2个村（社区）入围全国综合减灾示范社区。积极推进创新网格化治理，初步建立覆盖全区的“全要素”网格。开展村（社区）工作者职业体系建设，构建了涵盖待遇保障、绩效考核、事务准入、员额管理、统一招录的全方位政策制度体系。

润州党建不断加强，政治更清明。深入学习贯彻习近平新时代中国特色社会主义思想和中共十九大精神，扎实开展解放思想大讨论活动。全面压实意识形态工作责任制，不断增强社会主义意识形态凝聚力和引领力。“两级领办”抓实三级“书记项目”，统筹解决了一批基层党建重点难点问题。先行探索以“六统十八联”为核心内涵的城市基层“全域党建”，承办全市现场会向面上推广，《中国组织人事报》、中国共产党新闻网、省委《快报》予以报道推介。新增全市“五星”先进党支部2个，市级支部书记工作室、党员教育实境课堂各1个。深化“润苗工程”和“三聚三提五创”活动，制定出台“三项机制”实施细则，创新实施“政治体检”和区管领导班子综合评价、领导干部三百六十度适岗评价，推动广大党员干部做改革促进派、发展实干家。网络社会组织统战工作得到中央统战部、省委统战部高度肯定。深化纪检监察体制改革，探索建立“三双三集”工作机制，巡察“利剑”锋芒初显，派驻“探头”作用进一步发挥。严肃查处违反中央八项规定精神问题，动真碰硬整治作风效能“顽症”,持续保持反腐高压态势,全面从严治党纵深推进。坚持党的集中统一领导,着力加强民主政治建设,区人大围绕中心、依法履职,区政协参政议政、推动全局,各民主党派、工商联和群团组织主动融入、服务大局,巩固了团结奋进的良好局面。

作风建设深入推进。坚持作风建设逢会必讲、逢节必讲、逢事必讲,注重发挥党员领导干部带头作用,形成“头雁效应”。严格执行中央八项规定及实施细则精神,出台润州贯彻落实具体措施,集中整治形式主义、官僚主义,查处违反中央八项规定精神问题9起,给予党纪政务处分13人。始终保持反腐肃纪高压态势,共立案51件,同比上升21.4%,留置6件6人。坚持挺纪在前,精准运用执纪监督“四种形态”,抓早抓小、防微杜渐,共处理146人次,占比分别为69.9%、24%、3.4%、2.7%。扎实开展专项治理,对环境保护、作风效能等方面履职不力实施工作问责18起19人,查处群众身边腐败和作风问题13起、给予党纪政务处分22人,基层政治生态更加优化。

巡视巡察严肃认真。接受省委第五轮巡视,既对省委巡视过程中指出的问题采取果断举措,边巡边改、即知即改,更以省委巡视为契机,严肃党内政治生活,加强国有企业监管,深化农村集体“三资”管理,严肃行政事业单位财经纪律,建立健全了一批治当下、管长远的制度。着力提升区委巡察实效,探索对被巡察党组织进行政治生态评价,每轮巡察结束后及时召开书记专题会听取情况。做好巡察“后半篇文章”,对问题和线索建立清单,实行台账式管理,压实整改责任。共开展3轮常规巡察和1轮省区联动巡察,查找出问题308个,移交问题线索33条,问责9人。

全区各项事业均衡发展,精神文明建设、平安法治建设取得新突破,统战、群团组织和军民融合发展、国防后备力量建设等工作取得新成效。

【区委办公室工作】 2018年,区委办公室紧紧围绕城市经济发展大局,强化服务意识,突出工作重点,增强主动性和创造性,各项工作全面上水平,服务质量整体上台阶。综合文字、决策参谋方面。全年共起草各类综合文字材料200余篇,组织、承办各类会务、活动70余次,审核、印发各类文件340余份,办理各类通知110多次,处理上级来文630余份,较好地完成了区委和领导交办的各项任务。全面深化改革方面。制定下发2018年区委全面深化改革工作重点,包括经济体制、农业农村、文化体制等7个方面15项重点改革任务,区委改革办共开展专项督查3次,相关任务均按序时进度推进。信息报送方面。围绕区委中心工作和重点工作进行多方位信息督查并报送信息稿件。全年共上报省市信息近256篇,其中被《镇江信息》录用32条,被省级刊物录用61条,编发《润州信息》141期,确保有部署、有落实、有反馈。牵头大走访工作方面。出台《关于推进“走村进企入户”大走访常态化长效化的实施意见》,组织实施两轮企业集中大走访活动,成功解决一批城管城建、人才用工、金融项目等“老大难”问题,为优化营商环境、激发高质量发展新动能奠定了良好基础,有关做法被“江苏大走访”微信公众号头条刊载6次。党内法规建设工作方面。规范落实党内法规工作。年初编制区委党内规范性文件制定工作计划,全年累计前置审核发文236件,上报党内规范性文件21件,下备14件。积极做好“两个责任”履责记实工作,累计录入主体责任履责400余条,召开履责记实推进会7次,发布督查通报4次。积极落实党委法律顾问制度,2019年,区委和区委工作部门累计邀请法律顾问处理各类涉法事务39次,党委法律顾问作用有效发挥。配合区委两个责任全程纪实工作。协助区委签订主体责任书,开展廉政风险点排查。积极做好“两个责任”履责记实工作,累计录入主体责任履责400余条,召开履责记实推进会7次,发布督查通报4次。

【保密工作】 贯彻落实中央、省、市关于机要保密工作的方针政策,严格按照规定做好涉密公文收发、传阅、催办、归档、保密等工作,24小时在岗在位,做好应急值班各项工作,确保通信畅通、政令畅通。全年累计办理明传电报、传真402份,密传电报284份,做到无一疏漏差错。 (张一玄)

重要会议

【中共镇江市润州区第八届委员会第五次全体会议】 中共镇江市润州区第八届委员会第五次全体会议于2018年7月28日在粤海会议中心举行。全会认真审议高国成代表区委常委会所作的题为《大力解放思想、深度对标苏南,奏响润州高质量发展最强音》的工作报告,一致同意并批准通过这个报告。

全会认为,经过半年多的艰苦努力、扎实工作,发展城市经济、推动高质量发展,已成为全区上下的高度共识和自觉行动,润州经济社会事业发展呈现新气象:城市经济破题开篇、生态环境持续优化、民生事业全面发展、党的建设不断加强。

2018年上半年的工作成绩来之不易,是在宏观环境深刻变化、困难挑战日益增多、各项任务艰巨繁重的形势下取得的,是全区上下攻坚克难、共同奋斗的结果。

但也要清醒认识存在的问题和不足：城市经济刚刚起步，区域经济总量偏小，财政收支平衡压力巨大，产业项目支撑明显不足；对照高质量发展考核体系，部分指标距离走在前列的要求还有较大差距；群体性事件时有发生，信访积案基数较大，社会稳定风险防控形势严峻；少数干部精神状态不佳、精气神不足，贪图安逸、松劲懈怠，抓工作、抓落实总是不到位，不作为、慢作为现象仍然存在；在持续高压态势下，仍然有人不收敛、不收手，违纪违法问题仍有发生。对此，必须突出问题导向、找出症结所在、切实加以解决。

全会指出，面对新的形势与任务，必须审时度势，乘势而上，开启新的发展征程。在总体定位上，要努力把润州建设成为产业发达、富有活力、和谐宜居、开放文明的现代化主城区，为提升镇江城市首位度贡献力量；在发展重点上，要做大做强城市经济，不断提升经济增长的质量和效益，不断提升富民惠民的层次和水平；在现实路径上，要注重处理好城市发展、产业集聚、环境资源三者之间的关系，积极推进城市功能建设、生态建设、社会建设，集聚人气，提升品质，形成特色。重点是做好“发展城市经济，全面释放小康建设最强动能；共享城市红利，全面提升小康建设富民水平；提升城市品位，全面改善小康建设人居环境；优化城市服务，全面筑牢小康建设社会基础；铸就城市文明，全面丰富小康建设本质内涵”等五个方面的工作。

全会强调，事业兴衰，关键在党，关键在人。要提升发展城市经济的本领，汇聚发展城市经济的力量，务实发展城市经济的作风，让全区每一个党组织、每一名党员干部的作用都得到更好发挥。

全会号召，要更加紧密地团结在以习近平同志为核心的中共中央周围，高举中国特色社会主义伟大旗帜，在市委、市政府的坚强领导下，勠力同心、争先进位，持之以恒发展城市经济，齐心协力推进“五城共建”，确保年度目标任务圆满完成，迈出凤凰涅槃坚实步伐，以优异成绩迎接中共十九大胜利召开。

【中共镇江市润州区第八届代表大会第三次会议】 中共镇江市润州区第八届代表大会第三次会议于2018年12月30日在粤海国际会议中心举行。大会认真审议高国成代表中共镇江市润州区第八届委员会所作的题为《深耕城市经济、创新社会治理，努力开创高质量发展新局面》的工作报告，一致同意并批准通过这个报告。

大会认为，2018年是润州发展历程中极不平凡的一年。一年来，全区上下紧扣高质量发展这条主线，大力解放思想、深度对标苏南，积极应对区划调整带来的新变化、新挑战，以白手起家的决心、白纸作画的勇气，全面绘制城市经济的战略蓝图，全面谋划城市经济的突破路径，产业转型迈出关键步伐，城市经济发展如火如荼。润州发展日益强劲，结构更优化；润州生态越来越好，环境更宜居；润州民生持续改善，事业更蓬勃；润州党建不断加强，政治更清明。

大会指出，2019年是新中国成立70周年，是开启改革开放新征程和深化机构改革后的第一年，也是决胜全面建成小康社会、纵深推动高质量发展的关键之年。站在全新的历史方位和历史起点，润州正全面步入城市经济不断壮大、产业结构加速转型的关键时期，全面步入城市功能不断完善、主城区首位度加速提升的关键时期，全面步入社会治理不断创新、体制机制加速变革的关键时期。全区上下要切实强化战略思维、创新思维、辩证思维、法治思维、系统思维、底线思维，观大势、谋要事、干实事，既敏锐发现和把握新时代所蕴含的重大机遇，又积极应对和化解前进道路上的各种风险、阻力和矛盾。

大会要求，要加快推进产业动能转换，让经济发展持续升温。在推进项目建设上实现突破、在发展生产性服务业上形成亮点、在构筑创新载体上精准发力、在集聚优秀人才上多措并举。要持续推进城市有机更新，让区域品质全面提升。坚持精心规划、坚持精致建设、坚持精细管理。要大力开展生态环境整治，让城市面貌更加清新。坚决打好污染防治攻坚战、积极主动回应社会关切、持之以恒建立长效机制。要不断优化公共服务体系，让发展红利不断释放。坚持共建共享，推动社会事业发展；坚持统筹协调，完善社会保障；坚持问题导向，激发改革活力。要坚决守住安全稳定底线，让社会环境更加和谐。全方位保障公众安全、多角度推进社会治理创新、深层次化解社会风险矛盾。

大会强调，要认真落实新时代党的建设总要求，以高质量党建引领推动高质量发展。要强化政治建设，筑牢思想根基。要建强组织体系，激活神经末梢。要激励担当作为，提升干部队伍。要抓好巡视整改，净化政治生态。

大会号召，全区上下要以习近平新时代中国特色社会主义思想为指引，在市委的坚强领导下，团结带领全区人民，深耕城市经济，创新社会治理，全面从严治党，努力开创高质量发展新局面，以经济社会发展的优异成绩迎接中华人民共和国成立70周年。

（张一玄）

组织工作

【概况】 2018年，润州区组织系统坚持以习近平新时代中国特色社会主义思想和中共十九大精神为指导,牢固树立“四个意识”、坚定“四个自信”、坚决做到“两个维护”,深入学习全国、全省、全市组织工作会议、组织部长会议精神,全面贯彻新时代党的组织路线,以组织体系建设为重点,着力培养忠诚干净担当的高素质干部,着力集聚爱国奉献的各方面优秀人才,为建设“强富美高”新润州、推动高质量发展提供坚强组织保证。

干部工作从严从实。考准考实干部,实施“政治体检”,创新开展区管领导班子综合评价和领导干部三百六十度适岗评价,探索推行“政治忠诚度、履职作为度、岗位成熟度、工作融合度、从政廉洁度”五维研判和“实劲、狠劲、巧劲、韧劲”四劲考评,全方位考察识别干部。落地“三项机制”,推动出台《润州区干部鼓励激励、容错纠错、能上能下实施细则(试行)》,常态化开展“部长谈心日”和“凝心聚力大走访”活动,激励干部担当作为。开展“三聚三提五创”活动,推行“实绩认定+多维度测评”,选树2018年度好班子、好搭档、好班长、好书记、好助手35个(对)。深化“润苗工程”,实施“自学+集训+实践+考评”模块式培育,优选“群众工作辅导员”指导帮带征收历练,年轻干部指标居全市前列。开展系统培训,整合条块资源,围绕城市经济和城市治理,赴厦门大学、同济大学、中山大学等“双一流”大学,开展主体班次和专题班次11期,常态化举办“周末课堂”18期,全年覆盖85%以上区管干部和80%以上基层党组织及负责人。从严监督管理,着重抓好干部选用环节把控、职数管理、事前报告、全程纪实“四项重点”,规范做好区管干部因私出国(境)、社会团体兼职等日常监管,直系、三代以内旁系血亲和近姻亲关系排查覆盖正科职以上领导干部。

基层党建创新创优。抓实“书记项目”,抓实三级基层党建“书记项目”80个,推行“两级领办”“双月点评”“季度问效”“年底表彰”,统筹解决一批基层党建重点难点问题。区委书记项目获评全市优质项目。区八届三次党代会表彰“书记项目”、党组织书记、党支部“三十佳”。探索“全域党建”,在深化红色形象体系建设基础上,先行探索以“六统十八联”为核心内涵的城市基层“全域党建”,承办全市现场会并向面上推广,在全市组织工作会议上交流发言,迎来省内外近30批次同行参观学习。健全职业体系,出台指导意见,构建员额分级管理、转聘考聘招聘、基本待遇保障、绩效管理考核、社区事务准入“1+5”职业体系框架,着力打造“全科+全能”社工队伍。突出典型示范,截至2018年年底,创成全市“五星”先进党支部9个,市级支部书记工作室4个、党员教育实境课堂3个。

人才工作洼地崛起。坚持上下联动。调整并充实区人才工作领导小组成员单位,区委书记亲自担任组长。围绕产业发展规划,同步出台“润州英才”计划等“1+4”人才新政,对带动产业发展的领军人才提供资金扶持。创新考核机制,全市首创把人才工作考核,从“党的建设类”调整到“经济发展类”的重点工作中,增大考核权重,提升考核精度。“上门请才”做好第十一批科技镇长团选派工作。突出靶向引才。邀请同济大学、北方工业大学等高校院所专家来区考察对接,与吉林师范大学签订全面合作战略协议。组团赴深圳国际人才交流大会、江苏·成都精英人才对接峰会、西安交大等拜访海内外专家,全年开展人才对接活动18 场。联办全市“双百菁英”科技企业家特训营,协办全区城市经济高质量发展恳谈会,聘请5名“引才大使”,拓宽人才招引与培养路径。聚焦产才融合。全年入选省“双创计划”1人,完成率100%,为全市唯一完成指标的辖市(区);市“金山英才”计划7人,完成指标率175%,列全市第一。获“江苏技能状元”荣誉称号1人,入选全年省“333工程”2人、市“169工程”6人、市“乡土人才”10人。首批“润州英才”计划入选11人,引进一批高层次创新创业人才和行业紧缺型人才。

自身建设全面过硬。对照建设模范部门过硬队伍要求,在全区组织系统开展“五提五过硬”活动,明确组工干部20条要求,推动全区组工干部做到醒脑提神、政治过硬,执行提速、作风过硬,持续提能、业务过硬,创新提效、效能过硬,标准提档、纪律过硬。对部机关、区委直属党(工)委实行岗位职责积分考核,采取“日常记录、月度汇总、季度评比、年终总评”方式,每季度评选出“学做标兵”“先进单位”并向基层通报,全年积分情况作为评先评优的重要依据。持续强化信息宣传,讲好“组工故事”,放大“润州声音”,重点工作2次被《中国组织人事报》报道、1次被省委《快报》推介、3次被省《组工信息》推介、2次被《新华日报》头版报道,全年共发表市委《信息快报》4条、市《组工信息》38条、“镇江先锋”微信公众号推送41条,被市级以上刊物报道65次。

(马万勋)

【“三聚三提五创”活动】 开展“三聚三提五创”活动,推行“实绩认定+多维度测评”。“三聚”,即领导班子聚焦“全力优化生态环境、聚力推进创新驱动、大力提升民富民享”三件大事;“三提”,即领导干部提振干事激情,提高服务水准,提升惠民质效;“五创”,即科级领导班子争创“忠诚团结创新担当好班子”,区委直属党(工)委书记争创“从严治党好书记”,街道党政主要负责人争创“发展富民好搭档”,区级机关部门、直属企事业单位"一把手"争创"服务基层好班长",副科职领导干部争创"勇于担当好助手",2018年度选树好班子、好搭档、好班长、好书记、好助手35个(对)。

【区管干部"政治体检"】 在全区62个区管领导班子、340名区管领导中开展"政治忠诚度、履职作为度、岗位成熟度、工作融合度、从政廉洁度"五维研判和"实劲、狠劲、巧劲、韧劲"四劲考评,灵活运用"个人检+群众议+领导评+组织审"等方式,制定14类、47项具体评价指标。推行实绩认定和多元测评双考核,把单位年度绩效考核、干部群众专项评议和个人年度民主测评成绩,以60%、35%、5%的权重分别计入量化考核总分。通过"查阅资料+个别谈话+实地走访+综合研判"的方式,印证、核实定量考核数据的真实性和准确性,画准画实领导干部"政治画像"和"绩效曲线",并根据能上能下有关规定进行结果运用。

【年轻干部"润苗工程"】 加强年轻干部培养选拔,深化"育苗、墩苗、壮苗、护苗"计划,遴选1名80后正科职干部到金融系统挂职,7名优秀年轻干部到市、区两级污染防治攻坚一线锻炼;组织20名80后副科职干部和30名85后股级、年轻干部,进行3个月"自学+集训+实践+考评"模块式培育,优选16名"群众工作辅导员"指导帮带征收历练,树立"能力在一线培养、人才在一线识别、干部在一线选拔"鲜明导向,年轻干部指标居全市前列。

【干部教育培训】 整合条块资源,围绕城市经济和城市治理,开展主体班次和专题班次11期,先后组织党政"一把手"、党务干部、年轻干部、社区(村)党组织书记等,赴浙江大学、同济大学、中山大学等"双一流"大学专项培训,到上海、广州、杭州等先进地区专题研修,同时常态化举办"周末课堂"18期,邀请县处级干部、专家学者等上台授课,全年覆盖85%以上区管干部和80%以上基层党组织及负责人。

【干部监督管理】 全面落实市委《关于进一步加强科级干部选拔任用监督管理工作的规定》,严抓干部选用环节把控、职数管理、事前报告、全程纪实"四项重点"。严格实施《润州区街道、区级机关部门中层干部选拔任用工作实施细则》,将制度化、规范化管理贯穿干部工作全过程。扎实做好区管干部因私出国(境)、社会团体兼职、个人有关事项报告等日常监管,率先完成正科职以上领导干部直系、三代以内旁系血亲和近姻亲关系排查。认真配合省委巡视组选人用人巡视检查,从严从实、即知即改,协同完成场圃事业性质干部兼职取酬清理、规范干部外出培训和党性教育活动等工作。

10月13日,中组部调研润州区城市基层"全域党建""六统十八联"做法

(区委组织部 摄)

【基层党建"书记项目"】 聚焦基层党建重点难点问题,以区委"书记项目"为牵引,联动排定各直属党(工)委、村(社区)党组织三级"书记项目"80个。推行"两级领办",区委常委、党员副区长领办直属党(工)委"书记项目",街道班子成员领办村(社区)"书记项目",实现"书记抓"向"班子抓"转变,压实责任、凝聚合力。开展"双月点评",全区产业大项目和党建"书记项目"双月联推,推动各级像抓经济一样抓党建。实行"季度问效",3月集中启动、6月现场观摩、9月督查推进、12月评选表彰。区八届三次党代会表彰"书记项目"、党组织书记、党支部等"三十佳"。区委书记"书记项目"2017年和2018年两度获评市级优质书记项目。

【"全域党建"工作探索】 在深化红色形象体系建设基础上,先行探索以"六统十八联"为核心内涵的城市基层"全域党建",聚焦政治统领、组织统联、阵地统建、队伍统管、资源统用、治理统抓6个方面,做实三级责任联动、条块横向联手、组织共建联席、示范片区联建、红色网格联治等18项互联互动工作。全区7个街道、60个社区与210家驻区单位、跨区单位结成紧密型"党建联盟"。召开全市现场会,推广润州做法。全市组织工作会议作交流。特色工作得到中组部组织二局和省、市组织部门领导肯定，迎来省内外近30批次同行参观学习，被《中国组织人事报》头版、中国共产党新闻网、《新华日报》头版和交汇点等省级以上媒体报道，获省委《快报》、省《组工信息》推介。

【社区(村)工作者职业体系建设】 推动出台《关于构建润州区社区(村)工作者职业体系的意见(试行)》，构建员额分级管理、转聘考聘招聘、基本待遇保障、绩效管理考核、社区事务准入"1+5"职业体系框架，将基本报酬优化为"三岗十八级"薪酬体系，统筹解决社区(村)工作者身份职责、进出渠道、报酬待遇、考核评价、发展出路等问题。继续落实《村(社区)党组织书记能力素质提升三年集训计划》，先后举办村(社区)党务副书记、村(社区)党组织书记专题培训班，着力打造"全科+全能"社工队伍。

【"润州英才"计划】 聚焦城市经济，围绕产业发展规划，出台《关于进一步优化人才发展环境的实施意见》和《关于实施"润州英才"计划的意见》《关于促进高校毕业生就业创业的意见》《关于实施新型企业家培育计划的意见》《关于实施乡土人才培养计划的意见》"1+4"人才新政。制定《润州区2018年度各街道高层次人才工作目标责任制考核办法》，全市首创把对招才引智的绩效考核，从"党的建设类"调整到"经济发展类"，并加大分值和权重，提升考核力度和精准度。确定11名人才为2018年度"润州英才"计划资助对象。推动加快引进和培养一批领军创新创业人才和行业发展急需人才，为全区城市经济发展提供强有力的人才和智力支撑。

【特色招才活动】 邀请同济大学、北方工业大学等高校院所专家来区考察对接，与吉林师范大学签订全面合作战略协议。组团赴深圳国际人才交流大会、江苏·成都精英人才对接峰会、西安交大等拜访海内外专家，全年开展人才对接活动18场。联办全市"双百菁英"科技企业家特训营，协办全区城市经济高质量发展恳谈会，聘请5名"引才大使"，拓宽人才招引与培养路径。

(马万勋)

党的基层组织数量情况和换届情况表

表1　　截止时间:2018年12月31日　　单位:个

项目		总数	党委	总支部	支部
党的基层组织数		571	50	35	486
任届期满		50	—	—	50
本年换届		50	—	—	50
城市街道		344	33	26	285
乡镇		—	—	—	—
企业	国有经济控制	17	2	1	14
	集体经济控制	8		1	7
	非公有经济控制	84	5	—	79
事业单位		55	2	3	50
机关	合计	124	10	5	109
	中央一级	—	—	—	—
	省(区、市)一级	—	—	—	—
	市(地、州、盟)一级	—	—	—	—
	县(市、区、旗)一级	67	6	4	57
社会组织		2	—	—	2
其他		281	31	25	225

党员基本情况表

表 2　　截止时间：2018 年 12 月 31 日　　单位：人

项目		总数	预备党员	女	少数民族	台湾省籍	年龄 30 岁及以下	31~35 岁	36~40 岁	41~45 岁	46~50 岁	51~55 岁	56~60 岁	61~65 岁	66~70 岁	71 岁及以上
总计		12134	110	3789	188	—	1177	869	725	722	937	1154	956	1532	1434	2628
一、在岗职工		4332	73	1596	75	—	733	643	574	583	721	689	368	16	1	4
公有制单位	合计	2647	54	1069	49	—	353	369	409	438	468	411	199	—	—	—
	党政机关工作人员	1026	23	233	22	—	152	143	123	139	177	195	97	—	—	—
	事业单位管理人员	346	4	132	4	—	26	46	57	69	45	64	39	—	—	—
	事业单位专业技术人员	865	18	547	19	—	92	114	177	192	170	97	23	—	—	—
	企业管理人员	142	2	52	2	—	14	19	18	16	35	26	14	—	—	—
	企业专业技术人员	51	1	22	—	—	19	9	6	7	4	2	4	—	—	—
	工勤技能人员	217	6	83	2	—	50	38	28	15	37	27	22	—	—	—
	农民工	—	—	—	—	—	—	—	—	—	—	—	—	—	—	—
非公企业	合计	1682	17	525	26	—	379	273	164	145	253	278	169	16	1	4
	管理人员	367	7	104	9	—	56	36	31	34	79	78	46	5	1	1
	专业技术人员	363	6	100	7	—	58	48	47	34	65	78	30	2	—	1
	工勤技能人员	952	4	321	10	—	265	189	86	77	109	122	93	9	—	2
	农民工	—	—	—	—	—	—	—	—	—	—	—	—	—	—	—
社会组织	合计	3	2	2	—	—	1	1	1	—	—	—	—	—	—	—
	管理人员	2	2	2	—	—	1	—	1	—	—	—	—	—	—	—
	专业技术人员	—	—	—	—	—	—	—	—	—	—	—	—	—	—	—
	工勤技能人员	1	—	—	—	—	—	1	—	—	—	—	—	—	—	—
	农民工	—	—	—	—	—	—	—	—	—	—	—	—	—	—	—
二、农牧渔业		174	7	51	—	—	33	13	6	11	18	29	25	17	14	8
外出务工经商人员		—	—	—	—	—	—	—	—	—	—	—	—	—	—	—
三、军人、武警		—	—	—	—	—	—	—	—	—	—	—	—	—	—	—
四、学生		—	—	—	—	—	—	—	—	—	—	—	—	—	—	—
五、离退休人员		6137	—	1584	85	—	—	—	—	—	20	240	402	1455	1408	2612
六、其他		1491	30	558	28	—	411	213	145	128	178	196	161	44	11	4

党员学历构成情况表

表 3　　截止时间:2018 年 12 月 31 日　　单位:人

项目		总数	研究生	大学本科	大学专科	中专	高中、中技	初中及以下
总计		12134	266	2885	2685	1004	2254	3040
一、在岗职工		4332	206	2121	1182	179	498	146
公有制单位	合计	2647	160	1600	676	64	131	16
	党政机关工作人员	1026	109	664	238	6	9	—
	事业单位管理人员	346	12	187	117	9	19	2
	事业单位专业技术人员	865	32	603	184	26	19	1
	企业管理人员	142	2	47	58	6	26	3
	企业专业技术人员	51	3	23	13	5	7	—
	工勤技能人员	217	2	76	66	12	51	10
	农民工	—	—	—	—	—	—	—
非公有制单位	合计	1682	45	520	505	115	367	130
	管理人员	367	15	97	138	32	66	19
	专业技术人员	363	10	95	130	31	69	28
	工勤技能人员	952	20	328	237	52	232	83
	农民工	—	—	—	—	—	—	—
社会组织	合计	3	1	1	1	—	—	—
	管理人员	2	—	1	1	—	—	—
	专业技术人员	—	—	—	—	—	—	—
	工勤技能人员	1	1	—	—	—	—	—
	农民工	—	—	—	—	—	—	—
二、农牧渔业		174	—	30	41	4	42	57
外出务工经商人员		—	—	—	—	—	—	—
三、军人、武警		—	—	—	—	—	—	—
四、学生		—	—	—	—	—	—	—
五、离退休人员		6137	7	296	994	733	1402	2705
六、其他		1491	53	438	468	88	312	132

(马万勋)

宣传工作

【概况】 2018年，润州区宣传工作以“润州品牌传播计划”为主线，在解放思想中展现新作为，在创新实干中勇担新使命，为奏响润州高质量发展最强音提供思想保证和精神力量。

推动理论学习入脑入心。加强和改进理论学习。坚持把学习宣传贯彻习近平新时代中国特色社会主义思想和中共十九大精神作为首要政治任务，制定下发全区党委(党组)理论学习中心组专题学习计划、区委理论中心组全年学习计划。创新理论学习方式，以党委（党组）中心组学习为龙头、以上率下，积极落实单月交流研讨、双月专家讲座辅导制度。拓展理论宣讲维度。全年共开展区委理论学习中心组学习会14次，其中邀请专家授课5次、专题学习2次，编印中心组学习纪要7期。全区打造金山理论讲习所57个，市级示范所1个。在全区广泛发动街道、机关部门组织开展“学习新思想 拥抱新时代”基层微宣讲竞赛活动，选送两名选手参加全市比赛并荣获优秀组织奖称号。扎实做好党员冬训工作。抓住冬训契机，推动各基层党组织用好“冬训学习创新九法”，以冬训工作为抓手，做好基层党员学习教育工作。宝塔路街道获评“2017年度全省基层党员冬训工作示范街道”。

加强意识形态领域引导和管理。严格落实意识形态工作责任制。认真组织省委巡视组开展落实意识形态工作责任制专项检查组巡视工作，牵头对意识形态领域情况分析研判联席会议部分成员单位进行检查并召开全区联席会议2次，配合区委开展三轮共29家单位意识形态工作责任制落实情况专项检查。深入推进“扫黄打非”工作。推动文化市场行业转型升级和发展，有效促进润州文化市场有序规范发展，申报2个市级娱乐行业转型升级示范场所，启动“扫黄打非”基层站点规范化标准化建设，召开推进会，出台建设方案，制定“分三批”序时安排。着力加强网上意识形态工作。健全网络舆情快速反应机制，处置全区网络舆情150多起，做好重点时间段网络舆情监控，编写舆情快报88期，供领导决策参考。做好网上热点敏感问题的处理和舆论引导，先后处置东亚碳素排污问题、协信太古城业主维权等有一定影响力和热度的网络舆情，确保全区网络舆情平稳可控。持续开展全区政府网站安全隐患排查和整治行动，签订网络安全责任状，联合公安网安大队要求对安全隐患进行整改。深入开展“文明上网共建和谐”、网络环境净化整治等活动。

营造推进高质量发展浓厚氛围。中心工作宣传坚强有力。围绕习近平新时代中国特色社会主义思想、中共十九大精神、改革开放40周年、全省高质量发展、解放思想大讨论活动、市委惠书记调研润州时提出的要求，以及润州区发展城市经济这一中心，精心策划、认真组织，多角度、全方位、多声部开展宣传报道。网络正面宣传亮点突出。启动“行走润州”线下体验活动，通过网上网下宣传招募、活动体验、反馈感受的体验式宣传方式，进一步推介润州特色文化活动、品牌产品等。政务新媒体影响力进一步彰显。“润州发布”微信共推送200余期600余条图文信息，第一时间发布润州时政要闻、民生咨询，积极推送润州人文历史、文化惠民等原创稿件，丰富制作元素，加强活动策划推广，稿件点击量不断提高，粉丝数量稳步增加。打造以金山街道西津古渡社区“爱心家园”和七里甸街道万科社区为代表的网络社会组织，推动基层社会治理创新。对外宣传凝聚发展力量。围绕润州文化民生工作，与人民日报社《民生周刊》杂志共同策划稿件《镇江润州：基层文化提振群众精神》，于2018年全国人大和政协会议期间刊发，供会场内代表取阅。在全区举行城市经济发展大会前后，邀请省、市级媒体共同协作，组织开展系列报道。全年在省级以上媒体刊发稿件250多篇，其中《人民日报》45篇，《光明日报》4篇，新华社通稿18篇，《中国日报》5篇，《新华日报》23篇、头版3篇，在市级媒体刊登稿件近600篇，其中《镇江日报》头版头条28篇。《镇江日报》专版“润州天地”共刊发50期，25万字、近700篇的新闻稿件期。

【解放思想大讨论活动】 开展解放思想大讨论活动，做好信息收集、整理、上报工作，编印区简报26期，向省、市解放思想大讨论活动办公室报送信息，相关稿件被省、市简报和媒体录用。开展区委常委赴联系点调研、中心组专题学习、专场座谈会、主题演讲比赛、网络征集等一系列主题活动，特色化开展对标找差专项活动，区领导撰写千字文16余篇，区委主要领导文章被新华日报等省级主流媒体登载。

【宣传思想文化项目】 全面实施“润州品牌传播计划”。通过开展“行走润州”“家在润州”“爱在润州”三部曲，全方位展示润州城市特色、经济特点与文化特质。策划开展各类线上线下特色活动，感受老民俗、探寻老街巷、品尝老味道，传播推广本土历史、文化、美食等，讲好润州故事，放大主流声音。基层项目实现标准提升。各街道明确重点项目，在原有项目的基础上，不断赋予新的内涵、取得新的进步、实现新的突破，积极打造实实在在的宣传思想文化工作项目品牌。官塘桥街道“农耕文化”项目发扬传承特色,弘扬乡土文化,被《镇江日报》头版头条点赞;金山街道“街巷剧场”项目常态开展,打造百姓家门口的文化盛宴,被交汇点新闻客户端关注报道;和平路街道建成滨江文化体育公园,开展系列活动,全方位打造“渔文化”品牌。严格落实考核督查。每个项目设定年度目标、季度安排、月度工作,列出详细的计划书。区项目化实施考核工作小组负责统筹协调项目推进,每季度调度一次项目推进情况,指出项目推进中存在的问题,解决项目推进过程中遇到的困难,并设置专栏,及时对项目活动预告、成果展示等内容进行宣传报道。制定项目考核计划,采取现场观摩+汇报交流+线上投票相结合的形式,对各重点项目进行考评。

【更高水平文明城市建设】 多元化扩宽“正能量+”平台。指导社区建成高质量“善行义举榜”,基本实现社区全覆盖。在全区已打造50个“示范楼道”,将家风家训、社会新风、相亲睦邻、中华孝道等内容“植入”楼道。成功打造西津渡社区和迎江路社区“正能量+”好人工作室,开辟全区基层社区道德建设、好人宣传的新阵地,进一步发挥身边好人的引领辐射作用。常态化选树“道德模范”“微美人物”和“镇江好人”,持续开展道德模范和先进典型学习宣传活动。鹤林派出所贺设平、镇江九久养老院刘彤被评选为“江苏好人”,5人被评选为“镇江好人”,4人被评选为“微美人物”,好人数量位居全市各辖区第一;润州民警张苏用爱架起汉藏民族的“连心桥”的事迹被江苏电视台等多家省、市级媒体报道。品牌化推进志愿服务。组织单位、社区进行“志愿江苏”平台信息发布工作,提高活跃志愿者人数。润州区文明办历时近3个月,对辖区志愿服务进行深入调研。其间先后走访全区7个街道和20多个社区(村),与22支志愿者服务队伍,50多名志愿者进行了面对面的交流,召开座谈会11场,收集意见建议100余条,查阅相关资料60多份,形成调研报告《打造特色志愿服务,引领新时代精神文明建设的探索与思考》。因地制宜打造“一街一特”的志愿服务特色品牌。长效化推进创建工作。制定出台《润州区建设更高水平文明城市行动纲要(2018-2020年)》,坚持齐抓共管的长效管理工作机制,结合市督查组上半年两次的双月测评结果,强化日常督查,及时落实整改,举一反三,力求长效。深化文明单位创建。加强对2015-2017年市级、区级文明单位、文明社区、文明校园、文明村的迎检指导和测评考核,确保各文明系列单位顺利通过测评。深化“双美双优”创建。在全区打造西津古渡社区等7个“双美双优”示范点,顺利通过市创建办的督查。特色化推进诚信建设。联合有关单位开展诚信宣传教育教育活动,开展信用户、信用社区、诚信守法农民、诚信个体工商户等创建活动。完善街区诚信“红黑榜”建设,打造西津古渡诚信示范街区。在江苏省首届诚信示范街区评选中,万达诚信示范街区顺利通过市级检查组的考核。多样化推进未成年人思想道德建设。组织实施“养正学堂”“校馆衔接”等未成年人文明礼仪养成教育,开展小橘灯志愿服务、道德童谣、童心看中国等系列活动,广泛开展践行“八礼四仪”“我们的节日”“学雷锋”“七彩夏日”等道德实践活动。

【文化产业建设】 全面推动文化产业特色发展。紧紧围绕城市经济发展任务,以项目建设为抓手,紧追序时进度;以闲置楼宇为载体,科学统筹招商。迅速召开全区文化产业推进会和四经普文化产业统计工作部署会,贯彻落实市部署会精神,梳理全区预计新增规上文化企业,按季度梳理辖区内文化企业情况,汇总新增规上文化企业数据。保持对项目的全程跟进,坚持项目建设月报、季查、年考核和领导挂钩制度,扎实推进重点项目建设。镇江移动物联网产业大厦项目共完成投资3450万元,占年度计划的123.21%,润酿拾光主题馆完成投资640万元,占年度计划的80%。开展文化产业人才外出培训。5月下旬赴重庆举办城市经济之“高水平转型·高质量发展”专题研修班,结合润州文化产业发展实际制定培训方案,精心挑选培训课程,严格培训期间管理。大力推进大运河文化带建设。出台《大运河文化带(润州段)建设实施方案》,成立《润州区大运河文化带建设工作领导小组》,做好“三篇文章”(服务项目落地文章、运河水环境整治文章、历史文化保护传承文章),打造“三条走廊”(建设高水平经济走廊、高品位文化走廊、高颜值生态走廊)。

【文化事业发展】 繁荣文艺精品创作。组织全区非专业书画爱好者创作70多幅书画作品,举办“润州情·润州区社区廉政文化书画展”。举办润州区第四届美术书法摄影大赛,“墨韵淳雅”高淳、润州九人书画联展以及润州区女性文艺作品大赛等。组织艺术精品参加省第六届中小学生艺术展演,获得省特等奖等奖项。文化惠民工程更接地气。实施全民艺术普及文化惠民提升工程。对照《润州区全民艺术普及三年行动计划》,加大全民艺术普及力度,积极开展全民艺术普及“六进活动”。截至年底已完成艺术知识普及、艺术技能普及讲座各85场,艺术欣赏普及讲座50场,艺术精品普及讲座8场,各项展览、广场活动110余场。以文化广场为文化惠民主阵地,不断提升中心文化广场的惠民质量，高质量完成14场文化广场演出和9场文化广场惠民活动。区文化馆内非遗展示馆和大韩民国临时政府史料陈列馆配备专职讲解，免费公益开放，接待参观者300余人次。公共文化服务体系日臻完善。完成11个省级综合性文化服务中心提升任务，大力推进文化馆总分馆制建设。以润心读书节为抓手，开展全民阅读系列活动100余场。继续开播“为你读诗”“为你读书”栏目，推介优秀的诗词作品和《习近平的七年知青岁月》等12本好书。开全市有声阅读之先河，举办好“润心书场”，常年开讲经典扬州评话和扬州弹词。管理和使用好24小时自助图书馆，满足市民阅读新需求。继续开展农家书屋“你点书我买单”活动，在中小学开展“十百千”评比活动。积极申报创建省级书香城市示范区，不断提升全区居民阅读率。文化遗产保护有声有色。完成润州非遗画册和视频的制作，举办《润州非遗——璀璨多姿的文化印迹》新书首发式和非遗项目展示活动。制定秀山号子和太平花灯两项市级非遗五年保护发展规划。完成市级非遗“燕子窝山歌”的再创作，新曲在市级舞台展示。继续发挥润州非遗馆泥塑和剪纸工作坊的主阵地作用，培训学生500余人。加强文物保护和宣传工作，特别加强文保单位消防安全管理，出台《润州区文化系统2018年度消防安全工作计划》。与市文广集团合作打造的广播剧《难忘初心》在镇江市桃园中心小学举办首发式，并在中央、省、市、区各级媒体发布。校园情景剧《廿四节气之美》、女声小合唱《燕子窝山歌》在市首届“群星奖”评比中脱颖而出，参加省“十三届五星工程奖”选拔。区诗词楹联协会等10家单位通过省诗词协会验收，被授予“江苏省诗词先进单位”称号。 （江　悦）

统战工作

【概况】 2018年，润州区统战系统认真学习习近平新时代中国特色社会主义思想，深入贯彻落实中央和省、市统战工作会议精神，充分发挥统战优势，持之以恒发力大统战，砥砺前行画好同心圆，各项工作取得新成绩。

【思想政治工作】 强化组织领导。区委常委会全年研究统战工作4次，专门下发统战工作文件6份；区委统战部全年召开基层统战工作会议12次，建立定期会办、协调联办、跟踪督办等工作机制。强化政治引领。召开党外代表人士专题学习会议4次，组织80余名党外代表人士集中学习中共十九大精神，开展纪念“五一口号”发布70周年等系列活动，在“润州先锋”发布党外干部学习中共十九大“微心得”13篇。强化党派建设。深入开展“不忘合作初心、继续携手前进”和“观故居 增共识”活动，支持民进润州支部圆满完成换届工作，协调推进李公朴故居恢复开发等问题的妥善解决。

【联谊交友工作】 建立联络机制。区委专门下发《关于进一步加强与党外代表人士联谊交友工作的通知》，建立区委常委分头联系、统战部门定期联络、街道社区上门走访的党外代表人士联络机制。突出联系重点。按照“抓一批、带一群、促整体”的原则抓好党外代表人士队伍建设，全年新吸纳党外政协委员、人大代表5人，聘请两名党外人士分别兼任区妇联和区总工会副主席，把“统战对象”变成“统战力量”。开展联谊活动。再次承办全市“民族团结进步月”活动，全年组织各类节日晚会、专题汇演8场次，召开各类座谈会、情况通报会10余次；组织相关人员赴徐州市泉山区参观学习，与泉山、浦口、黄骅、赣榆等12个县（区）建立异地联谊合作关系，实现了增进友谊、促进共赢。侨台联谊汇合力。利用“侨之家”平台，组织侨界群众开展“游圌山·度重阳”等联谊活动；牢牢把握和平发展主题，组织开展两岸交流活动，先后迎接台湾妇女联合会、台湾新北市瑞芳区第二批里长团等前来参观交流。

【服务发展工作】 搭建好平台。挂牌成立“润州区民主党派之家”，建立润州区新的社会阶层人士联谊会，并结合区情确立3个专题小组；试点设立社区“微侨之家”3个，新增社会组织9个，将游离的“社会人”变成“组织人”。提出好建议。制定下发《关于支持民主党派开展重点考察调研制度》等文件，组织开展“我与领导面对面”“润州发展大家谈”等活动，全年共收集各类意见建议28条、社情民意100余条，提交提案议案62件。服务好企业。完成市属地方商会换届4个，累计综合评价非公经济代表人士400余人次；开展“暖企”大走访120余人次，组织各种形式的沙龙、交流会、座谈会等20余场，帮助企业解决实际困难10多件。

【网络社会组织统战工作】 润州区网络社会组织统战工作继续走在全省前列，2018年，中央统战部戴均良副部长，省委常委、统战部部长杨岳等领导到润州现场视察指导，润州网络社会组织统战工作经验材料在中央统战部官网等媒体多次登载。

4月10日，省委常委、统战部部长杨岳到润州调研网络社会组织统战工作。杨岳一行先后参观西津渡社区网络社会组织统战工作阵地，西津渡街区听雨茶坊、爱心家园公益服务社、大学生双语讲解志愿服务队等公益网络社会组织。杨岳对西津渡社区实行“引进+创建、支持+培育、发展+服务”的网络社会组织统战工作模式展现极大的兴趣，对“内引+外培+横联”的创新基地建设模式给予高度评价。

12月12日，中央统战部副部长戴均良调研润州网络社会组织统战工作。戴均良现场考察万科社区网络社会组织统战工作基地，详细了解润州区网络社会组织统战工作有关情况，认为润州网络社会组织统战工作有特色、有品牌，希望继续通过实实在在的行动，服务群众、温暖人心，弘扬社会正能量。就做好下一步的统战工作，戴均良指出，要认真学习贯彻习近平新时代中国特色社会主义思想和中共十九大精神，强化“四个意识”、坚定“四个自信”、践行“两个维护”；要坚持党的领导，健全组织体系，以党建促统战；要落实好全国新的社会阶层人士统战工作经验交流座谈会精神，以点带面推进新的社会阶层人士统战工作；要坚持分类指导，不断改革创新，充分发挥新的社会阶层人士在服务经济社会发展、弘扬社会主义核心价值观方面的积极作用；要在“组织起来”上下功夫，把更多新的社会阶层人士团结在党的周围，投身新时代中国特色社会主义伟大事业；要在党委的领导下，充分发挥各方职能作用，统筹整合各方力量，为建设富强民主文明和谐美丽的社会主义现代化强国做出更大贡献。

12月12日，中央统战部副部长戴均良调研润州区网络社会组织统战工作　　（区委统战部 摄）

【民族宗教工作】 2018年，区委主要领导亲自协调，圆满解决圆通庵和基督教房产拆迁补偿等久拖未决的难题；分管领导靠前指挥，多次赴市旅委、文旅集团等单位协调对接高崇寺违规建设、金江教堂危房搬迁等问题，制定整改方案并推进整改到位；区各相关部门、属地街道也切实加强对民族宗教工作的组织领导，建立健全“三级网络”和“两级责任”，依法加强对民族宗教事务的管理。　　（吕云柱）

对台工作

【概况】 2018年，区委台办深入学习、贯彻落实中央和省、市对台工作会议精神、决策，牢牢把握两岸关系和平发展主题，按照市委、市政府打造台商发展“第一福地”要求，以“服务大局、深化合作、精准交流、做好服务”为工作主线，努力实现“四个新拓展”的目标。

【对台项目招引工作】 根据新形势下对台工作新要求，围绕区委区政府大力发展城市经济这一中心，积极“推介润州、推进项目”。立足发展招引项目。确立“以台引台、借力招商”的工作思路，紧紧抓住区政府举办的各种招商活动，向台湾岛内和台商推介辖区内的亮点项目和优势项目，全力寻求与台商的交流和合作机遇。2018年，区委台办多次邀请台湾弘辉中国建设开发有限公司、台湾小镇集团、明发集团、两岸经营者连锁经营协会、中兴集团、汇鑫生技公司等客商来润州参访、考察。客商们对三茅宫改造项目、韦岗温泉小镇项目、金山湖康养小镇项目产生了浓厚兴趣，希望在项目合作过程中引进台湾文创、医疗、酒店等相关产业。区委高国成书记多次接待客商，率相关部门与其进行交流。立足长远挖掘资源。区委台办按照“推介润州、推动合作”的工作思路，充分利用各类招商活动，主动拜会台商，捕捉信息源，洽谈合作事宜。现已与台湾工业总会、两岸连锁经营协会、台湾中华国际经贸促进总会、台北市商圈理事会、台湾中华两岸会展经贸促进协会、吉的堡教育集团等台商建立良好的合作关系。立足现状服务台企。积极开展“服务台企大走访”活动，切实当好台企“店小二”。通过细致务实的工作，及时帮助企业解决发展难题，坚定台企发展信心。在全区台企中积极开展台商走电商工作，帮助开拓市场。积极组织台企台商参加省举办的走电商培训班、辅导讲座，编写台企走电商意愿调查表，发放到每个台企了解意愿，结合走访活动，对有一定可能性的企业逐一上门沟通、宣传。

【对台专项交流工作】 根据中央对台工作决策部署，牢牢把握做好台湾人民工作这个方向，做好上级交办的对口交流和专项交流工作。镇江市承担了与台湾新北市相应区域的对口交流任务，润州区的任务是新北市瑞芳区34个里的对口交流和平溪区12个里的专项交流工作。区委台办利用邀请来访、分类交流、项目化运作等方式，与市台办合作，实现对口区域"六长"联动，广交新朋友、深交老朋友，促进两岸共识。2018年，先后邀请、接待中国国民党前代理主席、现副主席林政则先生、台湾两岸连锁经营协会主席王国安先生、台湾弘辉（中国）有限公司董事长范云杰先生、台南基层干部（江苏）交流团等10余个团组400余人次。组织台湾音乐剧《爸爸的信》送暖镇江九久老年康复中心活动；台湾禾氏酶公司走进市南山长寿养老院，举办首场"捐赠医学食品（益生菌）公益活动"，向润州区11家养老机构赠送价值4万元的保护肠道健康医学食品，现场为老人讲解肠道健康知识等等。

【对台基层基础工作】 区委把服务台企、台胞、台属作为台办对台服务的窗口，发挥"润州区台资企业联谊会""润州区台属联谊会"桥梁纽带作用。积极响应镇江市台办举办的"京江玥月乡思中秋"联谊活动，邀请镇江籍台胞赵富年先生及夫人简美丽女士返回镇江参加联谊，并陪同赵老夫妇参观、走访表弟刘先生在新城花园小区的新家和原籍所在地社区鲇鱼套社区服务中心，让其感受家乡的变化和发展。对台商的投诉和求助，第一时间协调处理，依法维护台商的合法权益和正当利益。目前协助、协调处理的问题有：省级对台交流基地西津渡增加台湾元素问题；台资企业享受国民待遇问题；江苏联合水泥有限公司关停后的各种善后问题；拆迁中涉及到的台胞、台属的迁坟、优惠政策享受问题等等。

（杨贤峰）

信访工作

【概况】 2018年，润州区信访系统在区委、区政府的正确领导和市局的有力指导下，深入贯彻中央、省、市关于信访工作决策部署，坚持以人民为中心、以预防为重心、以问题解决为核心，着力强基层、打基础、建机制，整合资源力量、形成工作合力，推动信访问题及时就地解决，全区信访呈现出总量稳中有降、秩序明显好转的良好局面。群众进京赴省去市越级访155批422人次，与2017年同期相比分别下降48.1%、37.2%，群访9批195人次，与2017年同期相比分别下降50.1%、37.9%。其中群众进京69批79人次，无群访，非访18人次；赴省访35批86人次，集访2批36人次；去市上访52批275人次，集访7批159人次。群众来区上访86批430人次，集访22批320人次，与2017年同期相比，总批数、总人次分别上升15%、20%，集访批数、人次分别上升13%、22%。

【严格落实接访下访制度】 区党政主要领导充分发挥示范带头作用，多次到区人民来访接待中心，接待上访群众，听取专题汇报；区委召开四次专题会议，研究解决突出信访矛盾；其他区领导严格落实接访下访制度，推动分管信访问题和所包信访案件有效化解。2018年，区党政领导接访下访189次，接待来访群众132批240人次，化解124批，及时解决"事改企"退休职工提租补贴、安达机械等一批集体访问题，避免问题积累、矛盾激化。

【加强信访工作规范化建设】 将信访事项全要素录入"阳光信访"信息系统，实现群众信访事项办理过程和结果可查询、可跟踪、可督办、可评价，全力提高"四率"，为群众提供阳光透明、便捷高效的服务，全区各级信访件的及时受理率为99.55%，按期办结率为100%，满意率为98.79%。全区共收到人民来信334封，网上投诉762件，均已按期办结。坚持抓依法逐级走访，推广应用权益保障卡，压实办理责任，最大限度减少越级访、重复访，全年共发放权益保障卡216份，较2017年增加了25%。

【深入开展矛盾隐患排查】 按照"早发现、早化解、早控制、早处理"的要求，以环境保护、劳动社保、征地拆迁、商铺返租和非法集资等领域为重点，开展矛盾纠纷和隐患滚动排查，对排查出的重点人、重点群体、重点领域等信访不稳定因素逐一进行登记造册，全面掌握信访苗头隐患、不留死角盲点，逐人逐事分析，切实做到矛盾和隐患"一个不漏"、诉求"一目了然"、成因"一清二楚"，全力将矛盾纠纷处置在萌芽状态。

【推进信访积案"挂图作战"】 年初，区两办下发《关于调整润州区信访案件区领导包案的通知》，对信访积案的包案区领导进行调整明确，包案领导对所包案件经常过问、主动参与，研判各自包的信访事项，研究制定化解措施，特别是针对市交办的14件积案大多是时间跨度长、诉求复杂、化解难度大的特点，优化工作专班、拓宽工作思路，坚持"灵活创新"原则，分类施策，推动问题及时就地解决，一批信访老户得以妥善化解。全区，共化解信访积案23件，其中省级以上交办2件、市交办16件、其他积案5件。

【全面提升应急处置能力】 充分发挥信访情报网络队伍作用，加强信访信息搜集和预警，特别是对苗头性的重点群体、重点领域、重点人员的动态性、敏感性信息及早发现、及时报送、提前介入、处置在前，防止矛盾激化。提高应急处置能力，各地均建立一支由分管领导为组长，公安、信访及相关人员组成的应急队伍，对进京访、赴省集访、去市来区大规模集访、个人极端访，能够快速反应、整体联动，第一时间到现场参与处置，进行疏导劝离，妥善处置突发事件。　（区信访局）

史志工作

【概况】 2018年，润州区史志工作以中共十九大精神及习近平总书记的重要讲话精神为指导，以推进史志事业高质量发展为主线，围绕中心，服务大局，认真履行职能，主动开展工作，充分发挥史志“资政、存史、育人”作用，为全区经济和社会发展做贡献。

【《润州年鉴(2018)》出版发行】
《润州年鉴》是润州区人民政府主办、润州区史志档案办公室编纂的公报性、综合性、资料性大型工具书。11月，《润州年鉴(2018)》由方志出版社正式出版发行。全书550千字，设27个类目、130个分目、467个条目，另配以45个表格、36幅黑白图照，谋篇布局合理，层次清晰，内容丰富，版面紧凑，文字缜密，文图表互补，客观、全面、真实、系统地记录了润州2017年全区经济、政治、文化、社会、生态文明等建设方面成就和各行各业取得的新进展、新成绩、新经验，补白处选用了润州区诗协创作的部分优秀作品，以此纪念改革开放40周年。书前编有总目录，书末编有索引，方便读者查阅。

11月30日，区史志档案办在润州广场宣传《江苏省地方志工作条例》
（田　茉　摄）

【《江苏省地方志工作条例》宣传】
11月30日，润州区史志档案办公室联合区司法局在润州广场开展普法日宣传活动，广泛开展《江苏省地方志工作条例》宣传，提高《条例》知晓度。工作人员在活动现场展示了近年来的史志成果，向群众发放《江苏省地方志工作条例》单行本近50本，解答群众咨询20多人次，进一步普及了地方志知识，扩大《条例》宣传，提高地方志知识的社会知晓率，增强全社会依法治志修志的意识。

【联合市博物馆举办镇江历史文化名人展】 镇江历史源远流长，文化底蕴深厚，为展示镇江丰富的历史文化资源，提升区域文化自信，9月，区史志档案办联合市博物馆在润州区政府举办镇江历史文化名人展。共挑选沈括、刘勰、张玉书等十多位镇江历史文化名人，对其画像、生平、历史成就进行展示。区史志档案办以此展览作为传承弘扬历史文化，加快推进文化建设的载体，展览为期两天，吸引众多参观者，使参观者对镇江地区的历史文化和人文精神有更深入的认识和理解。
（谢竞美）

档案工作

【概况】 2018年，全区档案系统围绕区委、区政府的中心工作，认真学习中共十九大精神及习近平总书记的重要讲话精神，务实进取，不断创新，打牢基础，整合资源，恪守“为党管档，为国守史”的神圣职责，促进档案事业稳步发展。

【档案资源体系建设】 在上年基础上，2018年继续有序实施档案接收进馆工作。1月，区审计局审计档案接收进馆274卷；4月中旬，区委办文书档案接收进馆6227件；4月底，区委政法委文书档案接收进馆2339件；5月，区财政局文书档案接收进馆2938件。金融办文书档案接收进馆169件，财政局会计档案接收进馆2040册，西郊宾馆会计档案944册，区电台会计档案964册。

【档案利用体系建设】 全年，共接待查阅档案近1800人次，其中婚姻档案近1400人次，文书档案近200人次，企业改制档案近100人次，有力地服务了政府机关、社会各界对档案的需求。联合区人社局，整理退休职工档案800余份。

【档案安全体系建设】 坚决落实库房“八防”(防盗、防火、防潮、防虫、防霉、防光、防水、防尘)措施，密切监控墙体防水、湿度变化等状况，从门锁更换、灯光调节等细处入手，努力排除危害档案安全的各种隐患。克服惯性思维，坚决实行库房每日巡检，每逢节假日轮流值班，始终绷紧档案安全这根弦。

【档案法制宣传】 2018年，以纪念“6·9”国际档案日为契机，围绕“档案见证改革开放”这一宣传主题，充分展现档案与人民群众的密切联系，有效提升社会公众的档案意识。区史志档案办公室联合和平路街道新金江社区，在和平路街道文化体育公园开展主题宣传活动，工作人员向市民集中发放便民服务卡和档案文化折扇200余份，便民服务卡内容包含有区档案馆情况简介和办事指南，档案文化折扇内容集中反映党在各个历史时期的精神诠释和“纪念改革开放四十周年”邓小平的题词。区史志档案办公室工作人员就家庭档案的收集、分类、整理、保管、利用等问题向市民进行了详细讲解。

【润州区档案馆通过省AAA级数字档案馆测评】 11月28日，镇江市档案局依据《江苏省数字档案馆等级评估细则》规定组成评估组，对润州区档案馆“省AAA级数字档案馆”创建工作进行现场评估。评估组经过听取汇报、审查材料、实地考察、综合评议，一致认为区档案馆申报程序符合要求、建设要素齐全、材料完备，评估予以通过。

【档案业务培训班】 3月，区史志档案办举办全区档案业务培训会，参会人员涉及区级机关和街道办事处等40余家单位。此次培训，市档案局业务指导处派员进行专题辅导，采取专题讲座和现场解答相结合的方式，结合幻灯片演示分别对《江苏省〈归档文件整理规则〉实施细则》、各类档案的收集整理方法等进行了详细的解读。通过集中培训增强了基层档案人员对档案业务知识的进一步了解，提高了文件材料归档的实务操作能力。

【档案工作督查】 8月下旬到9月上旬，联合区委督查室开展全区档案工作专项督查，摸排全区档案发展现状，督促相关街道和部门进行整改，并形成专项督查报告报送市相关部门。10月，对街道财政所档案工作进行督导，确保高标准通过档案星级建设验收复查。　（谢竞美）

机关党建工作

【概况】 2018年，在区委、区政府领导下，润州区委区级机关工委服务工作大局，以“书记项目”为抓手，认真履行职责，不断提高机关党建科学化水平。

【注重组织引领，带动机关党建整体强素质】 抓骨干培训。举办“新时代新征程——区级机关党务干部专题研修班”和机关党建工作实务培训，专门培训区级机关工委所属党组织书记、副书记等党务工作骨干队伍，系统学习掌握党务工作知识、党务工作方法，交流互鉴机关党建先进经验，增强使命感、责任感和工作本领。抓入党宣誓。4月20日，区级机关工委联合南山街道五凤口社区以“不忘初心，上好入党‘第一课’”为主题，举行预备党员和转正党员入党宣誓暨党性教育活动，区

11月28日，市档案局评估组向润州区档案馆授牌　（谢竞美　摄）

级机关14名预备党员、2名转正党员和共建单位南山街道五凤口社区2名转正党员在党旗下宣誓入党，每人获赠《中国共产党章程》。宣誓仪式之后，南山街道五凤口社区老书记吴秀英应邀为新党员上了一堂深刻的党课，地点选在吕家湾“初心小院”党建微家。抓平台展示。1月11日，区级机关工委举办“大走访故事会”，邀请16位故事讲述人一一讲述自己的走访经历，并精心制作《走访路上》的VCR，增进了机关党员干部深入基层解决问题的责任感和群众的认同感。

【推进书记项目，提升党组织建设水平】 切实推进机关党组织质量提升工程，成立“七彩党建联盟”，按照“地域相邻、便于工作，业务相近、便于沟通，人数相当、便于活动”的原则，区级机关工委将所属的36个基层党组织分类整合为红色先锋引领、蓝色民主法治、白色干净担当、黄色关爱温暖、绿色和谐发展、橙色活力成长、金色团结收获等7个分联盟，牵头单位抓总，成员单位积极响应履职，定期召开推进会，加强联盟之间、联盟内外的互动。组织“光荣啊我的党”“长江大保护党员在行动”“浓浓敬老情温暖长者心”“蓝天保卫战志愿者在行动”等活动，牵引机关党组织和党员“动”起来、活动形式“火”起来、作用发挥“强”起来，机关党建在正常化、规范化、制度化轨道上向前迈进，展现了机关党员的活力风采、机关党组织的凝聚力战斗力。

【突出特色培育，扩大机关党建工作影响力】 彰显初心践行。开展“不忘初心，日行微善”志愿服务活动，“我为城市经济助力”“我为党旗增光添彩”“我为百姓暖心服务”，主题鲜明，贯穿全年。结合志愿者所在单位的职能和志愿者特长，分别组建环境保护宣传、法律法规宣传等志愿者团队5支，经过培训，开展“蓝天保卫战”“法律援助”等专业化志愿服务，为百姓解难、为社会分忧、为和谐出力。情到深处初心显，日行微善作风新。机关党员特别是青年牢记使命、奋发进取，同心聚力谱写润州城市经济建设新篇章。昂首新时代说悟。2018年是《共产党宣言》发表170周年，为纪念这个有特殊意义的大事情，区级机关工委联合团区委等相关单位，举办年内首期“昂首新时代机关青年说”，穿越波澜壮阔的历史时空，说《共产党宣言》的味道，内容制成视频音频，通过网络加以传播，相关媒体、网络均予以报道。巧用中央电视台“百家讲坛”专题《平“语”近人——习近平总书记用典》，精选“一枝一叶总关情”“国无德不兴”“国之本在家”“绝知此事要躬行”“报得三春晖”“只留清气满乾坤”等主题，举办年内第2期“昂首新时代机关青年说”，结合实际，说理论、说观点、说故事，以案释理，以小见大，展现了区级机关党团员学思践悟成果，反映润州高质量发展的生动实践。圆梦微心愿给力。积极回应“关于常态化组织机关党组织‘一对一’结对帮扶困难家庭（党员）的建议”的党代表提案，区级机关工委及时开展结对帮扶、“微心愿”认领活动，通过走访，梳理出11户因病、因残、因意外事故致贫返贫的困难家庭和需要帮助的党员家庭作为结对帮扶对象，所属区法院、区妇联、团区委、区房屋开发公司、区商务局、区广播电台等基层党组织积极认领，帮助困难家庭实现“想解决孙子部分学费”“想给女儿买一件羽绒服过冬”“想给喜欢踢球的孙女买足球和钉鞋”“想买学习辅导书给孙女”“想要一个助听器”等微心愿。发现问题不护短。实行“重点工作双月督查”长效机制，严格规范机关党组织标准化建设，规范党费足额按时交纳，对督查中发现的问题，约谈党组织书记，发放督查通报，对照清单限期整改。

【投身全域党建，彰显机关党建服务功能】 落实区“全域党建”指导委员会《关于城市基层“全域党建”重点任务分解的通知》要求，区级机关工委负责“组织共建联席、红色基金联筹、为民项目联认、六项服务联办”共4个牵头项目和区委组织部、区委党校、区司法局、区民政局、区发改经信委等5家试点单位的试点工作落实、落地。到11月底，机关所有部门党组织均与基层社区结对共建，开展“送学互学奉献”活动，“关爱基金”及时发挥关爱帮扶、激励先进作用，使用情况接受监督。

【组建社会监督员队伍，监督提升机关作风效能】 5月，区级机关工委根据区委决定开始承接区效能办工作，结合润州实际，科学制定区级机关部门绩效考核办法及细则，完善组织架构，组建社会监督员队伍，积极履职尽责。交办3类16个问题，定期组织督查暗访，印发督查通报5期。会同区委督查室跟踪督查区委、区政府重点工作落实情况，发现问题及时通报，限时整改，书面报告整改结果。邀请市效能办监督员传授工作经验。首次将作风效能社会评议延伸至街道，实行机关与街道双向互评，更大范围接受群众监督。

【抓强自身建设，机关党工委走在前列】 每季度召开党工委委员会议，研究布置党建工作。用习近平新时代中国特色社会主义思想武装头脑，深入学习贯彻中共十九大精神，增强“四个意识”，坚定“四个自信”，做到“两个维护”，牢牢把握正确政治方向，思想上政治上行动上同党中央保持高度一致。认真落实意识形态工作责任制。坚定贯彻中央和省市区委关于意识形态工作的决策部署，严格按照《润州区党（工）委（党组）意识形态工作责任制实施方案》要求，履行好应有职责，抓好分内的意识形态工作。结合解放思想大讨论，所属各党支部主动立规立矩，落实“三会一课”，严格党员统一活动日等组织生活制度，实行红色积分管理，坚持双月督查、每季通报、年底评比。开设“每周一学”专栏，向全区青年党员和入党积极分子赠阅书籍《青年们，读马克思吧》，增进政治认同、思想认同、理论认同、行动认同。时刻牢记正风肃纪，党风廉政建设驰而不息。长效落实中央八项规定和省市区委十项规定精神，严防“四风”反弹，坚决反对形式主义、官僚主义，精简会议活动、厉行节约、规范“三公”经费等成效显著。

（区级机关工委）

老干部工作

【概况】 2018年，区委老干部工作在区委、区政府的领导和上级部门的指导下，深入学习贯彻习近平新时代中国特色社会主义思想和中共十九大精神，认真落实区委《关于进一步加强和改进离退休干部工作的实施意见》以及省、市、区老干部工作会议要求，牢牢把握为党和人民事业增添正能量的价值取向，聚焦主责主业，政治上尊重，思想上关心，生活上照顾，精神上关怀老干部，圆满完成各项任务，取得明显成效。

【突出离退休干部政治建设首位度】 大局意识不含糊。全区离退休干部坚定维护以习近平为核心的党中央权威和集中统一领导，思想上政治上行动上同以习近平为核心的党中央保持高度一致。思想紧跟新时代。通过专题辅导、集中培训、巡回宣讲、支部学习、座谈讨论等多种形式，帮助离退休老干部准确领会习近平新时代中国特色社会主义思想的丰富内涵和精神实质。政治待遇有保障。落实文件阅读、情况通报、参加重要会议、参观考察、听报告等制度规定，让老干部及时了解中央大政方针、省市区委决策部署和本地区本单位中心工作。组织老干部集中听报告4场，参加重要会议5场，通报工作情况4次，组织参观考察2次。老干部踊跃参加，热情高涨。组织生活有质量。全区，已建立16个离退休干部党组织，并组建润州区委离退休干部党工委，通过“六有一提升”（有党的组织，有领导班子，有工作制度，有组织活动，有作用发挥，有工作保障，努力提升离退休干部党组织的组织力），成为宣传党的主张，贯彻党的决定，参与基层治理，团结引领群众，助推本地区本单位改革发展的坚强战斗堡垒，涌现万科社区、五凤口社区、桃一社区等一批“六有一提升”示范社区。组织离退休干部经常性开展“不忘初心，牢记使命”“两学一做”主题活动，传承红色基因，永葆政治本色。此外，按照有利于教育管理，有利于发挥作用，有利于参加活动，创新组织设置和活动方式。万科社区、五凤口社区根据老干部居住集中和兴趣爱好等特点，成立非建制性党组织，党员参与度高，仅万科社区离退休干部党支部党员人数就达93名。

【管理服务彰显真情实效】 用心用情服务离退休干部。对离休干部生活待遇的政策落实情况进行全面梳理，逐人逐项对照检查，确保不折不扣落实到位；对出省易地安置离休干部定期走访慰问，经常联系，及时协调解决具体问题；离休干部和县处级退休干部的年度健康体检，选择全市一流的“三甲”医院，增加了深受老干部欢迎的体检项目；中秋、国庆、重阳、春节等重要节日，深情开展慰问；高温季节进行全面走访；对住院、身体欠佳、家庭困难的老干部，及时上门看望，力所能及地帮助解决一些具体问题。2018年还做成一件大实事。区委、区政府关心，区相关部门鼎力，投资200多万元，落实了老干部活动中心，面积达1600平方米，配有10多个功能活动室，实现了老干部们十几年来的夙愿。离退休老干部精神焕发，积极为党和人民事业发挥

市委组织部副部长、老干部局局长、党工委书记杜官军（左）和区人大原主任王仁进（右）为区老干部活动中心揭牌 （区老干部局 摄）

"心系润州 情暖重阳"区老干部庆重阳活动　（区老干部局　摄）

余热。发挥经验、威望优势，为破解改革发展难题建言献策。结合纪念改革开放40周年活动，老干部在访谈座谈、征文抒怀、书画摄影、文艺演出等多种活动中，一显身手，忆往昔，说发展，谈变化，献良策，增添正能量，共筑中国梦。他们在党员老干部志愿服务活动和银发人才工程中，通过服务发展、服务社会、服务群众，也收获了豪情满怀和人生幸福。

（区老干部局）

【润州区老年人体育协会】 2018年，区老年人体育协会以习近平新时代中国特色社会主义思想引领老年人体育工作，在市老年体协和区文体局的指导下，围绕全民健身主题，抓住省、市、区三级老年人体育节的主线，加大赛训力度，成效明显。全年共举办赛事活动35项，2000多人参加；参加展示表演6场，1000多人参与；获得各类奖项18个。其中，在省老年体协组织的首届县（市、区）气排球比赛中，区男子代表队荣获第三名，区女子代表队打进小组赛第二名；在市老年体协举办的气排球比赛中，区女子组、男子组分获二、三名的好成绩；在市老年体协组织的门球比赛中，27支队伍参赛，组建仅一年的区门球队首次参赛获得第五名，成绩不俗，区门球队伍也迅速扩展为7支。区老年人太极系列，活动形式多样，坚持每周进行一次集体展示，一个季度举行一次大型表演，已形成常态化制度化，为下一步创建"江苏省老年太极系列之乡"打下坚实基础。1月8日，省老年体协"特色之乡"检查组赴润州，查阅台账资料、视察场地设施、观看活动比赛后，欣然决定授予润州区"江苏省老年气排球之乡"荣誉称号。4月16日，省老年体协、省体育局、省老龄委联合组织全省十三个地级市体育局长、老年体协主席和秘书长汇聚镇江，参观润州区气排球基地，召开现场推进会，推动全省气排球运动发展。业务培训紧锣密鼓，组织骨干力量参加各级各类业务培训5项800多人，其中参加国家级、市级培训3项20人。7月18日、19日，区老年体协举办全区太极系列裁判员培训班，100多人参训；9月10日和10月16日，两次举办柔力球培训班，参训80多人；9月5日和9月19日举办门球培训班，参训人员近60人。重点推广的气排球运动项目，坚持每周三个半天常规训练，一个季度组织一次全区比赛，重视请进来走出去交流活动，对提高运动水平和比赛成绩，收效良好。　（老体协）

【润州区诗词协会】 诗教创先再传捷报。继润州区整体获得"中华诗词之乡""中华诗教先进单位"之后，2018年5月，区诗词楹联协会、区委区级机关工作委员会、七里甸街道五里社区、宝塔路街道文化站、镇江实验学校、润州区实验小学、穆源民族学校、南徐小学、孔家巷小学、中石化华东石油工程有限公司六普钻井公司等10家单位荣膺"江苏省诗教先进单位"称号，10月30日在碧榆园举行集中授牌仪式，江苏省原副省长、江苏省诗词协会会长凌启鸿亲自授牌，对润州区持之以恒抓好诗教工作给予高度评价。创新特色提升内涵。区诗词协会指派6名诗教指导员，与创建单位建立联系，加强面对面指导。区教育局推进"一校一品、一校一特"诗教品牌建设，穆源民族学校将格律诗与韵律操完美结合浓郁古诗诵读氛围，润州实验小学创设中华诗词赏析课本剧别具一格，南徐小学在校园网开辟格律诗专题版块，镇江实验学校开展"诗词妈妈进校园"活动，孔家巷小学将国学经典诗文教育纳入学校课程进行"一花一世界、一诗一天地"二十四节气诗词展读让诗词走进内心。宝塔路街道组织会员深入社区采风，用诗词谱写好人好事，歌颂劳动模范、革新能手。六普钻井公司坚持把触角延伸到工地、井台，用诗词礼赞石油战线新人物、新气象，诗词在构建积极向上、和谐奋进的企业文化中发挥独到作用，成为"诗词进企业"的先进典型。诗词活动丰富多彩。区级机关工委、区诗词协会举办"纪念改革开放四十周年诗词吟诵会"，区诗词协会、区级机关工委、区住建局、宝塔路街道联合开展"庆祝十九大诗词吟诵会"，区司法局、区文联组织"《美好润州·法律相伴》法制文艺作品（诗词）征集”活动，区教育局举办“润州区第二届小学生诗词大会”，韦岗街道举办韦岗战斗胜利80周年诗词征文活动，官塘桥街道通过诗词文化与农耕文化相结合使诗词创作贴民意接地气受欢迎，南山街道举办“最美南山”诗词采风活动尝试用文化视野促进乡土文化与旅游开发相得益彰，七里甸街道借助精彩的诗词吟诵和文艺节目展现街道翻天覆地变化让“庆祝改革开放40周年文艺展演”活动锦上添花。诗词创作成绩斐然。2018年，在市级以上诗刊发表诗词625首，其中《中华诗词》《中国诗赋》《诗词月刊》等国家级诗刊发表诗词作品348首，《江海诗词》《多景诗词》等省市级诗刊发表277首。年初编印《润州诗词》《诗苑雅韵》诗集2部，辑录诗词作品1184首。组织精干力量参加“蔡丽双杯家国情”——全球华文“曼丽双臻”填词大赛，梅开二度，区诗词协会选送作品20阕，12阕获奖，张晓斌获优异奖，张涵宇、陈宏嘉、孙中等11人获佳作奖，作品入编香港文联出版社出版的《全球华文填词大奖赛获奖作品专集》。（区诗词协会）

党校工作

【概况】 2018年，区委党校工作紧紧围绕中心大局，始终坚持“党校姓党”，牢固树立“四个意识”，坚定“四个自信”，做到“两个维护”，全力抓好教育培训这个重点，着力发挥培训轮训调训党员干部主渠道主阵地作用，努力把区委党校建设成为全区各级党员干部经常性、持续性的“充电器”“加油站”，教育培训班次和人数，均创历史新高。

【创新实施干部教育培训】 根据省、市委关于加强和改进新形势下党校工作的实施意见，以讲政治为统领，区委党校干部教育培训做到“三个突出”。突出“必修课”。将习近平新时代中国特色社会主义思想列入必学内容，并强化党史党章、党规党纪教育，使其入脑入心。突出“主修课”。将党性修养上升为干部教育培训的主干课程，每个主体班次都设置专门的“党性教育单元”。突出学以致用。抓住党员干部能力提升的“牛鼻子”，把“促进科学发展、推动改革创新”“发展城市经济、推动高质量发展”“担当有为、干事创业”作为能力提升的优先考量，全面培养德才兼备的党政人才和基层执政骨干队伍。全年与区委组织部、区委宣传部联合举办主体班次4个（“补钙墩苗·提能善政”西安交大研修班、“高水平转型·高质量发展”重庆大学研修班、“招商引资·招才引智”同济大学和淘宝大学研修班、一把手“增强领导力·提升创新力”厦门大学高级研修班），联合区委组织部、区级机关工委和区总工会、区残联举办专题班次4个（“新时代·新征程”浙江大学研修班、“提升组织力·展现新作为”扬州大学研修班、“强三性·提三力”哈工大研修班、村（社区）“领头雁”湖南大学三年集训研修班）。与京口区联合举办由市委组织部牵头的“镇江市首期城市经济中山大学专题研修班”。全年，培训调训重点对象480余人次。

【着力打造“周末课堂”升级版】 围绕润州城市经济发展，通过“四个提升”，打造“周末课堂”升级版。提升师资层次。主讲教员由区属职能部门领导干部担纲，转变为邀请县处级以上领导干部和知名专家学者领衔，切实壮大师资力量，优化师源结构，增强教学效果。全年，邀请7位县处级以上领导干部、11位知名专家学者，举办18讲“周末课堂”，受训人员1380多人次。提升成果转化。以“围绕中心、服务大局、满足需求”为目标，精心拟定教学计划，课题涵盖经济发展、城市建设、民生保障、社会治理、党群建设等方面，增强教育培训的针对性；通过“周末家说·五城论坛”等平台开展学习交流，突出学用相长、知行合一，增强教育培训的实效性。提升服务水平。定期与相关职能部门对接翌月“周末课堂”安排，积极做好联系沟通、组织协调、服务保

11月16日，润州区一把手“增强领导力·提升创新力”高级研修班在厦门大学举办

（区委党校 摄）

障等后台工作，把“周末课堂”打造成为共建共享、常态长效的品牌化干部教育培训平台。

【在“对标找差”中加强自身建设】

按照区委关于在“解放思想”大讨论活动中开展“对标找差”专项活动的部署要求，结合党校工作实际，查找自身差距与不足，注重学习借鉴好的经验做法。对照学习标杆“找短板”。按照“先区内、再市内、后苏南”的原则，学习借鉴先进标杆的成功经验。坚持问题导向“补短板”。聚焦薄弱环节，明确学习方向，着力提升党校工作效能。注重增强实效“强短板”。正视存在差距，明确赶超举措，完善细化整改清单，落实具体整改内容，着力从打造党建品牌、务实政策建议、提高培训水平等三个方面，向先进学习、向标兵看齐，努力开创党校事业发展新局面。

镇江市人民政府办公室工作讲坛走进润州“周末课堂” （区委党校 摄）

2018年干部教育培训情况表

表4

时间	名称	地点
2018.01.14–2018.01.18	“新时代·新征程”机关党务干部专题研修班	浙江大学
2018.02.28–2018.03.04	“提升组织力·展现新作为”基层党务干部专题研修班	扬州大学
2018.03.24–2018.03.30	“补钙墩苗·提能善政”年轻干部专题研修班	西安交通大学
2018.05.02–2018.05.08	镇江市首期城市经济专题研修班	中山大学
2018.05.20–2018.05.26	“高水平转型·高质量发展”专题研修班	重庆大学
2018.10.28–2018.11.03	“招商引资·招才引智”专题研修班	同济大学和淘宝大学
2018.11.11–2018.11.17	一把手“增强领导力·提升创新力”高级研修班	厦门大学
2018.12.09–2018.12.15	“强三性·提三力”专题研修班	哈尔滨工业大学
2018.12.23–2018.12.27	村(社区)“领头雁”三年集训研修班	湖南大学

2018年“周末课堂”实施情况统计表

表5

时间	授课内容	授课人	授课人职务
2018.03.10	党的奋斗历程和执政经验	郭昭昭	江苏科技大学马克思主义学院、人文社科学院副院长
2018.03.17	解读《党政领导干部经济责任审计》相关规定	刁品庆	江苏省审计厅财政处处长
2018.03.24	谈判的艺术与技巧 房屋征收实务辅导	祝中昊 池鹤云	润州区政府副区长 润州区住建局党组成员、副局长
2018.04.21	城市经济背景下的国家知识产权政策和企业知识产权战略	李彦涛	国家知识产权局专利局专利审查协作江苏中心审查业务部主任
2018.04.28	解读《润州区产业发展规划》	胡如明	润州区政府党组成员、副区长
2018.05.12	深化农村集体产权制度改革 为农村经济发展增添新活力	周惠瑜	镇江市农委副主任
2018.05.19	聚焦军事装备创新　推进军民融合发展	赵　辉	国防大学政治学院军事科技与装备教研室主任、副教授
2018.06.09	识人技巧及其在政务工作中的应用	崔祥民	江苏科技大学副教授、博士
2018.07.14	产业引导基金操作模式与案例 足球魅力与产业机遇 产业焦虑与路径自信	彭　皓 闵　佳 吴斌斌	上海天外望投资管理有限公司COO 镇江市政府办公室处长 润州区发改经信委主任
2018.08.04	新形势下的宗教问题与宗教工作	夏和生	镇江市委统战部副部长、市民宗局局长
2018.08.11	科学发展全域旅游的关键问题把控	杨淇深	江苏尔目文化旅游发展集团董事长兼总规划师，南京林业大学产业教授
2018.09.08	当前行政执法中的主要问题及规范路径 我国深化行政执法体制改革与实践探索	张传军 刘同君	镇江市中级人民法院行政庭庭长 江苏大学法学院院长、教授
2018.09.22	党建有色彩　服务有温度	阮庆红	润州区金山街道迎江路中心社区党委书记
2018.09.29	扎实推进省新一轮服务业综合改革试点着力释放市场动力促进高质量发展	吴　滨	江苏省发展改革委服务业处调研员
2018.10.23	心理健康和压力应对	张玉枚	镇江市委党校经济与管理教研室主任、教授
2018.10.27	人工智能、机器人、工业4.0	杨海涛	联想星云加速器CEO
2018.11.25	新《预算法》解读 公务卡结算制度分析	姚　婕 李文芳	江苏省财政厅预算处综合科科长 江苏银行镇江分行对公业务部经理
2018.12.01	《宪法》实施与法治社会建设	刘同君	江苏大学法学院院长、教授

（区委党校）

润州区人民代表大会

栏目编校：马雪松

区人大常委会主任、副主任工作分工

范永放：主持区人大常委会全面工作，分管办公室工作；
刘凯成：分管内务司法、信访工作；
易丽娟：分管区人大常委会社会事业工作；
赵宝恒：分管区人大常委会人事代表联络、财政经济工作；
徐菊生：分管环境资源与城乡建设工作。

区人大常委会组成人员名单

范永放	刘凯成	易丽娟	赵宝恒	徐菊生	祝昌镜	艾学平	华庆富	陈小坤
蒋　蒙	杨　飚	陈　晖	张永宁	孙　渊	林伟庆	李庆华	徐文军	姚　继
夏祝平	邵建栋	黄成龙	刘步楼	张媛媛	卢庆荣	杜长春	徐厚华	张　浩
贾代武	孙　松	沙玉庆	蔡　军	常　修	魏春平			

综　述

【概况】 2018年是贯彻中共十九大精神的开局之年，也是改革开放40周年和实施“十三五”规划承上启下的关键一年。在区委的正确领导下，区人大常委会围绕中心、服务大局，突出重点、积极作为，切实履行宪法和法律赋予的各项职责，充分发挥人大服务发展、保障民生、推进民主法治建设的重要作用，全面完成区九届人大二次会议确定的目标任务，为建设富强民主文明和谐美丽的现代化强区提供有力保证。

【提高政治站位，服务发展大局有作为】 始终坚持党的领导。区人大常委会把坚持党的领导放在人大工作的首位，在深刻学习领会丰富内涵和精神实质的基础上，自觉用习近平新时代中国特色社会主义思想和中共十九大精神武装头脑、指导实践、推动工作。切实增强“四个意识”，牢固树立“四个自信”，坚决做到“两个维护”，不断开创人大工作新局面。在区委的正确领导下，积极服从、服务于全区发展大局，做到在监督中参与、在参与中服务、在服务中作为，人大工作与中心工作同频共振，党管干部原则与人大依法任免有机结合。先后依法任命国家机关工作人员11人次，免职32人次。根据在全国各地推开国家监察体制改革试点工作的需要，区九届人大二次会议选举产生监察委员会主任后，及时召开常委会会议，任命监察委员会副主任2名，委员2名，确保监察体制改革举措有序推进。加强对区人大常委会任命人员的监督，对区水利局、区统计局、区市场监管局、区安监局的主要负责人和区人大任命的8名“两院”干部开展述职评议，切实增强区人大常委会任命人员的责任意识、法治意识和服务意识。始终坚持以民为本。牢固树立以人民为中心的发展理念，始终站稳人民立场，紧扣发展不平衡不充分问题开展人大监督，切实谋民生之利解民生之忧，促进发展成果全民共享。聚焦民生热点难题，找原因、提建议、定举措、促整改，让人民群众的获得感、幸福感、安全感更加充实、更有保障、更可持续。密切关注人社基层公共服务平台建设，督促区政府以群众需求为出发点，满足就近就地服务群众需要，打造便民服务“最后一公里”公共服务圈。高度重视养老工作，向区政府提出建议并力促完善社会养老服务体系建设，结合当代养老需求多元化多层次多样性特点，完善服务平台，提高服务水平，做到贴心便捷高效。始终坚持法治思维。深入贯彻全面依法治国方略，紧贴新发展理念、改革举措和法治要求，增强法律监督的针对性，有效督促严格执法、公正司法、全民守法，推动以法律法规的实施促进发展、保障善治。区人大常委会专题听取“七五”普法实施情况报告，全区普法教育向纵深推进。积极配合市人大做好地方性法规立法工作，着力探索有效路径，依托地方立法给力和助益全区改革发展。

【聚焦热点难点，发挥人大监督有刚性】 着眼于人民日益增长的美好生活需要，区人大常委会紧扣重点，提升依法监督、精准监督、有效监督的劲道，有力促进区域经济社会协调发展和民生福祉改善。聚焦财政经济运行。听取并审议关于2017年财政决算情况和同级审计情况的报告，批准2017年财政决算；听取并审议2018年上半年国民经济和社会发展计划及财政预算执行情况的报告，从人大层面向区政府提出重要建议（推动产业转型升级，不断完善项目推进机制，加强项目建设与招引；完善收入征管机制，建立健全厉行节约长效机制；提高依法理财水平，努力实现经济发展与居民增收同步，让人民群众共享发展新成果等）；积极推进联网工程，实现区人大对全区预算编制、资金使用在线实时监督；审查并批准2018年财政预算调整方案；主任会议听取金融业发展情况报告。对公车管理使用、运行维护工作的意见建议落实情况，进行“回头看”。聚焦社会事业发展。区人大常委会专项视察互联网+邻里中心社区便民服务模式推进情况，在审议过程中，建议区政府高起点谋划、高标准建设、高水平推广，为居民提供更加优质的“一站式”服务；助推城乡生活垃圾分类试点工作，建言区政府加强教育引导，提高城乡居民环境意识，增强城乡生活垃圾分类和治理的公众参与度；持续关注棚户区改造，力促政府把实事办实、办好，让居民得实惠；关注特殊儿童的健康成长，专项视察启明星幼儿园建设管理情况，并捐赠书包、文具等学习用品；密切关注科技平台建设，提出整合科技创新服务资源、提升科技创新平台运行成效、落实各类激励政策引进且留住科技创新人才、增强企业自主创新能力等审议意见。聚焦生态文明建设。区人大常委会听取并审议2017年全区环境状况和环境保护目标完成情况的报告；专题听取2018-2020年突出环境问题清单的报告，支持区政府牢固树立“生态优先，绿色发展”的理念；以“263”专项行动为抓手，扎实开展专项治理活动，打好污染防治攻坚战，不断提高环境综合整治能力，实现全区环境质量持续好转。和平路街道人大工委积极发挥代表作用，对长江岸线环境保护工作开展跟踪监督。韦岗街道人大工委积极助推西南片区生态环境综合治理，对土地复绿等代表建议落实情况开展督查。

【弘扬法治精神，推进依法治区有力度】 推进法律法规实施。加大执法检查力度，对《江苏省农村扶贫开发条例》《江苏省旅游条例》《镇江市金山焦山北固山南山风景名胜区保护条例》等法律法规在润州区的实施情况开展执法检查。严格执行区人大任命干部任前法律知识考试和向宪法宣誓制度。加强司法工作监督。深入法院、检察院视察调研，共组织人大代表15批次250余人次旁听法院庭审、监督强制执行、参加新闻发布会等。对区人民法院家事审判工作进行审议，督促区人民法院紧密结合润州家事审判实际，深入推进家事审判改革工作。审议区人民检察院公诉检察工作，要求区人民检察院依法严厉打击各类刑事犯罪，建立健全各项工作机制，提高办案质效。主任会议组织视察公安润州分局利用大数据服务实战情况，充分肯定公安润州分局在技术强警、数据强警上取得的成效，建言公安润州分局加大宣传力度，整合大数据资源，强化经费保障和人才培养，提升大数据服务实战水平。力促立法联系点有效运转。发挥基层立法联系点在收集和表达民意方面的基础作用，立足七里甸街道人大工委、西津古渡社区两个基层立法联系点，配合镇江市人大常委会组织开展对《镇江市消防条例》《镇江市农村公路条例》等地方性法规的立法调研活动，认真听取人大代表和人民群众对立法方面的意见建议，确保地方立法工作最大限度地集中民智、体现民意。2018年，组织6次立法工作意见征求会，共征集修改建议40余条。

【创新工作机制,发挥代表作用有成效】 积极推动代表履职。区人大常委会坚持代表主体地位,积极创优履职条件,创新工作机制,代表工作接地气、察民情、显活力、有作为。深入推进"一个载体,两项制度",9个"人大代表联络工作站"、21个"人大代表联络工作室"开展接待选民活动208批次,接待选民800多人,收集选民意见建议近400条,其中,248条已经转交有关部门办理。组织50名区人大代表向选民述职,12名镇江市第八届人大代表向常委会述职,并接受评议。各级人大代表上下联动,共同发力,5名省人大代表、45名市人大代表主动参加视察、调研、接待选民等活动,充分发挥联系群众、反映民意、推动发展的积极作用。加强代表建议办理。区人大常委会始终把议案建议办理作为实现群众愿望、激发代表活力的有力手段。为有效解决个别承办单位重答复、轻办理、沟通少等问题,在区政府办的统一协调下,先后在人社局、住建局、民政局、教育局、城管局等承办3件以上建议的部门和单位,召开7场建议答复会,参加代表近60人次,涉及代表建议40件,占代表建议总数的66%。经区人大常委会加强督办、各承办单位有效落实、人大代表积极跟踪,交办的61件代表建议中,已办结33件,办结率54.1%。为推进重要建议办理,由区人大常委会分管领导牵头,区人大财经工委负责对"推进西津渡旅游风情小镇建设"重要建议进行督办,主任会议专题听取办理情况的报告。蒋乔街道人大工委和润州工业园区人大工委关注民生建议的督办,江小圩搬迁、富润路改造等建议均得到了有效落实。开展基层监督试点。为探索加强街道人大工作的有效途径,更好发挥街道人大服务经济社会发展、促进基层民主建设的积极作用,区人大常委会深入推进《润州区街道人大工作委员会工作暂行规定》的实施,通过授权的方式,在金山街道开展同级财政预算监督试点,街道人大工委组织区人大代表听取并审查街道财政预算执行情况的报告,推进街道预算管理制度逐步建立规范,增强街道预算执行的严肃性。宝塔路街道人大工委开展了专项工作评议试点,对街道司法所、民政办、劳动所的工作进行专项评议。监督试点的成功开展,为发挥基层人大工委的作用拓展新路径、新形式。

【强化自身建设,推动履职能力有提升】 切实加强政治建设。区人大常委会着力强化宗旨意识,秉持担当精神、恪守为民情怀,全面提升思想政治水平和业务工作能力。积极推动"两学一做"学习教育常态化制度化,深入开展习近平新时代中国特色社会主义思想和中共十九大精神专题学习,根据中共十九大报告关于"健全人民当家作主制度体系,发展社会主义民主政治"等重要论述,对全区人大工作作出新部署和新要求。认真贯彻全面从严治党要求,切实履行党风廉政建设主体责任,自觉接受派驻纪检监察机构监督,严格执行中央和省市区委关于作风建设的有关规定。切实增强履职本领。坚持每月集中学习制度,加强法律、财经、时政等知识的学习,围绕工作重点和监督议题,相继学习《中华人民共和国宪法修正案》《中华人民共和国监察法》《中华人民共和国环境保护法》《中华人民共和国人民陪审员法》等,提高区人大常委会组成人员、人大机关干部的民主法治意识和监督专业化水平。切实加强宣传调研。区人大工作理论研究会成员和会员单位认真开展调查研究,撰写《关于实施乡村振兴战略过程中农村生态环境治理情况的调研报告》《润州区宗教管理工作情况的调查报告》以及理论文章共20余篇。围绕重点工作、聚焦主题活动,加大宣传力度,在《民主法治建设》、市人大网站等媒体发表稿件200余篇。南山街道人大工委鼓励代表"自由组队",精心谋划选题,采取"听、看、查、访"等多种形式,有针对性地开展调查研究,为发展献策,为群众解忧。金山街道人大工委的"每月选民接待日"活动、官塘桥街道的"我与选民零距离"活动报道分别刊发在《人民日报》和《人民代表报》上。

(区人大办)

重要会议

【区人大常委会议】 2018年,区人大常委会先后举行7次常委会,审议"一府一委两院"10项工作报告,提出10项审议意见,作出8项决议决定。主要议题是:讨论、通过有关人事任免事项;表彰2017年度效能建设优秀单位;讨论、通过《润州区人大常委会2018年度工作要点》;讨论、通过2018年度区人大常委会、主任会议历次议题安排;组织对3名市人大代表进行述职评议,对区水利局、区统计局负责人开展述职评议;讨论、通过有关人事任免事项;听取并审议区人民政府关于互联网+邻里中心社区便民服务模式推进情况、关于2017年度环境状况和环境保护目标完成情况的报告;讨论有关暂停代表职务事项;听取并审议区人民政府关于2017年财政决算情况和同级审计情况的报告,并作相关决定;听取区人民政府关于实施"七五"普法工作情况的报告;组织对区市场监管局、区安监局负责人进行述职评议;接受有关辞职请求,并做相关决定;讨论、通过有关人事任免事项和有关恢复代表职务事项；听取区人民政府政情通报；听取并审议区人民政府关于2018年上半年国民经济和社会发展计划及财政预算执行情况的报告；听取并审议区人民法院家事审判工作情况的报告；接受有关辞职请求，并做相关决定；讨论、通过有关人事任免事项；组织对6名市人大代表述职评议；组织对3名市人大代表述职评议；听取并审议区人民政府关于调整润州区2018年财政预算的报告，并作相关决定；做出关于召开区九届人大三次会议的决定；讨论、通过有关人事任免事项；讨论有关恢复代表职务事项；听取并审议区人民政府关于区九届人大二次会议代表批评、建议和意见办理情况的报告；听取并审议区人民政府关于科技平台建设情况的报告；听取并审议区人民政府关于人社基层公共服务平台建设情况的报告；听取并审议区人民检察院公诉检察工作情况的报告；补选市人大代表；接受有关辞职请求，并做相关决定；讨论、通过有关人事任免事项；组织区人大常委会组成人员对区政府组成部门、垂直管理部门、“一委两院”效能建设开展测评；作出关于表彰区人大代表活动先进小组、优秀区人大代表、优秀议案和建议的决定；讨论、通过区人大常委会工作报告(草案)；讨论、通过区九届人大三次会议的有关事项；听取并审查区人民政府关于调整润州区2018年度国民经济和社会发展计划部分指标的报告，并作相关决定；听取区人民政府2018-2020年突出环境问题清单的报告。

【区人大主任会议】 2018年，区人大常委会召开26次主任会议，听取“一府一委两院”11项工作报告。主要议题是：研究《区九届人大常委会2018年度工作要点》；研究2018年度区九届人大常委会、主任会议历次会议议题安排；组织区人大机关干部专题学习十九大精神；专题研究区人大干部培训工作；听取关于“推进西津渡旅游风情小镇建设”重要建议的处理意见的汇报；听取金山街道人大工委、宝塔路街道人大工委关于开展同级预算监督、专项工作评议试点工作方案的报告；组织对区人大常委会任命的法院干部进行述职评议；听取区人民政府关于启明星幼儿园建设管理情况的报告；听取区人民政府关于金融业发展情况的报告；听取区人民政府关于养老工作情况的报告；组织对区人大常委会任命的检察院干部进行述职评议；听取区人民政府关于区人大常委会主任会议有关公车管理使用、运行维护情况的意见建议落实情况的报告；听取区人民政府关于宗教活动场所管理情况及宗教教职人才队伍建设情况的报告；听取区人民政府关于推进城乡生活垃圾分类试点工作情况的报告；听取公安润州分局利用大数据服务实战情况的报告；听取区人民政府关于棚户区改造情况的报告；听取2018年预算执行情况，审查2019年预算草案；听取区人民政府关于“推进西津渡旅游风情小镇建设”重要建议办理情况的报告。

【重要考察活动】 为进一步增强区人大常委会的监督实效，充分发挥人大代表参政议政作用，2018年，区人大常委会及主任会议先后考察启明星幼儿园建设管理情况和公安润州分局利用大数据服务实战情况。

【区第九届人民代表大会第三次会议】 润州区第九届人民代表大会第三次会议于2019年1月4日上午在粤海国际酒店大厅隆重开幕，大会正式会议历时两天半。会议正式代表166人，组成8个代表团。列席代表66人，分别编入各代表团参加大会活动。大会主要议程是：听取、审议镇江市润州区人民政府工作报告；审查、批准镇江市润州区2018年国民经济和社会发展计划执行情况及2019年国民经济和社会发展计划(草案)的报告；审查、批准镇江市润州区2018年财政预算执行情况和2019年财政预算(草案)的报告；听取、审议镇江市润州区人大常委会工作报告；听取、审议镇江市润州区人民法院工作报告；听取、审议镇江市润州区人民检察院工作报告。

（区人大办）

2018年润州区人大常委会会议情况一览表

表6

时　间	名　称	议　题
1月5日	区九届人大常委会第十次会议	会议审议、通过有关人事任免事项
2月26日	区九届人大常委会第十一次会议	会议表彰2017年度效能建设优秀单位;审议、通过《区九届人大常委会2018年度工作要点》;审议、通过2018年度区九届人大常委会、主任会议历次会议议题安排
4月28日	区九届人大常委会第十二次会议	会议组织对3名市人大代表述职评议;组织对区水利局、区统计局负责人开展述职评议;审议、通过有关人事任免;听取并审议区人民政府关于"互联网+"邻里中心社区便民服务模式推进情况的报告;听取并审议区人民政府关于2017年度环境状况和环境保护目标完成情况的报告;审议有关暂停代表职务事项
6月25日	区九届人大常委会第十三次会议	会议听取并审议区人民政府关于2017年财政决算情况和同级审计情况的报告,并作相关决定;听取区人民政府关于实施"七五"普法工作情况的报告;组织对区市场监管局、区安监局负责人开展述职评议;接受有关辞职请求,并做相关决定;审议、通过有关人事任免事项;讨论有关恢复代表职务事项
8月27日	区九届人大常委会第十四次会议	会议听取区人民政府政情通报;听取并审议区人民政府关于2018年上半年国民经济和社会发展计划及财政预算执行情况的报告;听取并审议区人民法院家事审判工作情况的报告;接受有关辞职请求,并做相关决定;审议、通过有关人事任免事项
10月26日	区九届人大常委会第十五次会议	会议接受有关辞职请求,并做相关决定;审议、通过有关人事任免事项;组织对6名市人大代表述职评议;组织对3名市人大代表述职评议;听取并审议区人民政府关于调整润州区2018年财政预算的报告,并作相关决定;作关于召开区九届人大三次会议的决定;审议、通过有关人事任免事项;审议有关恢复代表职务事项;听取并审议区人民政府关于区九届人大二次会议代表批评、建议和意见办理情况的报告;听取并审议区人民政府关于科技平台建设情况的报告;听取并审议区人民政府关于人社基层公共服务平台建设情况的报告;听取并审议区人民检察院公诉检察工作情况的报告
12月26日	区九届人大常委会第十六次会议	会议补选市人大代表;接受有关辞职请求,并做相关决定;审议、通过有关人事任免事项;组织区人大常委会组成人员对区政府组成部门、垂直管理部门、"两院"效能建设开展测评;作关于表彰区人大代表活动先进小组、优秀区人大代表、优秀议案和建议的决定;审议、通过区人大常委会工作报告(草案);审议、通过区九届人大三次会议的有关事项;听取并审查区人民政府关于调整润州区2018年度国民经济和社会发展计划部分指标的报告,并作相关决定;听取区人民政府2018–2020年突出环境问题清单的报告

区人大常委会 2018 年主任会议情况一览表

表 7

时　间	名　称	议　题
1 月 3 日	区九届人大常委会 第二十七次主任会议	研究区九届人大常委会第十次会议有关事项
1 月 12 日	区九届人大常委会 第二十八次主任会议	传达市人代会精神；交流当前工作；研究主任会议的有关事项
1 月 25 日	区九届人大常委会 第二十九次主任会议	研究《区八届人大常委会 2018 年度工作要点》；研究 2018 年度区九届人大常委会、主任会议历次会议议题安排；研究效能测评有关情况；研究基层百分考核有关事宜
2 月 5 日	区九届人大常委会 第三十次主任会议	交流当前重点工作；研究主任会议有关事项；研究区九届人大常委会第十一次会议有关事项；学习相关文件精神、强调春节期间作风问题
2 月 24 日	区九届人大常委会 第三十一次主任会议	组织区人大机关干部专题学习十九大精神；专题研究区人大干部培训工作
3 月 6 日	区九届人大常委会 第三十二次主任会议	传达全区经济工作会议精神；研究主任会议有关事项；交流当前工作；专题学习
3 月 26 日	区九届人大常委会 第三十三次主任会议	听取关于“推进西津渡旅游风情小镇建设”重要建议的处理意见；听取金山街道人大工委、宝塔路街道人大工委关于开展同级预算监督、专项工作评议试点工作方案的报告
4 月 4 日	区九届人大常委会 第三十四次主任会议	传达书记办公会精神；研究区九届人大常委会第十二次会议有关事项；研究主任会议有关事项；研究恢复代表资格有关事项
4 月 23 日	区九届人大常委会 第三十五次主任会议	组织对区人大常委会任命的法院干部述职评议；研究恢复代表资格有关事项；研究有关暂停代表职务事项
5 月 4 日	区九届人大常委会 第三十六次主任会议	传达书记办公会精神；研究主任会议有关事项；研究有关培训事宜；交流当前工作；专题学习《宪法》
5 月 29 日	区九届人大常委会 第三十七次主任会议	听取区人民政府关于启明星幼儿园建设管理情况的报告，并组织视察；听取区人民政府关于金融业发展情况的报告
6 月 5 日	区九届人大常委会 第三十八次主任会议	传达书记办公会精神；研究区九届人大常委会第十三次会议有关事项；研究主任会议有关事项；交流当前工作；专题学习《监察法》
6 月 22 日	区九届人大常委会 第三十九次主任会议	听取区人民政府关于养老工作情况的报告；组织对区人大常委会任命的检察院干部述职评议；专题学习

续表 7

时间	名称	议题
7月4日	区九届人大常委会第四十次主任会议	研究主任会议有关事项;交流当前工作;专题学习《监察法》
7月25日	区九届人大常委会第四十一次主任会议	听取区人民政府关于区人大常委会主任会议有关公车管理使用、运行维护情况的意见建议落实情况的报告;听取区人民政府关于宗教活动场所的管理情况及宗教教职人才队伍建设情况的报告
8月7日	区九届人大常委会第四十二次主任会议	传达书记办公会精神;研究区九届人大常委会第十四次会议有关事项;研究主任会议有关事项;专题学习
8月24日	区九届人大常委会第四十三次主任会议	听取区人民政府关于推进城乡生活垃圾分类试点工作情况的报告
9月5日	区九届人大常委会第四十四次主任会议	传达书记办公会精神;研究主任会议有关事项;交流当前工作;学习、部署政治体检工作
9月27日	区九届人大常委会第四十五次主任会议	听取公安润州分局利用大数据服务实战情况的报告,并组织视察
10月10日	区九届人大常委会第四十六次主任会议	传达书记办公会精神;研究区九届人大常委会第十五次会议有关事项;研究主任会议有关事项;专题学习《中国共产党纪律处分条例》
10月25日	区九届人大常委会第四十七次主任会议	听取区人民政府关于棚户区改造情况的报告
11月6日	区九届人大常委会第四十八次主任会议	传达书记办公会精神;传达全区警示教育大会精神;研究主任会议有关事项
11月26日	区九届人大常委会第四十九次主任会议	听取2018年预算执行情况,审查2019年预算草案
12月5日	区九届人大常委会第五十次主任会议	传达书记办公会精神;研究主任会议有关事项;研究区九届人大常委会第十六次会议有关事项;交流当前工作;通报有关处分决定
12月13日	区九届人大常委会第五十一次主任会议	研究"三评"有关事项;研究补选市人大代表有关事项;讨论常委会工作报告
12月24日	区九届人大常委会第五十二次主任会议	听取区人民政府关于"推进西津渡旅游风情小镇建设"重要建议办理情况的报告

(区人大办)

区长、副区长工作分工

徐心田:主持区政府全面工作,分管机构编制、审计、人事、人民武装委员会工作。

贾敬远:负责区政府常务工作、应急工作,分管财政、税务、金融、国有资产管理、档案、地方志、政府法制、政务公开等方面工作。

分管区政府办公室、机关事务服务中心、财政局、法制办、金融办、城投公司、土地房屋开发总公司、房地产开发总公司、档案馆。联系税务局、史志办。

祝中昊:负责发展和改革、项目建设、科技、知识产权、人力资源、社会保障、环境保护、服务业经济、商务、统计、物价、旅游、外事、侨务、对台事务等方面工作。

分管区发改经信委(旅游局)、科技局(知识产权局)、人社局、环保局、商务局、统计局、外事办、侨办。联系侨联、台办。

陆金火:负责司法、民政、社区建设、双拥、民族宗教事务、老龄事业、残疾人事业、公安、消防、稳定等方面工作,协助分管人民武装方面工作。

主持公安润州分局全面工作,分管区司法局、民政局、润州公安消防大队。联系区民宗局、残联、驻区部队。

刘国明:负责城乡规划、住房和城乡建设、城乡管理、房地产开发、安置房建设、交通运输、国土资源等方面工作。

分管区住建局、城管局、交通运输局。联系规划分局、城市管理行政执法润州分局、国土润州分局。

代为负责教育(含成人教育、职工教育)、文化、体育、卫生、医改、血防、人口和计划生育、妇女儿童、广播电视、工商管理、食品药品监督、产品质量监督等方面工作。

代管区教育局(文体局)、卫计委、市场监督管理局、广播电视台。联系团区委、妇联、文联、红十字会、驻区学校。

王家振:负责工业经济、信息化、民营经济、安全生产、信访、供电、能源、农业和农村经济、粮食、供销社、场圃、水利、农机、扶贫等方面工作。

分管区安监局、农委、水利局、供销社、工贸总公司。联系区信访局、黄山园艺场、水产养殖场、润州茶场、总工会、工商联。

冷 静:协助分管商务、旅游、教育、文化、妇女儿童、民族宗教等方面工作。

重要会议

【润州区召开全区城市经济发展大会】 3月14日上午，润州区召开全区城市经济发展大会，区委书记高国成出席会议并讲话，要求全区上下全面深入学习贯彻中共十九大精神，保持发展定力、坚定发展信心、理清发展路径、明确发展举措，开启高质量发展城市经济的崭新篇章，走出具有润州特色的产业强区之路。区长徐心田在会上作工作部署。区委副书记、常务副区长贾敬远主持会议，区四套班子领导、区法院院长、区检察院检察长出席会议。

高国成强调，润州要解决发展站位问题，在城市经济战略抉择上必须做到坚定不移。发展城市经济是润州抓住战略机遇窗口期、跨越全面转型关口期、打赢决胜全面小康攻坚战的必然要求，是润州主动适应形势、把握发展趋势的战略抉择，高质量发展城市经济，才能为建设更高水平、更高质量的小康社会提供有力支撑。发展方向事关发展大局。高国成指出，润州要解决发展方向问题，在城市经济产业谋划上必须做到心中有数。要明确"构建现代城市经济体系、支撑未来健康持续发展"目标导向和"高端化、效益化、特色化"的价值取向，推动重点发展的产业整体迈向中高端，打造"人无我有、人有我优、人优我特"的产业地标，带动全区城市经济整体提档升级。

高国成表示，在弄清楚发展城市经济"要什么、有什么、能做什么"之后，接下来就要好好思考"怎么做"。他要求，润州要解决发展方式问题，在城市经济关键举措上必须做到精准发力。一是坚持创新驱动，充分激发创新创业的活力，加快新旧动能接续转换，积极引进、培育壮大一批新经济、新业态、新产业，不断发掘、培植新的增长点、增长极，真正实现从要素驱动、投资驱动转向创新驱动。另一方面要引导、帮助、支持现有企业主动求变求新。二是通过广泛宣传和严格兑现，用好政策激励。三是围绕提升招引工作的实效、盘活存量楼宇资源、与市属产业集团的联动以及招商引资与招才引智同步四个方面，突出双招双引出成效。四是在"亲、清"政商关系的建立上和在优化制度环境、法治环境和市场环境上狠下功夫，进一步优化营商环境。

高国成强调，解决发展热度问题，润州在城市经济工作标准上必须做到真抓实干。全区上下要以"主动作为、敢于当担、善抓落实、创新进取"的作风品质，通过强化考核导向、强化专业素养和强化尽心履职，切实让城市经济的发展热度"沸腾"起来。

徐心田指出，润州城市经济发展成效已初步显现，但瓶颈依然突出。立足实际，润州发力城市经济必须坚持产业优先。接下来，润州区要围绕产业定位加快区域经济发展，围绕产业基础加快主导产业塑形，围绕提升品质加快消费形态升级，围绕做强税源加快楼宇存量盘活，围绕精心培育加快创业群体扶持。此外，发力城市经济必须强化制度保障，徐心田要求，全区上下要多措并举，继续加大招商引资、加强项目跟踪服务、用好产业发展政策、抓好精美城市建设、营造优良的发展环境，抢抓新机遇，培育新动能，推动润州城市经济更高质量发展。

会上，七里甸街道、宝塔路街道、区发改经信委、区商务局、润州长江村镇银行、万达商业管理有限公司进行交流发言。会议印发《润州区产业发展战略规划》《润州区关于加快推进产业发展的政策意见》《2018年润州区招商工作实施意见》《润州区产业转型发展引导基金管理办法》《润州区关于实施"润州英才"计划的意见》《关于进一步优化人才发展环境的实施意见》等政策文件。各街道党工委书记向区委书记高国成递交目标责任状。

各街道党政主要负责人、分管负责人，区各部委办局、各人民团体、各直属单位主要负责人，以及44家重点企业代表参加会议。

【润州区政府召开组成人员全体（扩大）会议】 8月17日下午，润州区政府召开组成人员全体（扩大）会议，贯彻落实省委十三届四次全会、市委七届七次全会和区委八届五次全会部署，进一步聚焦城市运营管理，分析问题现状，研究推进举措，加快建设美好润州。区长徐心田出席会议并讲话，区委副书记、常务副区长贾敬远主持会议。"强化城市运营管理,加快建设美好润州"，徐心田围绕这一主题，深刻阐述了城市运营管理的重要意义，客观分析了当前形势，并对加强全区城市运营管理工作进一步明确了的主攻方向和重点任务。他指出，润州地处镇江行政中心、置身镇江主城区，当仁不让要承担强化城市运营管理的时代使命。全区要提高站位，进一步认识强化城市运营管理是贯彻中央精神的具体体现、推进高质量发展的内在要义、提升城市能级的关键举措、推升城市价值的必由之路。

徐心田强调，站在新起点，城市运营管理已经具备良好基础，但对标新要求，城市运营管理仍然存在城市建设不平衡、生态环境有短板等问题和不足。全区要精准把脉，坚定信心、找准症结、有的放矢，进一步理清润州城市运营管理的区情实际。

徐心田要求，要以人为本，进一步抓好城市运营管理的关键环节。要坚持精细化理念，学习先进做法、下足绣花功夫；要坚持长效化理念，坚持久久为功，步步为营；要坚持高标准理念，强化精品意识；要坚持人人参与的理念，城为民建、市为民享。从加强城市功能完善、重点问题整治、城市综合管理、公共资源配置、公共安全管理、组织领导等六个方面着手，实现城市建设、生态建设、城市品质、城市服务、城市安全、运管能力六个方面新提升。

区委副书记、常务副区长贾敬远对贯彻会议精神提出具体要求，并从全力以赴抓好关键指标、推进重点项目、打好攻坚战、做好城市建管、保障民生需求、维护社会稳定等六个方面部署了当前工作，要求确保完成年度各项目标任务。副区长祝中昊、陆金火，王家振出席会议。会上，区城管局、区环保局、区文体局和宝塔路街道四家单位分别作交流发言。

【国际低碳（镇江）大会润州分会举行】 10月24日，2018国际低碳（镇江）大会暨润州区城市经济高质量发展恳谈会举行，来自国内各地的专家、学者以及投资人共计100余位共聚一堂，围绕“双轮驱动、低碳发展”这一主题，结合润州区城市经济高质量发展，交流分享各自的科研成果和成功经验。润州区委书记高国成出席会议并致辞，区委副书记、区长徐心田主持，区四套班子有关领导出席活动。

高国成在致辞中指出，润州是一个宜居宜业的好地方。改革开放以来，润州从城市郊区一路走来，已经华丽转身，成为镇江市的主城区、行政中心所在地、文化中心和交通枢纽。2017年下半年以来，润州区委、区政府结合区位优势、自然禀赋、产业基础，确立了城市经济的发展方向，润州发展进入一个全新的阶段，城市经济已经成为润州发展的主旋律和最强音，呈现热度提升、成效初显的良好态势，区域内业态更趋高端，市场更趋活跃。润州将坚定不移实施城市经济发展战略，走出具有润州特色的产业强区之路。

此次大会期间，润州区围绕城市经济发展，成功引进26个项目。其中，国控宏业供应链管理项目、多用途节能环保燃烧器项目、尾矿库综合利用生态整治等10个项目在会场进行了集中签约。会上，江苏大灰熊科技、江苏硅智信息科技、镇江博润新材料、江苏掌源智能科技、江苏爱园健康科技、里应材料6家单位现场进行招商路演，在场的多位专家、学者及投资人分别作点评和指导。各街道、部门主要负责同志以及区科技镇长团全体成员等出席会议。

（孙　蒙）

2018年润州区政府重要会议一览表

表8

时　间	名　称	议　题
2月11日	第9次常务会议	研究《润州区生态河湖实施意见（2017-2020）》《润州区关于加快推进产业发展的政策意见》等事宜
3月5日	第10次常务会议	研究2018年润州区招商引资工作实施意见
3月14日	润州区城市经济发展大会	研究促进全区城市经济发展重大事宜
3月26日	第11次常务会议	研究落实全国第二次污染源普查工作、区政府2018年“六大任务百项工作”目标责任分解等事宜
4月27日	第12次常务会议	研究2018年度全区国民经济和社会发展主要指标、区属企事业单位公务用车制度改革相关事宜等事宜
6月9日	第13次常务会议	研究确定产业引导基金管理公司相关事宜、区政府“三重一大”事项集体决策制度实施办法
7月13日	第14次常务会议	听取2018年上半年安全生产工作情况汇报，研究镇江市长江金融产业园项目相关事宜
8月8日	第15次常务会议	研究区政府区长分工、区财政体制调整方案的相关事宜
8月15日	第16次常务会议	研究区政府组成人员全体（扩大）会议相关事宜

续表 8

时间	名称	议题
8月17日	润州区政府组成人员(扩大)会议	主题为“强化城市运营管理,加快建设美好润州”
9月30日	第17次常务会议	研究区政府食堂运营方案、生活垃圾分类处理全覆盖等事宜
10月24日	国际低碳(镇江)大会暨润州区城市经济高质量发展恳谈会	主题为“双轮驱动、低碳发展”
11月6日	第18次常务会议	研究润州区创建省级健康促进区实施方案、中央环保督查“回头看”和省第三环保督察组反馈问题整改工作等事宜。
12月7日	第19次常务会议	传达省政府关于地方政府债务专题会议精神,听取区政府债务工作汇报,研究润州区产业引导基金出资设立子基金相关事宜
12月23日	第20次常务会议	研究2019年全区财政预算编制工作、润州区社区(村)工作者职业体系意见(试行)事宜

(孙　豪)

综合服务和协调工作

【区政府办公室工作】 2018年,在区委、区政府的坚强领导下,区政府办公室紧紧围绕精细谋划城市经济和做好城市运行服务两项工作,以优化服务为核心、创新工作为动力、改进作风为抓手、完善制度为保证,积极参与政务,精心管理事务,不断优化服务,圆满完成年度工作目标和领导交办的各项任务,为全区经济和社会发展做出新的贡献。

致力推动改革发展,主动融入中心工作。聚焦全区改革发展重点任务,立足办公室职能优势,力求在推动重点工作上出实招、求实效。强化服务大局意识。围绕推动城市经济高质量发展,主动投身城市经济建设主战场,协同有关部门积极做好大气污染防治攻坚战、招商引资等重大工作的综合协调,牵头推进2018市、区两级重点民生项目建设。强化沟通协调意识。注重加强与市、区两级部门的沟通协调,主动服务对接好全区各街道和机关部门,配合完成润州区城市经济发展大会、2018年国际低碳(镇江)大会暨润州区城市经济高质量发展恳谈会筹办工作。强化改革创新意识。不断提升政务服务水平,政务服务机构实现从无到有,服务事项实现从分散到集中,服务事项办理实现从线下到线上线下融合,服务体系实现从区本级向基层延伸。目前共有371项“不见面”审批事项,占全区政务服务事项总量96.6%。

致力服务领导决策,切实当好参谋助手。始终站在政府、领导的高度和角度观察、思考问题,努力做到谋划在前、服务在前,为区领导提供高质量的决策服务。推进以文辅政。精心做好政府工作报告、领导讲话、重要文件等综合文稿服务工作,牵头起草《润州区关于推动高质量发展走在前列的工作方案》等文件,为全区城市经济高质量发展积极贡献智慧和力量。深入调查研究。围绕区委、区政府的中心工作、领导关心的重点问题、社会关注的热点问题、制约发展的关键问题,深入调查研究,提出对策建议,上报的《镇江市推进家庭医生签约工作的成效与问题》一文获省政府分管领导批示。加强信息报送。加强信息体系建设,拓宽信息渠道,强化信息整理,及时反馈工作动态和社情民意。“中国润州”门户网站录入信息214条,被“中国镇江”门户网站录用信息49条,政务信息被国务院办公厅、省政府办公厅录用30条,录用情况位于全市前列。

致力促进高效运转,着力强化综合保障。坚持把高效作为工作的目标追求,创新工作思路、优化工作机制,努力推动各项工作上台阶、上水平。注重建章立制,规范工作程序。不断完善文件制发流程规范、收文办理流转、公务接待等规章制度,让办公室各项工作有章可循、有规可依。优化平台载体,提升服务实效。畅通群众诉求渠道,全年办理“12345”热线7000余件、“书记、市长信箱”108件,办结率100%。自觉接受人大依法监督、政协民主监督,全年办理人大代表建议和政协委员提案170件。强化考核督查,推动工作落实。对区政府在九届二次人代会上向全区人民所作的2018年工作承诺进行分解,进一步明确2018年全区百项重点工作,定期进行专项督查催办。每月对民生项目逐一过堂,积极跟踪推进,年底所有项目均按序时推进。

致力提升良好形象，不断加强自身建设。坚持把队伍素质提升和作风转变作为提升形象的重要抓手，努力打造一支政治合格、业务精湛、堪当重任的人才队伍。深化学教活动，坚定理想信念。组织全体人员深入学习中共十九大以及习近平总书记系列重要讲话精神，不断增强“四个意识”。深入开展解放思想大讨论活动，在全体党员内举办“解放思想 改革创新 推动润州城市经济高质量发展”征文比赛活动。浓厚学习氛围，提升队伍素质。定期开展文稿比赛、文章交流，着力提升秘书文稿撰写水平。邀请市政府办60多人到润州区，将市政府办工作讲坛与润州区“周末课堂”有机结合。坚持依法行政，规范权力运行。认真落实党风廉政建设责任制，班子成员切实履行“一岗双责”，严格执行办公室“三重一大”事项集体决策、财务管理办法等规章制度，努力营造风清气正的政治生态。

【外事工作】 2018年以来，在区委区政府的坚强领导下，在市外办的关心指导下，区外办严格按照区委区政府的工作部署，认真贯彻执行中央的有关外事方针政策，全力服务润州城市经济发展建设，积极推进外国人来华申请和外事接待等各项涉外工作，较好地完成了工作任务。

严格把关涉外申请。按照中共十九大精神和中央外事工作会议的相关要求，坚决执行中央有关对外方针政策，对于没有实质性内容和违反报批程序的因公出国(境)以及来访人员坚决不予审批。同时，积极支持企业、各部门有实质内容的出访及邀请来访的经贸活动。全年，共受理出访17批共计42人次；接待来访2批共计7人次。

倾力服务经济发展。由区委主要领导带队的润州区经贸代表团于2018年5月赴英国和芬兰开展人工智能、低碳技术等新兴产业领域招商活动。期间拜会英国伯明翰市政府国际事务处主席安德鲁·邓巴先生，会见镇江友好城市——芬兰瓦萨市董事会主席金伯格先生和市长托马斯·海瑞先生以及芬兰黑岛市董事会主席埃里克先生，考察芬兰瓦锡兰、ABB等多家全球知名企业，举行项目集中签约仪式。招商活动期间还成功举办“润州区(芬兰)招商引资推介会”和“润州区(芬兰)低碳项目对接会”，推介润州区投资环境、产业和科技人才招引政策，全面宣传润州。2018年9月，区政府主要领导带队赴法国和挪威考察洽谈现代服务业、特色低碳产业和高端生产性服务业项目。期间访问盈科律师法国合伙人西蒙律师事务所，洽谈西蒙律师事务所进驻润州事宜。访问法国维希集团，实地考察维希温泉康养小镇模式，商定韦岗旅游康养项目合作运营模式。同时，拜访勒芒市政府，签署友好交往城市关系备忘录。与勒芒市休闲旅游委员会洽谈特色小镇运作模式。在挪威招商活动期间，邀请5家当地知名企业，举办招商项目对接会，重点推介润州城市经济发展规划和项目情况。2018年11月，区政府分管领导带队赴印度和新加坡开展产业投资说明会，加大高新产业招商力度，并推进在手项目实质性落地。其间，访问“亚洲硅谷”——印度班加罗尔IT产业园，与印度印孚瑟斯公司深入洽谈，推进润州区服务外包及大数据服务平台项目合作。访问印度PHD工商会，举办印度（中国润州）产业投资说明会，并签署润州工业园区创客中心与NIIT（印度国家信息学院）企业职业和信息技术培训项目。

不断提升能力水平。坚持把中共的方针政策、法律法规以及外事工作专业知识作为学习的重点，要求干部通过文件、报刊、网络、集体学习和培训等形式钻研外事工作知识，努力提高政治理论水平。区外办通过召开全区各街道分管领导、相关企业负责人座谈会，以及常态化走访相关企业，听取属地和企业对优化润州区外事工作的意见，了解企业的运行现状和外事需要，推介润州区外事服务的基本内容，同时就企业反映运营中遇到的一系列困难，迅速上报给区政府分管领导，尽快加以协调解决，得到了相关企业的好评。进一步增强“窗口”服务意识，落实责任，将廉政学习与政治学习、民主生活会相结合，不断强化外事干部的廉洁意识和法制观念，确保责任落实到位。

（孙　豪）

机关事务服务中心工作

【概况】 2018年，中心在区委、区政府的领导下，紧紧围绕中心重点工作任务，大力开展“优质高效”四促工程建设，即党建引领促提优、规范管理促提质、能力建设促提高、作风严谨促提效，全面推动机关事务服务工作的高质量发展。

【后勤管理】 统筹规范办公用房使用管理。根据省、市机关事务管理局文件要求，积极开展全区党政机关办公用房“回头看”工作，对自查出来有超标情况的8家单位，进行整改落实，同时严格对照标准，赴现场实地测量，确保办公用房管理科学规范；对区委政法委、区统计局、工会、工商联、老促会、侨办、侨联办公用房进行了调整分配。强化公务用车管理。对车况较差的9台车辆进行处置，进一步降低公务车辆闲置率；成功申请“润州区机关公务用车管理信息平台建设”科技项目，提高公务用车规范化、制度化、科学化管理水平。强化公共机构节能。充分利用区政府广场电子屏幕进行节能宣传,并共发放节能减排、低碳环保相关宣传资料300余份,有力推进公共机构节能工作的开展;通过认真筛选、严格把关和积极指导,中华路小学完成省级公共机构节能示范单位的申报工作;中心获得"江苏省节水型单位"荣誉称号,同时积极配合区水利局创建多家市级节水型示范单位。

【后勤服务】 认真做好会议室的布置、设备检查和调试工作,对会议设备出现的异常情况进行及时处理,保障各种会议正常召开。全年会议场次共计990余次,参加会议人数达6万人次。对区政府食堂进行升级改造,并采取公开招投标方式,实行社会化托管,即优化了就餐环境,又提升了餐饮服务质量。同时对食品安全和水电安全加强监督管理,建立相关的监管制度,确保机关干部职工的饮食卫生安全。积极开展绿化养护工作,给机关大院内花草树木定期浇灌施肥,及时修剪草坪、绿篱、行道树。开展"灭四害"活动。年初,签订2018年机关大院灭鼠协议,并开展"灭四害"工作,切实保障了机关大院安全、高效地运转。

【后勤保障】 强化安全监管。积极配合公安润州分局、信访局等部门做好信访维护工作,特别是安全防护期、重大会议召开等敏感时期,狠抓区机关大院安全保卫工作。严格执行来访人员、车辆登记制度,严格执行岗位值班、夜间巡查等制度,坚持夜间不间断巡逻,保证24小时门卫无空挡,实现全年无刑事案件、无治安案件、无火灾事故、无盗窃案件、无责任事故的目标。落实设施维保措施。定期对电房、水管进行安全检查,随叫随到,确保区原公安分局大院、机关大院水电正常运行。耗资4万元对区原公安分局变压器进行更换,耗资20多万元对区政府1号楼内外网线、电话线进行重新铺设整理,全年累计维修网络70余次,电话报修60余次,水电维修680余次,完成日常水电维护40余次,确保各大院办公环境高效安全。强化财务管理。严格执行财务制度,规范财务行为,通过预算管理、内控制度建设、自查监督,提高资金使用的规范、高效,切实保障了机关后勤工作正常运转。

(黎一娜)

侨务工作

【概况】 2018年,区侨办在区委、区政府的领导及上级侨务部门的指导下,在区政府办公室和区各级部门的大力支持下,认真履行工作职责,围绕经济发展服务大局,维护侨界合法权益,较好地完成了年度工作目标和领导交办的各项任务。

【发挥海外资源优势,搭建经贸合作桥梁】 积极参与上级侨办的各类涉侨经贸活动,协助举办"2018华侨华人创新创业镇江洽谈会暨海外华侨华人高层次人才江苏行";协助举办"镇江日本跨境投资项目恳谈"会,组织企业参加项目对接洽谈。在上级侨办邀请海外侨团、侨领来镇考察洽谈时,整理项目信息,及时与科技局及商务等相关部门联系,同时邀请街道和部门参加洽谈活动,注重前期项目的对接和后期的跟踪服务,协助开展海外人才项目工作。通过以侨引侨、以侨引外,引导海外侨胞参与润州经济社会发展。

【借助海外媒体资源,拓展海外宣传渠道】 借助国、省侨办网站,向"海外联络点"和"海外重点专业社团"发布润州区引资创业环境、政策介绍和需求信息。配合区委、区政府招商引智活动,在海外知名华文媒体《欧洲时报》上刊登润州专版——《群玉润州见 望神州千年》,从侨务渠道向海外华人大力宣传,展示润州特色优势和投资环境,扩大国内外客商对润州的关注度,扩大润州国际影响力。

【发挥政府部门桥梁纽带作用,搭建企业家交流平台】 协调政府相关部门做好服务工作,借助市侨办和市华商企业家协会平台,为企业送政策送服务,组织企业参加培训讲座,市侨办邀请海外知名专家和专业机构为企业开展海外经济形势、现代经济管理、资金项目人才合作等方面的讲座和沙龙活动,提升企业管理,提高企业竞争力。

【组织企业互相交流,助推商企合作发展】 组织企业参加国侨办及各省各类涉侨人才经贸活动,组织企业家外出与天津、济南、武汉等地海协会及华商会交流。扩大合作交流,寻求资源共享,更好发挥侨务部门的作用为侨和为大局服务。2018年是华商会10周年换届,通过走访企业,宣传发动,做好新增会员企业工作,积极助推商企合作发展。

【搭建侨务联络渠道,积极涵养海外侨务资源】 加强与重点华侨华人联系。通过市侨办继续做好海外联络点维护建设。协助完成市侨办海外镇江籍知名人士宣传工作;注重新侨涵养,协助开展留学生关爱活动,组织留学生亲属参加活动。推荐润州籍海外知名人士参加"江苏世界侨商峰会""全球苏商大会"等活动。

【贯彻落实侨务政策法规,加强为侨公共服务体系建设】 指导已建成的三个全国“为侨服务示范单位”和江苏省“侨务工作示范单位”，开展为侨公共服务。协调有关部门和社会力量为归侨侨眷、华侨华人高层次人才就业创业提供政策支持、工作保障、居留便利，打造优质的政务服务环境，营造引得进、留得住、能发展的良好氛围。

【改善侨界民生，做好侨务扶贫救助】 深入推进“侨界关爱工程”，组织走访侨界重点人士和企业及海归创业人才。对老弱家庭开展走访、在节日时慰问、在生病时探望、在侨胞回乡时拜访。开展散居农村困难归侨生活补助核实工作，为困难归侨发放定补工作。对移居海外的重点人士，在传统节日借助微信联络联谊，对其国内亲友走访慰问。

【开展文化交流，增强侨务凝心聚力】 为提高侨眷精神生活质量，提升中国女性魅力，开展“与美同行、与侨相伴”活动，通过在社区购买服务为侨界群众开展烘焙、琴艺和花艺等培训。支持开展群众性文化传承交流活动，润州侨界越剧戏迷经常参加中外文化交流活动，每周都有活动，每个月都有演出，中秋和国庆佳节特别增加演出，不仅满足西津渡景区游客和居民精神文化需求，也让大家对中国的传统文化有了更多的了解，促进文化的交流和传承。

【指导基层“侨之家”活动阵地，开展融侨为侨服务】 指导条件具备的街道和社区在传统节日都为侨界群众组织开展各类活动。把社区建成对外宣传侨务的窗口，沟通交流的桥梁。为方便老年人侨眷和留学生亲友交流，万科社区开展手机电脑使用讲座，快速学习手机电脑的常用知识。“侨之家”活动室、侨眷戏曲室全年都为归侨侨眷开放。开展侨法宣传进社区，“侨界志愿者服务队”经常为群众开展各类服务。四圩社区在传统节日组织开展关爱健康，凝聚侨心的义诊和法律咨询活动，组织有专职律师为侨界群众答疑解惑。组织归侨侨眷和留学生亲友参加市侨办的活动中心——“华侨之家”的书法绘画和乐团等活动。

【加强侨务信息工作，搭建海内外信息交流平台】 充分利用中国侨网、中新网、江苏侨网等新闻媒体，围绕本区引智引资、创业投资环境、重大活动等内容，整理上报各类侨务信息和企业动态，积极向上级侨务部门投稿，反映侨情动态；向区领导、相关部门领导、重点人士和企业赠阅《华人时刊》杂志，在宣传侨务、工作交流等方面发挥了积极作用。

【加强侨务法治建设，深入宣传和贯彻执行侨法】 指导基层借助“法律咨询”等活动的契机开展《中华人民共和国归侨侨眷权益保护法》《江苏省实施〈中华人民共和国归侨侨眷权益保护法〉办法》《江苏省保护和促进华侨投资条例》等涉侨法律法规的宣传，对促进社会和谐稳定、提高法律维权意识、保障侨胞合法权益具有重要意义。为海外侨胞和归侨侨眷排忧解难办实事，维护侨界人士的合法权益，确保侨界和谐稳定。

【坚持涉侨依法行政，推进行政权力网上办事】 加强和改进涉侨行政服务工作，完成行政权力事项进行政中心工作，所有行政权力上e办事平台，推进涉侨决策、执行、服务和结果公开，自觉接受社会监督。坚持以侨界群众需求为导向，办事依法依规、服务便民利民、信息公开透明。落实好各项侨务政策，做好归侨学生、归侨子女和华侨在国内子女考生认定，归侨、侨眷身份认定和华侨回国定居受理。规范身份认定工作，推进涉侨服务和结果公开。以“最多跑一次”改革为重要切入点和突破口，让广大人民群众真切感受满意感和获得感。（周　红）

政协润州区委员会

栏目编校：马雪松

政协润州区第六届委员会主席、副主席、秘书长工作分工

蔡文龙：主持区政协全面工作，分管办公室；

高亚明：分管社事委（教育、卫生、文化、体育、社会保障、港澳台侨、民族宗教、外事、城乡建设、人口资源环境、政法、安全生产、工会、共青团、妇联等）；

蔡　飞：协助分管经科委、社事委；

季　莉：分管经科委（经济科技、农业和农村工作）；

倪南成：分管提案委，负责民主监督和社情民意工作；

张春平：分管学习和文史委、理论研究会，联系各民主党派、工商联和各界人士；

王寿从：负责区政协日常工作的协调安排，协助主席分管办公室。

政协润州区第六届委员会常务委员会

主　席：蔡文龙

副主席：高亚明　蔡　飞　季　莉　倪南成　张春平

秘书长：王寿从

常务委员（按姓氏笔画排序）：

王兴堂　邓　燕　朱　莉　朱顺云　仲　庆　刘　旭　刘永飞　刘向华　杨东明
步建坤　肖尚平　吴　忠　吴爱平　邹　明　张　蕾　陆庆宏　陈　星　范　衡
宦玉兔　唐顺明　曹　琳

综　述

【概况】 2018年是全面贯彻落实中共十九大精神的开局之年，也是润州全面发展城市经济的奠基之年。区政协以新时代中国特色社会主义思想为指引，在中共润州区委的坚强领导下，坚持团结和民主两大主题，充分发挥社会主义协商民主重要渠道和专门协商机构作用，认真履行政治协商、民主监督、参政议政三大职能，为润州高质量发展贡献智慧和力量。

【把握政治方向，突出思想引领，在弘扬主旋律中增进共识】 始终坚持党的领导。中国共产党领导是人民政协事业蓬勃发展的根本保证。只有坚持党的领导，提高政治站位，增强政治定力，强化政治引领，人民政协事业才能保持旺盛的生命力。2018年,区政协深入学习贯彻习近平新时代中国特色社会主义思想，树牢“四个意识”,坚定“四个自信”,坚决做到“两个维护”，切实同以习近平同志为核心的党中央保持高度一致。区政协党组坚持在中共润州区委的领导下谋划和推进工作，做到党委有部署、政协有落实,党委有要求、政协有响应,党委有指示、政协有行动,始终与党委工作同频共振。严格执行重大问题请示报告制度,重要工作、重大事项及时向区委请示汇报、重点议题充分沟通，确保政协各项工作在党的绝对领导下进行。充分发挥党组作用。充分发挥区政协党组把方向、管大局、保落实的重要作用,做到重大问题及时研究、重要事项及时沟通。认真开好民主生活会，把开展批评和自我批评作为提高领导班子发现和解决自身问题能力的有力武器，实现政协领导班子的团结统一。认真落实党风廉政建设主体责任，支持区纪委派驻纪检组监督执纪问责，主动接受“政治体检”,主动配合开展好谈心谈话、案件调查、警示教育等工作,把党要管党、从严治党的各项要求落到实处。组织党员赴淮安周恩来纪念馆开展党性教育，并在委员履职培训中增加红色教育环节，以生动的现场教学升华委员履职责任感。不断加强理论学习。采取集中辅导、召开专题讨论会、讲党课等多种形式，帮助委员将中共十九大精神真正学懂弄通做实。开展区政协系统学习习近平总书记关于加强和改进人民政协工作的重要思想理论研讨活动,以理论大学习、思想大武装,促进政协工作提质增效。通过主席会、常委会、党组扩大会、办公会、界别专题学习等形式,强化对新修订的《中华人民共和国宪法》《中国共产党章程》《中国人民政治协商会议章程》等法律规章、新时代中国特色社会主义理论体系和习近平总书记系列重要讲话精神的学习，使党的思想主张转化为广大政协委员、政协干部、参加人民政协各党派团体和各族各界人士的思想共识和行动自觉。

【聚焦转型升级，积极资政建言，在推动新发展中主动担当】 凝心聚力献计城市经济。围绕中心、服务大局,把实现“六个高质量”奋斗目标、助推润州城市经济大发展大繁荣作为履职主线，为全区改革发展建诤言、献良策。紧扣区委城市经济大发展的战略决策,成立专题调研小组,深入了解全区金融产业发展现状，在广泛调研的基础上,形成《关于加快推进润州金融产业集聚区建设的建议案》，供区委区政府决策参考。主席会议持续关注润州区“创新创业平台建设”，开展专题视察，从汇聚创新力量、推进载体建设、强化政策扶持、探索服务体系等多个方面提出对策。委员们基于“互联网+”的时代背景,从业态调整、品牌更新、错位竞争等角度，积极探索润州区传统商贸业转型升级之路,提出加强顶层设计、打造特色街区、推动商贸业态模式创新等建议。开展“企业走访月”活动,主席、副主席带队,深入辖区内26家企业走访，召开企业家座谈会，建工建设集团、颐高科技创业园等9家单位的政协委员围绕加快产业发展、推进产业转型升级、优化资源配置、破解融资难题等提出意见和建议，经梳理归纳后向相关部门反映，以精准服务助力企业发展。交流研讨激发思想活力。从政协党组、机关干部、政协委员三个层面开展“解放思想大讨论活动”,深刻剖析自身在政治定力、工作思路和能力素养等方面存在的不足,与时俱进。区政协六届六次常委会议专题听取常委会组成人员对润州区进一步解放思想的意见建议，从思想理念、精神状态、发展路径等方面为实现跨越发展把脉开方，向区委提出5个方面17条建议。区政协六届二次理论研讨活动以“助推润州城市经济发展”为主题,聚焦构建产业发展新格局、集聚区域发展新动能等热点问题，委员们提交论文33篇,经评审,11篇论文分获一、二、三等奖,研讨成果展示了政协委员在履职实践基础上所进行的深入思考和理论探索。提案督办助推问题解决。重新修订《镇江市润州区提案工作条例》,对审查立案、提案督办和表彰等进行补充、修改和完善。倾力开展“提案督办,协商办理”活动,促进“提、办、督”各环节良性互动。高度重视“关于发展润州城市经济的建议”“关于加快发展特色化养老产业的建议”等8件重点提案的办理，对办理情况集中进行评议，先后召开答复会8场。示范引领推动提案办理落地见效,“关于秋冬季加强幼儿园及中小学消毒隔离的建议”“关于外卖派送人员交通管理规范的建议”“关于对全区喷泉、泳池漏电保护装置等进行安全检查和检修的建议”等提案,均有落实措施、有具体数据、有完成时限。区政协六届二次全体会议期间经审查立案、交区政府办理的109件提案已全部按期办理完毕，办复率100%，满意或基本满意率100%。

民主监督提升服务水平。根据区委《关于加强和改进区政协民主监督工作的实施意见》,2018年,区政协先后对区民政局、区卫计委“履职尽责,勤政为民”情况开展民主评议，推荐8名政协委员担任两家单位的特约监督员，促进被监督单位发现问题、改进作风、推动工作。积极响应市政协“民主监督‘263’,政协委员在行动”主题活动，向全区政协委员发出“开展民主监督，共建绿色家园”倡议书,8个政协基层联络委对接市政协8个监督视察小组，对村庄环境整治、河道整治、生活环境整治等15个项目进行跟踪督查推进，以扎实举措助推环境质量提升。区政协六届十八次主席会议还组织委员视察了东亚碳素新脱硫设施运行、韦岗街道复绿复垦、运粮河新河桥国控断面及水质监测等现场，在区域污染防治中发挥政协力量，共建“山青水绿”的优良生态环境。

【情系民生实事，助力幸福润州，在践行新理念中恪尽职守】 坚持履职为民，树牢群众观点，始终把人民群众对美好生活的向往作为履职尽责的出发点和落脚点，努力为增进民生福祉发声出力。调研视察关注民生热点。关注食品药品安全领域突出问题，主席会议专题推进食品药品市场监督工作，实地查看市第二人民医院、西津渡餐饮安全示范区、区市场监管局食品检测中心，了解重点区域食品药品监督运行情况，提出推进食品药品监管体制改革、加快食品药品监管体系建设、构建新型社会共治格局等建议。关怀老城区改造工作，主席会议视察三茅宫老旧小区改造、民主街棚户区改造、小街片区危房解危项目现场，共商加快老城区改造对策，区政协领导挂钩山巷、太平圩、何家湾等12个项目，为老城区居民居住条件和生活环境的整体提升献计、出力。关心支持教育事业发展，专题视察润州区教育布局规划调整实施情况，推动区域教育资源均衡配置。扶贫助困体现政协温度。开展“精准扶贫”走访帮扶活动，机关党员干部与银山门社区2户贫困家庭结对，力所能及地帮助解决就业、看病、住房困难等方面的具体问题。机关党员干部多方筹措爱心款3万余元帮助重病老干部。委员们积极参与公益慈善活动，全年以多种形式向困难群体累计捐赠款物154万元。关心老年群体养老医疗问题，把推进“医养融合”发展列为年度重要活动课题，深入了解迎江路社区康乃馨日间照料服务中心、镇江九久养老中心运营情况，将委员们提出的建议转化为社情民意信息向区委、区政府报送。文史诗教砥砺文化传承。注重文史资料的收集整理，区政协文史委联合区教育局、区文体局共同出版了《润州非遗——璀璨多姿的文化印记》，为非遗文化传承留下宝贵资料。对伯先路和大龙王巷历史文化街区保护现状进行深入调研，形成了《关于加强润州区城市历史文化街区保护和利用的建议案》，提出强化文化主题博物馆、文化创意街区建设，建立科学有效保障体系、加大对外宣传展示力度等建议，以文化保护开发助推城市经济发展。主席会议还专题视察了润州区农耕文化传承工作，就保护、传播太平花灯、秀山号子、采茶舞等具有地方特色的民风民俗提出意见和建议。诗教工作常态化纵深推进，诗教活动丰富多彩，诗词创作量质并举，2018年，全区各级诗词组织共创作诗词2000余首，其中302首在国家级诗刊发表，又有10家单位荣获“江苏省诗教先进单位”称号，宝塔路街道“梅和清诗词工作室”已成为全市的诗教品牌。

【加强团结协作，激发履职活力，在实现新作为中展示风采】 牢牢把握大团结大联合主题，发挥政协联系广泛的优势，寻求最大公约数，画出最大同心圆，以新气象推进政协事业创新发展。委员履职能力有新提升。强化学习培训，以“重走革命圣地，践行发展理念”为主题，在湖南大学分两期举办综合素能提升培训班，将人民政协理论及业务知识学习、国际关系热点问题探讨、参观红色教育基地有机结合，受到委员们的一致好评。突出管理考核，开展委员述职和评优活动，有效发挥委员履职考评“指挥棒”作用，进一步提高委员政治把握、调查研究、联系群众和合作共事的能力。打造网络平台，初步实现提案网上递交、履职信息动态管理，发挥区政协官网、《润州政协》刊物和微信公众号等自主媒体作用，及时反映区政协工作动态，方便委员浏览全国、省、市政协重要新闻，网络和媒体助力委员“懂政协、会协商、善议政”。界别、联络委管理有新举措。优化政协主席副主席、各专委会对口联系界别活动组、政协基层联络委机制，充分发挥联系人组织、联络、协调的职能，加大对界别活动组、政协基层联络委的管理和考核，实现区政协领导机关、各界别活动组、政协基层联络委互联互通，及时了解工作进展情况，研究部署下阶段工作。区政协主席班子重视下基层调查研究，实地察看重点工作推进情况及基层联络委平台作用发挥情况，认真听取对区政协工作的意见建议。各界别组立足界别特色开展活动，各基层联络委根据政协工作要求并结合实际服务地方经济社会发展。合作交流联谊有新进展。深化同各民主党派、工商联、无党派人士的联系与合作，主动邀请他们考察润州经济社会发展情况，列席政协会议，为润州发展奉献真知灼见，为地方稳定发挥桥梁纽带作用。加强与全国各地各级政协的联谊互动，先后接待广西、江西、陕西、河南等地政协组织来润州区考察指导13批次，组织专题调研小组赴先进地区学习考察3批次，在“你来我往”中实现信息互通，经验共享。机关队伍建设有新面貌。认真贯彻市委全市政协工作会议精神，按照“政治过硬、服务过硬、作风过硬、本领过硬”的要求，加强政协机关建设。落实“两学一做”“三严三实”常态化要求，建立机关学习制度、工作例会制度，严格办文办会、财务管理、请销假制度。着力增强机关人员服务意识，建立健全政协领导联系常委、政协专委会服务委员机制，不断提高机关服务质量和水平。持续抓好机关作风建设，严格执行党风廉政建设各项规定，教育和引导机关党员干部做到勤政务实、清正廉洁。

【政协六届二次全体会议】 2018年1月2日至4日，中国人民政治协商会议镇江市润州区第六届委员会第二次全体会议在镇江市碧榆园会议中心举行。会议听取并讨论中共润州区委书记高国成所作的题为《迈入新时代，争创新作为，凝心聚力加快发展城市经济》的报告；听取并审议了区政协第六届委员会常务委员会工作报告和提案工作情况报告；列席区人大九届二次会议，听取并讨论《政府工作报告》及其他相关报告；集中学习中共十九大报告。会议按期完成既定的各项议程，取得圆满成功。

（区政协办）

重要建议

【关于加强润州区城市历史文化街区保护和利用的建议】 润州是镇江城市历史文化资源的集中地，更是镇江历史文化名城的“文脉”所在。保护和利用好这些独具特色的城市历史文化资源，对于润州繁荣文化事业、做强文化产业、提升城市软实力，具有重要和深远的意义。为此特提出如下建议：1. 强化文化主题博物馆建设。历史街区作为城市重要的历史文化资源，是当地居民和旅游者感受城市历史文化的重要场所。建议以镇江市博物馆为龙头，利用现有的历史文化资源，充分挖掘和整理历史文化信息，建设文化主题博物馆群。2. 强化文化创意街区建设。建设京畿路传统手工艺一条街，凸显“民俗”文化；建设伯先路文化创意一条街，凸显“商旅”文化；引进专业的文化创意团队，进行带有民国风情的文化旅游产品的开发、制作、展示和销售；建设小街民俗一条街，凸显“民居”文化。3. 强化历史文化街区保护和利用的保障体系建设。建立高效运作的协调机制，吸纳各方力量参与保护和利用工作，形成党委政府主导、部门分工协作、市场化运作和全社会广泛参与的工作格局；加大对外展示宣传的推介力度。加强阵地展示宣传，广泛开展乡土历史教育，演绎街巷印象，充分利用国家、省、市等媒体平台，制作宣传资料和宣传片，加强对外宣传和扩大对外交流。

【关于加快推进润州金融产业集聚区建设的建议】 润州作为镇江市主城区，具有承接镇江金融中心功能的得天独厚的区位优势。为落实全区城市经济发展战略，转变经济发展方式，推进全省新一轮服务业综合改革试点工作，区政协重点就全区金融产业的集聚发展，开展了专题调研，提出了加快推进润州金融产业集聚区建设的有关建议。1. 集聚金融要素，加快推进各类载体建设。发挥好中心的集群效应，推进相关金融机构的招引和入驻工作；提升金融机构区域集聚度，做大做强檀山路、火车站北广场两个金融机构集聚区域；培育新的区域金融集聚点，推进各类金融服务平台建设。2. 强化务实创新，优化金融产业集聚发展环境。创新政策扶持，学习借鉴全市及国内其他省市金融业发展的成功经验；创新工作模式，加速推进金融集聚区在载体形态、机构组织、资本等方面的集聚、融合；加强监管严防金融风险，对发现入驻金融机构涉及非法集资等违法经营行为的，及时作出处置。3. 整合优势力量，形成“招金引资”合力。围绕金融集聚区重点发展领域有针对性地开展招商引资工作，争取最大限度吸引区内金融、类金融机构进一步实现集聚；坚持招商层级兼容并蓄，依托现有载体关注引入中小型外资银行和国内各城市银行等特色金融机构。4. 强化机制保障，建立健全统筹协调机制、会商机制、人才引培和激励机制、区域风险的预研预判预警和处置化解联动机制。

【关于发展润州城市经济的建议】 2017年以来，区划调整后的润州作为全市核心城区的战略地位优势愈发明显，全市行政、经济和旅游中心的地位更加突出。润州区以行政管辖范围调整为机遇，迅速确立繁荣发展城市经济的战略方向，聚焦聚力主城区建设与发展。因此，在转变发展方式和城市化快速推进的背景下发展城市经济已成为润州扩增量、提实力、转方式的必然选择。故提出以下建议：1. 以规划为引领，构筑发展框架，充分发挥城市主城区的高端要素集聚优势和旧城改造的空间资源优势。2. 以创新为动力，培育特色优势，积极探索和培育楼宇经济、低碳产业，走出润州城市经济发展新路子。3. 以招商为龙头，夯实产业基础，引进一批效益好、带动性强的大项目好项目，借力市级投资平台优势，推动大众创业、万众创新。4. 以人才为核心，着力集聚人气，出台有针对性的政策举措，敞开大门，广招人才、营造氛围、聚集人气。5. 以环境为关键，提升服务水平，为创业创新主体提供优质高效的服务，营造宽松和谐的从商环境。

【关于加快发展特色化养老产业的建议】 中国在1999年就进入老龄社会，润州作为主城区，人口密集、交通便利、环境优美，应优先发展养老产业，做出品位和特色，满足人民日益增长的物质文化生活需求。因此提出以下建议：1. 加强规划引领，突出重点区域开发和基础性工作，分步实施，稳步推进。2. 坚持政府主导与行业自律相结合，发挥好养生协会等社团组织的纽带作用，积极引导养生养老行业健康发展。3. 引进先进管理理念，结合苏南片区收入和消费水准，建立现代品质化养老服务体系。4. 制定服务标准进行分级管理，定期进行考核验收，对不符合标准的坚决降级或退出养老市场。5. 加强宣传引导，改变传统思维模式，推行社会化养老。（区政协办）

区政协2018年重要活动一览表

表9

时间	活动内容
3月9日	举行企业家座谈会，倾听企业发展需求，精准服务、集聚群智，助推润州城市经济实现高质量发展
3–4月	为深入贯彻落实全区作风效能建设大会精神，巩固“走村进企入户”大走访活动成果，区政协组织开展企业“集中走访月”活动，走访辖区企业16家
4月17日	以“重走革命圣地，践行发展理念”为主题，在湖南大学举办第一期政协委员素能提升培训班
5月4日	召开基层政协联络委、界别组工作会议
5月22日	组织政协委员深入辖区重点项目现场，实地调研重点项目的建设运营情况
6月7日	在和平路街道文体广场举行《润州非遗》新书首发式暨部分非遗项目展示活动
6月7日	区政协副主席、区诗词协会会长高亚明带领考察团赴河南辉县市、山西原平市、永济市三地交流学习诗教工作常态化、特色化、长效化发展经验
6月21日	区政协党组召开“解放思想大讨论”学习扩大会议，全面部署并启动区政协解放思想大讨论和学习研讨活动
6月26日	区政协副主席季莉带领调研组赴哈尔滨工业大学、哈尔滨创新金融产业园进行专题调研
6月26–27日	区政协领导班子赴南山街道、宝塔街道、金山街道开展调研，听取街道各项工作开展情况及政协联络委工作开展情况
7月5日	学习和文史委员会赴福州市上下杭、三坊七巷等历史文化街区进行学习考察
7月12日	区政协党支部全体党员及机关干部赴淮安周恩来纪念馆开展党性教育活动
8月16日	召开全区政协系统学习习近平总书记关于加强和改进人民政协工作的重要思想理论研讨会

续表 9

时间	活动内容
8月17日	考察新一轮教育布局规划调整实施情况
9月6–7日	区政协领导班子赴和平路街道、七里甸街道开展调研，听取街道各项工作开展情况及政协联络委工作开展情况
9月28日	开展“履职尽责，勤政为民”民主评议区卫计委活动
10月18日	召开全区政协工作会议，并传达省、市政协关于加强政协系统反映社情民意信息工作座谈会精神
10月26日	开展“履职尽责，勤政为民”民主评议区民政局活动
10月30日	举行“江苏省诗教先进单位”授牌大会
11月20日	举办第二期“重走革命圣地，践行发展理念”政协委员素能提升培训班
12月12日	考察“医养融合”发展模式推进情况
12月12日	开展以“城市经济发展的实践与思考”为主题的理论研讨活动

区政协 2018 年常委会会议情况一览表

表 10

时　间	名　称	议　题
2月7日	区政协六届五次常委会议	会议审议通过了《润州区政协2018年工作意见（讨论稿）》《政协镇江市润州区提案工作条例(2018年修订)(讨论稿)》
7月27日	区政协六届六次常委会议	按照区委解放思想大讨论活动的统一部署，听取区政协常委对润州区进一步解放思想的意见建议
9月27日	区政协六届七次常委会议	传达学全省政协系统加强新时代党的建设工作座谈会精神；审议通过《关于加快推进润州金融产业集聚区建设的建议案(讨论稿)》
12月26日	区政协六届八次常委会议	审议通过了区六届政协常委会工作报告、区六届政协常委会关于提案工作情况报告，以及关于召开区政协六届三次全体会议的其他有关事项。会议还审议通过了《关于表彰2017–2018年度“优秀政协委员”“先进界别小组”的决定》《关于表彰2017–2018年度优秀提案和提案承办先进单位的决定》《关于加强润州区历史文化资源保护和利用的建议案(讨论稿)》

区政协2018年主席会会议情况一览表

表11

时 间	名 称	议 题
2月6日	区政协六届十二次主席会议	会议讨论《润州区政协2018年工作意见(征求意见稿)》《政协镇江市润州区提案工作条例(2018年修订)(征求意见稿)》《关于加强和改进区政协民主监督工作的实施意见(征求意见稿)》,讨论区政协六届二次全体会议提案立案及确定及重点提案工作
3月12日	区政协六届十三次主席会议	视察推进全区诗教内涵提升工作。视察南徐小学、七里甸街道五里社区橄榄绿诗社的诗教工作
4月26日	区政协六届十四次主席会议	视察推进润州区传统商贸业转型升级工作。视察万科倍全社区中心店、西津渡三怪体验馆、镇江西津渡文化旅游有限公司书香府邸分公司3家辖区内社区商业、文化旅游产业中转型升级的典型代表,听取区商务局相关工作汇报,并进行评议
5月21日	区政协六届十五次主席会议	视察推进老城区改造工作。在实地视察三茅宫二区三区老旧小区改造、民主街棚户区改造、小街片区危房解危三个项目的改造现场后,围绕完善相关政策、细化改造方案、健全长效管理机制、注重文物保护等提出意见建议
6月14日	区政协六届十六次主席会议	视察推进食品药品市场监督工作,并进行评议,会上还讨论《关于加强历史文化街区保护的建议案》
7月26日	区政协六届十七次主席会议	听取区政府关于上半年经济工作情况的通报,并进行评议。副区长胡如明代表区政府通报全区上半年经济工作情况
9月13日	区政协六届十八次主席会议	邀请部分驻区市政协委员共同参与视察推进"263"专项整治工作。视察东亚碳素新脱硫设施运行情况、韦岗街道复绿复垦情况、运粮河新河桥国控断面以及新河桥水质监测等润州区"263专项行动"推进落实的实际成果
9月20日	区政协六届十九次主席会议	视察全区农耕文化传承保护工作。区文体局汇报全区"农耕文化"的保护传承情况,官塘桥街道就农耕文化保护传承方面的经验做法进行发言
11月7日	区政协六届二十次主席会议	听取区政府对区政协六届二次全体会议提案办理情况的通报,并进行评议
11月29日	区政协六届二十一次主席会议	视察推进润州区科技创新创业平台建设。视察远洋29号产业楼和联想之星星云加速器两个创新创业平台,与平台负责人、创业者进行交流,详细了解运营模式、建设情况、发展趋势及相关政策支持情况
12月25日	区政协六届二十二次主席会议	讨论召开区政协六届三次全体会议的有关事项

(区政协办)

润州区纪委常委、委员名单
润州区监委委员名单

（2018 年 12 月）

纪委常委：

杨　坚	周向群	孙建民	孙建军	李志鹰（女）	

纪委委员：

杨　坚	周向群	孙建民	孙建军	李志鹰（女）	倪南成
马　力	王志祥	史润忠	石光亚	易仁东	夏　兵
赵　莹（女）	金威威				

监委委员：

杨　坚	周向群	孙建民	马少俊	孙建军	

综　　述

【概况】 2018年，全区各级纪检监察组织在上级纪委和区委的领导下，学习贯彻中共十九大精神和习近平新时代中国特色社会主义思想，围绕全区工作大局，聚焦主责主业，持续深化“三转”（转职能、转方式、转作风），推进正风反腐，维护政治生态，全区党风廉政建设和反腐败工作取得新成效。

落实“两个责任”。区纪委监委协助区委制定2018年度“两个责任”清单和考核细则，推动“两个责任”逐级向下延伸，党风廉政建设目标任务层层分解细化、层层压紧压实，实现区、街道、村居三级全覆盖。督促各单位严格落实“双报告”制度，协助开展年度责任制检查考核。制定履责记实考核办法，加强平台记实管理和动态监测，及时提醒预警，推动形成集体履责、人人尽责局面。强化问责反向约束，全年共对管党治党主体责任缺失、监督责任缺位等4起1人和4个党组织实施党内问责，通报曝光典型案例3批4单位1人。

推动作风建设。2018年，区纪委监委健全完善作风建设“三查一监督”工作机制，建立作风建设职能部门联席会议、问题定期分析研判、基层交叉互查等制度，规范“政风行风热线”问责事项办理工作机制，协助区委开展形式主义、官僚主义集中整治，推动作风建设抓在日常、严在经常。全年共查处违反中央八项规定精神问题9起,给予党纪政务处分13人,通报曝光7批7起。同时,严把党风廉政意见回复关,全年共回复党风廉政意见524人次,对12人提出不宜评先评优建议。强化党风廉政宣传教育,推进廉政文化建设示范点和廉政教育示范基地建设,全年省、市纪委信息分别录用71篇、73篇,市级以上新闻媒体报道78篇。

纪检监察自身建设。2018年,区纪委监委开展“解放思想大讨论”活动和“打铁必须自身硬”2.0版专项行动,实施“固本守心、阳光纪监、强军利刃、严规强责、增智树形”五项工程。精心组织机关党建和工会活动,开展演讲比赛、青年干部座谈等系列活动,促进思想交流、人员融合。举办赴福建古田党性教育专题培训班,开展纪检监察业务“大学习、大练兵、大提升”活动,全面强化政治培训和业务培训。主动接受市纪委和区委的领导和监督,定期汇报工作,依法接受人大监督;精准查防廉政风险点,加大执纪执法信息公开力度,健全完善权力运行内控机制;组织聘请16名特约监察员,自觉接受社会和群众监督。

【纪检监察体制改革】 2018年,润州区完成区监察委员会组建挂牌工作,实现对全区所有行使公权力公职人员监察全覆盖。建立“纪委监委双机关集聚、派驻巡察双机构集成、街道村居双层级集合”的“三双三集”监督格局。探索监察职能向基层延伸,组建两个派出监察员办公室,分片负责街道及所辖村社区监察工作。成立区属国有公司(场圃)综合纪检组,补齐区属国有企业党内监督短板。加强制度建设,严格执行监督执纪、监察工作两个“1+N”制度,落实纪检、监察、派驻机构三大文书要求,出台规范性制度文件23个。同时,构建党风室统筹协调、3个监督检查室具体开展、巡察和派驻机构分维度延伸的“1+3+2”监督体系,提升监督“专业化、规范化、嵌入式、全覆盖”水平。

【巡察工作】 2018年,润州区修订完善巡察工作5年规划,制定出台巡察工作流程图、巡察工作标准化操作手册等规范性制度文件16个。全面实施村、社区巡察,探索开展巡察专项检查,组织省区联动巡察。推动建立政治生态“递进式画像”综合监测评估机制,探索实施构图造像、润色具像、调整成像“三步成像法”,对被巡察单位政治生态进行综合分析研判。同时,做好巡察“后半篇文章”,开展监督检查,压实整改责任。全年共开展3轮常规巡察和1轮省区联动巡察,涉及27家区级单位、11个村、社区和2个基层站所。全年共查找出“三大问题”254个,执行“六项纪律”方面问题54个,移交问题线索33条,问责党员干部9人。

【监督执纪“四种形态”】 2018年,润州区纪委监委发挥新体制的治理效能,健全反腐败协调小组工作机制,推进纪检监察业务平台建设和应用,建立健全审查调查工作系列制度规范,提升问题线索处置质量,筑牢查办案件安全底板,切实加大查处力度。全年共收接信访举报210件次,同比增长147%,处置问题线索140件,谈话函询41件次,立案50件,同比增长19%,留置5件5人,给予党纪政务处分42人,其中乡科级干部7人,一般干部9人,村社区、企业等其他人员26人,移送司法机关3人。坚持惩前毖后、治病救人,共运用监督执纪“四种形态”处理146人次,其中,第一种形态102人次,占“四种形态”处理总人次的69.9%;第二种形态35人次,占24%;第三种形态5人次,占3.4%;第四种形态4人次,占2.7%。

【专项治理工作】 2018年,润州区纪委监委严明“三大攻坚战”纪律保障,重点围绕环保督察、“263”专项行动、精准帮扶等强化监督检查,开展为长江经济带(润州段)“共抓大保护、不搞大开发”提供纪律保障专项调研督查。全年共对环境保护、作风效能等方面履职不力等问题实施工作问责18起19人。推进扫黑除恶专项斗争,与政法机关建立线索双向移送制度,推动扫黑除恶与查处涉黑涉恶腐败同频共振。督促推进“三治理一挂牌”专项行动,加大“三大平台”监管力度,督促农村集体产权股份制改革、村账街管等工作。同时,开展作风建设自查自纠、教育领域突出问题、人防系统腐败问题等专项治理。全年共查处群众身边腐败和作风问题13起,给予党纪政务处分17人,通报曝光2批3人。

【“贴牌信访”问题破解】 “贴牌”信访主要是指信访人为了获取自身利益的最大化,有时会以政府部门“不作为”、工作人员作风问题等为由,甚至直接贴上“干部腐败”的标签等“贴牌”举报,捆绑纪检监察机关介入其利益诉求。2018年,针对信访举报呈现出的新情况、新问题,润州区纪委监委把握职能定位,以“数字准、情况明、责任清、作风实”破解“贴牌信访”。一是加强宣传,主动引导。针对深化国家监察体制改革后,纪检监察机关信访举报受理范围扩大的形势,及时通过报纸、电视台、网站、微信等平台,向社会广泛宣传纪检监察信访举报部门的受理范围、职责权限、办理程序、举报人权利义务和举报方式等,并依托街道、社区进行深入村居大力向群众进行宣传,引导群众由“盲目举报”向“精准举报”转变。二是厘清职责,精准处置。健全接访工作机制,经信访室、分管常委、分管副书记“三级”甄别研判，对不属于纪检监察机关受理范围的信访事项，明确不予受理，并做好解释说明工作，引导信访人向相关职能部门反映或通过行政复议、仲裁、诉讼等法定渠道解决。对业务范围内外交织的信访举报件，重点处理好违纪问题，对业务范围外问题，及时移交有关部门。三是转变作风，精准办结。严格信访件处理程序和标准、落实工作责任，做好信访举报问题交办督办、转办督查等工作，推动业务范围内信访举报问题快查快结。对业务范围外信访件，移交至相关承办单位后，及时跟进调查进度，并对调查结果进行审核，确保问题处理到位。

【涉农“微腐败”治理】 2018年，区纪委监委多措并举开展涉农“微腐败”治理，着力推进村级监督、亮剑行动、廉洁治理，切实保障农民群众利益。一是三位一体强化村级监督。统筹安排区、街道、村三级纪检监察力量，织密织牢农村纪检监察监督网。加强基层纪检监察组织建设，全区7个街道、59 个村社区纪检监察组织和干部实现全覆盖。加强区纪委监委机关对街道纪检监察工作的支持，整合街道纪工委、村居纪检监察组织人员力量，通过提级、协同办理，搭建联动协作平台，解决基层行政编制人员少、办案难等问题。推动巡察工作向基层延伸，实现对街道党组织巡察全覆盖，进一步拓宽对村居党组织巡察覆盖面，做到巡察下沉一级、整改上提一级。推动监察工作向街道延伸试点工作，采用“一办两片”机制，成立一个派出监察员办公室，7个街道分南北两片开展工作，对街道纪工委履行监察职能适当授权，增强监督合力。二是亮剑行动狠抓蝇贪惩治。坚持问题导向，对问题线索大起底、大清理、大排查，加大惩治力度。深化“三治理一挂牌”专项行动，整合信访举报、巡察、审计等扶贫领域问题线索，针对群众反映的突出问题，继续实施多轮次、滚动式挂牌督办。大力开展“微腐败零容忍”亮剑行动，加大对吃拿卡要、贪污挪用、虚报冒领、截留私分、优亲厚友等侵害群众利益问题的查纠力度，严肃查处民生资金、“三资”管理、征地拆迁、工程建设等领域的突出问题。对向涉农资金财物“动奶酪”的严惩不贷，联合区审计局、区农委等相关部门对村社区和社区卫生服务中心财务进行抽查抽审，共查处群众身边的不正之风和腐败问题4个，给予党纪政务处分8人。对失职失责的街道党工委和纪工委“双问责”，典型案例通报曝光，同时倒查监管责任，对相关职能部门严格实施责任追究。三是廉洁治理狠抓制度补漏。立足“制度补漏、源头防范”，着力开展农村“三资”、征地拆迁等领域廉洁专项治理。结合监督检查深入调研，组织全区各级纪检监察干部开展“走村进企入户”大走访活动，共走访群众和企业400余户，收集各方面意见建议180余个。强化村务财务阳光监管，全区6个涉农街道全部进入农村产权交易市场，18个涉农社区全面完成清产核资。围绕农村集体“三重一大”决策、资产管理、资源配置、财务收支等重要权力节点，梳理完善涉农项目资金管理、农村产权交易、农村集体“三资”管理等各项制度，严格执行村级集体资金街道财政所管理制度，拓宽监督渠道，堵塞制度“漏洞”。

【纪检监察“深耕”行动】 2018年，润州区纪委监委围绕主责再聚焦、主业再突出、力量再回归，开展“深耕”行动，对“三转”进行回头看、再落实。一是围绕党章和宪法赋予的职责，进一步转职能。全面完成议事协调机构清理，严把入口关坚决杜绝专责不专“回头转”。对基层纪(工)委书记分工进行检查，确保街道纪工委书记专职专责，不分管(负责)纪检监察之外的工作或兼任纪检监察之外的其他职务。同时，聚焦主责主业，恪守权责边界，坚决克服职能泛化、职责发散等问题，确保专责机关精准履职。二是围绕集中统一、权威高效的目标，进一步转方式。坚持将纪律和监督挺在前面，切实转变以查办大案要案论英雄的政绩观，重点强化监督这个首要职责，突出抓早抓小、惩前毖后，创新监督理念思路和方式方法，进一步丰富监督举措，拓展监督功能，实现从盯住关键少数转为管住绝大多数。将监督执纪“四种形态”基本原理融入监察工作，完善线索管理、初步核实、立案调查、审理处置、制约机制等方面的工作流程规定，扎实推动监察工作规范高效运行。三是围绕政治过硬、本领高强的要求，进一步转作风。制定《区纪委区监委领导班子改进工作作风的具体措施》，大力倡导实事求是之风、艰苦奋斗之风、调查研究之风。同时，全力推进纪检监察干部队伍政治素质、专业化建设，着力提高专业精神和专业能力，主动接受党组织的领导和社会各界的监督。

2018 年查办案件统计表

表 12

项目	立案数(件)	上年遗留案件数(件)	本年遗留案件数(件)	错误性质(件)							立案人数(人)	处分结果(件)												处分人数(人)	刑事处理人数(人)	结案数(件)	挽回济损失(万元)
												党纪处分					政纪处分						其他				
				违反政治纪律	违反组织纪律	违反廉洁纪律	违反群众纪律	违反工作纪律	违反生活纪律	违反国家法律法规规定		警告	严重警告	撤销党内职务	留党察看	开除党籍	警告	记过	记大过	降级	撤职	开除	免于党纪处分				
	51	4	3	3	1	14	1	5	0	36	51	25	7	0	1	6	2	2	–	–	–	1	3	42	1	45	447.44

（区纪委）

云水之间　　（陈　岗　摄）

民革润州支部

【**概况**】 民革润州支部成立于2004年11月，截至2018年年末，共有党员30人，主委曹琳。党员中有市人大代表1人，市政协委员1人，区政协常委1人，区政协委员4人，区人大代表1人，主要分布在润州地域内行政机关、教育、医疗等行业。

【**民革参政议政**】 针对小微餐饮经营单位的管理和食品安全问题，民革润州支部经过为时一年的调研和总结，在2018年初的区政协全体会议上，提出“镇江市小型微型食品经营单位状况及管理对策”集体议案，获润州区政协优秀提案。

【**小话剧《中山装·1915》在南京人民大会堂演出**】 2018年6月26日，“不忘合作初心，继续携手前进——纪念民革成立70周年暨民革江苏省级地方组织成立60周年文艺汇演”在南京人民大会堂演出，民革润州支部编演的小话剧《中山装·1915》参演，支部20多名党员以情景再现的方式，展示孙中山先生爱国、革命、进步的精神和追求。

【**民革思想组织建设和社会服务**】 2018年，民革润州支部在民革党员中开展“五一口号”70周年和改革开放40周年征文活动，组织民革党员学习习近平新时代中国特色社会主义思想，并参加相关知识竞赛活动。组织党员赴苏州诚品书店、环古城步行道考察；组织党员到冷遹故居参观，实地缅怀先辈实业救国的革命情怀。

2018年，民革润州支部组织党员到镇江市丹徒区上会镇雨花斋做义工，到丹徒辛丰镇大圣寺调研寺院养老工作并开展社会志愿者服务工作，支部全年向社会捐款4000元。 （曹　琳）

6月26日，民革润州支部编演的小话剧《中山装·1915》在南京人民大会堂参演“不忘合作初心，继续携手前进——纪念民革成立70周年暨民革江苏省级地方组织成立60周年文艺汇演”

（民革润州支部　摄）

民盟润州支部

【概况】 民盟润州支部成立于2007年3月，截至2018年年末，有盟员33人，主委朱莉。盟员中有市大代表1人，区政协委员4人，高级职称13人，中级职称20人，教育工作者30名，医务工作者2人，工程师1人，主要分布在润州地域内的行政机关、教育、卫生等行业。2018年，朱莉、王平原被盟市委评为社会发展先进个人，庄隽、孟庆媛被盟市委评为优秀盟员。

【民盟参政议政】 2018年，民盟润州支部开展"一支部一调研、一盟员一建议"活动，支部盟员、政协委员在基础教育、中小学食堂配餐、城市管理、公共交通、人口老龄化问题等方面提出建议并得到相关部门的答复和解决。

【民盟思想组织建设和社会活动】
2018年，民盟润州支部加强理论学习，提高盟员的责任意识；开展多种活动，增强支部凝聚力；积极发展新盟员，不断充实组织力量。支部组织盟员考察、参观浙江嘉兴沈钧儒纪念馆，参加《润州非遗》新书首发式暨润州非遗项目展示活动，调研镇江戒毒所。

（朱　莉）

民建润州基层委员会

【概况】 民建润州组织于2003年5月建立支部，2010年11月成立总支，2015年8月成立基层委员会。截至2018年末，民建润州基层委员会共有会员47人，下设三个支部，会员主要以经济界人士为主，主委步建坤。会员中有市政协委员3人，区政协常委1人，区政协委员10人，区人大代表1人，法人代表23人。会员中有中级职称20人，高级职称11人，女会员21人。

【民建参政议政】 2018年，在中共镇江市委围绕"坚持产业强市，筑牢发展根基"主题召开的双月座谈会上，民建润州基层委员会为民建镇江市委提供调研材料，就加快镇江市制造业转型升级，提升核心竞争力提出《关于加快我市实体经济发展的建议》。《关于切实防范新生代经营者本领不足的风险》的建议，在市政协八届二次全会联组讨论上作交流发言。《关于抓紧解决我市质检检验平台几个突出问题的建议》，在市政协双月委员座谈会上专题发言。《关于进一步加快推进我市工业绿色转型发展的建议》等获市政协优秀集体提案奖。组织全体会员赴浙江长兴开展"双引双招"调研，提出《关于进一步加快润州区'双引双招'工作的建议》。

【民建思想组织建设和社会服务】
2018年，民建润州基层委员会共发展3名新会员。召开纪念"五一口号"发布70周年座谈会，传达民建镇江市委在全市纪念中共中央发布"五一口号"70周年座谈会上的交流材料，观看"西柏坡来电"视频。

2018年，民建润州基层委员会开展多次扶贫帮困活动，会员企业——镇江美伦润滑油有限公司走访敬老院，送上慰问品；文杰书画院连续2次在镇江万达广场举办油画义卖活动，所得款项全部捐赠；全体会员响应民建省委号召，向江苏爱得基金会捐款，所捐款项位居民建市委会各支部前列。

（步建坤）

民进润州综合支部

【概况】 民进润州综合支部成立于2008年9月，截至2018年年末，共有会员20人，成员主要分布在润州区辖区机关、学校和企业，主委陈星。会员中有市政协委员1人，区政协常委1人，区政协委员3人。

【民进参政议政】 2018年，民进润州综合支部的政协委员共提交

9月7日，民盟润州支部组织盟员参加"清风洒润州，教育颂党恩"润州区优秀节目巡演活动

（孟庆媛　摄）

个人提案13件。提交给民进镇江市委会《关于在镇江新区建设无人机产业园的建议》1件集体提案，被市政府采纳。在市政协八届二次大会期间，陈星会员做《警钟长鸣 切实防范发生重特大安全生产事故的风险》的发言，同时作为市政协专家参加2018年重点提案督办评审并参加市政协主席会议。陈星、张振翔两会员提出的《重在以人为本，推进厕所革命》成为润州区政协2018年主席、副主席联系督办的重点提案。围绕润州区城市经济发展，支部提交《找准功能定位，差异化发展润州经济的建议》。会员陈星提出的《关于加大宝盖山地质险情治理的提案》被评为2017年度市政协优秀提案。支部调研提出的《关于加快润州发展现代服务业的建议》《关于以人为本、推进厕所革命的建议》被评为润州区2018年度优秀提案。叶国勤提出的《关于进一步完善我区养老服务体系的建议》获润州区2017年度优秀提案。

【民进思想组织建设和社会服务】 2018年，支部完成换届工作，选出新一届支部支委，陈星担任支部主委。支部组织会员参观民进创始人王绍鏊故居，参加市、区各级各类培训班。

2018年，民进润州支部联合京口小教支部和高新区童心工艺品与民进残障儿童基地、残疾人托养中心开展“关爱残障儿童基地、扶志扶技伴成长”共建活动。支部到镇江市红旗小学，开展“寻找身边的朗读者——悦读悦乐”读书活动。叶国勤、张新东两会员参与服务民进镇江市委会重阳节、镇江民进书画研究会主办的“镇江民进会员书法美术作品展”“春联进万家”等社会服务活动。黄冰会员老鸦柿盆景作品参加“秋韵南山、观果盆景展”。席玉蓉会员结合自身外资企业财务总监的工作经历，给江苏大学三江学院的学生们做“管理会计的作用，大学生的面试技巧”专题讲座。

（陈　星）

农工党润州支部

【概况】 农工党润州支部成立于2011年7月，截至2018年年末，支部共有党员14人，其中在职11人，退休3人。支部委员4人，主委刘向华。支部党员中有区人大代表1人，区政协委员2人。

【农工党参政议政】 2018年，农工党润州支部组织党员开展调查研究，围绕推进润州区素质教育、加快养老设施建设、加强我区基层（社区）医院人才队伍建设等方面撰写提案议案和社情民意信息。农工党党员在各自的工作岗位上履职尽责，多人获得市级以上表彰奖励。

【农工党思想组织建设和社会服务】 2018年，农工党润州支部组织党员参加中共镇江市委统战部组织的中共十九大报告宣讲会和农工党镇江市委会开展的中共十九大精神征文活动、“五一口号”发布70周年征文活动，支部党员共上交学习中共十九大报告感想3篇、“五一口号”发布70周年征文1篇，刘向华撰写的《践行十九大精神 争做新时代党员》获农工党镇江市委会征文优秀奖。支部组织开展《厉害了，我的国》观影、医养结合调研、全国“两会”文件学习、参观新农村建设等活动。在组织发展上，农工党润州支部拟发展党员3人，其中2人已列入市委会发展对象，1人列入支部发展目标。

农工润州支部长期资助2名贫困学生，党员们捐钱捐物，热心公益事业。支部党员黄锋辉每年都捐出1000元专门用于助学活动，其他党员也捐钱捐物捐书，定期开展走访慰问活动，关心贫困学生的学习成长。

（刘向华）

致公党润州总支委员会

【概况】 致公党润州组织于2007年4月成立支部，2014年9月成立总支，截至2018年年末，致公党润州总支部共有党员50名，主委邓燕，下设润州一支部、润州二支部、润州三支部和高新区支部。党员中有市人大代表1人，市政协委员2人，区政协委员5人。

【致公党参政议政】 2018年，致公党润州总支在人大和政协会上提交建议提案16件，全年共申报课题5个，其中周慧杰《一带一路背景下对俄投资安全的研究》获省级调研报告。在全区政协委员中开展的以助推润州城市经济发展为主题的理论研讨文章征集评选活动中，邓燕报送的“关于我区楼宇经济发展的建议”获得三等奖，并在会上做交流发言。总支动员全体党员做好反映社情民意信息工作，全年报送社情民意12条，宣传文章16条，其中王杰报送的《严惩传销范罪，维护社会稳定》被致公党中央采用。李文娟被致公党中央评为参政议政先进个人。

【致公党思想组织建设和社会服务】 2018年，致公党润州总支在全体党员中开展“学党章学党史，做新时代合格的致公党员”活动，各支部结合自身特色开展不同形式的学习。组织全体党员赴淮安开展“观故居、增共识”活动，缅怀革命先烈，提升致公党员的思想境界，更加拥护中国共产党的领导。主动加强与致公党镇江市委、中共润州区委统战部的沟通，重点培养热心党务工作、有能力、有想法的年轻党员。

2018年，致公党润州总支组织全体党员参加润州妇联“社会妈妈”活动，资助两名困难小学生，捐款1000元。组织开展防范金融诈骗进社区讲座活动，党员汤雯吉利用专业所长为无锡优美科汽车催化剂公司、苏州佳士达公司、苏州中铁三局职工进行急救知识培训。党员印熙雅资助青海省互助土族自治县一中一名高三学生2100元。（邓　燕）

九三学社润州委员会

【概况】 截至2018年年末，九三学社润州委员会共有社员46人，主委祝中昊，下设3个支社，主要由科技界、医卫界知识分子组成。社员中有省政协委员1人，市政协委员3人，区人大代表1人，区政协委员5人。

【九三学社参政议政】 2018年，担任区政协委员的5位社员，就发展城市经济、文化旅游、企业转型等撰写提案5件，提交社情民意3件，其中1件提案列入主席督查提案并获优秀提案。担任市政协委员的3位社员围绕科技创新、城市建设等方面提出提案3篇。石伟等5位社员向中共镇江市委统战部、九三学社江苏省委提交社情民意信息近30篇，共有7篇被上级部门所采用。组织成员参与九三学社江苏省委的参政议政课题招标工作和“江苏九三论坛”论文征集工作，共有刘军等5位成员提交申报课题3篇，中标1篇，上报征文4篇录用3篇。组织成员围绕润州的城市经济发展开展调研，向中共润州区委统战部提交1件《创新发展思路，发挥区域优势，助推城市经济发展》调研文章。

【邀请九三学社江苏省委科技专门委员会专家走进润州】 2018年11月，在九三学社镇江市委的协调推动下，九三学社润州委员会邀请九三学社江苏省委科技专门委员会专家走进润州，围绕“让‘硬科技’园区领跑润州城市经济”主题，以专题讲座、专家沙龙等形式为润州发展城市经济出谋划策。在会上，九三学社专家团被中共润州区委聘请为“润州区科技顾问团”。

【九三学社思想组织建设与社会服务】 2018年，九三学社润州委员会围绕“观故居、增共识”活动，先后组织成员近20名赴浙江湖州参观梁希纪念馆、浙江嘉兴参观褚辅成纪念馆和南湖革命纪念馆。为纪念改革开放40周年，与九三学社京口支社联合开展“不忘初心、牢记使命”纪念改革开放40周年主题教育实践活动。组织20多位社员走进安徽省凤阳县小岗村，实地感受小岗村的改革变化。6位社员参与社省委、社市委和中共镇江市委统战部、市政协、区政协组织的纪念“五一口号”发表70周年、学习习近平总书记关于加强和改进人民政协工作的重要思想理论研讨会和区政协理论研究会的征文工作，完成相关征文8件。赵俊华副主委在区政协召开的学习贯彻习近平关于加强和改进人民政协工作重要思想理论研讨会上作专题交流，并获区政协理论研讨会征文二等奖。2018年发展新社员2名。

2018年，九三学社润州委员会联合润州区文化馆、中信银行镇江分行走进金山街道迎江门社区，开展关爱特困家庭、关爱优抚对象活动。刘军副主委给润州山社区特困家庭送去20份“爱心年夜饭”。王学剑社员所领导的律师事务所参与法律援藏活动，被全国律师协会评为优秀援藏律师事务所。（赵俊华）

11月23日，九三学社润州委员会特邀九三学社江苏省委科技工作专门委员会专家走进润州，为润州发展城市经济出谋划策，图为专家团成员与区领导在活动启动仪式上合影（孙　凯　摄）

润州区工商业联合会

【概况】 截至2018年年末，润州区工商联共有执委会成员50人，其中主席1人，副主席14人。2018年，区工商联围绕区委、区政府中心工作，发挥工商联的桥梁纽带作用，常态化开展企业大走访、企业家座谈会活动，为润州区经济发展提供招商引资、招才引智、招工引匠信息。

【工商联参政议政】 2018年，区工商联通过会员机制，组织学习习近平总书记关于民营经济的多次重要讲话。针对非公经济人士的"理想信念教育"常态化进行，持续为非公有制企业健康发展和非公有制经济人士健康成长增效。组织会员中的非公有制经济代表人士开展调查研究和相互交流，就经济发展规律、企业生命周期、营商环境进化、投融资策略、企业人才队伍建设、产业结构优化等问题，撰写调研文章6篇，形成核心对策建议11条。严格"凡进必评"要求，严把非公经济人士进入工商联（商会）领导班子的标准，确保进入和退出渠道畅通。做好推荐工作，向市级（含）以上综合商会、行业商协会推荐、输送润州区非公经济代表人士30多人次。

【"亲清"新型政商关系教育活动】 区工商联持续开展"亲清"新型政商关系的教育活动，对标国内外优秀企业，用经典案例和正反事例，教育、引导、提醒、促进企业家追求基业长青、事业常在、永续经营，走正道，不搞歪门邪道，练内功，不投机取巧。有针对性地开展"企业家精神"研习活动，鼓励成功企业家发挥创业导师作用，带动更多的人创业创新。

【商会内部友爱互助活动】 2018年，区工商联通过工商联（商会）系统的人脉渠道和共享平台，为会员企业尤其是小微企业提供项目或商机信息130多条，解决民间低息（免息）融资8000多万元，互济或协调解决具体问题（诉求）37件次。 （区工商联）

生态家园 （陈 岗 摄）

社会团体

栏目编校：田 崇

润州区总工会

【概况】 2018年，区总工会深入贯彻中共十九大和十九届三中全会精神，广泛开展群众性经济技术创新和竞赛活动，服务转型升级；加强维权保障，深化企业工资集体协商，促进职工增收，全区企业工资协商建制率达97.8%；突出依法治会，加强法律宣传与普法教育，引导职工依法理性维权；注重民生改善，加强精准帮扶，推进扶贫帮困送温暖工程；夯实基层基础，推动工会改革，加强自身建设，工会工作在服务大局、服务职工中实现了新提升。

【推动“两新组织”建会】 根据工会组建新的形势和要求，区总工会专门成立“两新组织”(新经济组织、新社会组织)建会工作领导小组，联合区市场监管、工商联等部门，对全区两新组织及从业人员状况进行全面调查，掌握第一手资料；制定下发《关于开展“两新”组织百日建会的通知》，召开工作推进会，并与街道、行业工会签订目标责任状，强势推进两新组织建会，扩大工会组织覆盖面；年末，与区人社等部门联合开展执法检查，督促新建企业成立工会。全年，新建两新组织工会21家，工会组建率达97.3%。

【工会改革】 按照中央和省、市关于党的群团改革工作要求，区总工会在区委和市总工会的领导下，突出问题导向，坚持“三个倾斜”(人员力量向基层倾斜，工作经费向基层倾斜，专项服务向基层倾斜)原则，实施工会改革。区总工会拟定《润州区总工会改革实施方案》并区委常委会审议通过，从完善组织体制、改进工作方式方法、强化维权服务职能、加强干部队伍建设、落实综合保障、坚持党对工会工作的领导等六大方面开展工会改革。先后推进落实增加基层一线委员比例、选配兼挂职副主席、科学设置内设机构、开展工会干部双兼挂双提升、建设“一网二微一线一平台”网上工会等26项改革举措，取得积极成效。通过改革增“三性”、去“四化”，进一步形成符合群团特点、适应时代要求的工会组织。

【职工技能竞赛】 区总工会广泛组织开展岗位练兵、技术比武、师徒传帮带活动，推进职工素质工程，成功举办全区计算机、医卫护理、材料分包、餐饮、物管等五大职工技能大赛，参赛职工达987人次，45人获得先进表彰；在各类竞赛中评选21家区级五一劳动奖状和工人先锋号，223名职工技能获得提升；职工技能培训不断拓展，各级工会举办各类技能培训班47期，培训职工4783人次，通过技能竞赛和培训，841名职工晋升技能等级。

【职工文化建设】 区总工会加强职工思想引领，将社会主义核心价值观作为企业文化、职工文化建设的重要内容，认真履行职工教育职能，开辟“职工书屋”等文化阵地，举办“职工读书月”等活动，弘扬主旋律，提升职工素质。丰富职工文化生活，举办“新时代·中国梦·劳动美”职工演讲大赛，来自全区24家机关、企事业单位的38名选手参赛；组织全区职工篮球、羽毛球、乒乓球等系列比赛，近千名职工参加参赛；开展夏日电影大放送，组织放电影到基层活动；弘扬优秀企业文化，评选企业文化达标示范单位10家 ，进一步推动职企文化建设。

【工资协商全程写实】 为规范企业工资集体协商行为，提升协商质效，区总工会建立了企业工资集体协商全程写实制度，下发《关于建立工资协商全程写实制度的通知》，采取个人写实手册和企业写实台账相结合的方式，全面体现整个协商工作流程和情况。《写实手册》由企业工会主席本人填写，按时间顺序，以摘要方式全程记录、载明工作情况；若有工资集体协商指导员参与协商，另行填写写实手册。辖区企业如实记录并妥善保存手册和台账，定期接受上级工会抽查，发现问题，及时整改；写实情况纳入工会工作考核内容，实行问责制。通过建立协商写实制度，促进企业依法规范协商，保障职工合法经济权益，全区工资协商依法开展、规范化程度有了较好提升，合同履约率达90%以上，职工工资增幅平均达8%以上，《工人日报》头版进行报道。

【女工工作】 进一步加强女职工组织建设，实施女职工建功立业、素质提升、爱心帮扶工程，发挥女职工在城市经济发展中的积极作用；女职工组织覆盖率100%，女职工组织规范化建设合格率达90%以上；女职工提升素质建功立业活动参与面达87.9%；新签女职工专项集体合同（协议）83个，签订率达100%。实施女职工关爱行动，举办"学烘焙技巧，巾帼展技能"DIY体验活动。全年，帮扶慰问单亲困难女职工、中小企业困难女职工、困难女农民工931人，支出慰问金21.4万元，切实维护女职工的合法权益。 （黄扣俊）

共青团润州区委员会

【概况】 2018年，在区委、区政府和团市委的正确领导下，润州共青团紧跟时代发展、紧扣党政中心、紧密联系青年，围绕润州发展建新功，服务青年成长育新人，强化自身建设探新路，全力建设"青年身边的共青团"。

【基层组织建设】 组织召开共青团润州区十届二次全会，强调思想立团的重要性。深入推进"青年学习社"建设，采取阵地标准联推，以统一标识、统一风格让共青团元素可观可感，增强共青团对青年的凝聚力和向心力。2018年，全区建成全市示范型青年学习社2家，普通青年学习社21家。牢固树立大抓基层的鲜明导向，坚持突破思维定式和路径依赖，聚焦基础团务、团员身份认定和团支部书记"双述双评"等工作，在全区团组织中形成打牢基础、夯实基层的思想共识。将建立村（社区）团员青年数据库作为团区委书记的书记项目进行重点推进，采用与公安、物业对接，与大走访数据核准等方式掌握基础青年数据，与劳动就业、计生条口对接掌握新增青年数据，通过电话问询等方式核准团员身份，逐步建立村（社区）团员青年数据库。2018年，完成161个团组织、2714名团员的"智慧团建"平台信息录入工作，录入率100%。实施团支部提升"磐石工程"，以规范组织生活、"支部上网行动"和支部书记讲团课等为主要手段，充分激发团支部工作活力。不断加强新兴领域团建工作，新建共青团润州区土地房屋开发总公司总支部委员会，为全公司近百名团员青年搭建互动交流平台。

【服务青年创业就业】 组织开展第一期青年电商培训班，邀请资深电商培训导师，采用集中面授+实践实训相结合的模式，积极培育电商人才，提高从业技能，帮助更多有电商创业意愿的青年利用互联网创业就业，吸引超40名青年参与。围绕"青创空间"促阵地更实，盘活各类资源，扩大阵地规模，与启迪协信合作，推进有鲜明润州共青团特色的"青创工社"提质增效，成功推荐江苏航院无人机项目"握把式重力感应四旋翼控制器"入驻"青创工社"。组织创业青年与人大代表、政协委员面对面交流座谈，直击青年创业过程中的难点、痛点，从人才、资金、资源给予意见建议和相关指导。推荐优质青年参加"睿泰杯"镇江市青年创新创业大赛，造浓创业氛围。暑期以来，结合团省委"U+展翅"行动要求，立足本地实际，继续深化"扬起创业风帆　点亮青春梦想"项目，整理覆盖机关事业单位、知名私企的30余个优质暑期实习岗位，提供给驻镇高校大学生实习。

【青年志愿者服务工作】 4月，团区委与区委区级机关工委联合发文《关于建立润州区机关、事业单位青年志愿者信息库相关工作的通知》，动员广大党团员和各领域优秀青年加入志愿服务行列，根据青年岗位实际和专业特长，组建环境保护宣传、法律法规宣传、健康医疗救援、扶贫帮困拥军、科普文化宣传5支队伍共172名志愿者，以"线上线下、一起公益；倾城清城，活力成长"为目的，将润州青年志愿者队伍命名为"E青橙"，先后组织开展"不忘初心　日行微善"志愿服务、"青春领跑　益起出发"南山毅行、"致青春　益起来"等活动。自6月起，"E青橙"全面参与全区"污染防治攻坚战"行动，根据《润州区重点区域大气质量管控长效工作机制》的相关要求，与各部门常态化开展联合执法巡查行动，行动实效得到区政府肯定。同时，注重提升志愿服务队的素质能力和服务水平，9月5日，联合机关工委组织举办"E青橙"志愿服务队能力提升专题培训班，推动专业志愿服务理念入脑入心。

【服务青年婚恋交友】 打造“青心恋”服务青年婚恋交友这一特色品牌,采用“线上+线下”方式扩大交友渠道、提升展示空间,利用“青春润州”发布11期“青心恋”专刊,已成功3对,其中1对领证,“青心恋”的具体做法在《中国青年》上进行专题报道;以“众筹+跨界”方式,吸引百合网、江苏综艺频道、镇江新城集团、镇江文广集团等力量共同加入,“青心恋 520”“青心恋 圆周率单身音乐派对”等活动深受青年欢迎。注重在服务普通青年方面提供精准化、专业化服务,以常态化开展形式多样的特色活动吸引凝聚青年,如“啡常咖啡”青春撞上星巴克、趣味运动赛、青年篮球赛、“奔跑吧!青年团员”等活动成功吸引青年广泛参与。

【预防青少年违法犯罪】 深化“圆梦微心愿”“暖冬行动”等扶贫助困品牌活动,动员社会各方力量,切实为贫困青少年提供帮助。2018年,团区委本级已帮助困境儿童实现微心愿60余个,累计赠送文具、书籍等200余份,本级结对帮扶11名困境儿童,一对一提供全方位关怀。延伸“希望有约”活动内涵,牵头搭建关爱联盟,采用主动出击、逐一走访的方式,发动慈善总会、民政局、司法局、工商联、机关工委等部门共同参与,同时通过微信公众号向社会发布,吸引爱心企业和爱心人士参与。11月,为15名青少年募集善款3万元;与法院、江苏睿泰数字产业园合作,针对困境青少年分别开展法制、科技体验夏令营,有效丰富假期生活;与区土地房屋开发总公司联合开展“叩开天使心门”爱心慈善活动,以每月固定常态化服务,为95名智障、聋哑儿童提供爱心捐赠和呵护陪伴;广泛链接资源,吸纳镇江市规划监察支队加入并捐赠暖冬礼包;与市关爱青少年校外活动中心合作开展“蒲公英一小时学习加油站”项目,从“在社区中等孩子来”到“进学校中找孩子去”,以流动留守儿童为重点服务对象,采用1+1+X方式,即1名教师监管、1名社工统筹安排、若干个大学生志愿者答疑辅导,对润州区实验小学、金山小学部分学生在放学后进行1小时义务辅导,已开展3期、累计辅导超150名学生;同时,与润州区爱益社会工作发展中心合作,组织开展“公益周末聚”“益成长”社工沙龙,与20家青年社会组织“结伙伴”,聚力打造“泥巴与少年”“小芽读书会”等一批社会公益项目,延伸服务臂膀、增强服务力量。

【学校及少先队工作】 10月12日,召开中国少年先锋队第三次代表大会,在全市率先完成少先队换届任务,明确提出了之后三年全区少先队工作的指导思想、奋斗目标和主要任务,全区17所中小学全部按照要求召开校级少代会,全部成立学校少工委。积极开展优秀少年展评活动,2018年,共推荐省级好少年55名,市级好少年122名,评选出区级好少年234名。广泛开展少先队教育科研活动,在全省2017年度少先队科研成果评选中,全区共有1个项目获优秀创新项目,1篇论文获一等奖,2篇论文获二等奖。不断扩大科技创新实践能力培养力度,7月,在全省第六届少年科学院院士评聘展示表彰活动中,宝塔路小学张恒嘉以《可携带式洗手器》荣获省十佳小院士,另有4名学生当选省小院士。全区拥有江苏省少年科学院十佳小院士4名,小院士20名。

(陈 芸)

润州区妇女联合会

【概况】 2018年,区妇联紧扣区委、区政府中心任务,团结带领全区妇女坚定不移跟党走,与新时代同行,向新目标奋进,在思想政治引领、服务发展大局、家庭文明建设、依法维权工作、自身改革创新等方面贡献巾帼力量。

思想政治引领更加凝心聚力。深入学习宣传贯彻中共十九大精神,倾力组织开展“巾帼心向党”系列主题教育,切实承担团结引领广大妇女听党话跟党走的政治责任。一是开展大学习。依托网络新媒体平台、QQ群、微信群,采取“话、商、议、谈、说”等形式,引导广大妇女切实把十九大精神和习近平新时代中国特色社会主义思想融入进思想中、贯彻在工作中、体现到行动中。二是开展大讨论。通过组织征集、会议征集、网络征集、社会征集等多种方式,深入查找制约妇联改革创新、影响高质量发展的观念束缚,体制机制制约,以大讨论推动妇女事业大提速。三是开展大培树。“三八”期间,通过文件表彰形式,评选“最美巾帼创客”7名、“最美巾帼志愿者团队”7个、“最美一线巾帼工作者”23名和“最美家庭”10户。并通过“润州女性”微信公众号、报纸、电视台报道等形式,充分放大各类典型的示范效应。

服务发展大局更加积极有为。以女企业家联谊会为平台,精心服务女性创业,开展女大学生优秀创业项目推荐和寻找巾帼网红活动,发挥西津渡女性创业一条街作用,精准服务女性创业。引导农村妇女发展休闲观光农业,创建巾帼示范基地,壮大农村新产业新业态,2018年,新创嶂山蝴蝶兰省级巾帼示范基地。组织城乡妇女、社会力量积极投入乡村振兴战略,在促进城乡融合中发挥独特作用。引领妇女创业就业行动,全年组织女性招聘会11次,到场咨询人数600余人,发放宣传资料900余份,就业技能培训25次,包括插花,丝网花、育婴、服务员课程,参加人数800余人。

家庭文明建设更加生机勃发。紧扣“家庭、家风、家教”,打好

"颜值、温暖、品味"三张牌,以家庭和美促进社会和谐。深化"最美家庭"寻找活动。以"最美家庭"为主题,寻访推荐孝老爱亲等最美家庭典型。何以范家庭当选全国五好文明家庭,5户家庭成为第五批镇江市"书香家庭"。丰厚家庭文明创建内涵。开展"水源地保护,巾帼在行动"系列活动,组织润苗小记者团,寻访水源地保护区,宣传环保理念,倡导绿色生活方式;组织爱心妈妈与学生绘画写生。

依法维权工作更加有力有序。坚持维权维稳并重,切实维护妇女儿童权益,优化妇女儿童发展环境。一是立足源头维权。发挥妇儿工委办公室作用,扎实推进"十三五"妇女儿童发展规划实施,开展规划中期评估自查工作,落实"8+3"件实事到位。二是立足项目化维权。加大妇女儿童和家庭需求调研力度,结合区域特点,重点关注困境妇女儿童,增强对其关爱和帮扶,积极申报省级妇儿公益社工服务项目,2018年实施一类项目1个,二类项目2个,三类项目3个。加大对辖区优秀女性社会组织的培育,充分发挥社会组织力量,调动申报项目积极性,今年成功孵化2个社会组织。三是立足实事化维权。推进妇女儿童健康类项目、基层妇女参与民主管理项目和爱心母婴室创建,扎实开展"冬日暖阳"慰问、"情牵一线 冬日织爱"、农村贫困妇女"两癌"查治、社会妈妈帮困助学活动,编制爱心毛衣100多套,募集社会妈妈帮困助学金2万元,40名困境儿童受益。

自身改革创新扎实推进。按照"纵向延伸、横向去白"的思路,创新妇联组织设置,通过建立系统妇联、城际商圈联合妇联、微妇联等形式,推动妇联组织向机关部门和"两新"组织延伸。打造专兼职妇女干部队伍,把各行各业优秀女性吸纳到工作队伍中来,构建更加开放的合作模式。加深与部门的互联,加强与对口妇女工作的互动,在开拓视野中提升工作水平。不断丰富机关女干部生活,常态化开展女性读书会活动,开设橙悦女子学堂,进行茶艺、烘焙、花艺等培训,提高全区女性气质与修养。 (区妇联)

润州区科学技术协会

【概况】 2018年,区科协认真学习贯彻落实中共十九大、省市科协系统深化改革精神,紧紧围绕全区工作大局,改进工作作风,推动创新发展,以服务"大众创业、万众创新"为主目标,以助推科技创新、服务科技人才为着力点,求真务实、开拓创新,积极发力为建成"强富美高"新润州贡献智慧力量,较好地完成了各项工作目标任务。

【基层开展各项创建活动】 继续加强全区街道科协及社区科普组织建设,完善科普设施,提高社区科普服务能力。2018年,在江苏省"基层科普行动计划"中,全区有"农村科普先进单位"1个,"科普示范社区"1个;江苏省全国科普日活动优秀组织单位1个;江苏省农技协龙头企业协会1个,江苏省农技协优秀乡土人才1个。在镇江市"社区科普益民计划"中,创成"镇江市科普示范社区"1个,"农村科普示范基地"1个;2018年度镇江市科普惠农服务站2个。

【学会工作开创新局面】 镇江市首个"科技服务站"在润州区七里甸社区卫生服务中心授牌成立,"科技服务站"的成立是"提升学会服务科技创新能力计划"的重大举措,为区级学会及医疗卫生事业提供了宝贵的智库资源。

【自主品牌活动特色亮眼】 2018年,为提升润州区居民科学素质,区科协联合镇江市广播电台,重点打造科普品牌"润州科普讲堂",邀请全市各方面专家走进社区,来到老百姓身边,就老百姓关心的健康、养生、运动、心理健康等方面的知识,为大家解惑。每月开课两次,为居民量身定制授课内容,从2018年4月27日首场讲堂开讲以来,在7个街道16个社区共举办高品质讲座19场。

【微型科普馆建设】 推动社区特色微型科普馆建设,重点关注打造和平路街道新金江社区"渔文化"科普展示馆、金泉社区微型科普馆及宝平社区科普体验馆,利用有限的空间拓宽城市社区科普场馆建设途径。

【青少年基地建设】 10月16日,由官塘桥街道科协、官塘中学、官塘桥中心小学与镇江市茶林研究所共建的首个青少年科普教育与人才培养基地成立并举行揭牌仪式,科普教育与人才培养基地秉持学习与实践相结合的理念进行青少年校外科技教育,是青少年"走近科学、热爱科学"的重要平台,在全区乃至全市属于首创。

【农技协建设】 发挥农技协在农业专业领域的指导作用,发挥科普惠农服务站、农村科普示范基地、科普带头人及科技骨干的示范带动作用,继续推动林隐茶叶协会等农技协成员单位增产创收,促进了农民创新创业能力的提升。

(区科协)

润州区文学艺术界联合会

【概况】 2018年,区文联紧紧围绕区委、区政府中心工作,为城市经济发展做好服务工作,带领全区文艺工作者贯彻落实中共十九大精神，牢牢树立以人民为中心的工作导向和创作导向，服务基层，培育人才，推出优秀文艺作品。把文化惠民工作作为服务人民群众的基础工作，春节期间开展送福送春联文化惠民活动6场，创作2000多幅春联赠送社区居民；举办文艺家读书班及文艺采风活动，认真学习中共十九大报告以及习近平总书记在文艺工作座谈会、全国十次文代会、九次作代会重要讲话精神；提升润州区女性文化艺术水平，发现和培养女性文艺人才，与区妇联联合举办“润州区女性文艺作品大赛”；联合区各文艺家协会开展“乡村文艺提升”三年行动计划活动；组织文艺志愿者服务乡村文化建设，丰富农村文化生活；《书法报》总编兰干武带队为润州区书画爱好者现场进行书画点评，并进行书画讲座；杨镇、赵祥云书法作品入展江苏省第十三届五星工程奖；镇江书法双年展，杨镇、朱倩倩书法作品获奖；江苏省第三届刻字艺术展，潘立军、徐力刻字艺术作品入展。各项工作取得了较好成绩。

（区文联）

【制作广播剧“初心难忘”】 做好润州文艺精品创作。根据和平路街道社区党员何以范先进事迹，以“不忘初心、一心向党”为主题，与市文广集团合作策划创作践行“新时代、新思想”现实题材广播剧“初心难忘”。10月16日，举办首播式，并在全国、省、市电台广播。

（杨　镇）

【区10家单位被授予“江苏省诗教先进单位”称号】 2018年5月，区诗词楹联协会、区委区级机关工作委员会、七里甸街道五里社区、宝塔路街道文化站、镇江实验学校、润州区实验小学、穆源民族学校、南徐小学、孔家巷小学、中石化华东石油工程有限公司六普钻井公司等10家单位荣膺“江苏省诗教先进单位”称号，这是润州区获得“中华诗词之乡”“中华诗教先进单位”之后取得的又一殊荣。10月30日，“江苏省诗教先进单位”集中授牌仪式在碧榆园隆重举行。江苏省原副省长、江苏省诗词协会会长凌启鸿亲临大会授牌，并对润州区持之以恒抓好诗教工作给予高度评价。

（李克俭）

【曾竹花诗歌创作丰硕】 2018年，曾竹花在《扬子江》诗刊第2期发表《纯子的诗四首》，分别是“手术前”“母亲的歌谣”“斑鸠之死”“雨幕中的裸树”；在《扬子江》诗刊第6期“庆祝改革开放四十周年”专栏发表诗作《一只四季春草莓的成长笔记》。在河南巩义杜甫国际诗歌征文大赛中，其诗歌《巩义，这张杜甫故里的邀请函(外二首)》获三等奖；在成都市作家协会等单位主办的“锦绣成都·芙蓉花开”全国诗歌大赛中，其诗歌《写给芙蓉花》获三等奖；在2018年10月的《草堂》诗刊发表《在肿瘤科(组诗)》。

（何春华）

【举办“润州情社区廉政文化书画展”】 为践行十九大精神，弘扬传统优秀文化，以“廉政文化”为主题，联合各街道社区非专业书画爱好者创作70多幅书画作品，在镇江市美术馆举办“润州情·润州区社区廉政文化书画展”，为社区广大书画爱好者搭建一个学习、交流的平台，受到广大社区居民的一致好评，增强群众的文化获得感和幸福感。

（杨　镇）

【吕祥顺出版《尘世烟雨》】 2018年1月，吕祥顺的散文集《尘世烟雨》由团结出版社出版。该散文集收录作者潜心创作的74篇散文随笔，记录了作者一路走来的成长经历，有亲情、友情、爱情，有人生的悲欢离合，描写深刻，亲切感人。

（何春华）

【钱罗成出版2部诗集】 2018年1月，钱罗成的首部诗集《初恋之殇》由江苏凤凰文艺出版社出版。该诗集由《千高原》杂志执行主编、散文家、文艺评论家苏伟作序，分“初恋之殇”“爱情魔方”“人生况味”“追梦之旅”四辑，收录作者的57首诗作。8月，其第2部诗集《第四种情》由团结出版社出版。该诗集仍由苏伟以“凡人之光”为题作序，分七辑共收录作者91首诗作。

（何春华）

【举办“墨韵淳雅”高淳、润州九人书画联展】 为讴歌改革开放40年来取得的重大成就，弘扬中华优秀传统文化，促进书画艺术的繁荣和发展，加强高淳和润州两地书画交流，特邀请高淳、润州两地书画家，联袂举办“墨韵淳雅”高淳、润州九人书画联展。

（杨　镇）

【润州3作家入省作协】 2018年，省作协发展新会员，润州区作协夏兴政、姚风英、吕祥顺被省作协吸纳为2018年新会员，并于11月在江苏作家网公示。至此，润州区共有省作协会员8名，其中曾竹花为中国作协会员。

（何春华）

【润州区诗词创作和发表成绩斐然】 2018年，区诗协着力抓好诗词创作，并向有关诗刊推介优秀作品。全年，在市以上诗刊发表诗词625首。其中，《中华诗词》《中国诗赋》《诗词月刊》等国家级诗刊发表诗词作品348首；《江海诗词》《多景诗词》等省市级诗刊发表273首。年初，编印《润州诗词》和《诗苑雅韵》诗集2部，辑录诗词作品1184首。

【区诗协组织诗词大赛获奖】 2018年，区诗协组织参加各类诗词大赛，多人获奖。先后有45人次参加9次诗词大赛并获奖。区诗协选送的"蔡丽双杯家国情"——全球华文"曼丽双臻"填词大赛作品20阕，其中有12阕获奖，张晓斌获得优异奖，张涵宇、陈宏嘉、孙中等11人获得佳作奖。在连续两年填词大赛中，全区22人22首作品获奖，并入编香港文联出版社出版的《全球华文填词大奖赛获奖作品专集》。

【全区诗词活动丰富多彩】 区级机关工委、区诗协举办"纪念改革开放四十周年诗词吟诵会"；区诗协、区级机关工委、住建局、宝塔路街道组织"庆祝十九大诗词吟诵会"；区司法局、区文联组织"《美好润州·法律相伴》法制文艺作品（诗词）征集"活动；区教育局举办"润州区第二届小学生诗词诗词大会"；韦岗街道举办韦岗战斗胜利80周年诗词征文活动，缅怀革命先烈，弘扬党的优良传统和作风。官塘桥街道把诗词文化与农耕文化紧密结合起来，诗词创作近民意、接地气、受欢迎。南山街道举办"最美南山"诗词采风活动，用文化视野关注促进乡土文化与旅游资源的嫁接融合。七里甸街道举办"庆祝改革开放40周年文艺展演"，通过精彩的诗词吟诵和文艺节目，展现街道翻天覆地的变化。

（李克俭）

润州区残疾人联合会

【概况】 2018年是落实全区残疾人事业发展"十三五"规划的关键之年。区残联深入学习贯彻习近平新时代中国特色社会主义思想和中共十九大精神，紧紧围绕区委、区政府中心工作，以问题为导向，以短板为突破口，立足全区残疾人工作实际，积极将残疾人事业融入全区经济社会事业发展大局。

【全国残疾预防试验区创建全力推进】 按照《国家残疾预防行动计划（2016–2020）》的要求，共完成高危孕妇产前诊断筛查460例；0～6岁儿童残疾诊断初筛80例、复筛确诊2例；残疾评定228例。8月23日，按照2018年"残疾预防，从我做起"宣传教育主题，区残联联合镇江市妇幼保健院、区卫计委、金山街道迎江路中心社区等10家单位在中山广场共同举办"残疾预防日"大型宣传活动，向群众普及残疾预防基本知识。

【换届选举圆满完成】 按照《中国残疾人联合会章程》规定和《镇江市辖市区残疾人联合会换届工作的指导意见》要求，2018年3月3日，润州区残疾人联合会第六次代表大会在润州区政府胜利召开。大会听取和审议润州区残疾人联合会第五届主席团工作报告。选举产生润州区残疾人联合会第六届主席团委员。召开润州区残疾人联合会第六届主席团委员会第一次会议，大会选举产生了新一届区残联领导机构。陆金火当选新一届残联主席，杜长春当选为执行理事会理事长。残联本届换届有明显特点。一是突出了群团改革性质。对执行理事会班子构成，采用挂职、兼职等方式充实执行理事会工作力量，区残联新一届理事会充实了挂职和兼职副理事长。二是大会代表人数增加、结构调整。润州区残疾人联合会第五次代表大会代表66名，第六次代表大会代表117名，其中残疾人代表比率由应占60%以上调整为应占65%以上，基层和一线人员占60%以上。主席团委员中残疾人（含智力和精神残疾人亲友）比例要在65%以上，基层和一线委员的比例要在35%以上。

（孙　健）

润州区红十字会

【概况】 一是积极推进红十字青少年工作，与教育联合开展"手拉手爱心一元捐"活动，倡议学生个人捐赠一元钱帮助身边有困难学生，通过此项活动，让大家明白公益就在身边，点滴奉献，点燃希望，同时有效帮助困难学生家庭解除燃眉之急。2018年，共募集爱心一元捐款46807.6元，用于救助困难、大病学生61人，发放救助金46000元；二是开展"博爱家园"建设工作。在往年"博爱家园试点工作的基础上，西津渡社区结合红帆党建文化不断充实"博爱家园"工作内涵，积极推进防灾减灾宣传、养老照护服务、应急救护、人道传播等红十字工作。2018年，西津渡社区在已有的社区红十字工作站的基础上，将红十字工作延伸到景区，在景区的商铺里建立了8个红十字工作分站。5月6日，区红十字会向商铺8个红十字工作分站赠送了红十字急救箱，并在"马可"手工制品店铺前，演练游客晕倒后对其进行心肺复苏的情景剧；三是开展艾滋病宣传活动。与区疾控中心联合开展艾滋病知识进社区、进校园活动。分别在和平路街道滨江花园社区、润州信息中专开展艾滋病宣传活动，发放宣传单1000余份，接受居民、学生知识咨询150人次。

（区红十字会）

润州区归国华侨联合会

【概况】 2018年，区侨联通过各种形式组织学习十九大报告精神以及习近平总书记的系列讲话精神，结合区侨联实际情况，加强对归侨和侨眷的思想引领，不断丰富和充实生活品质，注重新闻宣传，在政府与侨界之间搭建起良好的感情联谊联络的桥梁。

【强化网络建设，做好思想引领】 针对侨界群众分散，经济以及文化程度不同，子女分布广的特点，区侨联立足“润州侨之家”微信平台，不断扩大侨界朋友圈，共有95名人士加入，同时通过发布活动信息，征求活动后感受。组织侨界人士学习十九大报告、“十代会”精神以及新《宪法》。发现优秀骨干，通过镇江电台宣传侨界志愿者队伍，宣讲侨界故事，发挥骨干作用，进一步凝聚人心，增强团队的凝聚力和向心力，让侨界群众深受侨联大家庭的温暖。利用网络平台借助侨眷张和声个人能力为侨界群众开办适用的“疯狂英语班”，不仅充实生活内容，更为他们出国探亲提供一技之能。以家人般的情怀，不断弘扬互帮互助、团结友善、自强自信，爱国爱乡的精神。

【整合资源，提升影响力】 为了丰富侨界群众业余生活，不断提高他们的生活品质，区侨联不仅在网络上举办了英语班，实行每日一课，每月面授的方式，同时还开办旗袍秀培训班，每月现场授课一次。此外结合“我们的节日”举办一系列活动，先后与市侨联、民盟镇江市委、西津渡社区、五凤口社区、黄山社区、新城社区、万科社区、桃园小学、太平泥叫叫工作室等单位举办“走进新时代 同圆中国梦”迎新春文艺演出活动，“乐享民俗风情 共度元宵佳节”活动，“展女性风采唱时代乐章”迎三八歌咏比赛，“母亲节”学做泥塑，“政协委员与侨界群众共度端午节”，“纪念改革开放40周年·我和我的祖国”中秋国庆联谊会，“山美水美我与镇江比美”等活动，以及侨界群众南山赏杜鹃，采樱桃，接待美国犹他州青年友好团西津渡观光等活动，组织侨界群众积极参与改革开放40周年《侨话镇江》征文活动并取得1个一等奖，3个三等奖，1个优秀奖的成绩。12月19日，在省侨联召开的“侨瞧四十年 追梦赤子心——庆祝改革开放40周年分享会”上，区侨联主席田冰、侨眷汤育华上台领取“侨瞧40年元素随手拍摄影作品大赛”二等奖和三等奖奖杯和证书，另外有2位侨胞获优秀奖。

【送温暖，大走访活动】 2018年，区侨联认真贯彻区委、区政府送温暖、大走访的工作要求，组织侨联委员分组分片实行春季和夏季走访慰问老归侨，困难侨眷，给老归侨以及困难侨眷送去关心和慰问金，帮助他们克服困难。其中侨眷赵晓莹脚部受伤一直化脓不能愈合，在微信群里得知消息后，区侨联立即联系康复医院外科专家为之治疗，使其很快康复。侨眷刘华庆在养老保险缴纳方面发生问题，我们积极协调，同时争取市侨联支持，帮助他协调矛盾，经过多次协调查找出3年3个月的养老保险，提高了其退休后生活保障能力。经历两个多月协调，成功化解90岁高龄的旅日华侨黄阿金亲人医患纠纷。赵晓莹以及黄阿金家属还特意向区侨联送来锦旗，以表达对组织的感激之情。为增强侨胞权益的维护能力，区侨联主席田冰积极参与全市涉侨纠纷协调机制的建立，成为市中院首批14名涉侨纠纷协调员之一。

【中国侨联副主席、江苏省侨联主席周建农首次到镇调研】 2018年9月7日，中国侨联副主席、江苏省侨联主席周建农在参加中国侨联“十代会”之后，首次率队来到镇江调研，在市侨联主席王永新、区委常委、统战部部长胡如明等陪同下到位于西津渡景区的“太平泥叫叫”工作室与侨眷代表座谈。周建农简要介绍了“十代会”的精神，着重听取了侨界群众的心声，同时要求基层侨联干部久久为功，搭建桥梁，做侨胞的贴心人。

（田　冰）

润州区关心下一代委员会

【概况】 2018年，在区委、区政府的领导和市关工委的指导下，全面落实习总书记关于关心下一代工作的重要指示，围绕培育担当民族大任的时代新人总目标，认真落实省、市关工委和区委、区政府总体工作部署，紧扣立德树人，坚持开拓创新，以进入新时代、踏上新征程、做出新贡献的工作激情，坚持服务青少年的正确方向，引导广大青少年树立远大理想，加强道德修养，自觉践行社会主义核心价值观，全区关心下一代工作再上新台阶。

区关工委选送的反映迎江路社区校外辅导站义务辅教“小城的一座灯塔”视频，获“全省校外教育辅导站优秀活动推广项目和特色活动品牌”二等奖。政法系统“五老”志愿者周秀琴获“全省关工委百佳法治报告团成员和法治副校长”奖章。

【主题教育活动】 一是认真组织开展“传红色基因，共话新时代，放飞青春梦”主题教育活动，深化青少年社会主义核心价值观教育。以改革开放40周年为契机，区各级关工委因地制宜组织开展系列主题活动，引导青少年自觉践行社会主义核心价值观。教育关工委围绕2018年的主题教育内容，充分发挥“慧心阅读”平台的育人功能，扩大“五好小公民”主题教育读书活动的品牌影响力。组织中小学生开展主题读书竞赛、征文及镇江红色故事征集活动，征集优秀文稿12篇送市关工委参与评比。老园丁宣讲团，连续十几年坚持深入校园，向中小学生宣讲党史国史、革命先烈事迹、改革开放的发展变迁等内容，教育引导广大青少年进一步增强爱国主义情感。受教育青少年人数1.5万人次以上。二是创新形式开展“七彩的夏日”教育实践活动，引导广大青少年在社会大课堂里收获成长，增强爱国爱乡之情。区关工委、宝塔路街道关工委、区教育局关工委利用暑假时间在孔家巷小学举办“七彩的夏日‘阳光网络伴我成长’——互联网+奇思妙想”科技夏令营。活动一：文明网络，共同守护。市公安局网安支队民警为学生带来妙趣横生的网络安全互动课程，结合网络流行的“视频直播”“网购骗局”“网络交友”等，用互动提问、有奖竞猜的方式，吸引营员们对线上流行的网络活动进行深入交流讨论，有针对性地指导孩子们如何维护清朗文明的网络空间。活动二：小创空间，奇思妙想。在润州区中小学科技创新基地——瑞泰数字科技园的“小创空间”，营员们来了一次难忘的“头脑风暴”+“乐享创造”。在建筑结构、认识桥梁、牛顿第一定律的三节分组创客实践课程中，营员设计出极具创意的悬索桥、斜拉桥、组合体系桥。活动三：古城扬州，科技探秘。走进历史文化名城——扬州科技馆，系统讲述人类对交通、机械、能源、光学、宇宙、规律、健康等方面的探索历程和未来前景。官塘桥村关工委的“动感皮影戏”、车站社区关工委开展的“长卷手绘二十四节气”活动、太古山社区关工委举办的第二届“小鬼当家，乐学生活技能”活动等都各具特色，丰富了青少年的假期生活。三是开展“我们的节日”主题教育实践活动，传承和弘扬传统文化。围绕春节、端午节、中秋节、元宵节、重阳节等传统节日和纪念日，全区各级关工委结合各自实际，巧抓时间节点，组织开展了丰富多彩的主题教育实践活动，引导广大青少年主动融入社会大课堂，在潜移默化中体验传统文化，接受爱国主义教育。和平路街道长江村关工委、金山街道迎江路中心社区关工委等联合江苏大学志愿者，组织辖区小学生学习写春联、剪窗花，编织中国结，为空巢、失独和孤寡老人包饺子，将传统的年文化与敬老爱心主题有机融合，引导孩子们在传统文化的体验陶冶中增强爱心；七里甸街道二道巷社区关工委连续多年在元宵节期间开展“扎花灯、搓元宵、话民俗”主题教育活动，邀请民俗花灯专家刘梅良来社区指导青少年扎花灯，给孩子们讲元宵民俗；金山街道红光社区关工委在端午节前夕组织孩子们来到老年公寓，在志愿者指导下为老人们包粽子，听老人讲述端午民俗和屈原的故事，让孩子们在快乐体验中增长见识，收获成长。

【校外辅导站和电子阅览室阵地建设】 巩固校站结合成果，拓展校外教育途径。进一步贯彻落实省市教育厅(局)、关工委《关于推进“校站结合”提高青少年校外教育水平的意见的实施意见》的文件落实，动员在职教师进站服务，充分利用电子阅览室活动基地，提升校外教育辅导站的活动水平和教育效果。建立“校站共建”联席会议制度。6月，区教育局召开学校与社区共建“教育部关工委社区教育联系点”联席会议，金山街道被确定为教育部关工委社区教育“校站共建”联系点。金山街道杨家门、风车山、银山门、迎江路、西津渡5个社区，分别与地处社区的崇实女中、穆源民族学校等6所中小学签订《学校和社区共建协议书》。协议要求学校组织师生为社区居民提供志愿服务，组织有专长的在职和退休教师到社区为居民和孩子进行义务辅导，开展“帮扶、帮困、帮教、助学”等不同形式的主题活动，发挥教育“五老”和在职教师优势，帮助社区青少年健康成长。社区多举措拓展校外教育途径，为学校学生活动提供场所和条件，配合学校开展校园周边环境治理，优化青少年成长环境。丰富校外辅导教育内涵，全面提升校外教育成效。根据润州城市建设的发展进程，合理布局各类辅导站，做到哪里有相对集中的青少年，尤其是留守儿童和外来务工人员子女，辅导站就延伸到哪里。按照“加强内涵建设、提高活动质量、提升办站水平、增强育人效果”的要求，建好建强校外辅导站，着力打造校外教育辅导站品牌。抓好市级示范辅导站的创建工作，对已建成的万科和四圩示范级辅导站加强督查和推进，确保全年青少年活动达百次。万科青少年“驷技课堂”成为校外教育品牌；四圩社区校外站开展《学习绿色童谣》活动，让孩子们学唱并创作童谣；金山街道迎江路中心社区四点钟学校“义务辅教”品牌深入人心，视频《小城的一座灯塔》荣获省关工委系统二等奖。着力加强新建社区辅导站建设，官塘桥街道宝平社区、和平街道金山水城社区校外站都是新建辅导站，读书室、电子阅览室、多功能活动室齐全，为社区小朋友提供了优质的校外教育辅导条件。宝平社区校外站聘请外籍教师，开设5大类堂课，包括电脑基础知识培训、趣味科技、英语口语教学、绘画、手工制作等。利用省关工委开发的电子阅览室活动软件上报系统的安装，推进各社区电子阅览室建设，并积极利用电子阅览室搞好青少年活动。全区，各社区安装电子阅览室系统280台，安装进度83%。万科社区电子阅览室被评为省级先进，四圩社区和金山水城社区电子阅览室被评为市级先进。

【维护青少年成长环境】 建立公检法司、关工委、工青妇7部门参加的“预防青少年犯罪和青少年维权网络”。政法系统关工委、教育、团区委建立“润苗”青少年维权微信公众号，开设少年维权网站，开展电台法制讲座，自主拍摄反映青少年维权和青年文明号的微电影。润州法院选聘77名熟悉未成年人特点、善做思想工作、热心青少年维权事业的人员担任特邀陪审员、人民调解员和心理咨询专家，动员有坚定政治信仰有丰富司法经验，并致力于关心下一代工作的离退休或退居二线的老干部参加维权工作。实现预防和减少青少年犯罪关口前移、教育在先，开展对青少年的法治教育。邀请法官进学校、进辅导站，开展道德讲堂、法律讲堂、爱心学堂等主题教育活动，有针对性地对青少年进行法制教育，帮助孩子们从小树立自觉遵法守纪的意识，远离犯罪。法治副校长、“五老”志愿者周秀琴获“全省关工委百佳法治报告团成员和法治副校长”表彰奖励。积极动员“五老”志愿者参与并助力社区帮教工作。协助社区矫正中心实施“一对一”“二对一”“一人一策”的帮教工作模式，运用法律、心理学知识，帮助未成年帮教对象解决法律、心理、就业、做人、就学等实际困难。加大“五老”义务监督网吧力度。对现有“五老”义务网吧监督员进行充实调整，又聘请10位“五老”志愿者担任区级网吧义务监督员，对全区的网吧进行定期和不定期巡访，防止未成年人进入网吧，全力维护好广大青少年的成长环境。

【关爱青少年弱势群体】 全区各社区关工委积极参与为弱势群体青少年办实事、做好事、解难事，用爱心传递满满的正能量，助力青少年共享一片蓝天。秋季开学前夕，南山街道为新录取的大学生发放奖励金。和平街道征润州社区关工委举行第十六届“爱心助学圆梦活动”，为辖区内的6名考取大学和11名初高中在读困难家庭学子颁发助学金共计1.82万元。征润州社区支部及关工委“捐资助学”已经连续16年，奖励和捐助辖区内大中小学生244名，捐助资金达23万余元。区关工委联合关心下一代周报社资助贫困且优秀的学生7名，发放“冰凌花”奖学金7000元；联合省、市关心下一代基金会，支持全区大中小平困学生9名，资助金额1.35万元。

【自身建设】 一是大力开展“五有五好”基层关工委创建活动，积极争取区委领导支持，推进基层关工委基层组织建设。积极主动向区委分管领导汇报关工委工作，特别是关工委基层组织建设情况。同时，争取各街道领导支持，落实街道及社区基层关工委常务副主任人选，稳定工作队伍。各街道关工委主任队伍基本稳定，各社区关工委主任也基本由“五老”人员担任，工作有序开展。落实街道及社区关工委工作经费，提高基层关工委主任待遇。二是完善区教育局关工委领导班子，组建好日常工作团队，实行在职人员和离退休老员工“双制”配备，协助组织人事科，配齐配强各学校关工委领导班子，解决好学校关工委常务副主任配备。学校党支部主要负责人兼任关工委主任，学校常务副主任在有领导工作阅历、有经验，不超过70岁、适合关工委工作的老干部中选配，人员到岗到位，工作有序开展。

（区关工委）

政法委及综治工作

【概况】 2018年，全区政法部门深入学习贯彻中共十九大和中央、省、市政法工作会议精神，坚持以习近平新时代中国特色社会主义思想为指导，坚持党对政法工作的绝对领导，坚持以人民为中心的发展思想，坚持稳中求进的工作总基调，紧扣社会主要矛盾变化，围绕“六个高质量”发展，统筹政法力量，发挥整体优势，全力做好防风险、护安全、保稳定、促改革、惠民生等各项工作，为服务“两聚一高”新实践、建设“强富美高”新润州营造安全的政治环境、稳定的社会环境、公正的法治环境和优质的服务环境。润州区连续多年被评为平安县(市、区)，并于2018年8月被省委、省政府表彰为“2016-2017年度全省法治建设示范县(市、区)”，全区公众安全感、政法机关和政法队伍满意率始终位于全市前列。

推进三项重点工作任务，全力维护国家安全和社会稳定。开展扫黑除恶专项斗争。按照“党政牵头、公安主导、部门联动、全民参战”的思路，强化组织领导，密切政法各部门与纪委、监委等部门协作，建立线索通报反馈、协商、研判机制，进一步形成打击合力，努力提升工作成效。严密斗争措施，严格责任落实，持续聚焦18类重点犯罪，全方位强化宣传发动、线索排摸查证、深度打击等斗争措施，发挥打击效能，全年共排摸出涉黑涉恶线索23条，打掉恶势力犯罪团伙1个，判决38人，在侦1个，破获九类案件55起。其中，社会影响大、犯罪手段恶劣的“6·17”恶势力犯罪集团非法拘禁案，润州区法院对38名团伙成员作出了判决。全面推进创新社会治理网格化机制工作。按照“边建设、边应用、边完善、边发展”的总体思路，始终坚持问题导向、目标导向和效果导向，全面推进创新网格化社会治理“一网多用、实用实效”。优化网格划分，配齐网格队伍，划定网格367个(339个自然网格、28个专属网格)，完成网格编码工作，完成配备网格长367名，专兼职网格员461名。全区各街道、村(社区)配齐网格移动终端367个，将信息采集、基层党建、社会治理和综合服务等内容纳入基础网格工作范围，实现网格全区域、党建全覆盖、信息全要素、巡查全科目。用好平台，规范工作，在全市率先建成区级网格化联动指挥中心，并与区综治指挥中心并轨运行。推进信访法治化工作。坚持以人民为中心、以预防为重心、以问题解决为核心，着力强基层、打基础、建机制，整合资源力量、形成工作合力，推动信访问题及时就地解决，全区信访呈现出总量稳中有降、秩序明显好转的良好局面。全面加强信访工作规范化建设，提高“四率”，为群众提供阳光透明、便捷高效的服务。全力组织信访积案化解工作，协调公检法参与，积极探索用法治方式化解信访矛盾，一批信访老案得以妥善化解。牵头处置“江河汇”破产重整、投资理财、商铺返租等一系列群体性事件，全年进京非访实现大幅度减量退位，圆满完成了重大敏感时期的信访稳定工作。

致力推动基层创新，构建自治、德治、法治相结合的现代基层治理体系。深化预防化解矛盾纠纷体系建设。健全基层调解网络，进一步完善三级调委会和区、街道调处中心建设，主动融入网格化治理体系。抓好“枫桥经验”的润州实践，推动公调对接、诉调对接进一步发挥作用，完善“访调对接”机制，强化调解多元化建设，建成区信访部门调解室，各街道基本做到信访、调解、综治“三位一体”，多元合力化解矛盾。加快劳动争议、物业、知识产权等行业性专业性调解组织规范化建设，新建成环境保护、消费、物业调解委员会。着力打造“杨俊个人调解室”“李继川个人调解工作室”等品牌，注重发挥典型作用。提升重点人群服务管理水平。持续巩固前期社会矛盾与安全隐患大排查大整治成果，建立动态排查机制，对特殊人群做好帮扶工作。对严重精神障碍患者，全面落实免费救治救助、监护人以奖代补和购买责任险政策。对社区服刑人员和刑满释放人员，推行全程电子监控管理，同时创新帮教形式，丰富教育内容，在润州交警大队创设社区矫正教育基地，开展社区矫正工作专项纪律巡查。对未成年人、留守儿童以及困境青少年，进一步建立健全关爱服务体系，深化“圆梦微心愿”“暖冬行动”等扶贫助困品牌活动，动员社会各方力量，切实为贫困青少年提供帮助。全力强化社会面防控。进一步加强治安防控志愿者、社区矫正志愿者、禁毒志愿者队伍的建设，全面实现群防群治队伍的整体联动，目前全区平安法治志愿者达12000多人，已注册7209名。在重大节假日和敏感时期，积极组织巡防志愿者开展夜间义务巡逻、治安防范联动等活动，形成“大街有巡逻，小巷有协防、社区有保安、楼群有守望”的群防群治网络。坚持科技引领和信息支撑。以“雪亮工程”建设为抓手，以贴近实际、服务实战、追求实效为目标，精心组织了新一轮社会面监控补盲加密行动和老旧小区高清探头向智能探头升级工作。以政法各部门业务应用需求为导向，不断深化政法专网建设，充分利用已有网络和信息资源，推进政法部门专用网络基础设施共建、信息资源整合共享。

加快法治润州进程，推动法治迈向良法善治新境界。深化法治实践，打造法治政府。紧紧围绕“让法治成为核心竞争力”的目标，全力推动法治建设领导责任，不断提高法治润州建设整体水平。注重行政应诉能力建设工作，加强对行政机关负责人和办案人员法律法规以及应诉业务培训，配强配齐具有专业水平高和办案经验丰富的行政应诉队伍。强化案件评查，认真办理交办案件。全力落实领导包案、院局领导总负责、属地全力协助、区信访联席会统筹协调的工作措施，推进信访交办件的化解。全面落实涉法涉诉信访案件评查制度，对群众来信来访比较突出、反响强烈的信访，及时组织案件评查库专家开展案件评查工作。紧扣服务民生，实现法治惠民。依托“大走访”、法治惠民村镇行等活动，选派公诉干警深入基层街道社区、学校、企业走访，认真落实法治指导员进社区、法治副校长进校园职责，为群众提供法治讲座、法律咨询70多次。进一步扩大法律援助范围，建立完善法院的法律援助值班律师工作站点，引导符合条件的当事人申请法律援助，放宽经济困难标准，加强刑事案件律师辩护工作。开展法治宣传，提升宣传实效。建立46家普法成员单位个性化“普法责任清单”，签订“普法责任状”。始终坚持立足“法治文明广泛传播，法治精神深入人心”的工作定位，注重创新法治宣传形式，不断拓展法治宣传载体，确保《法治周刊》刊载量。

自觉把政治过硬和本领高强贯通起来，全面增强政法干警的履职能力。全区政法干警切实肩负起领导新时代政法工作的职责使命，按照增强“八种本领”，做到“五个过硬”的要求，勤于学习、勇于探索、善于创新，自觉做到讲政治、精业务、善管理、重落实，确保跟上时代节拍、堪当时代重任。自觉把旗帜鲜明讲政治摆在第一位，提升与职能相匹配的政治能力。高度重视思想政治建设，从政治高度判断形势、分清是非、辨明方向，确保在重大政治原则和大是大非问题上立场坚定、旗帜鲜明。准确了解政法干警所思所想，及时发现苗头性、倾向性问题，有针对性地做好思想政治工作，确保政法队伍正气充盈。自觉把专业化摆到更加突出的位置来抓，提升引领政法事业发展的业务能力。严格按照法定权限、规则、程序履行职责，又通盘考量规则和

2月24日上午，全区政法暨信访工作会议召开　（区委政法委　摄）

7月31日，全市首例恶势力集团犯罪案件在区法院首次开庭审理

（区委政法委 摄）

程序要求、情理和人心诉求，在理法两得、情法兼到中实现法律效果和社会效果的统一、法律和社会正义的兼顾。把继承传统和改革创新结合起来，发扬好“枫桥经验”、发挥好群防群治作用的同时，不断推动互联网、大数据、云计算、人工智能等现代科技手段与政法工作的深度融合。自觉把求真务实作风贯彻到抓落实全过程，提升把蓝图变成现实的执行能力。善抓调查研究，增强科学性，围绕法治护航乡村振兴战略和创新网格化社会治理机制工作推进情况，组织开展对全区7个街道、60个村（社区）的专项调研和督查，为全区平安和法治建设提供了针对性、指导性、操作性强的意见建议。

【全区政法暨信访工作会议】 2月24日上午，在区委、区政府在区政府1号楼一楼会议厅召开全区政法暨信访工作会议。主要任务是贯彻落实中央和省市政法工作会议精神，总结2017年全区政法工作，部署2018年全区政法和扫黑除恶专项斗争工作任务。会议由副区长、润州公安分局局长陆金火主持，副区长刘国明布置2018年信访工作，区委常委、政法委书记张庆松作了政法工作报告。

【创新社会治理专题研修班】 7月1日至6日，在华东政法大学举办全区创新社会治理专题研修班，研修班采取理论授课和现场教学相结合的方式，邀请华东政法大学多名专家学者围绕中国当前新媒体时代的政法舆论、社会治理、依法治国等方面进行集中授课，并且考察学习了上海松江区新浜镇和浙江诸暨市枫桥镇社会治理优秀做法和先进经验。各街道政法、信访、民政分管领导以及部分“三社联动”工作突出的村（社区）书记，区政法各部门分管领导，部分区综治成员单位分管领导等50人参加。

【全市首例涉黑涉恶团伙案件公开宣判】 2018年7月31日，作为全市首例恶势力集团犯罪案件的“6·17”非法拘禁案首次开庭审理。12月11日上午，润州区人民法院公开宣判于某等38人非法传销犯罪集团案件，该案系有史以来区法院受理的涉案人数最多的团伙犯罪案件，且众被告人涉及非法拘禁、抢劫等多项罪名，社会影响很大。 （钟 静）

法治政府建设

【概况】 2018年，政府法制工作为促进法治政府建设作出新努力。大力配合政务服务平台建设，对24个部门梳理的435项进驻市政务服务中心润州综合窗口事项

7月1-6日，全区创新社会治理专题研修班在华东政法大学开班

（区委政法委 摄）

进行前置审核。出台“三项制度”文件，全面推行行政执法公示制度、执法全过程记录制度和重大执法决定法制审核制度。召集多个部门参加座谈会，配合上级对《镇江市车站地区综合管理办法(草案)》开展立法调研。发挥区政府法律顾问委员会智囊作用，对《镇江长江金融产业园战略合作协议》及其附件、《润州区农村集体经济组织成员身份确认指导意见(试行)》和《润州区关于开展农村集体产权制度改革工作的实施方案》讨论稿等出具法律顾问审核意见，对因畜禽养殖污染专项治理产生的申请行政补偿问题提出法律分析报告。发挥法制机构自身参谋、助手作用，就涉及危房解危、房屋征收、物业管理、国企担保等事宜提出法律意见，对《江苏省法治政府建设考评办法》《镇江市主城区菜市场管理暂行办法》《审计全覆盖实施管理办法》等省、市、区多份文件征求意见稿提出修改建议。把年度注册作为加强行政执法证件管理的重要抓手，推行证件网上、网下注册并行，做好注册审核、注销、收缴等工作，强化人员底册管理。为区市场监管、环保、安监、教育等部门新增人员办结行政执法证40本。加强沟通协调，促使办证周期明显缩短，为相关部门依法执法提供服务和保障。组织各街道参加全市行政复议基层受案点人员培训班，从机构改革趋势出发，促成参训人员作出相应调整，为今后工作打下基础。收到行政复议申请4件均审结。其中，对不服广告管理罚款行政处罚案在依法审查、综合考量基础上作出维持决定，对不服食品安全投诉举报行政处理销案决定案和不服广告管理投诉举报答复案均作出驳回决定，另一不服有关房屋权属问题会议纪要案撤回申请。在复议过程中，坚决支持有关执法部门严格依法积极履职，彰显复议机关的责任担当；深入研究互联网广告、投诉举报等类型案件疑难问题，妥善处理有关历史遗留及涉台等敏感问题，注重办案法律效果、社会效果统一。凡作行政复议决定书均详尽论述复议观点和决定形成路径，以高水准深入释法说理，为定纷止争、实现案结事了发挥显著效果，受到有关方面高度评价，成为展示行政复议工作质量和行政复议机关形象的优质载体。以一流标准及时对案件材料进行整理立卷，还对2008年前受理的14本旧案卷按新要求作了统一装订。代理同一申请人提出的以区政府为被申请人的行政复议案件2件，其中不服国有土地上房屋征收决定书案复议决定维持，另一认为对违法征收查处申请不作为案未审结。代理区政府行政应诉案件9件。其中，同一原告诉政府信息公开案3件、诉被征收房屋未经登记建筑认定处理违法案1件；此外，区政府作为复议机关为共同被告的诉工商行政处罚、行政复议案和上级复议机关为共同被告的诉国有土地上房屋征收决定、行政复议案各1件；诉撤销房屋征收决定书案件1件，因与前案属必要共同诉讼，并入前案审理；诉拆迁行为违法案1件；另有行政补偿案件1件。上述案件除诉政府信息公开案2件原告撤诉外，其余都还在人民法院审理过程中。另外，上一年度旧存5件未审结案件结案2件，其中诉确认强制拆除房屋行政行为违法一案原告撤诉，诉房屋征收行为违法一案二审维持一审驳回起诉裁定。对全区持有《江苏省行政执法证》人员在职情况进行调查梳理，会同区委组织部、区委党校以“周末讲堂”形式对200多名行政执法人员进行集中培训，邀请市中级人民法院行政庭庭长张传军、江苏大学法学院院长刘同君分别以《当前行政执法实践中的主要问题及规范路径》《我国深化行政执法改革的政策解读与实践探索》为题进行宣讲。认真撰写以案释法案例材料，积极参加法制宣传教育活动。通过有关平台发声，针对广告执法中广告费用认定问题进行研讨。全面总结全区法治政府建设工作，向社会公开年度工作情况报告，提出下一步构想，不断把法治政府建设工作引向深入。 (萧　波)

公　安

【概况】 2018年以来，全区公安机关在区委、区政府的领导下，以习近平总书记系列重要讲话和“四句话、十六字”总要求为根本纲领和基本遵循，围绕全市“五大实战体系”建设的总体布局，以深化社会治安“首善之区”创建为抓手，全面推进“扫黑除恶”“清风行动”等系列专项行动，精心组织，严密措施，健全机制，落实责任，各项工作扎实推进，进展良好。

强化维稳措施，稳定局面持续巩固。全区公安机关围绕情报研判、矛盾纠纷排查化解、重点人员管控、应急处突等方面，不断完善反恐信访维稳工作机制，全区没有发生有影响的涉稳事件，圆满完成全国“两会”、上合组织青岛峰会等安保任务。坚决打击邪教渗透破坏活动。全区共立邪教类长线专案3起，涉邪犯罪公诉人数、打掉邪教团伙数均列全市第一。成功侦破公安部督办“JN05”镇江分专案，得到省市领导批示肯定。有力打击邪教渗透破坏活动，抓获市区“全能神”地下团伙骨干成员26人，捣毁“全能神”地下窝点24处。深入开展反邪教入户调查“敲门行动回头看”活动，国保重点人管控工作经验做法全市推广。充分履行信息预警职能。情报信息搜集预警工作高效运行，累计收集上报各类预警性情报信息1127条，省市公安机关录用等级情报信息数同比增加43.5%。境外调研工作持续深化，有效发挥境外“朋友”关系人作用，不断提高搜集境外情报和境外行动能力。国保情报工作考核持续位居全市前列。强化重点人员动态管控。将全区109名信访重点对象和12个诉求群体纳入管控视线，扎实开展信访矛盾化解攻坚战2018集中行动。持续加大非访活动的打击力度，及时查控、劝返进京重点人56人次，进京非访28人次同比下降13.6%，依法查处非访滋事人员21人次，其中3人被采取刑事强制措施、18人被行政处罚，依法打击非访活动的震慑效应进一步显现。强化社会矛盾纠纷化解。深化“公调对接”工作机制，派出所民调室实体化运作，妥善调处化解各类矛盾纠纷9203起。稳妥处置中央大街商铺业主聚集维权等76起群体性事件，圆满完成“全民共振”、“钱宝系”投资人“1·22”“1·25”赴省进京集访维权处突任务。全年，全区未发生重大涉稳事件和互联网负面舆情事件。市政府政治核心区秩序良好，106起4484人次（2017年同期198起、5525人次）到市政府集访事件得到妥善处置。做好警卫安保及民警维权工作。对在辖区举办的大型活动进行全面调查摸底，严格审批和监管，圆满完成“国际低碳”“双沟珍宝坊群星演唱会”等系列安保任务30余场次；完成“817”“4001”等一级警卫任务20余次。妥善处置民警维权案件10余起，先后依法处置阻碍执行职务6人(其中采取刑事强制措施3人、行政处罚3人)。

扭牢公安主业，大要案件相继攻克。持续开展社会治安整治“利剑”行动、打击“盗抢骗”犯罪等专项行动，做强区域部门一体化的合成作战体系，推动打击破案工作转型升级，不断强化对违法犯罪活动的高压态势。特别是部署开展为期100天的“提升主业绩效”攻坚会战，取得阶段性成效。截至9月底，全部公诉328人、达序时；侵财公诉86人、差序时35人。全面开展扫黑除恶专项斗争。强化组织领导，严格责任落实，实现扫黑办实体化运作，向黑恶违法犯罪发起凌厉攻势。深挖线索来源，强化在手案件经营，排摸涉黑涉恶线索35件，打掉恶势力犯罪团伙10个98人次，破获九类案件27起、带破娼赌等行政案件350余起，涉恶公诉84人，涉恶判决56人，破获市局挂牌涉恶案件1起。侦破了一批有影响的大要案件。依托警种合成、所队联勤等机制，侦破省挂牌“丁云心钢板诈骗案”等一批案件；年内3起命案全破，“八类”案件破案率85.3%。着力侦破民生小案。重点在现场勘查、信息比对、分析研判、案件串并等方面下功夫，切实做到应破尽破。期间，全案破案数644起、破案率26.9%，侵财案件破案率22.7%，同比去年均有上升。严打经济犯罪。认真贯彻落实全省打击防范涉众型经济犯罪专项行动部署要求，破获涉众型经济犯罪案件5起、起诉9人，涉案金额20余亿元、挽损1000余万元。强力推进打击涉税犯罪活动，破获虚开增值税专用发票案件2起、打击处理35人、起诉29人，追回国家税款损失500余万元，严厉打击侵犯知识产权犯罪。深入开展云端行动。2018年经侦大队在上级领导的支持和帮助下，周密部署，深挖案源，精准研判，重拳打击，完成研判部署打击任务12起，抓获犯罪嫌疑人57人。并对分局2018年以来在侦经济案件21起，接收云端案件15起，共计36起案件需对四流数据进行录入。严打毒品犯罪。加大对休闲娱乐、酒吧等阵地控制力度，向“零包”贩毒活动展开攻势，提高涉毒刑事打处绩效。查处吸毒人员217人次，查处量比（占比上年吸毒人员在册数697人）31.1%，超全市平均水平。严打娼赌犯罪。持续开展社会治安整治行动，对娼赌违法犯罪始终保持“零容忍”的态度，积极将打击的触角向网络延伸，强化对网络招嫖、微信招嫖线索的经营查处。共破获刑事案件10起、采取刑事强制措施36人；查处治安案件34起，行政处罚169人；完成娼赌公诉17人，距市局下达的全年指标23人还差6人。其中，“国际饭店皇庭国际会所组织卖淫案”被省厅挂牌督办。严打新型犯罪。深化与市场监督、食药监、环保、检察院等部门的常态化执法协作机制，主动寻求市局网安、技侦等兄弟单位支持，有效提升了“食药环”、互联网领域等各类新型案件的侦破效率。侦破网络案件3起、采取刑事强制措施22人、公诉1人，其中“8·10”侵犯公民个人信息案被公安部挂牌督办；侦破“制售假”案件2起、公诉1人；侦破“食药环”案件10起、公诉22.5人，其中“2·24”案件被公安部挂牌督办。

严密治安防控，社会治安平稳有序。以做强传统现代一体化的社会治理体系为目标，立足润州实际，建立进攻型巡防整体格局，不断增强驾驭社会治安局势的能力，切实提高人民群众安全感。全区社会治安局势持续平稳，万人违法犯罪警情150.3起、较前三年同期均值减少1起/万人。在省综治办组织的群众安全感测评中，润州群众安全感、见警率均位于全市前列。强化社会面防控。屯警街面、布防社区的进攻型巡防格局初步形成，“三必巡、三必访、三必补”巡防工作法效果更加明显，便衣侦控、监巡对接等实战机制有效落实。建立情报制导工作机制，定期对可防性案件各要素进行分析、研判，街面勤务力量针对性加强防范措施，情报制导作用初步显现。建立重要视频、图像信息数据库，汇集可疑人员、车辆等视频图像信息，实现与警情、案件、重点人员等信息关联研判、研判结果的共享共用，进一步加强实时防控能力，深入构建资源整合、立体布防、良性循环的动态实战格局。强化科技防范。以“雪亮”工程建设为抓手，积极开展老旧小区高清探头向智能探头升级工作，全区视频图像在线率、合格率均为100%，在全市最高。万达综合警务站建设工作稳步推进。杨家门社区、五里社区微型消防站、万科社区电瓶车集中充电建设等亮点工程多次接受国家、省、市各级领导检查，并获得一致好评。推进以图导侦办案模式，视频侦查破案所占比重逐步提升。共建联通监控探头380个、移动监控探头660个，初步形成覆盖重要单位、人口密集地段、治安复杂地段、商贸繁华地段、交通要道、校园周边等重点公共区域的视频监控网络；同时，辖区各行政事业单位、大中型企业、医院、学校、金融机构等一大批社会单位、居民小区也建设了视频监控系统，安装各类探头6000余个。强化安全监管。组织开展春夏火灾防控消防安全检查、电动车集中整治、电气火灾综合治理等专项行动，集中查处了一批消防违法行为；发现火灾隐患或违法行为2953处，下发行政处罚决定书32份，督改火灾隐患或违法行为2559处，责令“三停”12家，临时查封17家，拘留2人，完成了2家重大火灾隐患单位的整改销案工作，消防安全环境进一步优化。内部安全防范措施提档升级，以“暖企惠民”大走访为抓手，检查内部单位61家次，发现整改安全隐患6处，下发整改通知书3份。

强化基层基础，切实增强发展后劲。秉承“基础与打处并重”理念，按照“规范化、常态化、实战化”的要求，致力引导每一位民警抓好日常警务工作，持之以恒地把各项基础工作抓实、打牢，为警务实战提供强有力地支撑和保障。基层警务不断夯实。深入推进“一标三实”采集、群租房“百日整治”“八大员”物建等基础工作，通过地毯式核查排摸，切实掌握辖区社会治安动态。采集标记实有建筑物12843处，标记率99.43%，位居全市前列；登记群租房445户，发现整改隐患167处；排查出租房屋16534户，采录流动人口信息8632条，其中48户被列为重点关注。积极参与网格化社会治理工作，配合区政法、综治等部门初步划定330个网格，搭建221个网格终端，完成配备网格长330名、专兼职网格员488人；全局55名社区民警全部纳入网格体系，目前，新城花园、凤凰家园等社区网格体系已实体化运作。切实抓好基础管控。紧扣全面监管、落实责任、定期检查三个关键环节，不断加强对场所行业、危爆单位的差别化管理。14家游戏室(其中4家已关停)、10家歌舞厅、61家洗浴场所、128家旅馆均按“一店一档”的要求理清基本情况。清查发现娱乐场所硬件设施不达标30余处，责令整改安全隐患11处；扎实推进旅馆业人脸识别系统安装工作；查处“兰月阁休闲”“维多利亚酒店”“东利动漫城” 等15家问题场所，治安处罚涉娼赌人员45人；收缴赌博游戏机24台，其中4家被责令停业整顿或关停。基层建设不断推进。加强警力保障，分局新增警力除特殊人才外，全部优先充实派出所和巡特警大队，切实加强基层所队警力配置。加强制度保障，建立相邻社区的联勤协作、新老民警搭档等制度，切实增强在社区巡防、警情处置、便民服务方面的合力和效率。加强硬件保障，按照省厅“810”工程建设要求，继续加大投入力度，七里所新用房年内已投入使用、和平所改扩建工作已经启动。

改进工作作风、树立良好队伍形象。紧扣习近平总书记“四句话、十六字”总要求，毫不动摇地扎实推进党风廉政、纪律作风建设，着力在队伍教育管理方面出真招、求实效，进一步增强队伍的凝聚力、战斗力。年内4个集体、26名民警辅警受到表彰，其中个人一等功1人、二等功1名、三等功1名、嘉奖13人。经侦大队、和平路派出所被评为2017—2018年市青年文明号，机关团支部被评为润州区优秀团支部。政治建警得到新加强。做强党建队建一体化的职业警队建设体系，以理论武装思想，组织党委中心组学习11次，党委中心组学习扩大会议7次，全区公安机关解放思想大讨论活动有序开展。深入实施“书记项目”“星级党支部”评比，组织“先锋论坛”3次，不断夯实党建工作基层基础。年内，宝塔路派出所党支部获评全省公安机关优秀基层党支部、市人民满意政法单位，教导员石洁获评润州区 “党员示范岗”，巡特警大队党支部、鹤林派出所党支部拟评为四星“双型”先进党支部，以“浴血英雄”贺设平事迹为主题的“平安老贺”党员示范岗实体化运作。实战培训实现新提升。采取“全警随岗培训、岗位专项培训、综合素质培训”三种形式强化岗位练兵，通过集中比武、竞赛亮相，激发全警参训热情。全年举办各警种专项训练40场次，参训人员800余人次；组织“周末课堂”10期，选拔警务实战小教员13人；开办射击应用集训9期，训练民警100余人。年内，3名民警获评市局兼职教官，1名民警“微课程”获评市局三等奖。执法要求进一步规范。建强执法服务一体化的效能管理体系，深入开展执法突出问题专项整治，紧扣接处警、窗口服务等重点环节，全力改进服务态度不热情、现场处置不规范以及调查取证不细致、不及时等问题。推进案件管理中心和案件管理室实体运作，落实警情、案件分流，受立案分离，法制员、指挥长坐班等制度，形成闭环运作模式，确保办案进场所、财物进中心。制定并严格执行警情处置、嫌犯抓捕、入所审查、讯(询)问、现场辨认等安全执法规范，确保执法安全。落实案件审核“五级把关”制度，明确主办民警、法制员、办案部门负责人、法制部门、局领导的审核、审批权责，严格落实执法岗位责任、错案倒查问责和案件质量终身负责制。定期发布《每日巡查通报》，有针对性地对苗头性执法问题作出提醒，及时堵塞可能引发执法过错的漏洞，起到监督、服务双统一的效果。加强执法培训，组织开展新法学习、证据收集等业务培训19场次，有效增强了队伍的依法履职能力。执纪问责力度进一步加大。制定实施《全区公安机关“正警风、守纪律、树形象”主题教育活动实施方案》，从六个方面集中学习查摆问题，着力解决队伍中理想信念、纪律作风、廉洁自律、规范执法、服务意识等方面存在的问题。运用好、实践好“四种形态”，立足抓早抓小，制定执行廉政约谈制度，明确党风廉政建设和执行纪律规矩方面应启动约谈程序的11种情形，对工作不落实、行政不作为、执法不规范、作风不踏实、守纪不放心的党员领导干部和民警，开展工作约谈、廉政约谈、函询等51人次，使“红脸出汗、咬耳扯袖”成为监督执纪的工作常态。年内，对7人进行组织处理，通报1人，诫勉谈话5人，行政警告1人，记分问责29人次。爱警措施得到新推进。做强惠警实事，开办主题警营文化活动13场次。看望慰问民警、辅警及家属42人次，送上慰问金计2.52万元。配合市局完成“民警家庭医疗健康保险计划”，为民警本人、配偶及子女争取到保险赔付金15余万元。申报抚恤互助基金，落实相关经费4人次8万余元。

（胡　斌）

润州公安分局机关及所辖派出所一览表

表13

名　称	地　址	电　话	负责人
纪委	南徐大道126号	85636316	王洪来(党委委员、纪委书记)
政治处	南徐大道126号	85624291	凌　军(党委委员、政治处主任)
办公室	南徐大道126号	85624290	赵庆世
机关保卫大队	南徐大道68号	89666130	朱力强
法制大队	南徐大道126号	88955426	朱　靖
国保大队	南徐大道126号	85619076	步雪泉
内保大队	南徐大道126号	85614887	吴晋亮
治安大队	南徐大道126号	85626366	眭　烨
经侦大队	南徐大道126号	85608110	宦　晨
刑警大队	南徐大道126号	85211228	李锦虎
巡特警大队	南徐大道126号	80578971	丰伟华
禁毒大队	南徐大道126号	85635775	荀旭东
宝塔路派出所	宝塔路66号	85278918	乔　路
金山派出所	中华路189号	85276007	曲　波
和平路派出所	朱方路74号	85631042	韦晓军
七里甸派出所	七里甸街道	85626152	卓　玉
鹤林派出所	天桥路16号	84434358	王　飞
蒋乔派出所	乔家门	85721363	张剑锋
官塘桥派出所	官塘桥路	88957921	陈晶玮
韦岗派出所	韦岗街道	85826110	石　晨

（胡　斌）

检　察

【概况】 2018年，区检察院在区委和市检察院的正确领导下，在区人大、区政府、区政协的监督支持下，坚持以习近平新时代中国特色社会主义思想为指引，按照新一届高检院党组“讲政治、顾大局、谋发展、重自强”的工作要求，紧紧围绕全区工作大局，依法履行法律监督职能，深入推进司法改革，各项检察工作取得了新进展。一年来，润院先后被区委授予“忠诚团结创新担当好班子”称号，被区委、区政府评为2017年度特别贡献单位，连续8年被区人大评为机关效能建设优秀单位，办理的多起案件被镇江市委政法委和市检察院评为优质、精品案件，1名干警获最高人民检察院表彰并荣记一等功，多名干警被省、市检察院授予检察业务标兵或立功嘉奖。

【倾力维护国家政治安全】 立足司法办案，从严惩治各种颠覆破坏活动，继依法起诉省公安厅挂牌督办、全市首例张某某等9人涉嫌组织、利用邪教组织破坏法律实施犯罪案件后，又依法逮捕实施该罪的犯罪嫌疑人14名，有效遏制了“全能神”邪教组织在全市的传播。深入推进扫黑除恶专项斗争。贯彻落实中央、省、市委部署，与区公安分局联合制定涉黑涉恶案件罪名及证据指引，并按要求提前介入每起涉黑涉恶案件的侦查工作，监督引导侦查，共办理涉黑恶势力犯罪案件4件49人。完善重大敏感案件应急反应机制，按照依法办理、舆情引导和社会面管控“三同步”要求，妥善应对“百盛家园”沿路砍人案、通过“清风行动”办理的非法集资类案件等一批社会关注度高的敏感案件，做到公布案情适时、释法说理到位，相关做法受到省、市检察院转发和肯定。

【着力护航经济健康发展】 坚持把严厉打击破坏经济秩序犯罪摆在突出位置，依法办理合同诈骗、信用卡诈骗、虚开增值税发票等经济案件25件81人。坚持把防范化解重大金融风险作为重要工作，加大对非法集资类严重破坏市场经济秩序犯罪的打击力度。一年来，全院先后办理该类案件3件9人，涉案金额6500多万元。区检察院2017年办理的“刘某某非法吸收公众存款案”于今年被评为“全市检察机关十大保障民生典型案件”。坚持平等保护各类市场主体合法权益，组织开展“诚信发展·检察伴你行”活动，全年走访重点企业20余家，召开非公经济企业代表座谈会6次，通过问需、问计、问策。积极回应企业司法诉求，依法从速以帮助信息网络犯罪活动罪、盗窃罪等罪名，对使用电脑软件攻击瑞祥公司全球购平台系统，非法获利15万余元的林某等8人批准逮捕，切实维护非公经济发展成果，营造良好的法治化营商环境。

【主动服务社会和谐稳定】 充分运用法治思维和法治方式防范和化解社会风险，积极开展聘请第三方参与释法说理的公开答复工作，在依法保障人民群众合法权益的同时，有效化解社会矛盾。全年共接受群众来信来访157件次，其中检察长接待45人次，解决信访矛盾18起，确保涉检案件重要时间节点赴省进京零上访。开展“防治校园欺凌、远离校园暴力”为主题的法治进校园活动，法治指导员、法治副校长开展法治宣讲130多次，着力守护校园平安。强化对困难弱势群体的精准帮扶工作，采取送政策、送温暖、送关爱等方式帮助光华社区、平山村、鹤林社区等8户贫困家庭解决生活困难，同时认真履行司法救助职能，向3名被害人或其近亲属发放救助金共计4万元，办理支持起诉农民工讨薪案件3件，彰显司法温度，促进社会和谐。

守土有责，依法惩治刑事犯罪。始终把维护社会稳定作为首要任务，确保重大案件快捕快诉，保持对严重刑事犯罪的高压态势。全年，共受理审查逮捕案件86件126人，受理审查起诉案件281件442人。严厉打击故意杀人、抢劫等严重影响人民群众安全感的暴力犯罪活动，共办理八类严重犯罪案件15件18人。其中，南山街道杀人分尸案等恶性案件均在法定期限内完成补充证据，并报送市院审查起诉。严厉打击盗窃、诈骗等侵财型犯罪活动，切实保护人民群众财产安全，全年共办理该类案件77件94人。

精准施策，积极保障民生民利。坚持把群众利益无小事作为办案的出发点，对食品药品和生态环境安全等案件，坚持重拳出击，回应民生关切。办理公安部“净网2018”专项行动挂牌督办的“2·24”特大生产销售假药案，并依法追加逮捕4名法定刑在10年以上的犯罪嫌疑人，对涉案20名被告人依法提起公诉。开展“食品安全护苗行动”，保障中小学生“舌尖”上的安全，有效促进行政机关开展了专项整治。加强食品药品安全领域两法衔接工作，主动走访卫生、质检等行政执法机关，通过相关检查，依法纠正行政执法机关扣押物品送检程序违法2次，建议镇江高新区综合行政执法局向侦查机关移送案件1件。

服从改革，有力指控职务犯罪。根据上级院精准对接监察制度、继续加强反腐败工作的要求，区检察院加强与区监委工作衔接沟通，认真落实省、市《监察机关与检察机关办理职务犯罪案件工作衔接的实施办法》，对重大疑难案件提前介入调查，协助做好证据审查，确保案件质量，形成反腐败工作的合力。同时，加强职务犯罪办案专业化建设，成立专门办案机构，据此确保办案优质高效，所办案件做到当日受理、采取强制措施和执行，30日内提起公诉。2018年，全院共受理监察委移送职务犯罪案件2件3人，决定逮捕2件3人，提起公诉1件2人，以实际行动诠释检察干警对忠诚履职的坚守、对铁腕治贪的遵循。

扎实开展刑事诉讼活动监督。坚持把维护程序公正作为刑事检察工作价值追求，全面加强刑事诉讼各环节的检察监督工作。在侦查监督方面，依法监督侦查机关立案1件1人，撤案1件1人，检察监视居住场所13次，纠正漏捕5件5人，纠正移送起诉遗漏罪行2件，纠正遗漏同案犯2人，纠正发生在侦查环节的各类程序不当行为3件次。对不符合逮捕条件的14名犯罪嫌疑人做出批捕决定，对实施轻微犯罪、不需要追究刑事责任的16名犯罪嫌疑人做出不起诉决定。办理的“薛某某以实施轻微罪行逃避强制戒毒案”被评为“全市检察机关十大法律监督典型案件”。在刑事审判监督方面，对判决刑期不当的刑事案件提请抗诉2件。对刑事诉讼各阶段发现的不需要继续羁押的13名犯罪嫌疑人、被告人，及时建议相关单位变更强制措施。在刑罚执行监督中，向社区矫正机构发出纠正违法通知书和检察建议各1份均被采纳；向法院发出财产刑检察建议2份被采纳；办理收监执行审查案件3件3人，对3名暂予监外执行罪犯的病情检查全程参与监督，对1名强制医疗人员进行监督，努力实现刑事诉讼实体公正与程序公正相统一。

扎实开展民事行政监督。积极构建多元化民事行政检察监督格局，加强对生效裁判、调解书以及审判人员违法和民事执行活动的监督，全年办理各类民事法律监督案件37件，促进和解息诉10件，对民事行政审判程序中存在的问题提出检察建议9件。积极稳妥开展行政执法检察监督活动，向行政机关发出督促履行职责检察建议5件，被采纳5件。加强对民事虚假诉讼的监督，纠正虚假诉讼案件16件，其中“朱某某虚构房屋买卖合同虚假诉讼案”被市委政法委评为“全市十佳优质案件”，有效维护正常的诉讼秩序和司法权威。

扎实开展公益诉讼工作。积极探索公益诉讼协作办案机制建设，树立双赢、多赢、共赢理念，研究制定《公益诉讼案件线索发现、移送内部协作配合规定》，规范案件线索移送、信息共享和办案工作纪律，加强与区政府法制办、区市场监督管理局、区环保局、区国土分局等部门的沟通协作，提升办理公益诉讼案件的合力和效力。2018年，全院按诉前程序办理行政公益诉讼案件5件，刑事附带民事公益诉讼案件4件，取得了良好的社会效果。同时充分运用检察建议，督促行政机关自我纠错、积极履职，今年我院共向有关部门发出督促履职检察建议5份，及时促进问题整改。

6 月 28 日，润州检察院召开“依法打击非法集资犯罪，精准化解风险维护稳定”新闻发布会

（区检察院　摄）

坚定方向，深化思想政治建设。切实发挥党组在把方向、管大局、干事业上的关键作用和带头作用，坚持以“两学一做”学习教育制度化、常态化工作为抓手，扎实有效开展解放思想大讨论活动，坚持用习近平新时代中国特色社会主义思想统一认识、凝聚力量、指导实践，党组班子的凝聚力、党支部的战斗堡垒作用、党员干警思想政治素质有明显提升。2018年，院检务保障第一支部被区委组织部评为优秀支部书记工作室，控告申诉党员示范岗位被授予“2017–2018年度区级党员示范岗”，多名干警获邀参加区级机关工委组织的微党课展示活动。认真接受市检察院党组第二巡察组为期一个半月的巡察，把整改落实反馈意见作为一项政治任务，直面问题与不足，深入查找症结，制定详细的整改方案，整改落实工作得到市检察院党组的充分肯定。

持之以恒，注重司法能力建设。一是坚持正确选人用人导向，严格按照上级院员额检察官遴选的要求，坚持工作优秀、群众认可、组织信任的原则，将3名青年干警选任至重要业务岗位，优化员额检察官队伍结构。二是把学习培训作为开阔干警视野、提升执法能力

区委书记高国成(右二)以普通人大代表身份视察润州检察工作

(区检察院 摄)

的重要途径，共组织参加各类业务培训500余人次。三是大力提升检察理论调研能力，结合办案组织干警开展检察调研和理论研讨。一年来，全院先后有4名干警被省检察院评为办案标兵、业务能手，2名干警被镇江市委、市政府表彰，6名干警被市检察院立功授奖，全院干警共在省级以上媒体发表调研文章15篇，多个调研成果被中国法学会刑事执行法学研究会、江苏省法学会、镇江市社会科学院、镇江市法学会评为优秀学术论文和优秀研究成果。四是注重机制创新，以先进的理念带动干警的办案能力，并研究制定多个办案工作创新机制，其中诉前会议制度被市院党组确定为全市重点创新项目，相关做法获省、市多家媒体报道。

远离红线，强化作风纪律建设。自觉把纪律和规矩挺在前面，严格贯彻中央八项规定精神、最高人民检察院各项纪律禁令，严格落实“两个责任”，认真践行监督执纪“四种形态”。积极推进“以案促改”工作，对办案环节的廉政风险点进行了自查自纠，定期组织开展检察业务、队伍、事务管理的专项督查，提醒干警时刻遵纪守规。秉持严管就是厚爱的理念，认真组织党纪党规的学习，定期开展廉政警示教育，会同区纪委、区监委派驻纪检监察组，制定廉政风险防范“两个清单”和“三个档案”，引导干警按法律办案、按规矩办事、依道德做人。

坚持党的领导、接受人大监督。坚持做到重要工作安排、重大案件办理情况等及时向区委请示报告，确保检察工作正确政治方向。自觉把各项检察工作置于人大及其常委会的监督之下，及时向人大及其常委会报告工作情况，坚决执行人大及其常委会的决议决定，高度重视人大代表、政协委员联络工作，组织开展“检察开放日”和“代表委员联络月”活动，广泛听取意见和建议，同时采取向代表委员赠阅报纸、寄送资料等形式，加深代表委员对检察工作的了解和支持。2018年，先后向区委汇报了省市两级检察长会议精神、开展公益诉讼工作和刑事诉讼法、人民检察院组织法修改后贯彻落实等工作，向区人大常委会专题汇报公诉检察工作，邀请90余名人大代表视察检察工作10余次，组织8名班子成员走访省、市、区三级代表委员130多人次，收集意见建议30余条。

保障公民权利、推行检务公开。充分发挥“互联网+检察”功能，不断扩大检务公开内容和范围，以案件程序、法律文书、重要案件的公开为重点，公开各类案件信息903件，覆盖检察办案全过程。开通微信服务平台，推出律师阅卷业务“一键预约”、律师代理案件信息“一键直达”、案件诉讼节点变更“实时推送”三项服务，检察服务更加快速准确。着力构建微博、微信、客户端和门户网站“四位一体”的检察宣传阵地，实时动态发布信息1200余条，检察官微信释法45期，在传播检察好声音的同时，认真回应社会关切，区检察院“润州检察在线”荣获镇江市委宣传部“镇江市政务微信优秀奖”。

坚守程序正义、规范司法行为。紧紧抓住大数据、人工智能发展新机遇，推动信息化与检察工作的深度融合。全面运行统一业务应用系统，实现各类案件一个平台、一个标准、一个程序，所有办案信息网上录入、办案流程网上管理、办案活动网上监督、办案数据网上生成。扎实开展常态化案件流程监管，定期组织案件质量专项评查，2018年共开展案件评查3次，评查案件300余件，有效提高了司法规范化水平。依法保障律师执业权利，高标准建立案件管理服务大厅，设置专门接待窗口和独立阅卷区，进一步规范律师接待流程。严格执行讯问犯罪嫌疑人同步录音录像工作制度，共录制同步录音录像107件200余人次。 (王 艳)

法 院

【概况】 2018年，润州法院以习近平新时代中国特色社会主义思想为统领，紧紧围绕“努力让人民群众在每一个司法案件中感受到公平正义”的目标,全力做好审判执行工作，深入推进司法体制机制改革,全面加强队伍建设,各项工作取得新进展。共受理各类案件12540件,审执结11313件,同比分别增长12.68%、18.76%。结案率、收结案比位居全市基层法院前列。

优化法治营商环境。尊重市场主体的意思自治,维护公平、安全、有序的市场环境,审结买卖、承揽、定作等合同纠纷517件。加强产权司法保护力度，维护企业家合法权益,审结股东出资、股权转让、股权质押等纠纷10件。发挥金融审判规则导向和价值引领作用，合理引导金融机构服务实体经济,审结保理、保险、金融借款等纠纷1189件。严厉打击非法集资、金融诈骗等涉众型犯罪,审结集资诈骗、非法吸收公众存款等犯罪案件6件,有效引导公众增强金融风险防范意识，促进理性投资。

着力群体纠纷解决，切实担负稳定责任。强化“府院联动”机制,妥善化解第六空间、天桥装饰城、启迪协信广场等相关群体性维权纠纷。服务深化供给侧结构性改革，推动完善市场主体救治和退出机制，设置破产案件专业审判团队,完善“僵尸企业”破产重整程序，妥善处理职工安置和权益保障问题,将大通重工、银河物业、安达机械等6家明显缺乏清偿能力的企业及时转入破产程序，其中3家已进入资产处置阶段,带动化解执行积案300余件。

完善多元化解机制，协同推进综合治理。全方位融入网格化社会治理，多领域拓展诉调对接平台。联合区住建局、司法局打造全新的“物业管理纠纷调处中心”。组建交通事故专业审判团队,加强与交管部门、保险公司、保险行业协会的对接，全面推开“网上一体化处理”,一站式、智能化调处交通事故纠纷424件。坚持司法引导、社会协同,积极引入19名律师、5名专职调解员轮值入驻“一站一室”,提供法律咨询,开展诉前调解,化解家事、相邻关系、小额债务等纠纷650件。区法院被市委、市政府授予全市社会治安综合治理先进集体。

强化审判工作，努力实现司法个案公正。依法惩治刑事犯罪，维护社会安全稳定。共审结刑事案件266件,判处罪犯429人。开展扫黑除恶专项行动，审结了被告人于某等38人抢劫、非法拘禁案。加大毒品犯罪打击力度，审结贩卖毒品、容留他人吸毒、非法持有毒品犯罪案件15件。坚决贯彻反腐败斗争决策部署，注重与监察体制改革的有效衔接，审结职务犯罪案件11件12人。筑牢食品药品安全司法防线，审理被告人董某勇等20人利用网络跨区域销售假药案。从宽从速处理被告人认罪的危险驾驶、轻伤害、交通肇事等轻微刑事案件88件，判处55人非监禁刑。有效化解民事纠纷。受理民事案件6807件,审结6048件,同比分别上升12.88%和11.92%。妥善化解人身损害、教育医疗、社会保障等矛盾纠纷450件。坚持劳资权益保障并重，审结劳动争议纠纷273件,为农民工追回劳动报酬408万元。引入示范判例,调判拆迁补偿纠纷127件。开展民间借贷涉“套路贷”和虚假诉讼专项整治,依法否定预扣本息、变相高息等规避民间借贷利率司法保护上限案件76件。组建建设工程、产权式商铺纠纷专业审判团队，统一裁判尺度，审结建设工程纠纷67件、化解产权式商铺纠纷92件。

妥善处理行政争议，推动法治政府建设。强化对行政行为合法性的审查，保障行政相对人合法权益，审结行政案件和非诉审查案件109件,判决行政机关败诉案件4件，一批涉及征地拆迁安置、政府信息公开的矛盾纠纷得到妥善处理。积极推动行政机关负责人出庭应诉制度，行政机关负责人100%出庭应诉。开展“送法进机关”活动,受邀为全市行政复议应诉人员解读行政诉讼法司法解释,组织法官赴部门、街道开展专题讲座，引导行政机关依法行政。

决战决胜“基本解决执行难”。2018年,区法院紧紧围绕“基本解决执行难”核心指标,举全院之力攻坚决战，共受理执行案件5174件，执结4761件，结案率为92.02%，执行到位金额2.94亿元,有财产可供执行案件法定期限内执结率99.73%，终本案件合格率99.47%，首执案件法定期限内结案率88.96%，各项核心指标均位居全市基层法院前列，均较大幅度超过最高法院确定的核心考核指标值。多方协调联动,紧扎执行联动之网。今年8月,区委常委会专门听取区法院关于“基本解决执行难”工作的情况汇报,将支持解决“执行难”工作纳入领导干部年度述法考核内容，并要求全区各级党政机关和党员干部自觉履行生效判决,树立示范效应。区委政法委组织15个单位召开执行联席会议，明确各部门的责任与任务,为解决“执行难”提供坚强保障。全面开展保全保险、救助保险、悬赏保险项目合作,动员社会力量参与解决执行难，将决战决胜执行难从法院“单兵出击”变为社会各界参与的“协同作战”。加大执行力度,紧握强制执行之拳。常态化开展“凌晨行动”“夜间突击”“节日攻坚”等集中执行活动58次,出动警力1500余人次,实施搜查120次,拘传105人次,拘留40人次。开通执行快速反应电话“85519110”,24小时接受执行案件财产和被执行人下落线索举报。开展严厉打击“住豪宅、开豪车、高消费”等规避执行专项行动，利用网络及各大媒体专版进行聚焦曝光。密织信用联合惩戒网，限制5113名被执行人高消费，将3101名不履行法律义务的失信被执行人纳入失信"黑名单"，238名被执行人迫于压力主动履行了义务。引入智能应用，紧抓智慧执行之效。强化执行指挥中心"854"模式的实体化运行，构筑执行指挥"最强大脑"，实现案件网上流转、数据自动生成、流程预警监控。推行"以议价、询价为主，委托评估为辅"的财产处置模式，有效缩短资产处置周期，节约资产变现成本50%以上。公开招标引入网络辅拍机构，提供拍卖标的物实地调查、统筹预约看样、跟踪拍卖后续处理等服务，共网拍标的399件、成交226件，同比分别上升49.87%、50.88%，成交金额1.97亿元。招标引进辅拍机构的经验被省高院信息简报推介。严格执行管理，紧绷规范执行之弦。设立执行裁判庭，快速审结执行异议、复议等案件50件。强化执行公开平台建设，及时、准确公布执行流程中的37个关键节点信息。加强执行流程节点监督，执行指挥中心每日检查办案情况，全程跟踪，杜绝拖延执行、选择性执行。成立资产处置组，对有财产可供执行案件资产处置进行集中管理、定期督办。开展执行积案清理专项活动，实行挂图作战、对表推进、领导包案，逐项逐案分解任务、分析督导，执行超长期未结案件同比下降214%。

深化司法改革，狠抓审判质量效率提升。落实司法责任，发挥院庭长"头雁"效应。进一步明确院庭长职责清单，强化院庭长审判监督管理"只能加强、不能削弱"的导向，认真解决不愿监督、不善管理等突出问题。注重发挥院庭长办案的示范引领作用，明确院庭长主要办理疑难复杂案件和上级法院发回重审的案件。每月对院庭长办案情况进行通报，切实推进院庭长办案规范化、常态化。2008年，院庭长办结案件5221件，占结案总数的48.8%，同比分别上升34%和18.03%。深化繁简分流，畅通简案快审通道。明确分案规则，实行"简案快审，繁案精审"。对认罪认罚轻微刑事案件实行集中开庭审理，审理期限压降到10天左右。组建"法官+法官助理+书记员"的速裁简易民事案件审判团队4个，简化庭审程序，集中审理批量案件，推广令状式、要素式、表格式等格式化裁判文书。自2008年2月运行以来，速裁团队共分流民商事案件3466件，结案3045件，分别占同期院本部民商事案件收、结案总数的80.96%和77%，案件审理周期同比缩短20天，一审服判息诉率98.57%，同比提升了11%。强化审判管理，完善绩效考评机制。狠抓积案清理，对超期未结案件实行周通报、周点评、周约谈、周督办；严抓审限管理，要求审限变更必由院领导签批，坚决杜绝随意延长审限、扣除审限等行为，全院超十二个月未结审理案件压降至2件，为历年来最低。常抓案件评查，组织评查被上级法院发回改判案件38 件、法律文书180份、庭审50次，发回改判率低于全市基层法院平均水平。开展办案竞赛，纵向比进步，横向比位置，促进干警对标找差、比学赶超，员额法官人均办案353件，同比提升18.7%。突出以人为本，细化司法便民举措。完善立案、审判、执行、信访等各个环节的便民措施，打造集诉讼引导、材料收转、查询咨询、网上立案、信访接待等功能于一体的综合诉讼服务平台，立案庭被授予"全国三八红旗集体"荣誉称号。强化文书上网、庭审直播、审执信息发送等工作，以"阳光司法"、群众"围观"倒逼案件质效，全年共上网文书3290份，庭审直播2930场，观看总量300万余次。积极落实司法救助政策，切实保护弱势群体司法权益，减缓免交诉讼费17.3万元，发放救助资金25万元。

统筹创新试点，推动形成工作特色亮点。推进家事审判改革。积极转变家事审判理念，落实改革措施。建立家事调解员、调查员制度，共建由多部门配合、多主体参与的家事调解委员会。通过判前"离婚冷静期"、判后"法官寄语"的方式，帮助40人及时修复婚姻关系。畅通反家暴"绿色通道"，设立家暴庇护站，发放人身保护令8份。保护当事人隐私，出具离婚证明书16份。引入心理辅导，促进查找矛盾根源，理性解决纠纷，家事案件调撤率达71%。金山湖法庭获评全省法院家事审判先进集体、全省优秀人民法庭，《打造"家和"特色品牌让家事纠纷不出家》入选镇江市 "十佳法治惠民实事"。加强智慧法院建设。深入运用"互联网+"，扩大智能辅助办案系统应用，通过智能信息回填，程序性文书全部自动生成。试用基于语音大数据和人工智能的科大讯飞、阿里云嘉的庭审语音智能转写系统，试行"语音识别 + 无书记员"庭审模式，为加快办案进程留出空间，为辅助人员处理事务性工作简出时间。同步引进"云上法庭"，以法官为中心，通过智能交互界面将法庭与诉讼参与人互联互通，提高庭审效率。利用"法信"类案推送、"法意"纠错功能，辅助提高文书质量。提升法院文化内涵。坚持法院文化与司法实践相结合，大力弘扬社会主义核心价值观，以党风廉政建设为切入点，以"一园三馆"为载体，不断丰富"七位一体"法院文化体系。依托家事审判方式和工作机制改革试点，在金山湖法庭建设"和润"家风馆，将家风、家训融入家事审判、矛盾调解，融入党员教育、党性提升，多维度打造党性教育阵地，打响"德""法"互融的"和润"家事文化品牌。"和润"家风馆被市委组织部确定为全市党员教育实境课堂。（区法院）

司法行政工作

【概况】 2018年以来，润州区司法局以公共法律服务为抓手，充分发挥司法行政工作职能，助力“三大攻坚战”，为“城市经济”发展提供法治护航，工作成效显著。官塘桥司法所“4·8”司法日活动被《人民日报》刊发报道，区矛调中心被评为全市社会治安综合治理先进集体，区法律援助中心主任刘东升被市委政法委评为镇江市“争当人民满意政法干警”先进个人，系统内有3人被选入省厅“155”人才工程，区法律援助中心、七里甸司法所被评为全市司法行政系统先进集体，共有5人被评为全市司法行政系统先进个人、连续三年获区绩效考核一等奖。

【高效助力“三大攻坚战”】 结合走村入户大走访和“法企同行”活动，深入10余家企业开展座谈走访，了解企业法律需求，精准提供法律服务；开展金融风险防范宣传，精准对接群众需求，联合区金融办、公安分局、区市场监督管理局等开展5场防诈骗、防非法集资广场宣传活动；开展“访调对接”工作，在信访部门设立派驻式调解工作室，排查信访类隐患29件，已成功调解信访类纠纷22件；律师积极参与了诸如中央大街商铺纠纷、协信广场租赁纠纷、涉军等多起信访矛盾纠纷调处。开展“法律扶贫”专项行动。出台《润州区司法局关于开展法律扶贫工作的实施意见》，通过“五个一”工作法（建立一个数据库、发放一封公开信、建立一个法律服务绿色通道、开辟一条帮扶解困渠道、建立一个工作机制）为全区345户贫困户建档立卡，整理收集了包括工伤事故类、交通事故类、伤害赔偿类、赡养抚育类等7大类法律需求，累计提供法律服务77人次，并通过回访联系提供及时有效的法律援助。区特殊人群服务协会还开展了特殊人群困难家庭走访慰问活动，按照相应政策提供帮扶并给予一定的物质帮助。提升环境保护服务能力。落实“谁执法谁普法”责任制，联合交通局、宝塔路街道等部门组织开展“倡导绿色出行”“打造绿色企业”“共创绿色校园”“建设绿色村居”等各类活动15场，发放各类宣传材料千余份；成立润州区环保污染纠纷调解组织，成功调解环境保护类纠纷711件；公共法律服务中心可以为群众提供各项环境保护法律服务。

【提升护航“城市经济”发展能力】 着眼体系升级，不断扩大公共法律服务影响力，三级联动，加强公共法律服务中心标准化建设。开展“标准化建设全面推进年”行动，区公共法律服务中心添置了电子触摸屏供群众使用，率先打造宝塔路街道、七里甸街道公共法律服务中心升级达标，推动村（社）司法行政服务站功能发挥。加大法律服务产品多元化供给，梳理整合四大类24项服务项目清单并定制宣传手册发放至街道、村（社）及来访群众，真正实现“一个窗口接待，一个站点受理，一条龙式服务”的便民目标；印制下发10000份惠民举措宣传单，推动2018年司法行政惠民实事落在实处。在全区实现半小时法律服务圈。提质扩面，提升村（社区）法律顾问工作。“法润民生”微信群覆盖全区60个村（社区），村（社区）法律顾问为居民答疑解惑实现了“定时+及时”。在全区开展村（社区）法律顾问集中签约，以合同的形式明确了法律顾问、村（社区）、司法所的权利与义务，律师开展法治宣传、法律服务、参与矛盾调处、信访等工作作用发挥明显；各街道“双微双员”服务牌在各社区各小区显著位置公示，推动了“指尖上”的法律服务。服务前置，推进公证事业发展。全面推行公证“最多跑一次”，对符合条件的，最快30分钟即可出证；公证员全部加入“法润民生”微信群，打通公证服务“最后一公里”。实施公证服务能力提升计划，加快拓展公证服务领域和推动公证员队伍发展，开展公证处事业单位企业化改革的探索学习。实行网上办证、司法公证等业务。全年共办理公证913件，累计为困难群众减免公证费近3万元。多措并举，强化法律援助工作。放宽经济困难标准，进一步扩大法律援助范围，增加了律师个案补贴；建立完善法院法律援助值班律师工作站点，法律援助律师值班常态化进行；加强刑事案件律师辩护工作，使更多刑事案件被告人受益。共累计办理法律援助案件337件，其中刑事案件19件，涉及各类人群近400人次，为群众累计挽回损失近300万元。

【筑牢维护社会稳定“第一线”】 提升基层调解工作。健全基层调解网络，进一步完善三级调委会和区、街道调处中心建设，主动融入网格化治理体系。注重平时与关键节点矛盾纠纷排查调处，建立问题联治、矛盾联调工作机制，最大程度地化解社会矛盾纠纷，维护社会和谐稳定，截至目前，全区共组织开展矛盾纠纷摸排2763次，预防矛盾纠纷1334起，调处各类矛盾纠纷2910件，成功率100%。强化调解多元化建设。推动公调、诉调、交调进一步发挥作用，加快劳动争议、物业、知识产权等行业性专业性调解组织规范化建设，新建成环境保护、消费、物业调解委员会；着力打造“杨俊个人调解室”“李继川个人调解工作室”等品牌，注重发挥典型作用。注重“枫桥经验”的润州实践。完善“访调对接”机制，建成了区信访部门调解室，将信访矛盾化解工作“关口前移”，做到信访矛盾“早排查、早发现、早介入、早化解”；各街道基本做到信访、调解、综治“三位一体”，多元合力化解矛盾。

【提升服务特殊人群实效】 强化精准矫正。在全区制定社区矫正工作人员“七条禁令”和“九条戒律”；专门邀请区党代表、人大代表、政协委员等组建了区社区矫正行风监督员，进一步加强对全区廉洁执法、规范执法、文明执法监督；主动邀请派驻纪检监察组对全区矫正系统开展廉洁执法和规范执法政治巡查体检，制定风险防控责任清单，进行专题警示教育；会同区公检法多次联合开展执法专项督察在全区制定《润州区社区服刑人员“十条红线”》，对不假外出、手机定位、同城住宿、居住地变更以及违反公序良德等行为作出明文规定，发现违规，严厉处置：书面警告、公开检讨、联合训诫、佩戴腕带、挂牌监管、“双十六”管理。起到了警醒震慑作用，进一步增强所有社区服刑人员的法治意识、规矩意识、红线意识。2018年来，累计接收1261名社区服刑人员，累计解除社区服刑人员1176名，目前在册81人。其中：缓刑74人、管制2人、假释2人、暂予监外执行3人。有22人因违规受到警告处分，被列为区级挂牌监管重点对象，和2017年同期相比警告处分下降50%。通过结对攻关帮教，所有挂牌监管人员认罪知错，积极改造，已有18人顺利回归家庭，融入社会，教育转化率达到100%。2018年，无一人因违规违法被收监执行。连续多年未收到一件检察机关的“两书”，得到了社区服刑人员本人发自内心的感谢，收到数十封感谢信，获得了社区服刑人员家庭和所在社区和邻里的满意好评，受到上级领导和社区矫正行风监督员的充分肯定。江西省南昌市西湖区考察团和西藏挂职省司法厅干部专门到润州区考察社区矫正工作后给予高度评价。坚持帮困解难，强化安置帮教。做好安置帮教衔接工作，刑释人员衔接率达100%，安置帮教社工配备率达标，已实施刑释重点人员必接必送24例。全区634名刑释人员帮教有序，58名强制隔离戒毒人员（2018年接收45人）后续照管工作稳步展开。“展翅新飞”工作坊关注特殊人群未成年子女心理健康，开展两期专项活动并获得省司法厅领导批示。

【精准开展法治宣传教育】 “七五”普法实效显露。组织召开全区“七五”普法中期迎检推进会议，动员部署“七五”普法中期考核准备工作。积极开展普法工作自查，顺利通过市级考核并获得肯定。加强普法责任落地。发挥普法办牵头抓总作用，建立46家普法成员单位个性化“普法责任清单”，签订“普法责任状”；以《2018年度法治宣传工作联动事项》为基础，制定下发了润州区“普法月历”；联合法院、检察院组织开展“以案释法”活动4场；加大各类普法典型培树力度，新建民主法治示范村（社区）3家，全区创建率为48.33%，同比上升5%。加强重点人员学法用法。抓住普法人群“关键少数”，向全区副科以上干部、村（社区）干部等发放新修订《宪法》，开展宪法宣传活动7场，全区2156名干部参加了省第六届“万人学法”网上竞赛；全区18所中小学(31所幼儿园)全部配备法治副校长、法治辅导员，建有法律服务室；开展“农民工学法活动月”、“4·8”司法日、“12·4”宪法日等各项法治宣传活动10余场。

【全面加强服务保障与队伍建设】 深入推动信息化建设。将信息化平台应用工作纳入局机关和司法所工作考核，确保信息化应用工作稳步推进；建有“润州普法网”，开通“润州普法”微信、“润州司法行政在线”微博普及法律知识、提供法律服务。强化党风廉政建设。贯彻落实省、市、区十项规定，学习传达省、市政府廉政工作会议，加强反腐倡廉教育和廉政文化建设。严格落实“一岗双责”，与司法所、局机关各科室签署了工作责任状。此外，还开展了新修订的《纪律处分条例》知识测评。加强效能作风考评。组织召开司法行政作风建设大会，定期开展作风效能督查；作风建设纳入年终考核体系；严格落实局领导效能作风值周制度，做好工作记录，扯袖红脸，做到效能作风建设时时不忘。 （解 燕）

人民武装

【概况】 2018年，润州区人武部在镇江军分区党委和区委区政府的领导下，紧紧围绕“学习贯彻习近平强军思想”这条主线，突出“抓国防动员能力建设、抓安全稳定”两个重点，较好完成了年度政治教育、兵役征集、民兵整组、潜力调查、民兵训练等各项任务，被省军区表彰为后装保障综合表现突出单位，单位整体安全稳定，全面建设稳步推进。

【政治思想建设扎实有效】 认真学习贯彻中共十九大精神，扎实开展“传承红色基因、担当强军重任”主题教育，突出党的创新理论学习，利用每周理论学习日，集中组织学习党的十九大报告、党章、习主席系列重要讲话精神等内容，每月撰写心得体会，切实将习主席思想入脑入心。持续开展以国际形势、军队建设为主要内容的国防教育，两次邀请国防大学政治学院教授进行授课辅导。深入开展“双百双建”帮扶活动，投入8万元帮扶茅山革命老区贫困村马埂村修建村道。广泛参与文明城市、双拥模范区创建，军政军民团结持续巩固。

【民兵组织整顿创新求实】 根据“十三五”民兵组织调整改革任务要求，民兵整组工作按照筹划部署、组织实施、检查验收三个阶段进行。2018年2月下旬组织基层专武干部召开了民兵整组工作部署会议，对组织整顿工作进行了专题研究部署。针对当前民兵组织建设的矛盾和民兵规模调整实际，区人武部严格依据《深化民兵调整改革检查考评标准》规范实施，调整优化了部分街道、重要方向、铁路沿线的民兵组织结构。在潜力调查基础上，民兵组织结构更为科学，区域布局更为合理，整组验收更加注重实效，4次组织民兵整组点验，参点单位召开民兵点验大会程序规范，民兵到点率99.2%，有效促进了整组工作落实。

【民兵演训活动紧贴实战】 区人武部党委坚持以习主席重要指示为指导，以改革创新发展为动力，依据《民兵军事训练大纲》《民兵规范化训练组织实施》等，按照“抓重点、打基础、重运用、促提高”的思路，对年度民兵训练的总体筹划、主要活动、关键环节坚持党委集体讨论决策。全年，组织7批专武干部、应急分队和专业分队集训，开展了实弹射击和实爆作业训练。参加军分区组织的抗洪科目联合演练、战备拉动演练，组织冲锋舟操作骨干集训，指导相关单位开展抗洪抢险、森林灭火、反恐维稳专项训练，确保年度训练任务规范有序落实。部长张成参加省军区组织的军分区首长机关带人武部主官考核，获得全省第5名。选派民兵“四会”教练员参加军分区比武获得第一名，并代表军分区参加了省军区比武获省民兵优秀“四会”教练员。

【战备工作逐步规范】 坚持党委对练兵备战的统一领导，定期议战议训，督促训练落实。深化作战问题研究，组织各级对接完善各类战备方案和行动预案。狠抓战备制度落实，保持战备值班良好状态。深化推进基层战备规范化建设，在区委、区政府的关心支持下，共投入350万元，完成6个街道及52个社区民兵营（连）规范化建设。基层人武部的工作环境和战备秩序明显改善，整体战备水平有所提升。

【兵役征集工作保质择优】 按照“五率”评比标准和军分区、区政府的指示要求，积极搞好与区宣传、卫生、教育、公安等部门的对接，顺利完成年度征兵工作。征兵过程中，扎实开展廉洁征兵工作，严格落实廉洁征兵“零报告”制度，聘请“廉洁征兵监督员”，设立举报电话和举报信箱，结合走访调查、役前训练等时机，通过一对一谈话、问卷调查等形式，广泛开展廉洁征兵倒查，全区未发生廉洁征兵违纪问题。2018年9月下旬和10月中旬，区征兵办组织开展新兵入营后的回访工作，全面了解新兵的思想动态和现实表现，与部队和新兵家庭共同做好新兵的思想稳定工作。

【安全管理工作持续加强】 牢固树立安全意识，定期召开安全形势分析会，每周交班安全通报，重大活动、重要节日、敏感时期及时开展安全教育，不定期安全自查，强化“自身安全我负责、单位安全我有责”的意识。突出活动牵引，扎实开展“学条例、学法规、正秩序”和“百日安全”活动，增强法纪意识，提高安防能力。抓实训练安全，坚持安全分析、风险评估、保障到位。认真组织安全隐患排查整治，及时消除隐患苗头，针对办公楼和营区仓库线路老化问题，对用电线路进行重新铺设。加强重要部位技术防控，针对营区开放和营院纵深短、人员少的实际，重要部位均安装24小时视频监控和警报装置。

（王　磊）

经济发展与计划管理

【概况】 2018年，全区在经济格局和管理体制发生深刻变化的前提下,紧紧围绕“六个高质量”发展目标,自觉践行新发展理念,全力谋划城市经济发展的开局新篇章，坚定不移打好转型升级组合拳,坚持科学发展、率先发展、和谐发展，全区经济社会发展取得新成绩。

2018年，完成地区生产总值218.4亿元,可比增长4.2%;一般公共预算收入13.58亿元，增长21.24%；规模以上现代服务业产业投资3.7亿元；社会消费品零售总额124.33亿元,增长6.5%;城镇登记失业率控制在1.55%;城镇常住居民人均可支配收入增长7.5%。

【城市经济破题开篇】 2018年，润州区以发展城市经济为主线，不断优化发展环境，突出发展重点，确保全区经济、社会平稳运行。3月中旬,召开全区城市经济发展大会,出台《润州区产业发展战略规划》等“1+4”政策文件。扎实开展为期一个月的企业大走访活动，密集开展以城市经济为中心的招商活动。一年来,城市经济发展热度提升、成效初显、态势良好。一是服务业提档升级。入选江苏省服务业综合改革试点区域，成为全市唯一入选区域。制定改革试点工作2018年度实施计划，明确发展目标,明确工作内容,明确职责分工。二是产业结构不断优化。利用新出台的《润州区关于加快推进产业发展的政策意见(试行)》,吸引优质企业和项目入驻我区。启迪众创工社、联想之星·星云加速器等优质项目落户润州区,华润集团、美年大健康、玛吉特超市、苏宁小店等企业的入驻为楼宇经济发展注入活力。三是工业经济量小质优。针对全区实际情况，组织开展重点规上企业走访,帮助企业解决困难。船山集团、金山包装厂、东亚碳素等规上工业企业发展形势普遍较好。

【大项目建设有效推动】 长江金融产业园、大西路商业中心、鸿鑫商业广场3个总投资亿元以上产业项目进入市产业项目库。优化项目推进机制，通过深入项目一线，及时了解项目存在的困难问题;落实区领导挂钩联系制度,分类推进,解决难题;加强事中事后监管,督促属地街道及相关部门加快建设进度,尽早投产达效。注重与市属产业集团联动，主动对接，分别与市城建、交产、文旅、国控集团建立区级层面联动招商、项目推进机制,积极寻找全区城市经济发展与市属产业集团主业发展之间的结合点，每月召开联席会议,推进资源共享,实现互利双赢。

【招商引资扎实开展】 围绕五大主导产业，开展各类项目招引活动。紧盯项目落地。镇江长江金融产业园项目签约，联想之星·星云加速器项目成功落户,创新中心正式投入运营;宁卫医药销售咨询服务平台项目落户官塘并吸引90多家小微企业注册;华润总部落户商务A区;以华夏银行和南京银行为代表的一批金融类企业将地区总部迁入润州区。紧盯在手信息。组织开展20余次招商活动,先后赴英国、芬兰、北京、上海、广东等地开展境内外小分队招商,洽谈推进了韦岗温泉小镇、航天创投、低碳储能变频、工业4.0智能制造等一批在手在谈项目。紧盯存量盘活。累计盘活存量楼宇9.41万平方米,包括常发广场、远洋写字楼等多个单体面积过万或近万的楼宇,去化率达14.9%。

【科技创新成效明显】 通过培养创新型企业家、引进培育创业主体等手段，着力破解全区科技型企业少、体量小的难题，专利申请73件，授权66件。积极推进产学研合作，以“提升区域自主创新能力、推动科技资源集聚”为发展导向，不断拓展政产学研链条，延伸校企校地合作，推进协同创新体系建设。积极申报科技计划项目，上报各类计划7个，其中市重点研发项目6个，市知识产权计划1个。积极培育高新技术企业，分三批申报企业6家。

【积极助力防污攻坚战】 一是积极开展长江经济带各项工作。制定《2018年润州区推动长江经济带发展工作要点》和《润州区推动长江经济带高质量发展走在前列的实施方案（2018—2020年）》，开展规划自评估工作。协同开展长江经济带专项整治工作，对沿线1公里范围内企业进行调查，掌握相关情况。二是节能工作常抓不懈。组织开展燃煤锅炉节能减排攻坚，认真做好碳排放报告与核查工作，全力推进淘汰落后产能。三是排查整治“散乱污”750家，其中工业、服务业专项整治“散乱污”企业99家，整治完成率达100%。

【社会事业全面进步】 群众“获得感”显著增强，居民收入稳步提高。教育发展优质均衡。教育现代化建设水平全省领先，教育重点工程深入推进，苏州外国语学校落户官塘新城项目正式签约，2所幼儿园完成“公办委托幼儿园”改革试点工作。卫生事业成绩显著。家庭医生签约服务全面推进，刘素萍家庭医生团队荣获“全国优秀家庭医生团队”，七里社区卫生服务中心被列为首批社区医院建设试点，黎明社区卫生服务中心被列为省家庭医生签约模式创新建设单位及项目库应用省级联系点，家庭医生签约服务、全一专联合门诊等工作获省委主要领导充分肯定。保障水平全面提升。迎江路中心社区日间照料中心成为全市首家综合性康养服务平台。新增2个标准化老年人日间照料中心、12个老年人助餐点，纳入政府购买服务老人999名，发放尊老金8992人、651.85万元。社会管理全面加强。“一湖九河”、西南片区等综合整治成效显著，秸秆焚烧、大气管控等问题继续得到有效治理；社会治安防控网络日趋完善，公共法律服务实现社区（村）全覆盖。各项事业全面发展。坚持推进全面深化改革，大力深化简政放权，营造优质高效的政务环境；全面提升城市宜居环境，开展露天烧烤、废品回收等专项整治行动，拆除违法建设55463平方米；安全生产形势持续稳定，食品药品安全监管有力。 （区发改经信委）

国有资产管理

【概况】 经区政府授权，履行出资人职责，严格执行《润州区国有企业重大事项暂行规定》《关于进一步规范企业融资管理工作的意见》，认真履行国有资产监督管理职能，负责企业年度经营目标任务的下达、经营业绩的考核、产权管理、运营监管；加强全区行政事业单位国有资产管理制度建设，牵头起草《镇江市润州区行政事业单位国有资产管理实施办法》《镇江市润州区行政事业单位国有资产有偿使用管理暂行办法》等两个文件，并经区政府办发文，进一步严格规范资产配置、资产使用、资产处置、资产收益各个程序；按照预算管理要求，强化资产收益管理；加强固定资产管理信息系统的管理和维护，准确完善资产数据，对资产实施动态管理和有效监管；准确报告全区公共基础设施等行政事业性资产和行政事业单位资产年报。

（区财政局）

国土资源管理

【概况】 2018年，国土润州分局始终坚持新发展理念，紧紧围绕“保护资源，保障发展，维护权益，改革创新”工作主线，开拓进取，担当有为，努力实现国土资源管理工作的新发展。润州区先后被省国土资源厅表彰为2017年度江苏省土地执法先进县（市、区）和2017年度江苏省节约集约利用模范县（市、区），获得33.33公顷用地指标的奖励，为全区经济社会发展提供了有力支撑。

【资源保护工作】 根据市委书记惠建林土地复垦专题会议的精神，国土润州分局部署开展了耕地后备资源调查工作，深挖复垦潜力。积极开展韦岗大杨林塌陷区土地综合整治工作，该项目已完成规划设计编制，并通过市级专家组的评审，项目完成后可新增耕地面积29.67公顷，有效缓解润州区耕地占补平衡压力。同时严厉打击违法违规用地，持续推进存量违法用地整改工作，扎实开展2017年度土地卫片执法检查，将每一宗违法用地整改任务落实到责任主体，限定整改期限，明确到位标准。润州区存量违法用地已整改到位53宗、面积140.76公顷，整改到位率以面积计算为98.22%，以宗数计算为92.98%。对国土资源部下发的168个卫片图斑进行核查，面积81.89公顷，新增违法占用耕地面积占年度新增建设用地占用耕地面积的比例为0%。对2018年度第一期全天候卫片2个图斑进行核查，面积3.25公顷，实现“零违法”。土地动态巡回监察累计162次。自2017年市政府下发相关文件和出台问责办法以后，违法用地查处宗数同比下降67.7%，违法用地形势发生明显好转。

【用地管理工作】 国土润州分局围绕润州区产业发展战略规划，保障重点项目、重大交通基础设施和实体经济用地，优先支持战略性新兴产业、“互联网+”、旅游产业和农业农村发展用地，大力促进“三去一降一补”。对于重大项目，积极推进用地材料报批工作，在实质性审查通过后，及时拟定征地补偿安置草案，及早进入补偿程序，做到报、批、补的无缝衔接。同时，加强与项目主体的沟通联系，及时反馈批、供、用等环节需要协调解决的问题，确保供地程序不停顿或少停顿。2018年，共上报农用地转用3个批次，总面积140公顷；办理工业用地上市2宗，面积7.42公顷；完成用地预审22宗；办理划拨供地11宗，面积12.96公顷；完成了13宗39.41公顷土地征收工作，征地宗数同比增长225%；并已全部交地；完成各类测绘160余宗；批后监管65宗，面积229.93公顷；完成权籍调查259宗。

【群众权益保障工作】 认真做好依法行政和法治国土建设，严格按照法定权限和程序行使权力。扎实做好征地农民社会保障工作，征地补偿安置费用和社会保障费用及时足额到位，切实保障被征地农民合法权益。运用“三级视频接访”系统，畅通并引导群众通过法定途径分类化解信访矛盾纠纷，处理各类信访件87件，信访案件按时办理率、政府信息依申请公开答复率、“12345”事项按时办理率、网上舆情按时回复率均为100%。积极开展信访“五量调控”试点工作，全面排查涉及国土资源的信访矛盾纠纷，信访积案由领导包案履职尽责，对涉法涉诉等不属于信访的事项，及时移交相关职能部门。在成功创建高标准“十有县”的基础上，进一步完善地质灾害群防群测机制，尽最大努力保障人民群众生命财产安全。排查润州区和高新区地质灾害隐患点共计43处，应急处置地质灾害险情5起，发放防灾工作卡86份，全面落实防灾工作责任制，并初步建立气象预警预报系统和远程防灾系统。

【污染防治工作】 一是在矿山企业扬尘管控方面：定期对矿山扬尘管控进行专项督查，利用周末休息时间对企业进行突击检查，利用无人机对现场进行记录，确保企业生产现场水炮喷水装置完好，管道畅通，不间断对生产现场进行喷水降尘。企业新购置一台30吨洒水车，在采场道路每天洒水不少于25趟。并完成了生产区内的道路硬化工作，做好绿化区域树木和草坪浇水养护工作，有效管控扬尘。二是在裸露地块扬尘监管方面：定期对所有26个裸露地块进行专项督查，年底所有地块都已切实做好裸土覆盖、洒水降尘、清洁运输等防治工作。国土润州分局将裸露地块监管纳入到土地动态巡查中，实行常态化跟踪管理，对扬尘治理进行实时监管，及时制止、纠正、处理建设单位扬尘污染问题，切实把主动预防、及时发现、依法处置有机结合起来，确保扬尘监管工作取得实效。三是在打击非法偷盗采方面：对易发生偷盗采的宕口的进出通道现场查勘，市交投对通道进行封堵，并在墙上张贴警示标语。国土润州分局利用“i国土”综合动态智能监管平台进行24小时实时监控，同时利用无人机对难以进入的区域，每周进行定期巡查。

【“互联网+国土资源应用”新突破】 完善“i国土”综合动态智能监管平台，强化“i国土”监测数据与相关国土业务系统以及其他政府部门业务系统的深度融合，完善决策支持指标体系建设，优先探索节约集约模范区和土地执法模范区智能化评价体系，加快推进大数据智能决策分析系统，全面提升“i国土”平台综合化、智能化水平，进一步发挥大数据在国土资源科学决策中的重要作用。

【党风廉政建设】 自觉接受党中央的集中统一领导，在思想上、行动上同以习近平总书记为核心的党中央保持高度一致。深入学习中共十九大精神，教育引导党员干部以习近平新时代中国特色社会主义思想武装头脑、指导实践。深入开展“解放思想大讨论”活动，继续推进“两学一做”学习教育常态化制度化。组织全体中层干部和党员共计52人赴太行山干部学院开展“不忘初心、牢记使命”主题教育，用党的创新理论武装头脑，推动全局更加自觉地为实现新时代党的历史使命不懈奋斗，全面提升国土资源系统干部职工政治思想素质、进一步坚定“四个意识”、更好地服务区域经济社会更高质量发展的重要保障。深入落实中央“八项规定”和省市区委“十项规定”，坚持不懈整治“四风”。筑牢拒腐防变的思想道德防线，完善不敢腐、不能腐、不想腐的长效机制。高度重视派驻纪检组对国土润州分局落实全面从严治党主体责任督查，并扎实做好问题的整改。对76名科级以下行使公职权力的人员建立廉政档案；对16名部门、国土所负责人由分管领导进行廉政谈话，并针对各单位实际情况作出2条以上的特别提醒。严格执行局“三重一大”事项决策制度，落实市国土局项目建设廉政监督检查办法，将监督关口前移、预防措施前置。

（国土润州分局）

安全生产监督管理

【概况】 2018年，区安全生产工作在区委、区政府的正确领导下，平稳有序扎实开展。通过全面落实安全生产责任，不断夯实安全生产基础，深入排查隐患，强化安全生产执法，加强重点时段管控和重点领域整治等途径，全力构筑安全生产监管网和保障网，在全区各级共同努力下，未发生较大以上生产安全事故，安全生产形势持续稳定。

【安全生产管理体系建设】 一是落实党委政府领导责任。年初，区政府与各街道、区各有关部门签订2018年安全生产目标责任状，分解下达2018年度安全生产控制指标。各街道和有关部门也迅速把安全生产控制指标层层分解落实，层层签订安全生产责任状，严格落实安全生产目标管理责任。二是落实部门监管责任。坚持"管行业必须管安全、管业务必须管安全、管生产经营必须管安全"的原则，按照安全监管边界清晰、高效透明的要求，区政府出台《润州区政府有关部门和单位安全生产工作职责规定》，健全完善区政府有关部门和单位安全生产监督管理责任体系。三是落实行业监管责任。根据镇江市相关文件精神，结合润州实际，区政府出台《润州区安全生产各专业委员会工作方案》，成立工矿商贸旅游、石油化工、电力与民爆物品、特种设备、综合交通运输、建筑施工与房屋（物业）、城市燃气、农业农村、城市管理与人员密集场所、卫生、教育文体、餐饮住宿与农贸市场安全等13个专业委员会，进一步加强对行业领域安全生产工作的组织领导。四是落实企业主体责任。继续深入开展落实企业安全生产主体责任三年行动，提升企业落实主体责任质量。在前期完善主体责任清单的基础上，通过安全培训、日常的监管执法、重要时间节点的安全检查、重点行业领域专项整治等方式途径，切实增强企业负责人的安全责任意识和抓好安全生产、落实主体责任的自觉性，以强大的执法威慑来推动倒闭企业主体责任的落实。

【安全生产执法工作】 一是坚持依法治安。深入开展"安全生产执法提升年"和"职业健康执法年"活动，把执法作为常态化、常年化的最重要工作进行部署安排，制定下发《2018年度安全生产监督检查计划》和《职业健康执法年活动方案》，将企业安全生产主体责任落实情况作为执法行动的重中之重，通过执法处罚倒逼企业落实主体责任。开展执法大队标准化建设，进一步强化全员执法理念，推行人人必执法、人人会执法。二是力求执法成效。坚持以预防事故为出发点，大力开展精准执法，将靶心对准事故易发多发、问题隐患集中和工作落实相对薄弱的地区，突出重点行业领域和风险高、隐患多的企业，加大对建筑、职业健康、有限空间作业等危险环节的违法打击力度。以推进重点工作为关键点，推动行政执法与日常监管、专项整治的深度融合。以"执法一家规范一家"为落脚点开展绩效评估，持续深入开展行政处罚案件绩效评估，督促被行政处罚的企业举一反三，全面排查并消除其他安全隐患和违法行为，切实提升安全管理水平，有效防控各类事故。三是提升执法规范。为加强安全生产行政执法规范化建设，统一执法程序，规范执法行为，提升执法水平，区安监局坚持外树形象内强素质。在积极参加上级组织的各类安全生产执法培训的基础上，立足自身，每月组织一次执法业务学习，从"基本要求""现场执法要求""案件办理规范化要求""整改复查要求""执法提升与服务"五个方面入手，全面提升执法人员能力素质。定期开展案卷评审工作，建立行政执法案卷评审制度，在2018年的全市安全生产执法比武竞赛中，荣获三等奖。

【重点行业领域整治】 一是扎实开展安全生产大检查。把安全生产大检查作为促进安全生产工作落实、及时发现和解决突出问题以及不断完善工作措施的重要手段，将重点时节、重点时段、重点领域安全生产工作作为重要内容进行部署。全区各级领导干部认真落实"党政同责、一岗双责、齐抓共管"的工作制度，在春节、人大政协会议、"五一"、中秋、国庆等重要时间节点，坚持带队深入企业、人员密集场所、建筑工地等安全生产场所开展安全生产大检查，明确隐患整改责任主体和整改要求。邀请专家对全区17家生产型企业进行全面普查，对企业安全生产方面存在的薄弱环节和突出问题"把脉问诊"。二是持续重点行业领域隐患整治。积极开展重点行业领域隐患整治工作，突出非煤矿山、钢铁冶金、有限空间、粉尘涉爆、企业自用燃气设施、建筑施工、特种设备等专项整治。将上级通知要求和润州区工作方案及时转发到各街道和相关企业，通过企业自查，街道普查，局抽查的形式，摸清底数，对症下药。在烟花爆竹销售旺季，区安监局联合公安、城管、市安监局对辖区内27家烟花爆竹零售网点和1家批发企业联合开展"打非治违"专项行动。对全区17家加油站和130家危化品经营单位进行安全检查和上门走访，发放宣传手册，交代注意事项。会同市安监局对原韦岗铁矿进行安全现状评价，按照市安监局挂牌督办通知要求制定整改方案，落实相关整改措施，同时加强对韦岗铁矿重点管控，定期请专家对矿井、尾矿库和采空区等重要部位进行隐患排查，不定期上门检查制度、措施落实情况。三是做好烟花爆竹禁放工作。认真贯彻落实市政府《关于全面禁止燃放烟花爆竹的通告》精神，深入分析烟花爆竹禁放后的新形势、新特点，细化工作措施，对辖区内1家烟花爆竹仓库和禁放区内23家零售网点，逐一上门走访，发放禁放提示，宣传禁放政策，解读库存商品回购指导意见，认真统计各零售网点存货量，协调仓库做好存量回购工作。通过积极主动的沟通，全区23家烟花爆竹零售网点已全部退出经营，并上交《烟花爆竹经营(零售)许可证》，补偿款和回购款已全部发放到位。

【安全生产保障工作】 一是推动安全生产领域改革。区委、区政府印发《关于推进安全生产领域改革发展的实施意见》，从总体要求、进一步健全落实安全生产责任制、深化安全生产监管监察体制改革、大力推进依法治理、建立健全安全预防控制体系、加强安全基础保障能力建设6个方面27个小项对全区推进安全生产领域改革发展提出了实施意见。二是丰富安全生产宣教形式。结合“职业病防治法”宣传周、“安全生产月”“安全生产法宣传周”等活动，深入企业、社区，广泛开展安全生产法律法规宣传。区安监局、住建局、卫计委、市场监督管理局、消防大队、金山街道等安委会相关成员单位联合开展以“生命至上·安全发展”为主题的广场咨询活动。积极组织安监局机关及街道安监办人员参加上级组织的工贸冶金、有限空间、职业健康、行政执法、综合业务等各类培训，共参培52人次。组织工矿商贸行业主要负责人、分管安全的领导和安全机构负责人共68人，参加安全生产法律法规培训。三是提高应急处突能力。修订完善《润州区生产安全事故综合应急预案》，强化行政管理职能，建立政企之间、部门之间、区域之间应急救援信息共享、资源共用、力量互补、布局优化、联防联控的机制。根据季节特点，积极开展燃爆、消防、有限空间施救等应急演练，联合宝塔路街道在金桥装饰城开展人员密集场所火灾疏散演练，金山街道组织志愿者开展夏季街巷消防演练，七里甸街道深入企业开展急救知识技能培训，和平路街道向企业发放应急手册和事故案例选编。

（区安监局）

交通运输管理

【概况】 2018年，区交通运输局在区委、区政府和市交通运输局的正确领导下，围绕年度重点工作，用全新的理念拓展视野，用务实的态度推进工作，立足本职，锐意进取，真抓实干，推进项目建设，完善行业服务，夯实交通党建，展现交通行业新面貌。

镇江市润州区境内一级公路17.173公里，二级公路2.96千米，三级公路3.391千米，四级公路25.134千米。公路客运站场3个、长江汽渡1个；铁路站2个。

【交通沿线环境整治】 作为全区交通沿线环境整治工作牵头部门，区交通运输局对照整治工作序时进度，采取点面结合、条块结合、纵横结合的方法，向上积极争取政策、资金，面上加强组织协调，加大工作力度，对全区境内约22.78千米的铁路及16.2千米的国省道沿线环境进行调查摸底，在此基础上，按照省、市政府下发的实施意见和规划时间要求，将整治目标任务进行细化分解，研究制定《润州区2018年度交通干线沿线环境综合整治工作实施方案》《2018年整治任务表》和《2018年整治任务序时推进表》，进一步明确环境综合整治工作的意义、标准、重点及时间节点，确保环境整治工作稳步推进。2018年，润州区协调市城市建设产业集团投资100余万元对该路段沿线安装1.3千米隔离栏；协调配合市铁路办及属地街道开展10余次联合检查，拆除连淮扬镇铁路润州段有碍景观10处、16239平方米，投入资金20余万元，对黄山东路和三官塘26号马家山沿线拆迁地块进行围挡并覆盖防尘网660余张、21万多平方米；清理京沪高铁、沪宁城铁及沪宁城际既有线铁路沿线废弃物5处，整治广告牌9个，整治违规废品收购站2处，加固彩钢瓦房12处、665平方米；与属地街道密切联系，通力协作，对韦岗街道废弃场地拆迁地块进行清理，拆除路边违法建设2处、220平方米，路边水沟治理约78米，种植树苗，美化道路两侧环境；清除312国道边占道经营大排档12处，取缔新312国道路边摆设大排档2处，全面实施标准化监管。同时加大对辖区内243省道、308省道及338省道沿线环境整治工作力度，共计清理墙体广告102处，清除道路沿线堆积物31处，清理路边摊点18处，竖立围墙围挡5处，交叉路障碍物治理13处，修剪省道和村道交汇路口的树枝16处，取缔占道经营11处，清理道路沿线垃圾73处，并设立禁倒标识，加强巡防力度。

【官塘新城拆迁扫尾】 官塘新城项目自2010年正式启动以来，区交通运输局牵头组织实施官塘新城区域内征地拆迁和回迁安置工作。累计完成征地476公顷，拆迁130万平方米。2018年，区交通运输局在官塘新城项目上侧重于回迁安置工作，先后安置板桥、韦岗、回龙等17个项目被拆迁群众房屋2823套，项目范围内居住房屋拆迁及回迁安置基本结束，非居民住房也正在紧锣密鼓推进当中。配合参与完成何家湾、恒顺北等国有土地项目征收任务。

【农村公路管养】 区交通运输局针对当前全区农村道路现状，有针对性的组织开展管养工作：一是完成全区农村公路2018—2020年三年计划的编制；二是继续加强和市区公路管理站的紧密协作，提升县、乡道的管养水平；三是完善农路日常巡查制度，加强对街道、社区农村公路管养的业务指导，充实管养力量和考核力量，提升乡、村道的管养水平。2018年，投入70余万元对韦岗境内群众呼声较大的石韦路和飞黄路进行修复，方便了群众出行，受到周边群众的一致赞誉。

【道路运输市场效能提升】 区交通运输局一直致力于交通队伍服务效能的提升，坚持用心服务：积极配合西南片区环境整治，认真做好辖区内货运车辆治超治限源头监管，每月定期巡查辖区内运输企业，联合韦岗街办开展超限超载宣传和整治活动。2018年，组织对辖区内10多家货运企业开展超限超载源头巡查40余次，指导镇江东亚碳素焦化有限公司率先完成镇江市重点货运源头企业前端采集系统监控设备安装及调试；积极响应蓝天保卫战，对国控环境监测点范围内的三类汽车维修企业进行排查，有效控制汽车维修作业所产生的挥发性有机物对大气的污染；派驻在市行政中心、市检测中心窗口所开展的运政服务工作，得到服务对象和上级部门的肯定。全年，办理业户审验1906户，车辆审验2082辆，办理新增车辆开户206户，道路运输证317辆，组织质量信誉考核12户，业务培训28户，整理营运车辆技术管理档案2619件，运政管理信息系统登录率达100%。

【党建工作质量提升】 区交通运输局围绕党支部质量提升工程要求，不断加强党建工作的品质提升。一是在扎实开展“不忘初心，牢记使命”专题教育、提升政治理论素养的基础上，将支部创建与业务工作结合起来，开展系列活动：为营造交通干线沿线环境综合整治工作的浓厚氛围，在南山街道回龙社区高铁上跨桥，邀请市交通运输局、区法治办、各街道和部分人大代表共同开展“绿色交通 安全出行”主题宣传活动；为扎实开展整治公路货车超限超载违法行为专项行动，在韦岗街道开展“整治车辆超限超载 保护生命财产安全”主题宣传活动；与宝塔路街道运河路社区结对共建，约定双方服务内容，实现党建资源共享，营造了和谐共建的良好工作局面；结合区委巡察组巡察反馈意见，认真做好整改工作，制定完善《润州区交通运输局机关效能建设管理制度》和《润州区交通运输局党组会议、局长办公会议制度》等一系列规章制度，形成用制度管人管事的良好氛围；组织党员干部积极参加市交通运输局组织的“公路杯“十九大知识竞赛，对十九大相关知识进行再学习、再贯通，考试取得良好的成绩；针对本单位党建活动形式单一、与业务工作结合不紧密的现状，借全区解放思想对标找差活动契机，以区人民检察院、镇江市区公路管理站为标杆，学习他们党建工作先进经验，补齐我们的短板，积极主动多样性的开展活动，找到合适的平衡点，使党建工作和业务工作齐头并进，相辅相成，形成润州交通党建品牌。二是将支部建设与群众工作结合起来，规划谈心谈话室、党员活动室及职工之家等专用场地，成立局篮球队和羽毛球队，有针对性地开展文体活动，丰富干部职工的业余生活，机关凝聚力和向心力得到显著提升。

【党风廉政建设】 切实落实党风廉政建设责任制，与局属各部门负责人签订党风廉政目标责任书，细化责任分工，明确党组主体责任和纪检监督责任及班子成员“一岗双责”要求，坚持做好“履责记实平台”记录工作，夯实党风廉政建设组织保障体系。

（彭　玮）

人事劳动管理

【概况】 2018年，区人社局紧紧围绕区委、区政府工作部署，坚持“稳中求进、稳中求好、稳中求优”的工作方针，认真履行创业就业、社会保障、招才引智、人事管理、维权维稳等职能，高标准谋划、高效能管理，各项重点工作高质量完成，全区人力资源和社会保障事业取得积极进展。

2018年，完成城镇居民人均可支配收入48640元，增幅为7.8%，；城镇登记失业率为1.87%；养老保险基金征缴总收入为2.17亿元，同比增长8.75%。全年基金收入达到3亿元，完成率122%（2017年完成量为2.7818亿元）；人均拥有社会保险福利总额力争排名靠前；城乡基本社会保险覆盖率98%，与去年同期持平；每万人劳动力中高技能人才数880人。

2018年，成功申报江苏镇江建筑科学研究院集团股份有限公司为省级博士后创新实践基地，在区划调整后，实现博士后创新实践基地建设零的突破；力促镇江创业大学润州分院挂牌并实际运行；明确区管干部的取薪渠道和绩效奖励领取程序，明确场圃内一般在职人员的工资结构以及退休、其他各类人员的收入情况，使场圃干部职工薪酬做到结构合理、水平适当、管理规范；全区标准化平台省级达标率100%，被誉为江苏省标准化人社基层平台的“发源地”；贯彻落实“妥善安置、合理使用、人尽其才、各得其所”的基本原则，做到接收单位、军转干部、部队“三满意”；深入实施人才优先发展战略，注重在教育系统中选拔与培养中青年人才，为教育系统成功申报2名市突出贡献中青年专家，实现教育系统突出贡献中青年专家零的突破。

【就业创业工作】 大力实施促进就业和创业带动就业战略，主动适应新业态新模式，保持就业局势总体稳定。2018年，城镇新增就业11780人，完成目标任务的121.6%；扶持自主创业2340人，完成目标任务的212.7%。一是惠民工作推进有序。强化就业惠民工程，先后举办“就业援助月”“春风行动”“润州区城市经济发展”等14场招聘会，提供岗位8000个，帮助企业达成用工意向500余人；积极落实稳岗补贴政策，为145家用人单位发放125.19万元稳岗补贴，惠及辖区职工6328人。二是创建工作卓有成效。高度重视基地和示范化平台创建工作，大力扶持优秀大学生创业项目，持续增强创业带动就业能力。2018年，成功创建省级创业型街道3家、省级创业型社区(村)21家、省级创业孵化基地1家、市级创业孵化基地1家、市级标准化示范平台12家；推荐的7个创业项目被评为省级大学生优秀创业项目。三是服务工作异彩纷呈。结合本局工作实际，创新开展一系列指导服务工程。建立“创业助手”团队，义务向辖区大学生创业、困难人员创业等新办企业进行政策指导。全年，帮助90名创业者成功申领创业贷款1100万元；加强与兄弟省份单位合作，赴陕西省华州区联合举办专场招聘会，为其提供电工、维修等岗位1500个。

【人才队伍建设】 把人才发展作为支点，对外引才、对内育才，撬动城市经济高质量发展的杠杆。一是打出人才政策组合拳。按照“权力能放尽放，奖补能优则优，门槛能降则降”的原则，认真贯彻落实《关于进一步加强高层次人才引进与培育工作的意见》《润州区现代服务业人才引进培育办法》等文件精神，创造优良的人才政策环境，新增市级大学生就业见习基地8家，申报大学生就业见习补贴92人。二是打好赴外抢才主动仗。牢固树立“争”“抢”意识，探索建立“政府主导、企业引领、高校支持”的引才生态链，组织区属企业深入到南京理工大学、重庆大学等高校招才引智，全年，共引进本科以上毕业生402人，其中硕士以上50人；引进培养新兴产业紧缺型人才583人；初定助理级专业技术人员928人；评审工程类中级专业技术人员301人。三是打通乡土人才成长渠道。建立乡土人才动态管理数据库，为企业申报省突出贡献中青年专家1人、省六大人才高峰2人、市突出贡献中青年专家6人，助力“乡土人才”提升能力、进一步发挥技能传授和带领群众增收致富的“领头雁”作用。

【劳动关系持续和谐稳定】 统筹推进监察、调解、仲裁等劳动关系协调工作，做好事前预防、事中调解、事后稳控，劳动关系保持和谐稳定。一是监察力度不断加强。坚持“突出重点、主动出击、预防为主、查防并举”的工作方针，大力开展“治欠保支”工作，拖欠农民工工资违法行为同比明显下降；认真开展劳动合同签订和履行情况执法检查、规范劳务派遣行为专项检查和劳动关系领域风险隐患排查。全年，主动监察用人单位325户，涉及劳动者14261人，帮助追发劳动者工资待遇215.9万元，督促缴纳社会保险费34.01万元。二是仲裁能力稳步提高。坚持“快审速裁”工作法，不断深化“海燕工作室”品牌效应，实现快速高效仲裁。全年，受理案件210件，维护劳动者经济利益765万元；率先在全市完成企业薪酬调查、最低工资政策实施效果、企业紧缺岗位需求“三合一”调查，其做法和经验先后被《中国劳动保障报》和《中国劳动保障新闻网》等国家级媒体报道。三是服务质效持续提升。牢固树立“高效、务实、便民”的服务理念，对前来办理业务的企业和个人实行“一站式”服务。全年，“一站式”服务900起，“一站式”服务满意率100%，真正做到让群众“只进一扇门”“最多跑一次”的服务承诺；开展以“进社区、进企业、进工地，送法规、送政策、送服务”为主要内容的“三进、三送”活动，推进用人单位构建更加和谐稳定的劳动关系；开展劳动监察公开课，在企业开展劳动保障法规政策培训会，有针对性地讲解、分析单位在管理中所遇到的问题，从而提高用人单位的法律意识和“人性化”管理水平。

【人事管理工作】 围绕治理体系治理能力现代化要求，全面提升干部队伍素质能力、专业水平，激发干事创业活力。一是加强公务员队伍建设。完善公务员考核评价体系，将平时考核结果与健全干部激励机制和年度考核挂钩；稳妥推进公务员职务与职级并行制度，共审批26人次，同时稳步推进28名新招录公务员政审录用。二是严格事业单位日常管理。落实全区事业单位三项基本制度，切实做到岗位管理全落实、人员聘用全覆盖、公开招聘全实施；严把政策、审批、服务等工资福利工作“三道关”，组织131家事业单位开展津贴补贴和福利发放行为自查自纠工作。三是规范落实公开招聘制度。坚持统一规范、分类指导、分级管理的原则，提高公开招聘工作的科学性和适岗度，规范全区事业单位签订聘用合同，全年公开招录事业单位39人。

（区人社局）

物 价 管 理

【概况】 2018年，区物价局在区委、区政府和市物价部门的关心指导下，充分履行价格管理职能，大力加强市场监督检查，着力规范市场价格秩序，努力做好为民价格服务，有效化解社会价格矛盾，全力维护价格水平稳定。

【价费改革工作】 全面深化行政审批事项改革，加大事中事后监管力度，清理规范行政事业性收费和经营服务性收费。编制并动态更新《润州区行政事业性收费目录》和《润州区政府定价经营服务性收费目录》两个清单，按照省、市要求，润州区管理的政府定价经营服务性目录清单已经编制，《润州区行政事业性收费目录清单》《润州区区级行政事业单位可执行的经营服务性收费目录清单》正在着手更新中。区物价局一方面按照省、市要求，逐项审核、查依据、查文件、落实征收对象，另一方面与区财政非税系统对接，确保项目准确无误。按照苏政发〔2018〕20号文件精神，2月1日起，润州区取消人社局机关、事业单位工人技术等级岗位培训考核收费、劳动能力鉴定费、法定培训费；取消卫计委菌（毒）种、试剂、标本、实验动物费；取消安监局、食药监局法定培训费和党校培训费，共涉及收费金额35万元。环保局排污收费费改税（2018年1月1日起排污费停征），涉及金额700多万元。

【收费统计制度、年度报告制度】 根据省、市物价局要求，区物价局从2018年年初起开展2017年度全区收费情况报告及统计分析工作：共有67家行政事业性收费单位纳入江苏省收费动态监管服务系统进行收费统计，另有10家单位因系统及操作原因，未能纳入收费统计系统，区物价局进行了手工统计，所有收费单位情况报告及收费统计工作至5月31日已全部结束。2017年度全区收费（含经营服务性）总收费金额36706.38万元，较上年增加收费金额4558.67万元。全区行政事业性收费项目涉及19个部门（系统）37个大项、政府定价的经营服务性收费涉及10个部门（系统）17个大项。各收费单位都能较好地遵守国家、省、市相关收费管理规定，规范收费行为，各项收费优惠政策落实到位，严格执行国家、省取消的收费项目和降低的收费标准，无擅自立项、超标准、超范围、搭车收费等乱收费现象。并且全面推行收费公示制度，各种收费项目、标准公示规范、醒目，公示率100%。

【“暖企惠民”活动】 为力求解决社会反映的主要价费问题，区物价局走访润州区部分中、小企业，对照省、市、区行政事业性收费目录清单和政府定价的经营服务性收费目录清单，全面落实涉企收费各项优惠、减免、免征政策。通过座谈和走访，梳理反映出的主要问题是：企业垃圾清运费偏高、企业地处低洼地带雨天积水受涝、企业电费优惠、城建配套费、商品房小区物业收费和多评合一收费问题。根据反映出的问题，区物价局与市物价局及时联动，献计献策，多方呼吁，是价格收费问题的及时作出处理和解决，不是价格部门职能的，也主动服务，帮助企业解困。

【价格服务管理工作】 一是加强教育收费监管和调查。开展各中小学春学期收费公示工作，全区18家中小学、信息中专收费公示率100%，提高收费的透明度。同时会同市物价局、市教育局对全区部分中小学校、10所幼儿园进行教育收费情况巡查，多次对全区中小学社会实践活动费、校服费收费标准通过自查上报的形式进行核对监管。会同市物价局、市教育局多次开展公办幼儿园保教费、伙食费以及前期教育成本调查和监审，召开公、民办幼儿园园长座谈会，理清前期教育收费运行成本和实际困难，做好前期教育收费调查前的各项工作。二是贯彻落实省、市基层医疗服务收费和药品价格调整政策，重点开展基层卫生机构基本情况调查、基层医改模拟测算、家庭签约医生服务收费核查上报工作。同时会同区卫计委联合下发6家卫生服务中心病房床位费收费标准文件。配合市物价局、卫计委对3家基层医疗机构进行收费政策落实情况督查。三是开展全区9家养老服务机构、学前教育校外培训机构、农村产权交易市场收费现状以及收费管理过程中遇到的困难和瓶颈进行的调研和探讨，为收费政策决策提供了依据。四是协助区政府遗留项目推进、生态环境建设以及节水型社会示范区建设，完成价格部门职责范围内的各项工作。五是会同区教育局对全区13家公办幼儿园（含非教办1家）、13家非营利（普惠制）民办幼儿园保教费收费标准进行再次调整，对全区7家非营利性（非普惠）民办幼儿园的保教费收费标准进行再次确认，并一律不作调整，对2018年9月1日新开办的1家非营利（非普惠）民办幼儿园保教费收费标准进行核定。2018年秋学期开学前，会同教育部门对全区10家公、民办幼儿园收费政策落实情况进行抽查，全区没有发现一例收费违规问题，同时，全区34家幼儿园在开学前全部按照价格、教育部门的要求，做好了收费公示。

【电网和转供电环节收费清理规范工作】 根据国家发展改革委《关于降低一般工商业电价有关事项的通知》和《省物价局关于清理规范电网和转供电环节收费有关事项的通知》文件精神，在市物价局统一部署下，区物价局对全区45家商业综合体、产业园区、物业、写字楼等经营者向转供电用户在国家规定的销售电价之外收取的各类加价进行了规范、整治。要求对于具备改造为“一户一表”条件的转供电用户，要尽快实现直接供电，并按照目录销售电价结算；对暂不具备直接供电条件，需继续实行转供电的，转供电主体应按以下两种方式规范电费收取：一是按国家(省)规定的销售电价标准向租户(转供电用户)收取电费，相关共用设施用电及损耗通过租金、物业费、服务费等方式协商解决；二是由所有用户按各分表电量公平分摊向电网企业缴纳的电费，并做好收费公示工作。至年底，对清理转供电(专变电)加价的政策要求、应执行的电价标准告知书和价格信用承诺书已发放到位，将根据上级要求进一做好清理转供电加价工作。

【平价商店建设】 一是区物价局加强全区13家平价商店的考核工作，局主要领导高度重视，多次带队亲自参与平价商店的考核活动，通过明查、暗访、听取店周边消费者反映以及现场查看，结合平价商店的农副产品产销对接情况、经营平价农副产品品种数量、平价农副产品销售价格执行情况、价格监测数据报送情况，实事求是逐项考核。二是通过月度考核和日常监管，要求全区13家平价商店必须做到：保证平价商店显示屏的开启，显示屏价格与标价签价格对比，一定要吻合一致；店容店貌要整洁干净、标价签悬挂放置要要货签对位、平价品种标价签(红色边框)和非平价品种(绿色边框)要明确区分，不交叉使用、平价品种要集中摆放。三是要求各平价店做好节假日和重大灾害天气保证农副产品供应量要充足，商品供应保证不能断货，一定程度起到稳定周边市场的示范作用。四是会同市物价局参与接待无锡市新区物价局到镇江就平价商店优惠券发放工作进行的学习交流活动。2018年，全区平价商店经市物价局、财政局和区物价局共同考核，获得一等奖2家，二等奖4家，三等奖6家，不予奖励1家。

【小区物业收费和停车收费管理】 区物价局全力贯彻落实《镇江市区物业服务收费管理实施办法的通知》《镇江市区住宅小区汽车停放费和车位租金标准的通知》《关于明确市区普通住宅装饰装修管理服务费标准的通知》三个文件精神，对润州区万科蓝山、美的城、太古城3个住宅小区的前期物业公共服务费、停车费进行备案；对官塘绿苑、瑞香苑、紫园物业工作进行指导和监督，对恒大华府、中海润江府物业政策进行指导。2018年，处理市政府“12345”工单咨询70件，为全区120多个业主电话咨询进行物业收费政策解答服务，疏导开发企业、物业公司、业主之间的收费矛盾，避免三者之间的矛盾升级，为社会和谐环境的营造起到一定的作用。另一方面，根据《关于提升社区物业服务水平促进现代物业服务业发展的指导意见》(苏政办发〔2017〕117 号)和《镇江市区物业服务收费专项整治百日行动实施方案》(镇价服〔2018〕92号)文件精神，区物价局于9月10日通过物业收费管理平台、区电台、相关网站向全区物业企业和广大业主发起宣传动员，并于10月10日起，开展全区物业服务收费专项整治百日行动。区物价局结合“12345”监管平台及物业服务收费管理系统的相关数据，重点检查近期群众投诉举报较普遍、反映较突出的问题，促进物业企业履行“价格信用承诺”。本着“检查一个小区，规范一个小区”的整治理念，重新完善基础台账，全面掌握物业服务相关信息，并推进“物业服务收费管理系统”的“智慧家”微信公众号建设，要求物业企业主动向社会公布，接受业主监督。通过百日行动，力争做到物业服务企业收费行为规范、价格违法违规行为和服务纠纷明显减少、群众反映强烈的物业收费问题得到有效整改，推动全区物业服务上水平、上台阶。全年，已清理整顿物业企业15家、普通住宅前期物业小区27个，签订物业企业价格信用承诺书15份。

【市场价格监测和数据上报工作】 按照市物价局价格监测工作要求，区物价局继续将王家巷农贸市场作为零售价格常年监测点，承担农贸市场粮食、食用油、副食品、肉禽蛋、水产品、蔬菜及水果等7大类49个品种的零售价格监测。将镇江凯天工艺品有限公司作为企业付费常年监测点，主要担负每月上报企业付费具体项目、标准的监测数据。全年，共监测上报数据36批次，采集的所有数据及时、准确、质量高。协助市物价局监测中心开展好长江流域江鲜价格指数编制工作，将毕士荣江鲜馆数据监测采集点，对江虾、江蟹、等7个品种进行时令监测。协助市物价局做好五洲山茶场、润州茶场茶叶成本和全市二手房价格监审工作。

【市场监督工作】 开展电信领域价格重点检查。根据国家发改委和省、市物价局的统一部署，区物价局开展电信领域价格重点检查，共检查移动营业厅2家，联通营业厅1家，电信营业厅1家，江苏有线营业厅1家。在检查的5家单位中，有3家营业厅商品种类较多，部分商品未按规定进行明码标价或者是明码标价不规范，我们已经责令其进行整改；其余2家明码标价行为相对较好，电信套餐以及出售的相应产品都有规范的明码标价。开展社会化培训机构专项巡查。重点围绕《关于开展社会化培训机构收费情况专项巡查的通知》（镇价检发〔2018〕6号）文件精神进行，共检查4家培训机构。从巡查情况看，各培训机构以中小学学科教育培训和艺术教育培训为主，均有相应的收费价目表，以按照课时计费为主，除个别培训机构未按规定明码标价以外，各培训机构均能较好的执行明码标价的相关规定。退费方面，各机构以协议或者约定进行约束，发生退费情况后，按照协议或者约定内容进行退费。开展医疗服务价格专项检查。根据省、市物价局要求，结合润州实际，对润州区黎明社区卫生服务中心进行医疗服务价格专项检查，主要检查卫生服中心相关收费标准的公示情况和执行情况。从检查情况来看，该中心收费标准是按照镇江市医保中心的收费标准进行收费，在收费处旁的电子屏幕进行公示，总体情况较好。畅通举报渠道，切实维护群众利益。价格举报工作是价格监督检查工作的重要组成部分，是价格工作的窗口。全年，受理各类案件共96件，其中咨询件87件，投诉件3件，举报件6件，均已办结，办结率100%，退还金额303010元。通过受理举报投诉，切实维护人民群众的切身利益。开展创建价格诚信单位工作。区物价局积极组织参与全省价格诚信示范区创建，组织推选辖区内月星九润家居广场和华润苏果超市两家单位参选，向他们传达上级有关精神和要求，并对他们的台账制作进行指导，对提交的材料进行初步审核和上报，做好创建的基础准备工作。目前这两家单位均已获得江苏省物价局授予的“2017–2018年度江苏省价格诚信单位”荣誉。开展公平竞争审查工作。按照省、市政府要求，由区物价局牵头起草，经区委、区政府审议通过，2018年9月，区政府出台《润州区人民政府关于在市场体系建设中建立公平竞争审查制度的实施意见》（镇润政〔2018〕65号）。提出公平竞争审查的指导思想、实施原则、实施方式等。经区政府同意，区政府办公室印发《关于建立润州区公平竞争审查联席会议制度的通知》（镇润政办函〔2018〕23号），建立由18个部门组成的公平竞争审查工作联席会议制度，指导、协调推进全区公平竞争审查工作。同时区物价局联合区法制办共同发布《关于清理现行排除限制竞争政策措施的通知》，要求辖区内各街道办、区各有关部门和单位，按照“谁制定、谁清理”的原则，对现行政策措施开展清理工作。

【价格认证工作】 巩固司法鉴定和认证工作。2018年，完成价格认证6件、评估总金额4480.4万元，完成镇江高新区委托的蒋乔街办范围内9个工厂的资产调查。做好征收拆迁评估工作。2018年，完成恒顺中山西路厂区及周边地块棚户区改造项目、鲇鱼套村北侧剩余地块房屋拆迁项目资金概算，涉及798户，总面积8.9万平方米，概算总金额9.73亿元。接受区征收拆迁办公室委托，完成集体土地上搬迁项目资金概算3个，涉及397户，建筑面积22.59万平方米，概算总金额9.07亿元；完成集体土地上搬迁项目评估2个，涉及180户，房屋建筑面积12.47万平方米。积极参与西口门砂石码头拆迁评估扫尾，取得较好的成绩。此外，区物价局还参与恒顺北地块征收项目助征工作。做好危房解危搬迁评估工作。2018年，区物价局接受金山街道办事处的委托，完成危房解危搬迁评估项目2个，涉及99户，房屋建筑面积0.37万平方米。服务全区车改工作。受区车改办和有关街道、村委会委托，区物价局对区属事业单位和国有企业等63辆涉改公车进行评估和协调拍卖，评估金额269万元，所有评估车辆全部一次性溢价卖出。积极履行价格争议调解职能。区物价局联合市物价局在月星九润国际家居广场举行镇江市价格争议调解工作站授牌仪式，增挂镇江市价格争议调解工作站的铜牌，并配备2名有丰富工作经验的管理人员担任兼职调解员。

【机关作风建设】 常态化制度化推进“两学一做”学习教育。一是高点定位，发挥领导干部的“带动力”。支部书记围绕“两学一做”主题讲授党课，通过党课进一步统一党员同志的思想和行动，为继续推进活动提供有力的组织保障。二是全员参与，发挥党员干部的“互动力”。组织全体党员干部采取个人自学、集中培训、专题辅导、集体研讨等形式学习《中国共产党章程》《中国共产党廉洁自律准则》《中国共产党纪律处分条例》等党纪党规；学习习总书记系列重要讲话精神等。三是加强宣传，发挥信息舆论“影响力”。多措并举进行宣传，充分利用12371党建网、文明网和宣传展板等平台大力宣传学习教育相关文件精神，增强学习教育的感染力和吸引力。认真开展解放思想大讨论活动。根据省、市、区委统一部署，区物价局围绕“学习新思想，改革再出发，开放迈新步，发展高质量”这一主题，结合润州实际，结合本局实际，认真开展解放思想大讨论活动。及时制定本局活动实施方案，召开活动动员会，向全体党员干部和职工征集意见建议，要求大家要以习近平新时代中国特色社会主义思想为指导，充分认识此项活动的意义，严格按活动方案完成任务，确保活动取得实效。认真开展支部党建工作。明确学习重点、开展“书香机关”系列活动、让诗词文化走进机关，不断推进学习型党组织建设；组织党员开展承诺践诺、走进结对共建社区——牌湾社区开展志愿服务，不断推进服务型党组织建设；以“积聚正能量、打造新物价”主题活动为统揽，深化机关党建品牌创建工作、加强党支部规范化建设、组织党员队伍送价格政策进社区、进企业、进商场，推进创新型党组织建设；主要领导亲自抓，认真落实党建工作责任制、切实加强党风廉政建设，不断推进勤廉型党组织建设。组织党员干部积极参加七彩党建联盟——绿色发展联盟各项活动，多次开展机关作风效能建设会议、支部组织生活会，统一思想，制订方案，强调纪律，落实责任。认真开展大走访和精准扶贫活动。区物价局认真做好大走访活动和精准扶贫活动，主要领导亲自带队，全体干部职工参与，以“群众满意”为目标，以群众立场、群众心声、群众利益为出发点，多次来到和平街道牌湾社区和金山街道西津渡社区、黑桥社区，深入贫困家庭中开展走访，共走访30余户居民家庭，认真听取他们的意见建议，了解群众所思、所忧、所盼。在春节、端午节和中秋节期间，还向部分特困家庭送去慰问金，真正将党和政府的关心送进门。

（区物价局）

市场监督管理

【概况】 2018年，区市场监管局在区委、区政府的正确领导下，着眼“简政放权、放管结合、优化服务”，围绕改革促发展，创新监管护民生，着力提升服务润州经济高质量发展水平。深化机关效能革命，扎实推进“三聚三提五创”活动，被区委授予“忠诚团结创新担当好班子”荣誉，被区委、区政府评为2018年度“绩效考核十佳单位”。

【经济发展供给质量实现新跃升】 一是简政放权释红利，积极推进个体工商户简易登记、“三十证合一”等改革，完成简易登记办件175件，核发“三十证合一”营业执照2144份；二是深化改革促便利，大力推进“3550改革”，压减企业注册登记至1个工作日、个体工商户当场办结，创新政银合作，办理全程电子化营业执照688件、占全市比例33.53%，总办件量在全市位居前列；三是培优扶强提质量，实施名牌战略和标准化战略，服务创新驱动发展和经济高质量变革，组织1户企业申报2018年江苏名牌产品，2户企业申报2018年镇江名牌产品，解决企业融资难题，担保主债权金额1500万元。截至2018年12月31日，全区实有各类市场主体38725户，较2017年年末增长41.12%，其中企业11936户，个体工商户26772户，农民专业合作社17户，实有注册资本总额834.73亿元，较2017年年末增长23.81%，市场主体增长活力持续迸发。

【公平有序经济秩序实现新成效】 一是深入推进专项执法工作，以“三注重三促进”为执法工作根本，加强经济发展软环境建设，开展食品、盐务、药械、特种设备安全、互联网金融广告等各类专项执法行动。2018年，共立案查处各类行政处罚案件112件，结案66件，在办56件，其中，工商类案件49件，食药类案件58件，特种设备类案件5件，查处非法添加罂粟碱、涉嫌使用假冒针头案并移送公安3件、线索1条；二是稳步开展监管维权工作，强化市场监管，完善维权机制，营造公平市场经济环境，积极开展2018年度流通领域抽检工作，完成自行车、衬衫等27个种类155个批次的抽检任务，检查、抽查生产和销售定量包装和商品包装单位15家137个批次；扎实做好各类消费维权工作，2018年，共受理各类投诉举报2854件，为消费者挽回经济损失100余万元；三是持续创新监管方式方法，推广应用网络交易监管“一中心一平台”，2018年“搜索研判系统”“执法工作云”“操作次数”在7个县（区）级市场监管局中均排名第一，推动1家食品生产企业、3家食品经营企业完成溯源系统建设，对食品进行整链条、可追溯、全透明的信息化监管，开发全市首家“智慧电梯”电梯安全监管服务平台，对全区电梯使用单位和维保单位进行大数据信息化管理。2018年，全区已有38家维保单位加入平台，2600台电梯投入使用。

【职能转型服务质效实现新跨越】 以“一走访六提升”活动为牵引，拓展职能外延，提升服务质效，着力促进润州区城市经济高质量发展。一是探索构建精准化服务，深化巩固“走村进企入户”大走访活动成果，牵头组织全局干部同志开展新设企业“大走访”活动，实施精准帮扶，服务解决企业实际困难，共走访新设企业2000余户，收集诉求42条，积极发挥民营经济协会桥梁纽带作用，大力扶持民营经济市场主体发展，扎实做好民营经济协会换届改选工作，与苏盐镇江分公司党委开展党建共建，经营状况逐月向好，初步实现扭亏为盈；二是着力打造全面化服务，充分发挥大数据分析作用，形成季度性市场主体、外资企业、五大产业集团、金融产业发展情况等分析报告，为区委、区政府决策提供一线信息，积极培育楼宇经济，实行小微企业街道秘书托管服务制度，引导鼓励社会力量、民间资本参与，备案登记全市首家商务秘书托管企业，服务总部经济发展，协调推进宁卫医药销售平台入驻润州区并设立市场主体90余家，帮助解决银行开户、税务开票等问题，组织219家异地企业迁入，扩大税源范围，确保润州区税源不流失；三是合力推进可持续发展，坚持发展绿色经济理念，参与全区污染治理攻坚战，检查各类餐饮单位947户，燃煤经营单位403户，食品加工小作坊8户，物资回收营户78户，整治成效明显。

【群众生活幸福指数实现新突破】 一是民生项目扎实有效。在局快检室、各分局快检室、辖区内各农贸市场、农批市场及大型商超快检室开展"天天快检"工作，对各自监管范围内的食品安全进行有针对性的快检，形成网格化监管预警模式，并及时公示、上传快检信息。2018年，完成食品快检10156批次，有效保障辖区内食品安全。二是诚信体系逐步完善。组织万达广场申报"首届江苏省诚信示范街区"并顺利通过省、市诚信示范街区联合考评。积极推进餐饮安全示范区"明厨亮灶"建设，截至2018年年末，全区建成率达到85%以上，其中，中央厨房达到100%，养老机构食堂达到90%，学校食堂达到84%以上，市区机关事业单位会议定点中标单位达到80%以上。落实2017年度主体年报信用公示工作，截至2018年6月30日，企业年报率达到85.4%。积极完善药械经营企业信用管理，建立执业药师信息登记档案65份，规范网络药械信息发布和交易秩序。三是惠民服务活动落地有声。坚持"以人为本"理念，组织"3·15"消费知识进广场、食品"你点我检"、光明计量进校园、消费知识进社区、法律宣讲进工地等活动，提升群众法律意识，提振消费信心。及时处理代表委员重点关注、群众密切关心的社会民生热点问题，完成交办的提案、建议11件，被润州区政协表彰为"2017-2018年度优秀提案承办单位"。

【作风效能建设水平实现新提升】 一是加强制度保障，推进党风廉政建设。严格落实党风廉政建设主体责任，细化责任清单，纳入目标考核管理。年初，组织主要领导、分管领导、部门负责人签订《2018年度党风廉政建设主体责任责任书》24份，出台《"三重一大"事项民主决策实施细则》《党委议事规则》等一系列制度措施，进一步强化从严管党治党政治责任，积极推进试点建设，被市纪委监委命名为"2018年度市级廉政文化建设示范点"；二是推进法治建设，严密依法行政体系。坚持"三项制度"，严格执法权限和执法资格事前公示，规范执法事中公示，推动事后公示，严格落实重大行政执法决定法制审核制度，规范案件移送标准和程序。2018年，组织开展行政处罚案件集体讨论56件，核审案件77起，保证依法行政落到实处；三是严格监督执纪，打造文明执法队伍。抓好《中国共产党纪律处分条例》等党内法规学习，组织参观镇江市党员干部纪律教育馆，第一时间传达重大案件查处通报，夯实纪律规矩意识，建立作风效能督查机制，加大对市场监管重点业务工作监督检查力度，全面推行首问负责制、执法责任制、责任追究制，紧扣时间节点，抓好廉政风险警示和检查，防范和查处各种隐形变异"四风"问题；四是锻造精品队伍，提升干部综合素养。传播市场监管声音，扩大部门影响力，联合各分局各部门积极撰稿，宣传报道被区级以上媒体录用280余篇，其中，被国务院办公厅录用2篇、国家市场监管总局录用2篇，理论调研文章被市级以上刊物录用18篇，党委报送的微视频作品《80先锋》被评选为全省党员教育微视频大赛二等奖和十佳制作奖。着重能力提升，举办培训20余次，组织技能比赛1次，1人在市级业务技能竞赛中获一等奖、团体获三等奖，党委、工会、学会、团支部密切协作，组织开展"青年论坛""中国梦·劳动美""解放思想大讨论"等主题演讲比赛，全方位提升干部综合素养，3人在区级比赛获奖，团支部打造的"市场菁音"青年学习社被团市委评为市级示范点。

（区市场监督管理局）

统 计 管 理

【概况】 2018年，区统计局认真贯彻省、市统计工作精神，全局人员统一思想，积极协作，以提高统计数据质量为中心，以"强富美高"新润州建设为统揽，以城市经济、高质量发展为重点，继续打造"阳光统计"品牌，开拓统计工作新局面，圆满地完成全年各项统计工作任务。

【国民经济各行业经济数据、调查监测数据的报送与发布】 紧紧围绕重点指标，兼顾全局，抓好落实，及时发布各项指标的完成进度，为区政府的各项工作决策提供全面的参考，提供优质的统计服务。一是完成国民经济各行业统计年、定报工作：认真落实完成国民经济各行业统计工作，保质高效地完成综合、固定资产投资、核算、工业、批零住餐、能源、建筑业、房地产、重点服务业、农业、粮食产量、人口、科技、文化产业、体育产业、劳动、行政区划等专业的年定报工作。二是开展各类专项调查与监测，及时发布统计资料。开展城乡一体化住户调查、月度劳动力调查、人口变动情况抽样调查、老年人医疗服务现状调研、劳动用工调查、企业创新调查、采购经理和景气抽样调查、投入产出调查、科技项目情况季度监测、农民工市民化监测，为市、区级政府提供了真实可信的监测数据。年初，发布《2017年润州区国民经济和社会发展的统计公报》，按月发布《润州统计月报》，并编辑出版《润州统计年鉴2017》，为全区经济转型发展提供详实的数据支撑，为各级领导分析形势、指导工作、制定决策提供重要参考资料。

【第四次经济普查】 根据省、市统计局要求，区统计局积极开展四经普工作，在普查"三落实"、专项课题试点、清查摸底等方面均取得顺利进展。一是加强领导，成立专项工作小组。区统计局在2018年多次召开办公会，研究四经普工作重点及问题，成立区统计局经济普查工作领导小组及办公室，由江金保任组长，其他班子成员任副组长，各科室业务骨干为成员；明确工作小组各工作组的分工与职责，有序开展四经普工作；确立街道联络员制度，加强和街道的沟通与联系。二是提前谋划，做好经费预算。区统计局根据普查通知文件精神，结合全区实际情况，已将第四次全国经济普查经费列入2018年预算，根据省、市级业务要求，购置相关普查数据处理硬件、网络设备等。三是根据省、市级要求，认真落实，统一部署，做好第四次全国经济普查的清查摸底。组织四经普业务培训，贯彻传达好普查方案、市级培训业务流程及具体操作；实行街道联络员制度，针对街道提出的实际问题及时答疑解惑，并跟踪各街道工作进展情况；定期召开四经普工作例会，研讨四经普工作重点及问题，及时布置清查比对、数据上报、查遗补漏、审核编码等工作事项。

【第三次农业普查后续工作圆满完成】 农业普查是全面了解"三农"基本情况、准确把握"三农"发展变化的一项重大国情国力调查，区统计局根据国家、省、市统计局的统筹安排，圆满完成三农普数据审核、发布等后续工作，发布润州区第三次全国农业普查数据公报，并做好第三次全国农业普查先进集体和先进个人事迹材料的报送和表彰工作。

【推进法治与双基建设，深化大走访】 深入各街道、企业进行督查、指导，扎实推进"双基"规范化建设、统计法治建设。积极开展"暖企惠民"大走访。一是做好2018年统计数据核查。2018年，全区统计法制工作以开展统计数据核查为重点，不断加大统计普法和执法力度，强力推进统计基础建设，进一步提高全区统计数据质量。先后印发《润州区2018年统计法治工作要点》《2018年度润州区统计数据核查工作计划》，全区抽取23家企业与1个街道进行数据质量核查。二是代填代报、违规入库单位开展专项整治工作。根据国家统计局相关文件精神，开展对代填代报、违规入库企业专项整治，通过自查自纠规范统计上报方式，提升统计数据质量。三是按照区e办事中心与法制办的要求对公布的统计权力事项积极、迅速、及时地在权力阳光系统平台与政务服务事项管理平台中进行调整与修改，满足统计执法检查和统计工作的需要，提升群众对统计工作的满意度。四是继续深化"暖企惠民"大走访活动。积极做好"暖企惠民"大走访活动。区统计局从3月开始，积极开展"暖企惠民"大走访活动，对118户结对帮扶困难户中部分困难户进行走访，认真倾听群众的诉求，了解他们的生活状况，将所有走访户的各类问题收集整理传达给相关街道与部门。

【海洋经济调查继续开展】 海洋经济步入快速发展阶段，海洋经济已逐步成为国民经济新的增长点，社会对于海洋经济发展的需求日益凸现，海洋经济发展的任务也更加艰巨。根据《区政府办公室关于切实做好第一次全国海洋经济调查工作的通知》(镇政办发〔2017〕137号)的要求，区统计局积极组织开展海洋经济调查，全面摸清全区涉海单位基本信息，形成全区涉海单位名录库，做好相关产业的调查、数据录入等工作。

【统计宣传工作成效显著】 一是在当今信息化时代和大数据时代，区统计局不断适应新形势的发展需求，更新统计宣传方式。加强与区宣传部门的密切合作，与润州人民广播电台签订统计宣传合作协议，《润州统计之声》栏目每周4次定期宣传统计相关内容，营造氛围，解读统计指标、宣传统计法律知识，普及统计知识，解答百姓提问，扩大统计影响，实现了对全区各类人群的统计宣传的全方位、立体式宣传，收到各方面的好评。二是区统计局与宣传、法制等部门积极配合，开展统计宣传到社区、到乡村、到企业的活动。全年，累计下基层宣传达33次，让统计观念更加深入人心。三是提升信息品质，扩大统计影响。积极向市统计局、区政府办、区委办、中国润州网站、区电台投稿，及时更新统计内网，截至10月底，共完成统计分析11篇、动态22篇，被市级采用33篇，省统计局采用17篇，宣传效果显著。

【统计队伍人才建设不断强化】 通过强化学习，注重实践培训的方式，努力培养和打造一支政治强、业务精、作风硬的统计队伍，重点加强基层统计人员的配备、基础设施的建设，积极开展业务培训，培训重点向基层统计员倾斜，推荐基层统计员参加省、市统计局组织的业务培训。2018年，区统计局累计培训达24次。一是强化学习培训，提高干部队伍素质。坚持不懈地抓全局职工的政治学习和业务学习培训，制订全年学习计划，明确学习内容、方式和时间，形成学习制度化。二是注重实践锻炼，增强实际工作能力。积极开展专业技能培训，全体干部职工按照岗位工作要求，不断学习，努力增强业务能力。区统计局2篇调研分析文章参加市级评选，经评审组审阅评分等环节，获得三等奖。区统计局的专题分析《润州区固定资产投资对城镇化的影响探析》刊登在《润州信息》上，同时得到区主要领导的批示，在区四套班子领导中传阅。区统计局1篇统计分析《“十八大”以来镇江润州城镇居民收入及生活状况》刊登在国家统计信息网上，实现在国家级网站被采用的突破。三是加强统计行风建设，树立统计崭新形象。持续开展各项学习教育活动，进一步提升全区统计系统干部的政治思想素质，营造风清气正的统计工作氛围。2018年3月16日，区统计局在碧榆园召开全区统计工作研讨会，各街道统计站长和全体专业人员参加。会上，区统计局与各街道、分管领导与各专业分别签订责任状。会议提出要牢牢抓住提高数据质量这一要素，狠抓双基建设、提高服务水平。扎实做好全年各项调查、普查。强化执法检查，聚焦城市经济发展。四是成立课题组，打造统计科研课题精品。区统计局根据市统计局统计专题分析的要求，成立2个课题组，由局长江金保亲自挂帅，分管领导担任小组长，相关专业人员作为成员，积极筹划，准备有关资料，搜集专业数据，力争打造统计科研课题精品。

（区统计局）

四月飞花　　（陈　岗　摄）

农　业

【概况】 2018年，润州区农委在区委、区政府的正确领导下，在市农委的有力指导下，认真贯彻落实中央1号文件和省、市、区农业农村工作会议精神，立足润州实际，深入推进农业供给侧结构性改革，着眼于特色农业发展，深化农村改革创新，推动农业增效、农民增收、农村增绿，全区农业农村工作保持良好发展势头，农业农村经济保持稳定。全年主粮单产574千克，种植业绿色优质农产品比重达41.99%，农业信息化覆盖率62%，全区农业电商发展到48家，完成10个村居农村集体经营性资产股份制改革。

【农业发展蹄疾步稳】 2018年，润州区完成水稻播种面积73.3公顷，全区果品良种率达100%，无性系良种茶比例达到73%，引进名特优新蔬菜品种30余个；镇研种业成功申报金山英才现代农业项目,并成为镇江市首家在江苏股权交易中心农业板挂牌上市的企业；省级农业龙头企业增幅12%，农业龙头企业带动农户2.31万户；农业电商交易额达8亿元。南山茶林研究所拥有的金山翠芽品牌地理标志农产品基地从6.6公顷扩大到10公顷；“一村一所”覆盖率达100%；共有省级以上农产品品牌5个，其中全国驰名商标1个（“金莲”牌芝麻油）、省级著名商标4个；镇江农批市场旗下企业“我的社区365”电商平台，成为镇江城区农产品社区服务的领导者，全年电子商务营销额达到740万元。

【农村改革行稳致远】 2018年,润州区有农村集体产权制度改革任务共6个街道18个村(社区)，按照改革流程规范实施改革，完成10家村(社区)农村集体产权股份合作制改革，占涉农(社区)总数的56%，七里甸街道光华社区股份经济合作社在完成改革后，按照章程在市区股份经济合作社中率先分红；发放农村土地承包经营权证648本，颁证率超过97%，已经通过省级验收。完成各街道农村集体清产核资任务；全面推进“村务卡”实现“非现金”结算；“三资”管理阳光行动手机APP试点有效推进，落实试点村10个。农村交易市场不断规范，全区农村产权交易平台年内共成交易项目119个，成交总额2945.7万元。

【农业生态环境标本兼治】 2018年,润州区加大力度标本兼治农业生态环境。一是畜禽禁养长效管理。区域内畜禽养殖场全部关闭，并建立长效管理机制，加强巡查，暗访43次，巩固禁养区畜禽养殖场关闭搬迁成果，避免禁养区内养殖场死灰复燃。二是农业面源污染防治。全区化肥施用总量为420吨，达到控制指标，农药使用量为4吨，化肥使用总量较2015年削减3%。推进以秸秆机械化还田为主、多元化利用的秸秆综合利用途径，秸秆综合利用率达95%以上。三是林木湿地保护。全年未发生森林火灾，林木覆盖率达到32.31%，完成新造林面积8.6公顷，其中珍贵树种成品造林面积4公顷，新增韦岗村燕子窝“三化”示范村1个，完成14公顷加拿大一枝花防控。自然湿地保护率达到60.35%，修复湿地6.6公顷。四是长江大保护。配合加强部分位于区域内的镇江长江豚类省级自然保护区的管理，严格执行长江禁渔期制度。清除违规违法网具地笼60多条，迷魂阵断网10部1000米，拨除竹根 2600多根。

【农业行政执法加大力度】 2018年,润州区继续加大农业行政执法力度。一是强化各类执法行动。共出动执法人员246人次,开展巡查56次,巡查车辆25台次,检查农资经营网点32家次。高频率出航巡航执法48余航次，巡航里程约1500海里,调动执法人员150余人次,前后查处违法案件8起。二是加强普法宣传教育。组织大型活动2场,发放宣传资料160余份,接受现场咨询140余人次，展示、发放农资产品150多份。三是加强自身能力建设。积极组织执法人员参加省、市有关培训3次,每周五开展学习活动，不断提高执法人员的办案水平。四是加强农产品质量安全监管。对全区10家农资经销单位进行52批次全面检查,全区农业生产企业未发现进行违规使用农药行为。

【农业安全生产警钟长鸣】 2018年，润州区继续加强农业安全生产警钟长鸣。一是人员设备到位,保障森林防火安全。紧抓责任主体,层层签订防火工作责任状。提高防火意识，在全区所有入山道口、防火通道纵深、沿山村庄新设立醒目的标语牌50余块，同时刷新大理石和水泥宣传牌30块。建设专业队伍，成立三级森林消防网络。严格值班制度,防火车配备灭火物资24小时待命，扑火队员手机24小时开通，区防火办严格实行24小时值班和领导带班制度。全年未发生森林火灾和火警。二是层层落实责任，保障渔业安全生产。健全相关制度,加强宣传培训,严格监督检查,组织完成渔业职务船员及普通船员的实地培训工作,培训渔民480人,合格率100%,年度内渔业安全生产零事故。三是巩固禁养成果,保障畜牧生产稳定发展。由于实行全面畜禽禁养,没有畜禽养殖场户。开展重大动物疫病免疫工作，突出平时防疫与突击防疫相结合。加强屠宰场检验检疫及对病畜的无害化处理，强化产地检疫电子出证制度。全年没有发生重大动物疫情，没有发生畜产品质量安全事故。四是严格规范农机市场秩序,努力打造“平安农机”。提高安全生产意识,全面落实责任制。开展专项整治行动。提高人员检审质量。抓好动态管理。开展农机联合专项检查2次,集中检审期间共检验拖拉机11台,审验驾驶员11人。上道路行驶拖拉机年检100%,驾驶员年审率100%。全年未发生农机责任事故。

【农业法规政策严格执行】 2018年，润州区严格执行农业法规政策。一是完善政务服务事项管理。梳理确定88项政务服务权力事项，完善网上政务服务单点登录清单功能。共进行网上行政审批10项，按质按量完成台账资料考核。二是规范农药经营行为。根据要求成立农药管理工作领导小组。对符合条件的11家(其中省级领证2家,区农委核发9家)经营单位及时发放《农药经营许可证》。三是全面落实支农惠农政策,做好各类扶持对象的统计、核对、公示等环节的工作，确保各项支农惠农政策落实到基层、补贴资金发放到农户。全年共发放耕地地力保护补贴16.56万元，农业保险保费15.16万元，其中高效农业保费占比为72%，发放长江禁渔期渔民生活补助资金48.6万元。

（李慧青）

水　利

【概况】 2018年,在区委、区政府的坚强领导下，区水利部门认真贯彻上级部署，超前谋划全年工作,以务实的精神抓落实,以创新的举措促提升，各项工作取得新进展、实现了新跨越。

区重点水利工程强势推进。一是完成西团结河下段水环境综合整治。该项目由市发展和改革委员会以《关于西团结河下段水环境综合整治工程项目初步设计及概算的批复》(镇发改投资发〔2017〕380号)批复兴建,批复概算3065.25万元,主要建设内容:河道疏浚、拓浚1.1公里,拆除丰收闸、改建滚水坝一座,拆除重建农桥1座,拆除重建涵洞2座,增设分水闸1座,润兴路以下河道南侧道路214米；河道两岸及以上游污水纳管;景观植物种植4.3万平方米、景石点缀150吨、园路铺设0.6万平方米。整个工程年内全部完工。二是完成市“一湖九河”水环境综合整治目标任务。完成周家河下段综合整治工程，工程于2018年10月28日正式开工,2018年12月4日完工，主要内容包括河道疏浚拓浚532米，河道两岸生态挡墙670米，河坡联锁砖护砌850.5平方米。新建直径400污水管道227米。河道两岸景观植物种植10226平方米，道路铺装2866平方米,另外设置4个休息平台、2个亲水平台及草坪灯。河道原位布置耦合强化膜生物反应器共700个，供气管道3650米,沉水风机2台,工程总投资881.35万元。三是完成御桥港中下段综合整治工程。工程于2018年9月10日开工,2018年11月14日完工，工程整治河道全长约2.5公里，清淤土方量约4万立方米，铺设球墨铸铁污水管280米，污水检查井40座,竖槽式跌水井2座,污水一体化处理设备1座，成品液动不开式堰门+液动限流闸门井1座,景观提升1.5万平方米。工程总投资625.36万元。四是完成西团结河中段综合整治工程。工程于2018年9月1日正式开工,2018年11月5日完工。工程主要包括清淤工程、岸坡整理和绿化景观。整治河道1.3公里,清淤土方量约3520立方米,边坡整治土方量3765立方米，杉木桩护岸403立方米,草皮护坡15000平方米。工程总投资186.46万元。

农田水利基础建设扎实有效。一是推进农村河道疏浚工程。紧紧围绕县乡河道疏浚、村庄河塘整治等重点，全面落实各项目标任务，依据《润州区"十三五"农村河道轮浚规划》，对照2018年度农村河道疏浚任务，全年完成农村河道疏浚共计10万立方米。二是农村灌排服务模式创新推广工作扎实推进。通过润州区安澜水务公司的全面化运作，继续加强农村灌排服务的推广及运动管理工作，使区域内灌排体系功能得到充分发挥，有效地提高区域农村抗灾保生产能力，减少水土流失，提高灌溉水利用率，降低农作物受灾面积。三是完成2018年农村水利建设"一事一议"奖补项目。7月5日，区水利局以《关于上报润州区南山街道回龙社区节水灌溉工程实施方案的请示》(镇润财〔2018〕46号、镇润水〔2018〕26号）上报2018年度农村水利建设"一事一议"奖补项目，该项目通过改造塘坝、新建泵站、安装滴灌设施等工程措施改善项目村农业灌溉效益，解决项目村旱季农业灌溉不足的问题，项目总投资49.6万元。四是继续做好乡镇水利站能力建设达标工作。全区共有乡镇水利站1个（七里甸街道水利站），为全额财政拨款事业单位，水利站落实编制4人、配齐了领导班子。2018年，水利站不断投入资金改善办公条件，配备办公室、防汛值班室、会议室、仪表器材储藏室等，配备办公室设备、防汛抗旱器材、信息化管理技术装备以及必要的交通工具，为干部职工营造良好的工作环境。

【防汛防旱工作成效显著】 2018年3月，完成全区汛前大检查，根据排查出来的各类防汛隐患，下达2018年度全区防汛急办工程建设项目，加大水利基础设施建设的力度，积极组织水毁工程的修复，扎实做好防汛防旱各项准备工作，汛期前总共完成3项防汛急办工程，共计投入28万元；进入主汛期后进一步落实防汛防旱工作责任制、防汛值班制度、巡查制度，完善各类防汛预案，认真做好防汛物资储备，加强专业抢险队伍建设，加强水雨情的监测，加强防办能力建设，确保了主汛期安全度汛，未发生任何险情与事故。2018年11月底完成全区汛后大检查，根据当年汛期暴露出的各类防汛隐患，继续加大水利基础设施建设的力度，积极组织水毁工程的修复，为防汛工作打下扎实的基础。

【水法规宣传形式多样】 2018年，区水利局水政工作坚持依法治水的基本方针，着力打造"润洲水利、全心全意"的服务品牌，积极加大水利法制宣传教育，强化水行政职能，加快节水型社会建设步伐。在"世界水日""中国水周"期间，开展形式多样的水法宣传活动。3月22日，区多部门联合组织1300多名少先队员在润州区实验小学开展"水韵润州美好家园"主体队日活动，向广大学生普及水知识、讲述水故事、传播水文化，成立以爱水护水为活动宗旨的"绿丝带"中队，以"水韵润州"为主旨的"小水滴诗社"，举办"最美不过家乡水"书画展。通过一系列活动，通过学生带动家庭、通过家庭带队社会，取得了良好的宣传效果。

【水行政执法稳扎稳打】 2018年，区水利局为加强水行政执法队伍建设，提高水政队伍的执法水平，规范水行政权力运行的合法化，全年举办法律法规培训班2期，邀请省市专家到区授课，进一步提高水利工作者的专业水平。

【节水型社会建设稳步推进】
2018年，为适应新时期下的治水方针需求，润州区精心准备，高位推动，成立创建机构、领导小组，召开创建节水型示范区动员会，制定《润州区节水型示范实施方案》，进行部门责任分解；主动对接上级部门，请省、市节水部门进行业务指导，组织到外地学习节水型示范区创建，协调市、区部门收集基础资料，整理台帐，制作节水资料片，请专门机构编制《润州区节水规划》。通过一年的努力，润州区成功创建成江苏省节水型社会示范区。（华　玥）

润州区史志档案办公室

学习《江苏省地方志工作条例》

国际档案日主题宣传活动

史志成果进校园活动

茅山新四军纪念馆重温入党誓词

春节慰问单位退休老干部

镇江市公安

市人大代表考察团到润州分局考察指导工作

2018年，镇江市公安局润州分局在润州区委、区政府和镇江市公安局的坚强领导下，高举习近平新时代中国特色社会主义思想伟大旗帜，以深化社会治安“首善之区”创建为抓手，持续推进立体化现代化社会治安防控体系建设，深入开展社会治理创新，全力推动警务机制提档升级，取得了重大安保任务圆满完成、主业绩效再攀新高、年度重点工作落地落实、公众安全感全市领先的良好业绩。

镇江市公安局润州分局局长陆金火督导“扫黑除恶”专项斗争进展情况

镇江市公安局润州分局局长陆金火调研安置小区技防建设工作

局 润 州 分 局

镇江市公安局局长陈金观为勇斗歹徒负伤获得一等功的民警贺设平颁奖

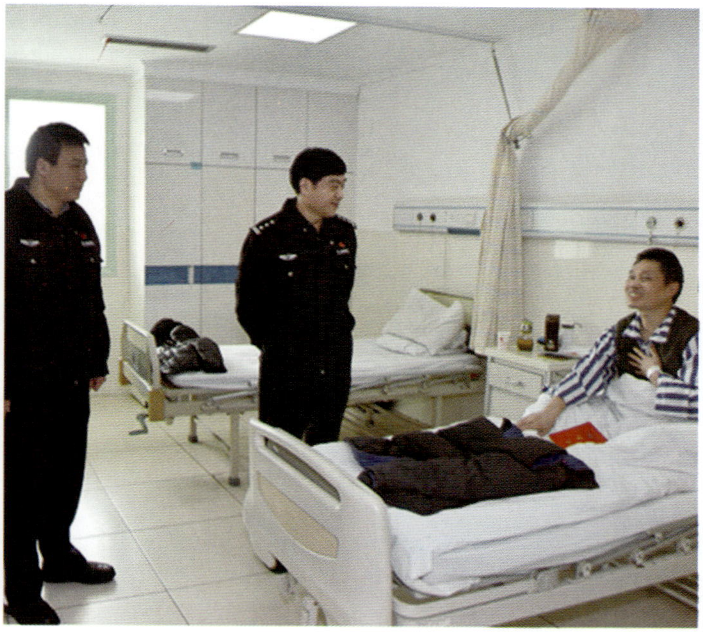

分局领导到医院慰问勇斗歹徒英勇负伤的民警

内蒙古自治区阿拉善盟孪井滩生态移民示范区公安分局考察组到分局开展素质强警考察交流活动

镇江市润州区

检察长王飞在润州区九届人大二次会议上做检察工作报告

2018年，润州区人民检察院在区委和市检察院的正确领导下，在区人大、区政府、区政协的监督支持下，谨记代表嘱托，坚持以习近平新时代中国特色社会主义思想为指引，按照新一届高检院党组“讲政治、顾大局、谋发展、重自强”的工作要求，紧紧围绕全区工作大局，依法履行法律监督职能，深入推进司法改革，各项检察工作取得了新进展。一年来，检察院先后被区委授予“忠诚团结创新担当好班子”称号，被区委、区政府评为2017年度特别贡献单位，连续8年被区人大评为机关效能建设优秀单位，办理的多起案件被镇江市委政法委和市检察院评为优质、精品案件，1名干警获最高人民检察院表彰并荣记一等功，多名干警被省、市检察院授予检察业务标兵或立功嘉奖。

区委书记高国成以人大代表身份视察润州检察工作，区委副书记、常务副区长贾敬远等七里甸街道人大代表小组 20 余名代表一同来院视察，区检察院党组书记、检察长王飞陪同视察

润州区检察院召开人大代表、政协委员座谈会，围绕发挥检察职能融入全区高质量发展开门问计，并以“服务保障非公经济发展，营造优质法治营商环境”为主题，听取代表委员意见建议，10 余名区人大代表和政协委员参加座谈

区人大常委会副主任刘凯成率区人大法制委员会、内务司法委员会等部分内设机构负责人赴区检察院调研座谈公诉检察工作

人民检察院

院党组书记、检察长王飞为全院干警举办了“拥抱新时代，树立新理念，再创新佳绩——解放思想大讨论”主题党课

检察长王飞对一起非法持有毒品案出庭支持公诉

润州区检察院精心打造的《和谐欺“零”、健康成长—预防中小学校园欺凌项目》在润州区实验小学全面启动，副检察长田云山和该校领导为“预防校园欺凌教育示范基地”揭牌，并向该校学生举行了的赠书仪式和法治教育专题讲座

检察官通过《宪法》修改前后内容对照表为社区老党员解读新《宪法》

举办 2018 年度“依法打击非法集资犯罪，精准化解风险维护稳定”为主题的新闻发布会

镇江市润州区人民法院

院长张子敏在润州区第九届人民代表大会第三次会议上作报告

江苏省委省级机关工委一行调研润州区法院党建工作

2018年，润州区人民法院以习近平新时代中国特色社会主义思想为统领，认真贯彻落实中共十九大、十九届二中、三中全会精神，紧紧围绕“努力让人民群众在每一个司法案件中感受到公平正义”的目标，全力做好审判执行工作，深入推进司法体制机制改革，全面加强队伍建设，各项工作取得新进展。

润州区人民法院围绕中心大局，服务保障高质量发展；强化审判工作，努力实现司法个案公正；全力攻坚克难，决战决胜“基本解决执行难”；深化司法改革，狠抓审执质量效率提升；统筹创新试点，推动形成工作特色亮点；全面从严从实，着力打造过硬法院队伍。全年受理各类案件12540件，审执结11313件，同比分别增长12.68%、18.76%。结案率、收结案比位居全市基层法院前列。

召开创新财产处置措施新闻发布会

开展“新时代全面依法治国新理念”学习

开展“回望来时路 翘首新征程”主题访谈

组织辖区中小学生参观金山湖人民法庭

设立执行公开集中接待日

为少数民族群众作宪法知识讲座

集中发放农民工工资

社会各界参观“智慧法院”建设

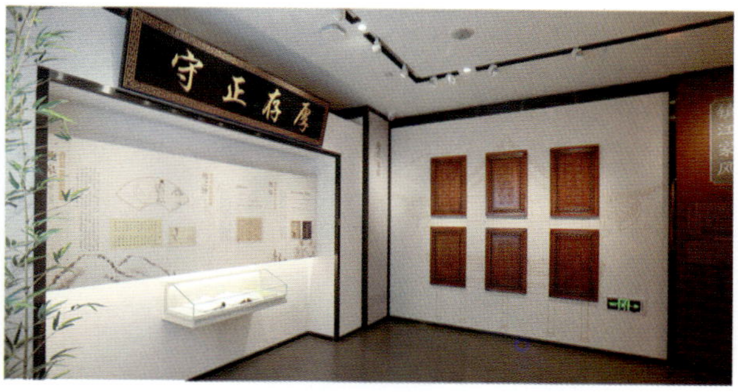

和润家风馆

镇江市润州区财政局

全区财政工作会议

2018年，面对复杂严峻的财政形势和艰巨繁重的改革任务，在区委、区政府的坚强领导下，全区财政部门坚持稳中求进工作总基调，全力组织财政收入，科学合理调度资金，持续优化支出结构，加快预算执行进度，当年财政运行总体平稳。全区当年实现一般公共预算收入135828万元，完成年度预算的111.33%。其中税收收入119867万元，税占比88.24%,为全区经济社会各项事业发展提供财力保障。

区长徐心田指导党建“书记项目”

召开年度民主生活会

召开领导干部“政治体检”暨研判评价进点部署会

开展专题党课活动

开展企业走访活动

开展税法宣传

开展党员实境课堂

润州区人力资源

2018 年度综合考核工作汇报会

2018年，润州区人社局紧紧围绕区委、区政府工作部署，坚持“稳中求进、稳中求好、稳中求优”的工作方针，认真履行创业就业、社会保障、招才引智、人事管理、维权维稳等职能，高标准谋划、高效能管理，各项重点工作高质量完成，全区人力资源和社会保障事业取得积极进展。

镇江创业大学——润州分院成立暨揭牌仪式

军转干部安置工作会

重温入党誓词

慰问困难人员

和社会保障局

赴扬州大学招聘人才

人社服务进商圈

润州广场法律宣传活动

春季大型招聘会

送法入建筑工地

镇江市国土资

市、区两级人大联组视察指导润州国土资源管理工作

2018年，镇江市国土资源局润州分局坚持新发展理念，围绕“保护资源，保障发展，维护权益，改革创新”工作主线，开拓进取，担当有为，努力实现国土资源管理工作的新发展。润州区先后被省国土资源厅表彰为2017年度江苏省土地执法先进县（市、区）和2017年度江苏省节约集约利用模范县（市、区），获得33.3公顷用地指标的奖励，为全区经济社会发展提供有力支撑。

召开年度总结表彰大会暨国土所规范化建设动员部署会

源局润州分局

润州区委书记高国成现场指导地质灾害防治工作

召开述责述廉述职述法大会

开展地球日宣传活动

现场督查裸露地块扬尘管控

大杨林塌陷区土地综合整治项目规划设计通过市级专家组的评审

润州区卫生和计

建立了 51 支党员家庭医生团队，开展了家庭医生签约服务等主题活动 120 余场次，咨询 5000 余人次。全区普通人群签约覆盖率达 35.67%，重点人群签约覆盖率达到 72.04%

2018年，润州区卫计委全面贯彻落实省、市卫生计生工作会议精神，进一步深化基层卫生综合改革，大力加强健康润州建设，持续推进从严治党，努力建设群众满意的卫生和计生事业，取得较好成效。顺利通过国家基本公共卫生服务项目省级绩效考核和省级慢性病综合防控示范区复评审；七里甸社区卫生服务中心被省卫健委评为江苏省首批社区医院；黎明中心被列为江苏省2018年度家庭医生签约模式创新建设单位及家庭医生签约项目库应用省级联系点；七里甸社区卫生服务中心肾病科被评为省级特色科室；工业园社区卫生服务中心特色科室创建顺利通过市级验收。黎明社区卫生服务中心首次被评为镇江市文明单位、区妇幼保健计划生育服务中心再次被评为镇江市文明单位。2018年3月26日，省委书记娄勤俭视察润州区医改工作，对首诊式签约服务等医改特色亮点工作给予高度评价。

深入学习习近平新时代中国特色社会主义思想

划生育委员会

官塘桥社区卫生服务中心党支部联合远洋社区街道开展“感受中医药文化魅力”主题活动

金山社区卫生服务中心党支部开展辖区内中小学生健康体检工作

开展了“十佳医师”“十佳护士”评选表彰、“十佳医师”先进事迹报告会、家庭医生岗位技能竞赛等系列活动

润州区教育局

2018年，润州教育系统以更高水平、更高质量教育现代化建设为抓手，全力推进教育改革与发展，高水平创成“全国中小学校责任督学挂牌督导创新区”，国家督导委评估组专家高度评价润州区“率先建立学校视导员制度、实行全覆盖及全天候挂牌督导、创新实施挂牌督导工作内容、实行教育评议会督导”四大特色亮点走在全国前列,各项教育事业取得了新成果。

接受全国中小学校责任督学挂牌督导创新区考核验收

润州区政府与好未来教育集团签订战略合作协议

承办市社会教育工作推进会

润州区特殊教育指导中心挂牌

师德宣誓

校园足球联赛

老师为我过生日

爱心义卖活动

校园风采

镇江实验学校远洋分校效果图

润州区教育局

庆祝第 34 个教师节

润康城幼儿园移交仪式

新教师岗前培训班

民乐《礼乐颂》

金山湖小学效果图

国家税务总局镇江市润州区税务局

区委书记高国成到润州区税务局调研指导工作

润州区税务局"三定"仪式现场，"三定"之后，全局干部定心、定力、定神，迅速投入各项工作

2018年，区税务局在区委、区政府和市税务局的坚强领导下，以服务经济发展大局为中心，以组织收入为重点，牢牢把握税务机构改革步伐，凝心聚力，真抓实干，圆满完成了各项改革发展任务,先后被表彰为"镇江市文明单位"和"润州区优质服务单位"。

多形式开展个税宣讲活动，保障个人所得税改革工作顺利开展

关爱残障人士，送上税务关怀

文化活动增进交流，展示干部风采，推进队伍建设

国家税务总局镇江市润州区税务局集体照

镇江市润州区七

街道党工委书记 邵建海

街道党工委副书记、办事处主任 戴克祥

七里甸街道位于润州区南山路，是镇江市新行政中心和润州区区政府所在地，润扬长江公路大桥、城际铁路、扬溧高速、312国道等在境内均有接口，坐拥南徐新城“首善资源”，区位优势独特。辖区面积14.76平方千米，有12个村、社区，总人口5.2万人。2018年，街道上下深入学习习近平新时代中国特色主义思想和中共十九大精神，真抓实干，克难奋进，奋力谱写“强富美高”润州新篇章。

润州区委书记高国成调研金星社区

中央统战部戴均良副部长考察街道

市委组织部部长李健调研金星社区座谈会

安徽池州市东至县代表团考察万科社区

里甸街道办事处

七里甸街道五里社区联合润州交警大队四中队开展以“文明骑行展七里新貌，礼让守序树和谐新风”为主题的交通安全宣传教育活动

平安知识走进社区

丰富多彩的社区文体活动

社区党员参观陆小波故居

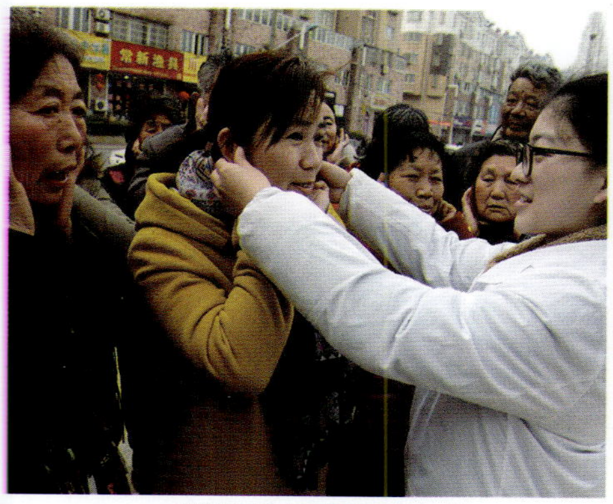

爱耳护耳从预防开始

为扫雪的工人师傅送上一碗爱心面条

慰问环卫工人

镇江市润州区官

街道党工委书记 刘春光

街道党工委副书记、办事处主任 张轶

官塘桥街道位于镇江市南郊，是2011年7月由原蒋乔镇拆镇设街后成立的新街道，是官塘新城开发建设的主阵地，街道办事处驻官驸路6号。街道东毗邻镇江丁卯经济开发区，南相接丹徒新区，西北紧依南徐新城区，辖区有338省道、京沪高速铁路和沪宁城际铁路等交通干线。街道行政区域面积16.32平方千米，总户数2766户，总人口0.90万人，下辖官塘桥、平山、秀山三个村委会和宝平、远洋两个社区。

2018年,街道主要经济指标达到目标，其中，公共财政预算收入实现8522万元。启动了一批税源项目,融创滴翠园、中企南山墅、远洋三期顺利开工、开盘，全年实现销售8亿元以上，原台江软件园地块成功盘活。开展了系列招商活动。深化与市级平台、区级平台联动招商，总投资9.5亿元的苏州外国语官塘校区项目正式落户。街道获评全省科普宣传周特色活动优秀单位、镇江市人口和计生工作先进街道，官塘桥村和宝平社区取得“江苏省农村科普工作先进集体”“江苏省科普示范社区”称号，街道统计站被评为“省级农业普查先进集体”、远洋社区取得“镇江市人社基层示范平台”称号、辖区5户家庭被评为“省级健康家庭”“镇江市最美家庭”称号。

市农副产品批发市场安全生产检查

原台江软件园项目施工现场

污水管网建设现场勘察

纪念建党 97 周年暨党建联盟集中签约仪式

塘桥街道办事处

“解放思想、改革创新、推动润州城市经济高质量发展”演讲比赛颁奖现场

开展职工乒乓球比赛

农民春晚非遗传承之秀山号子

非遗传承之太平花灯进校园

第三届农民运动会挑担接力比赛

淘文化网戏曲专场走进宝平社区

首届农耕文化旅游节启动仪式

镇江市润州区宝

街道党工委书记　韩绪超

街道党工委副书记、办事处主任　田伟

宝塔路街道地处镇江市润州主城区，东至古运河及丁卯桥路，南至天桥路、南山路、北府路，西至檀山路、黄山北路，北至中山西路及京口闸，总面积7.63平方千米。街道下辖11个社区居委会，街道年末总人口65572人，总户数21795户，是全区城市经济核心区、项目建设的主阵地，是集商贸服务、餐饮娱乐、文化旅游于一体的镇江商业新中心所在地。2018年，宝塔路街道深入贯彻习近平新时代中国特色社会主义思想和中共十九大精神，坚持稳中求进的工作总基调，在抢抓机遇中乘势而上，在攻坚克难中砥砺前行，在从严治党中凝心聚力，紧盯目标、努力拼搏，聚焦高质量、高标准，坚持抓大事、谋实事，突出强责任、抓落实，各项工作统筹推进。

区委书记高国成到城际商圈调研

区长徐心田到万达金街调研

塔路街道办事处

组织辖区居民举办 SYB 创业培训班和月嫂技能培训班

开展“重温历史，不忘初心”主题教育活动

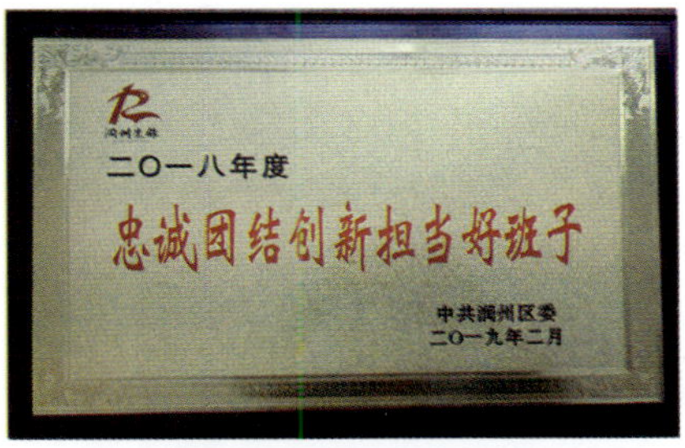
二〇一八年度
忠诚团结创新担当好班子
中共润州区委
二〇一九年二月

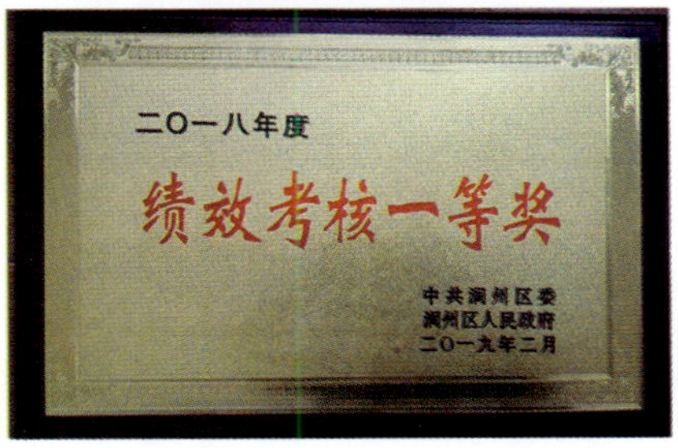
二〇一八年度
绩效考核一等奖
中共润州区委
润州区人民政府
二〇一九年二月

开展垃圾分类志愿宣传活动

城际商圈杯校园足球赛，小球员在球场上挥洒汗水

开展“不忘初心 · 青春宝塔”知识竞赛

镇江市润州区

街道党工委书记 王重阳

街道党工委副书记、办事处主任 陆振兴

和平路街道环抱金山，滨水而居，辖3个行政村（其中两个渔业村）、3个涉农社区和8个城市社区，陆域20平方千米，水域220平方千米，长江岸线93.56千米，常住人口6.5万人，是融市民、农民、渔民为一体的城乡结合型街道。

2018年，和平路街道认真贯彻落实十九大会议精神，统筹推进“四个全面”战略布局，以建设魅力和平、滨水新城为目标，以服务项目、保障民生为抓手，开拓创新，真抓实干，努力开创经济和社会事业新局面。

区委书记高国成调研水源地保护区

区长徐心田检查烟花鞭炮禁放工作

和平路街道办事处

党建联盟签约活动现场

赴上海三和园招商

开展情浓重阳，礼敬老人广场文艺活动

组织融城招聘活动

开展廉政文化主题活动

开展便民服务活动

镇江市润州区

街道党工委书记 纪宁军

街道办事处主任 汤小东

金山街道位于市区西部，辖区范围东起黄山北路，南沿中山西路，西接中山北路，北临长江。街道辖区总面积5.16平方千米，下辖10个社区，总人口近6万人。境内街巷古老，文化底蕴深厚，坐拥千年“文脉”西津渡古街、中外友好使者赛珍珠故居以及国家AAAA级旅游景区镇江博物馆等人文景观，是全市文物遗存最集中、人文资源最丰富、文化氛围最浓厚的街区。2018年是贯彻中共十九大精神的开局之年，是改革开放40周年，是决胜全面建成小康社会的关键之年。金山街道以中共十九大和习近平新时代中国特色社会主义思想为指引，深入贯彻落实市委七届六次、区委八届四次全会精神，紧紧围绕“对标苏南加油干，精准务实惠民生”这一重要目标,提高服务水平，提升惠民质效，在加速推进街道实现高质量发展进程中取得了新业绩。

金山街道百年沧桑巨变

金山街道办事处

市委书记惠建林在西津古渡社区调研社工职业体系建设情况

风车山社区红色流动书屋让好书流动起来

京畿路社区表彰党员“好家风、好家训”家庭

中医养生进社区

迎江路社区开展“重阳敬老节 慈善送温暖“活动

残疾人失独家庭在康乃馨活动中心欢聚一堂闹元宵

黑桥社区欢欢喜喜办百姓春晚

杨家门社区开展民族大团结文化活动

镇江市润州区韦

街道党工委书记孙晶为“高骊蓝”行动支部授旗

韦岗街道地处镇江西郊，距离市中心约20千米，东北面与丹徒区高资街道相邻，西南面与句容市边城镇交界，是润州区的一块“飞地”。街道交通便利，243省道、新改线的312国道、110县道（石韦路）穿境而过，距京沪高铁站、沪宁高速入口仅15分钟车程。街道下辖1个村、17个村民小组，共有农户834户、农业人口1911人，2017年年底户籍总人口5083人，街道占地面积10.52平方千米。街道重视特色服务业发展。依托韦岗温泉、新四军“韦岗战斗”胜利遗址、燕子窝山歌狮舞非遗文化等，发展以“红色旅游”“温泉旅游”为核心的旅游业。2018年，韦岗街道深入贯彻落实中共十九大精神，严格按照上级的部署，自加压力，迎难而上，狠抓落实，经济建设、精神文明、党的建设和社会各项事业等各项工作取得又好又快发展。

区领导到东亚碳素进行夏日慰问

街道领导对基督教聚会点前道路进行现场勘察

新一外学生纪念韦岗胜利八十周年活动

岗街道办事处

纪念韦岗战斗胜利八十周年文艺汇演

韦岗小学学生参观韦岗伏击战连环画

韦岗战斗胜利八十周年纪念诗词作品选

体育健身广场

西南片区环境整治复垦复绿

南山

镇江市润州区

南山街道，管辖范围东至沪宁铁路线，转谷阳路、官塘桥路、环山路，南与丹徒区接壤，西到九华山路，北接南徐大道、转至南山路、林隐路，总面积约16.28平方千米。下辖五凤口社区、鹤林社区、檀山社区、回龙社区、黄鹤山社区、白龙湖社区和回龙山水库管理所。辖区内共有36个居民小组，户籍人口7503人，常住人口6295人。党工委下辖13个党支部，428名党员。

2018年在区委、区政府的正确领导下，紧紧围绕高质量发展的目标，深入学习贯彻中共十九大精神，始终坚持“以人民为中心”的主体地位，团结带领广大干部职工解放思想、务实笃行、履职尽责，强化资源整合，突出问题导向，攻克发展短板，各项工作取得新进展。

南山街道2018年作风效能建设大会

区长徐心田到南山街道调研

区委副书记、常务副区长贾敬远到南山街道调研

区委常委、宣传部部长蒋勇，副区长王家振到南山街道调研

润州区政协到南山街道调研

南山街道办事处

五凤口社区乡情商会企业家座谈会

召开南山文化旅游产业促进会筹备会议

五凤口二月二龙抬头民俗文化展

举办南山街道解放思想大讨论演讲比赛

五凤口“二月二”民俗文化展示

润州区民政局

省领导参观金山街道迎江路中心社区老年人日间照料中心，对镇江市首个“医养融合”日间照料中心运行给予高度评价

2018年，润州区民政局立足新时代、把握新形势，以现代民政示范区成功创建为新起点，进一步明确发展取向、工作导向、奋斗指向，全面深化改革、全力服务民生，打造有温度有质量的民政事业。全区成功创建全国综合减灾示范社区11个，江苏省综合减灾示范街道1个，江苏省综合减灾示范社区7个;和平路街道长江村成功创建国家减灾示范社区。成功争创江苏省“第十一届双拥模范区”。

润州区民政局承办市 2018 年防灾减灾活动

建成润州区社会组织指导服务中心

润州区住房和城乡建设局

副区长刘国明检查工地安全和扬尘治理

2018年，润州区住建局突出以民为本，服务城市经济发展，完成了老小区改造、水环境整治、扬尘治理任务，推进了太古山、恒顺北、东太平圩和张家湾等棚改项目，加强了住宅小区物业管理和住房保障工作，全面完成市下达的年度危旧房解危任务，推进了润州城乡建设。

平安征收工作专项检查汇报会

召开全区物业管理工作联席会议，提升物业管理水平

张家湾棚户区改造进场动员会

黑臭水体治理后的周家河

润州区环境保护局

区环保局局长唐明乐就水源地保护工作接受镇江市电视台采访

区环保局副局长曹阳陪同市“263”办检查热线举报问题现场

区环保局牵头组织绿色和谐发展党建联盟党员开展“长江大保护，党员在行动”主题活动

2018年，润州区环境保护局认真贯彻全省环保系统和市委市政府、区委区政府的决策部署，以改善生态环境质量为核心，全力推动打好污染防治攻坚战，生态环境质量持续改善。全年市区空气质量优良天数比率为60.34%,同比上升7.56%，上升幅度全市最高。新河桥国控断面全年总体水质均值达Ⅲ类，达到国家考核目标要求，集中式饮用水质达标率100%。

组织绿色和谐发展党建联盟党员开展“长江大保护，党员在行动”主题活动

镇江市润州区城市管理局

作风效能建设大会

区领导调研城市管理工作

2018年，在区委、区政府的正确领导下，区城管局以习近平新时代中国特色社会主义思想为指引，以人民为中心，以创新为动力，以问题为导向，推动落实改革举措，提升精细治理能力，夯实城市管理基础，圆满完成了年度目标任务。

“学十九大精神 展城管新形象”知识竞赛

“散乱污”专项整治

垃圾分类宣传进社区

试点小区的生活垃圾分类设施

“厕所革命“——改造后的狮子山公厕

润州区交通运输局

召开新修订《中国共产党纪律处分条例》专题学习会

召开“五项行动”环境整治专题部署

2018年，润州区交通运输局在区委、区政府和市交通运输局的正确领导下，围绕年度重点工作，用全新的理念拓展视野，用务实的态度推进工作，立足本职，锐意进取，真抓实干，打好交通沿线环境整治攻坚战；打赢官塘新城拆迁扫尾持久战；打准农村公路管理养护保卫战；打胜道路运输市场效能提升战；打实党建质量提升工程翻身战。

开展普法进社区活动

对润州路破损路段施工修复

开展“绿色交通 安全出行”主题宣传活动

在官塘绿苑安置被拆迁群众

润州区市场监督管理局

召开党风廉政建设会

召开作风效能建设推进会

与苏盐镇江分公司党委开展党建共建

2018年，润州区市场监督理管局着眼“简政放权、放管结合、优化服务”，围绕改革促发展，创新监管护民生，着力提升服务润州经济高质量发展水平。深化机关效能革命，扎实推进“三聚三提五创”活动，被中共润州区委授予“忠诚团结创新担当好班子”荣誉，被中共润州区委、区政府评为2018年度“绩效考核十佳单位”。

开展执法检查活动

开展“红歌传唱　爱心飞扬”主题党日活动

镇江市润州区房地产开发总公司

润州区房地产开发总公司成立于1984年9月，拥有注册资本5251万元，是一家具备城市综合开发二级资质的房地产开发企业。公司办公地址位于市朱方路98号四楼。2018年末，有在职职工68人，其中，具备各类专业技术职称人员52人。公司下辖两个专业化子公司，分别为：润州区建筑装璜配套工程公司和润州房地产物业公司。2018年，公司加大“润康城”项目销售力度，全力推进下黄山村棚改项目，经济及各项事业取得了新的发展，完成润康城住宅销售1.68万平方米，商业销售0.5万平方米，销售收入约2.45亿元，回笼资金约1.7亿元，上缴税金2200万元。

工 业

【概况】 2018年，全区15家定报工业企业共实现主营业务收入32.69亿元，同比增幅为20.3%；工业利税5.52亿元，同比增幅为21.9%。定报工业增加值9.54亿元，同比增幅为6.7%，主营业务收入和工业增加值的增幅位居全市第一，分别高于第二名12.8个和2.6个百分点。总体上来看，全区工业经济运行较为平稳。

【多方位服务企业发展】 一方面加大人才引进力度。以区产业政策22条及“润州英才”计划为支持，强化人才引进力度。2018年，入选市“金山英才”计划7人，指标完成率达到175%，其中制造业完成2人。另一方面积极组织企业开展平台认定。中汇江苏镇江税务事务所、江苏南昆仑律师事务所、镇江易创投资和江苏瑞联贸易4家获批市级公共服务平台；镇江市广源网络科技有限公司、江苏科茂信息技术有限公司2家企业获批2018年江苏省工业互联网发展示范企业（三星级上云企业）；镇江市广源网络科技分别与镇江联通、移动、电信合作的3个项目获批“企业上云”项目补助；江苏冬云云计算股份有限公司获批市级优秀云服务商。

【对上争取各类项目扶持资金】 2018年，帮助正茂集团、金山包装厂、瑞联贸易等6家单位争取镇江市经信类专项资金合计105万元。其中江苏冬云云计算股份有限公司冬云AI人脸识别应用云平台30万元；镇江市润州金山包装厂新建500升复合式中型散装容器生产线项目20万元；镇江易创投资发展有限公司、江苏瑞联贸易有限公司2家的公共服务平台分别获批10万元、15万元；正茂集团有限责任公司高强度高韧性系泊链制造技术完善项目15万元；镇江市新创计算机系统集成有限公司基于大数据架构下的绩效考评管理系统软件15万元。

【不断强化生态文明建设】 一是牵头开展工业、服务业“散乱污”专项整治。依托属地街道，排查工业及服务业“散乱污”企业（作坊）共计99家，其中取缔类1家，搬迁类26家，提升类72家。通过4个多月的广泛宣传、细化方案、联合执法、制定实施长效管理机制等多项措施，全面完成辖区内“散乱污”企业（作坊）专项整治工作。二是加大环境治理力度，完成飞亚轴承、金山包装2家工业企业挥发性有机物整治，进一步强化企业废气监测。三是全面推进“金屋顶”计划，全年，帮助指导辖区内35家企业、居民申请金屋顶补助11.03万元。四是加快推进绿色发展，积极配合开展“263”专项行动，加强淘汰落后产能，削减煤炭消费总量。2018年，完成江苏联合水泥有限公司日产5500吨水泥熟料生产线拆除工作，并组织完成项目验收。五是全面开展低碳城市建设，镇江市2018年生态文明（低碳城市）建设行动计划涉及润州区的任务共有35项，均按序时进度完成；成功开展2018年低碳大会，邀请来自国内各地的专家、学者以及投资人共计100多人，成功引进26个项目，总投资40余亿元，集中签约项目总投资约6亿元。

（区发改经信委）

服 务 业

【概况】 2018年，全区实现社会消费品零售总额124.33亿元，同比增长6.5%；服务业增加值占比达

80.2%；服务业完成投资106.66亿元，同比增长7.9%。

【现代商贸业】 不断提升城市商圈的发展层次，通过联动招商、主体招商、以商引商等方式进行业态打造，刺激消费活力。2018年，常发广场引进苏宁红孩子、长申精品超市、神话乐园动漫城、渝胖子炭火牛蛙等文娱餐饮企业，盘活闲置资源24733.25平方米；颐高广场引进美年大健康、艺秀艺术咨询、北京阎岭舞蹈学校等名特优新商家汇聚，盘活闲置资源9164.6平方米；协信星光时代广场集国际影院、精品超市、健身中心，儿童游乐，母婴生活、快时尚集合、运动零售、精品阅读等八大主力业态，招商签约率达95%，进入开业倒计时阶段。此外，"苏宁小店""倍全超市"等"互联网"零售新模式发展迅速，线上线下同步运营，智慧升级。

【文化旅游业】 深入探索丰富"旅游+购物""旅游+文创""旅游+演艺"等发展模式，提升文化旅游功能价值。全区围绕文化旅游产业项目建设，打造全域旅游发展新高地。建设西津渡旅游风情小镇项目，推动小镇向文化游、体验游、休闲游转型，书香府邸酒店基于广肇公所和包氏钱庄的旧址改建而成，已对外营业，此外，引进南京二楼南书房品牌，形成镇江独有的西津渡24小时书房；建设海洋魔幻世界项目，打造江海文化主题旅游精品，填补润州区主题公园空白，当前，项目正有序建设，其中海洋馆和极地馆已完成主体结构封顶，并通过验收。此外，南山风景区成功举办"寿比南山·首届长寿文化艺术节"，西津渡举办HiFi音乐节，增加文创产品售卖及互动的特色环节，在引导市民文化消费的同时，满足群众的精神文化需求。

【商务服务业】 随着润州区城市化水平的深入推进，企业管理服务、法律服务等商务服务业已成为拉动经济发展的重要力量。润州区注重品牌建设，因地制宜发展服务业经济，增强全区的城市综合服务功能。江苏汇典律师事务所不断提升其专业化、团队化和规模化建设水平，被评为江苏省第三批生产性服务业领军企业，成为全省唯一入选的律所；江苏恒信集团从事财务审计、工程项目管理、涉税事项、资产评估、管理咨询、招投标代理等专业服务，是具备较强实力的综合性经济鉴证类服务机构，于2018年正式落户润州区；镇江长江金融产业园项目顺利签约，将打造集聚金融、类金融、金融中介等机构与综合金融服务平台。

【软件信息业】 加大对全区软件和信息技术企业的扶持力度，增强企业自主创新能力和专业服务水平。镇江农批市场不断提升其物流板块的智慧层次，利用"互联网+"稳步运行镇江农批智慧云平台，积极探索企业转型升级发展道路，并成功入选第十三批省重点物流企业；江苏冬云云计算与南京大学筹备共建"冬云智云链研发中心"，将加速推进区块链和云计算技术在网络信息安全、资源共享等技术前沿领域的研究、成果转化和产业化。

【成功入选省级服务业综合改革试点】 立足全区城市经济发展，以"生产性服务业、现代旅游业、高端商贸业、低碳产业和智能制造业"为五大产业发展方向，构建"1+4"政策文件体系，以政策筑巢引凤。同时，润州区积极申报并成功入选全省新一轮服务业综合改革试点区域，依托传统服务产业优势、主城交通区位优势等，在巩固提升商贸流通、文化旅游、房地产等传统优势行业的同时，因地制宜，进一步发展软件信息、金融保险、健康养老、低碳环保等新型服务业态，全力推动全区服务业结构提档升级，推进生活性服务业向精细化和品质化方向发展，生产性服务业向专业化和价值链链高端延伸。

【全力构建亲上加清的良好政企关系】 2018年，全区常态化开展暖企走访活动，两轮走访共深入走访企业283家/次，办结问题和建议249条；突破行业界限共开展信息软件、商务服务、建筑、民营、房地产、商会及行业协会、旅游等7类企业家座谈会。同时，印发《润州区关于加快推进产业发展的政策意见(试行)》，通过服务业提升发展、楼宇盘活等，积极培育并引导全区服务业企业进行规模化、集聚化、特色化发展。此外，积极为项目争取国家、省、市等政策和资金方面的支持。2018年，共争取各级服务业专项资金271万元。全区优化企业服务方式，聚力排忧解难，全力帮扶企业成长发展。

【多维开展"招商引资招才引智"活动】 立足城市经济发展，结合五大产业发展方向，积极开展双招双引活动。项目招引显有实效，多维开展联动招商、主体招商、基金招商、以商引商等活动，"联想之星·星云加速器"项目成功落户并投入运营，长江金融产业园项目顺利签约，成功引进树实科技、慧灵科技等高科技企业；楼宇集聚加速彰显，华润燃气、恒信集团等总部企业以及南京银行、华夏银行等金融机构落户润州区，已盘活商务A区、国投商务广场、常发广场、朱方大厦等存量楼宇约9.4万平方米，去化率14.9%；成功引进镇江市"金山英才"现代服务业领军人才4人，入选润州区首届"润州英才"共计11个人才项目。

【扎实推进全区重大项目按序时完成】 始终将大项目建设作为全区经济工作的重中之重，扎实推进魔幻海洋世界、星光时代广场、西津渡历史文化小镇、大西路商业中心，镇江星云极客科技孵化器等5个市重点项目按序建设，并对在建在手重点服务业项目及时跟踪，强化服务。其中，镇江星云极客科技孵化器已投入运营，并成功举办第一期镇江“双百菁英”科技企业家特训营，第二期报名正式启动；魔幻海洋世界海洋馆、极地馆主体结构完成并通过主体验收；西津渡历史文化小镇二楼南书房正在进行内部装修，镇屏山西剩余建筑老招商局完成招标，桩基工程完成；大西路商业中心项目已开工建设，同时，正加快推进镇江长江金融产业园项目。（区发改经信委）

工贸总公司

【概况】 2018年，区工贸总公司坚持以习近平总书记新时代中国特色社会主义思想和十九大精神为指导，始终围绕“保值、稳定、服务”和党建工作的总要求，以服务大局、建设队伍为核心，坚持统筹谋划，强化资产管理、规范党组织建设和提高党员干部队伍素质能力为重点，全面加强党的思想、组织、作风、制度和反腐倡廉建设，不断增强守土有责意识，促进全系统各项工作的全面提升。

【全力推进巡察整改工作】 根据区委统一部署，2018年6月14日至8月10日，区委第二巡察组对区工贸总公司进行巡察。8月29日，区委巡察组向区工贸总公司党委反馈巡察意见。根据巡察反馈意见中指出的6项11个问题，及时召开巡察整改专题会议，成立以党委书记为组长的巡察整改工作领导小组。对照巡察反馈意见和问题清单，按照“问题清、责任明、措施实”的要求，制定巡察整改工作方案，明确整改工作时间表、责任人和工作目标，各基层单位对问题“对号入座”，实行上下联动，逐级推进。建立整改落实台账，实行逐个问题“挂号”、逐项内容“销号”，根据问题的难易程度，一个问题一个问题解决，确保件件有落实、条条见成效。截至2018年年底，巡察发现的问题已基本整改到位。

【严格落实党风廉政建设“两个责任”】 区工贸总公司党委始终将全面从严治党、依规治党要求贯穿于落实党风廉政建设党委主体责任的全过程中。召开专题工作会议制定《中共润州区工贸总公司“两个责任”责任清单》，强化领导干部“一岗双责”意识。党委书记分别与班子成员、各党支部书记签订《党风廉政建设目标责任书》，对履行党风廉政建设主体责任全程记实。强调个人重大事项如实报告，从严落实党风廉政建设责任制度。

【以“书记项目”破解党建难题】 区工贸总公司紧扣区委“书记项目”要求，围绕“激活神经末梢”，全面深化红色形象体系建设部署，立足基层党建的突出问题，强化党组织书记主体责任，扎实有序推进党建“书记项目”，努力实现支部质量、党员意识、党建责任的提升。一是突出问题，聚焦项目主体。以破解焦点问题为突破口，以系统的方法、严谨的态度确立以高标准创建模范机关支部为主阵地，采用分类差异化规范管理党员思路、夯实规范基层党组织建设的“书记项目”；二是细化管理，注重项目内容。针对工贸总公司机关及基层党员所处的工作环境不同、党性原则和思想觉悟性的差异；因地制宜、分层分类进行党员教育管理、制定“一支一策”四细则有序推进“书记项目”；三是创新形式，助推项目特色。在机关党支部开展红色积分体系、推行季度红色先锋岗评比，强调积极主动探索引入新思维新方法，着力提高工作效率、深化服务观念、转变工作作风、提升群众满意度。

【资产管理精细化】 随着改革改制工作的不断深入，区工贸总公司工作重点趋向于资产的保值增值。一是严加资产管理。区工贸总公司再次对面临征收的资产（金山仓库）进行核查，建立详细清册，由专人负责资产的征收工作；积极筹措资金，对老旧房屋进行维修，确保资产安全；二是强化资金监管。对所有企业的财务实行监管，每月审计一次现金流；针对企业留守人员少的实际状况，将企业账务由总公司资产财务科负责统一管理，发票报销上管一级，从源头上加强资金的管控；三是实施提租增效。根据所属企业资产所处的地理位置、楼层与出租面积，广泛了解周边房屋出租情况，按市场行情调整租金，使资产经营收益趋向最大化；四是规范留守人员职责、待遇。召开专题会议，研究企业留守人员工资待遇、个人保险及企业相关管理等内容，并由分管领导和纪委书记一起与基层负责人谈话，做到合法、合规、合理。（张　萍）

供销合作总社

【概况】 2018年，区供销社认真贯彻中共十九大精神，进一步解放思想，在城市经济发展中主动而为，指标任务全面完成，综合改革全省率先，项目建设全面开花，为农服务全力推进，信访维稳全力以赴，党建工作全面落实，各项工作齐头并进、成效显著。

2018年，实现销售总额4.61亿元，同比增长约34%；利润总额

0.04亿元,同比增长约33%;电商销售额0.07亿元,同比增长40%;完成农副产品收购额0.21亿元,同比增长约24%;新(扩)建项目数2个,同比增长100%。

【专项试点工作】 供销社是全省唯一承担"探索创新联合社治理机制专项试点"工作单位。主要围绕"完善供销社'三会'组织管理体制、改革宏观运行机制、深化改革内设机构、建立人才市场化聘用平台、建立'润州供销人才智囊库'"五个方面开展试点工作。1月26日,该项工作被列入《中共镇江市润州区委常委会2018年工作要点》;2月12日,被列入《中共镇江市润州区委全面深化改革领导小组2018年工作要点》;4月4日,被列入《区委深改组2018年工作要点重点任务分解表》。截至2018年年底,专项试点工作主要任务基本完成。

【"三代会"召开】 区供销合作总社时隔二十九年后恢复代表大会制度。6月6日,第三次代表大会成功召开,会议选举产生了新一届理事会、监事会,成为全市系统范围内首家完成该项任务的单位。

【项目建设】 由七里供销合作社成立的镇江"每鲜加"惠农电商发展有限公司与淮安"每鲜加"电子商务发展有限公司合作创建"每鲜加"精品超市,以"云厨房"为核心,采用"互联网+农产品+场景体验+加工+社交"运作模式。2018年2月10日,"每鲜加"精品超市润州体验万达店正式营业。2017年,金莲品牌获国家驰名商标认证;2018年6月底,省供销合作总社理事会主任诸纪录来供销社进行调研视察期间,要求发挥好金莲品牌国家驰名商标的优势,进一步扩大市场占有率和影响力,并做出重要批示,金莲食品系列产品顺利进入苏果超市和上海万家系统;11月,润州供销邻里中心子项目——快捷酒店正式开工建设。金莲食品有限公司与镇江吴记羊肉食品有限公司进行首轮接洽,拟于2019年建立以羊肉制品及辣椒酱为主要产品的食品深加工项目。

【为农服务】 2018年,实现农作物病虫害统防统治面积突破666.67公顷次。4月,按照市农资打假工作联席会议的统一部署,配合相关单位开展农资打假专项行动,对农资销售门店进行了自查。10月12-14日,区供销社组织以金莲系列食品为代表的名优产品参加2018海峡两岸(江苏)名优农产品展销会。11月9日,领办镇江市高新区兴惠种植农民专业合作社。

【巡察工作】 2018年10月25-12月10日,区委第一巡察组对供销社开展巡察。区供销社党委及各部门、各单位干部及职工全力配合巡察工作开展。区委第一巡察组对供销社工作给予基本肯定,并对巡察发现的问题提出反馈意见。至年底,供销社正根据巡察反馈意见落实整改措施。

(区供销社)

一树报春 (陈 岗 摄)

城市建设

【概况】 2018年,区住建局按照镇江市"八类重大任务、百项工作目标"责任分解表和市、区年度计划安排,全力推进全区各项重点工程建设。按照计划完成润州区为责任单位的9个城建重点项目,其中:西团结河中段等4个水环境整治工程完成整治任务,并完成市下达的8个排口的整治;蚕桑路西段建设工程和下黄山、张家湾棚改和何家湾旧城改造项目已完成年度任务,恒顺北地块征收项目完成进度的99%以上。基本完成同德里和朱方路两个片区老小区改造任务。继续实施城区积水区改造,润州广场、金山湖路等绿化提升改造工程竣工。城市公园广场绿地建设方兴未艾,星光时代广场、魔幻海洋世界即将竣工,和平路文体公园和西团结河绿地、小龙山绿地、太古山路街头绿地等建成开放。

【润州山路南段(中山西路至崇实女中段)建成通车】 润州山路南段为2017年市"六大任务百项工作"确定的重点工程项目。该路南起中山西路,北至宝盖路,全长约895米,规划红线宽30米,局部宽35至36米,双向四车道。该项目由市城建产业集团委托市干道办实施,2017年5月底开工,2018年1月11日竣工通车。润州山路改造是太古山片区路网建设的重要路段,此次建成通车的是中山西路至崇实女中段,方便太古山地区和前往崇实女中、赛珍珠文化公园的交通。

【新西门桥危桥改造工程竣工通车】 新西门桥位于市区新马路、双井路交叉口。原桥为宽7米的3跨普通钢筋混凝土老式的T形梁结构桥梁,历经50多年的历史,于2016年被鉴定为C级危桥,存在严重安全隐患。新西门桥危桥改造工程被列为2017年市重点城建项目之一,2017年9月5日动工,2018年7月底竣工通行。改造后的新西门桥桥梁设计为1-28米简支桥梁。桥梁全长36.06米,宽25米。桥梁上部结构为预应力空心板梁,下部结构桥台为组合桥台。桥面采用整体式断面布置,路幅分配为双侧各0.5米栏杆、各4米人行道以及16米机动车道。为了给未来古运河观光游船预留通航空间,桥梁净空设计高于8×3.2米。

【太古山路建成全线通车】 太古山路南起中山西路,交红光路(登云山路)、风车山路,北至宝盖路。全线采用城市次干路标准,道路全长865.56米,红线宽32米,局部交叉口渠化宽35~40米。跨越原铁路三线设置20米斜交单跨桥梁一座。建成后的太古山路为双向四车道,部分路口的展宽段为双向六车道。工程由镇江城建集团投资建设,委托市干道办代建。于2016年9月进场施工,2017年年底除华侨新村段(约120米)外,全部建成。2018年11月,确定华侨新村不拆迁,经过调整施工,12月底正式通车。太古山路与檀山路贯通,市区又新增一条南北走向的重要通道。

太古山路工程还试点建设了全市首条综合地下管廊。综合管廊共纳入供电、自来水、通信三种管线,南起中山西路与太古山交叉口附近,北至崇实女中后墙,全长约500米,为双舱形式,分为热电力舱和综合舱,每个舱宽2.3米,高2.7米,设计使用年限100年。将来维修人员可以通过综合管廊进入管廊内部进行维修和架设管道,不需要再破路施工。

【团山路西段城市化改造工程竣工】 团山路西段改造工程为

2018年全市城建重点工程。该路段为原宁镇公路，按照省级公路标准建设，随着镇江高新区的建设发展，以及镇江市区车辆出城的需求，这条道路因混凝土路面破损影响通行，需要改造。该路段从戴家门到朱方路全长2.5公里，设计的红线宽度是40米。2018年7月17日开工，12月27日竣工。工程由镇江城建集团投资建设，委托市干道办代建。工程施工将原道路的混凝土路面，改造成柔性的沥青路面。改造后，无论是在行车舒适度上，还是在降低噪声上，都得到提升改善。

【“263”和“一湖九河”整治工作完成】 区住建局牵头协调推进2018年度确定由润州区建设的四个黑臭水体整治项目，即西团结河中段、御桥港中段和下段、周家河水环境整治工程，项目内容主要为河道拓宽、清淤、生态治理及景观绿化建设，经过各责任单位大力推进，年底前完成整治并通过市相关部门预验收。同时，区住建局还对辖区主城区范围内物业小区雨水、污水管道混接以及5小店、菜场、路边大排档等污水进入雨水管网，以及下河污染水体的排口情况进行了全面排查，共查出市政、小区雨污混接点位367处，入河雨污混接排口18处，排查结果汇总上报市住建局。市下达润州区的排口整治方案后，区住建局积极协调相关街道，组织力量，全力突击，8个排口整治项目已经完成整治。

【金山湖路及周边道路绿化提升改造工程竣工】 2018年，为提升道路绿化景观功能，市住建局绿化处会同绿化管理站，结合道路绿化管养移交、海绵城市建设、“宜城”品质提升等要求，对金山湖路及周边道路绿化进行补植。项目于10月25日开工实施，12月15日完成绿化补植任务。

【西津音乐厅及实验剧场工程通过“中国建筑工程鲁班奖”现场复查】 2018年8月4日，国家优质工程奖复查专家组莅临西津音乐厅及实验剧场，开展为期一天半的“2018—2019年度第一批中国建筑工程鲁班奖”现场复查。专家组通过检查工程实体和技术资料，在综合参建各方意见的基础上，高度评价西津音乐厅及实验剧场工程的施工质量，同意该工程通过中国建筑工程鲁班奖现场复查。

西津音乐厅及实验剧场工程由镇江建工建设集团有限公司承建，位于西津渡历史文化街区，内外装饰装修精美细致，是一幢东印度风格建筑。该工程于2013年12月开工建设，2016年8月通过竣工验收，已获得2017年度江苏省优质工程奖“扬子杯”。此次中国建筑工程鲁班奖现场复查，是西津音乐厅及实验剧场工程创建国家优质工程奖过程中的一项重要环节。

【和平路文体公园建成开放】 该公园坐落于润州区京江路以北，慈寿路以南，占地面积1.67公顷，投入资金600多万元，2017年2月开工，2018年5月16日竣工正式开园。公园中央设置1200平方米的中央文化广场，中心广场标识采用渔船造型，突出和平街道历史上“渔文化”特色。广场拥有灯光篮球场、门球场、笼式足球场、5张乒乓球桌以及儿童天地等28套文化运动设施。公园周边有滨江花城、金泉花园、金山水城等多个安置小区，公园开放惠及周围居民2万余人，为他们提供一个集文化、运动、休闲为一体的城市广场。

【润州广场提升改造工程竣工】 润州广场位于润州路和朱方路交界处，占地1.5万平方米，2003年由润州区住建局建成，成为周边市民休闲健身的重要场所，每天人流量数以千计。移交市有关部门管理后，因为年久失修，设施老旧现象严重。工程由市城市绿化管理站负责实施，2018年5月29日，润州广场改造提升工程竣工。在提升改造中，广场基础设施改造方面采用“海绵”理念，将硬质透水的旱喷改成透水铺装，大树树根部砖式围挡也换成更生态环保的木桩式围挡，实现与自然的和谐相处。在绿植方面适当进行优化布局，从上海引进花朵更多、色彩更艳丽的新品种紫藤，将病害较严重的银杏更换成了乌桕，并增加了花叶蔓长春、杜鹃、酢浆草、一串红、万寿菊等花木品种，使景观更为亮丽。同时，在广场上增加双拥宣传、图书自助借阅等文化设施，融入更多的文化元素，为市民提供更加普惠的公共文化服务，使其内涵更为丰富，进一步彰显出便民、乐民、亲民的城市广场特点。

【全国文明城市复检测评顺利通过】 2018年，区住建局根据市、区文明办部署，建立迎检领导小组，及时召开专题会议落实，下发文明城市复审迎检方案，突出市场化物管小区、建筑及拆迁工地和润州广场、中山广场两个市民广场管理。重点落实公益广告宣传、环境卫生、文明道德行为、车辆管理、噪音控制、工地场容场貌、扬尘治理管理。根据测评标准，落实专项巡查，划片到人、定岗定责不留盲点。复检期间，共督查协调处理各类复检难点问题约500件，整改100%，其中，通过市住建局协调各类难题170件，查巡小区、工地数量累计880余次(个)，落实张贴户外公益广告100多处，按照全国文明城市复检标准，累计投入资金3672.02万元对49个老旧小区硬件设施进行综合整治，改善老旧小区的环境，出新工地围墙1200米，修复围墙200多米，为全市顺利通过复检测评检查做出贡献。

【城区防汛工作】 2018年年初，调整全区城区防汛领导小组成员，协调和领导汛期的工作。区城区防汛办与各街道相继制定防洪防台应急预案，并对全区的低洼积水区进行摸底排查，汇总上报市城防指。在汛期前，根据市城防指安排，先后对太平圩银山河、三官塘排水箱涵进行疏通清理，配合市排水管理处对周家河沿线小区雨污管道进行改造，消除积水隐患。汛期全区加强值班巡查和危房监控，5月6日、5月24—25日，全市先后遭遇强降雨侵袭，全区城区未发生重大洪涝灾害和大面积积水现象，未出现伤亡事故和财产损失。

（牟建中）

住房管理

【概况】 2018年，辖区内住宅建设热度不减，继润康城、美的城、协信太古城等小区建成或即将建成，远洋地产三期、中海润江府、山林名墅三期和中山府等项目相继开工建设，住宅建设逐步向中高档方面发展。区住建局按照镇江市"八类重大任务、百项工作目标"责任分解表和市、区年度计划安排，加快房屋征收拆迁安置和安置房建设，大桥家园、紫园、茶砚山庄安置房相继竣工交付回迁，有效缓解逾期安置的压力。住宅小区物业管理全覆盖工作推进长效管理，结合合同文明城市复检测评，对市场化住宅小区实施物业提升改造。按照全市计划，实施同德里和朱方路两个片区的老旧小区改造，使小区更加清洁、安全、宜居。加强住房保障工作，继续实施廉租住房的"动态管理"和"实物配租"，有效解决城市中低收入家庭的住房困难。

【重点工程房屋征收拆迁】 区住建局和区政府房屋征收办公室牵头协调全区重点工程房屋征收拆迁工作，区房屋征收和拆迁安置中心具体实施推进。加力推进新老项目房屋征收搬迁和回迁安置工作，确保各项重点工程建设进行。一是房屋征收搬迁方面。2018年，共推进何家湾、恒顺及周边地块征收、东太平圩、山巷路东西两侧棚户区改造等新老项目16个，完成签约1895户，面积约45.4万平方米。何家湾已完成征收任务，恒顺及周边地块等项目进入收官阶段，东太平圩集体土地搬迁已经结束；同时，加强历年项目征收拆迁扫尾，连镇铁路、西荷花塘二期、民主街等5个项目扫尾结束。二是安置工作方面。积极与主体协调，采用集中、零星、现房调剂安置等方法，对西出入口综合整治（大桥村）、跃进路北侧及西出入口安置房地块等18个项目进行统筹安置，全年，完成安置2525户、3151套，安置面积约32.25万平方米。积极做好逾期安置群众征收拆迁政策解释工作，对西出入口剩余地块等6个项目，发放逾期临时安置费1182户、3812.28万元。三是服务安置房办证方面。着力解决安置房权证办理工作，通过市、区政府和相关部门协调、现场办公等多种方式，帮助各建设主体尽快完善各项手续，原区属7个安置房项目已经办结4个，剩余3个正在加快各个流程的报审，争取2019年春节前全部办结，让被安置户可以顺利办理不动产权证书。同时，区征收中心还配合相关投资主体，为征收搬迁回迁被安置户出具《安置房结算单》等手续共计1025户、1572套。

【大桥家园建成安置】 大桥家园位于港前路东侧、耀金西路北侧，规划建筑面积30万平方米，共17幢高层（22～30层不等），住宅2280套（其中约1700套用于安置）。配套建有物业用房、幼儿园、托老所、医疗站、文化广场等，小区除了建有地上停车位外，还有面积37000平方米的人防地下停车场。该小区由市城建产业集团投资，江苏明兴置业发展有限公司承建的保障性安置房项目。该项目2015年11月开工，2017年年底竣工。

2018年4月，经区住建局、区征收中心与市城建产业集团和高新区蒋乔街道研究确定，于4月20—5月30日，在大桥家园安置小区进行安置工作。本次安置主要有两个项目：即"西出入口综合整治（大桥村）拆迁"和"跃进路北侧及西出入口安置房地块拆迁"项目。共安置1200户、1700套，安置面积约17万平方米。安置前，区征收中心提前做好宣传工作，积极为被征收户答疑解惑，疏导民意，及时告知被征收户安置通知书领取时间及要求，积极为群众排忧解难，保障群众利益。同时将在安置现场做好引导和解释工作，确保快速高效、和谐稳妥的完成回迁安置工作。

【茶砚山庄保障性安置房项目竣工】 该项目位于茶砚山路，东临茶砚山，南至南徐大道，西临长山灌渠，北至朱方路。总用地面积2.92万平方米，规划建筑总面积9.51万平方米（含地下室2.34万平方米）。建有保障性住房363套。项目估算总投资48009万元，其中基础设施建设总投资 6175 万元。项目建有商办、社区综合性用房、物业用房、公共厕所，配电房，垃圾收集房等。该项目由江苏丰瑞房地产开发有限公司承建，于2016年6月开工，2018年6月竣工并交付安置。

【老小区改造工作】 2018年，市下达润州区老旧小区改造计划为改造同德里和朱方路两个片区，共计改造面积约21.07万平方米，涉及71幢、175个单元、8562名居民。主要对片区内的老旧房屋实施立面出新、屋顶平改坡、雨污分流、更换落水管、规划小区停车位、优化小区绿化等。改造方案经过几轮征求市民意见，通过认证审批。施工单位于7月底进场施工，至12月底，已经完成地面违法建筑拆除275处、面积约1982平方米；完成两个小区的排水管线、路面、外立面等施工。部分扫尾项目因扬尘管控和春节期间安全需要暂停施工，计划于2019年3月份完工交付。

【危旧房解危工作超额完成】

2018年，市解危办下达4000平方米解危计划。区住建局根据辖区内危旧房的现状，认真制定解危方案，细化分解解危目标任务，积极协调解危主体和属地落实解危任务，解决解危中遇到的矛盾问题，推进全年目标任务的完成。共发布解危搬迁公告7份，完成航运新村、山巷路东西两侧、运河路20、21号等解危项目，帮助495户居民改善了居住条件，解危面积2.54万平方米，超计划完成全年解危任务，确保居住安全。

【润州辖区直管公房维修任务完成】 润州辖区范围约有直管公房4000多户，主要分布在薛家巷、小杨家巷一带，大都为老旧破损房屋。2018年5月，金山街道三多巷15号，具有上百年历史的老屋因年久失修遇雨而垮塌，所幸未造成人员伤亡，但倾斜的墙体仍随时可能再次倾倒。作为2018年市民生十件实事之一的直管公房修缮，计划完成10000平方米，其中，在润州辖区7000平方米。直管公房住户基本都是低收入家庭，老弱病残幼居多，属于弱势群体。辖区市云台房管所按照市住建局下达的计划，本着以人为本的精神，克服各种困难，合理安排工期，共修缮7400多平方米，超计划完成2018年目标任务。

【住房保障工作】 区住建局、区住房保障和产权登记中心认真做好廉租住房保障工作。严格执行住房保障政策，实施动态管理模式，在保障户年审或新登记时，认真按政策要求，采取“三审二公示”制度，做到“阳光操作”，最大程度保证了该项工作的“公开、公平、公正”。完成年审工作，全区新增住房保障户181户、取消14户，全区共有保障户3652户，其中享受实物配租1774户，享受租赁补贴1878户，全年，共计平安发放租赁补贴644.77万元。

【住宅小区物业管理工作】 区住建局指导督促区物业管理中心加强对辖区市场化住宅小区物业管理监管，提升住宅小区物业管理水平。一是加强行业管理。建立物业管理联席会议制度，修订完善老旧小区物业考核评估标准，健全物业企业信用考评制度体系，加强市场化小区常态化管理，对物业项目实行严格备案制度，共办理前期物业招标中标项目备案23个，物业服务合同备案3个，业委会备案3个。开展物业管理行业“双随机”检查，全年，共检查18个市场化小区项目，进一步规范物业企业经营服务行为。二是积极协调处理物业管理矛盾纠纷。处理回复各类物业投诉2165件，落实完成大城管考核物业小区整改案件919件，参与协调处理信源华府物业业委会合同续签、朴园业委会改选、华都名城荣锦苑招聘物业公司和小区消防维修等矛盾纠纷。成立区物业矛盾调处中心，与区法院和司法局互动，提前介入物业企业与业主的纠纷，将矛盾化解在萌芽状态。三是提升物业管理技能。组织辖区物业企业参加市物业行业技能竞赛。开展2018年物业市级示范项目申报评选工作，通过企业自主申报和区物业矛盾调处中心初评筛选，共向市住建局推荐申报8个物业服务示范项目：其中住宅项目4个，公共项目4个，提名万科魅力之城申报省级宜居示范小区。

【房改工作】 区住建局和区住房制度改革办公室（区房改办）认真履行职责，严格执行住房制度改革政策，做好全区机关、企事业单位职工一次性购房补贴的审批和政策解释工作。全年，共审批教育局、韦岗、七里、南山街道等单位职工补贴申请159人，补贴面积8148.53平米，金额462.16万元，发出个人房改情况查询证明18份，为部队转业人员办理相关手续提供便利。

（牟建中）

建筑业管理

【概况】 2018年，区住建局与区建设工程管理处积极转变职能，热情为区建筑安装施工企业服务，加强建筑工程安全生产管理，推进文明工地创建，促进区属建筑业的发展。

【服务区属建筑施工企业的发展】

区住建局、区建管处主动服务施工企业，加强政策引导，帮助企业解决实际困难，推动企业发展。一是服务区属施工企业。在“暖企惠民大走访”活动中，局领导带队多次到区属施工企业调研，召开多场座谈会探讨推进发展问题，鼓励区属施工企业扬长避短、勇于竞争。制定和落实措施，帮助企业解决如鸿鑫商业广场项目报建等9个实际问题。全区，有22家施工企业通过资质核查，13家企业通过信用手册年检和信用平台的登记录入。提供农民工技能培训，组织全区安全员、施工员、质检员、塔吊司索工等特种作业人员

80多人参加市住建局举办的培训班。二是帮助企业做好建筑工地文明施工和安全生产管理，协助和督促解决扬尘污染防控、环境治理问题，督促和推进文明工地创建和安全生产管理。三是做好建筑税征收工作。区建管处加强了宣传工作，积极协助企业纳税，全年，完成建筑税征缴9909.45万元，其中，完成公共财政预算收入4389.05万元，同比增长2.64%。

2018年，全区区属施工企业完成建筑业总产值8.1亿元，同比增长22.7%；完成施工面积44万平方米，竣工面积20万平方米。

【有效管控建筑工地扬尘】 2018年，区住建局和区建管处按照市、区部署推进市区建筑工地扬尘整治工作，全力打好城市蓝天保卫战。编制印发全区《建筑工地扬尘污染防治标准化管理规定》，对国控监测点周边11个工地项目开展扬尘专项整治。累计巡查工地数量962人（次），发出停工整改通知书23份。建立巡查制度，对国控监测点周边工地实行专人定点督查，11个工地各安排两名扬尘巡查员，实行24小时巡查盯守，发现任何防治不到位的现象立即制止并限期整改。经过持续性的督促整改，工地扬尘管控成效明显，确保打赢蓝天保卫战和通过全国文明城市复检测评。

【建筑业安全生产管理】 2018年，区住建局和区建管处紧紧围绕“重预防、强责任、夯基础、降事故、创先进”工作目标，始终坚持“安全第一，预防为主，综合治理”方针，抓好区建筑业安全生产管理。年初，与9家区属总承包施工企业签订安全生产目标责任书，明确企业为安全生产责任主体单位。全年，召开4次安全生产专题会议。6月，开展以“生命至上、安全发展”为主题的全国第十七次“安全生产月”活动；8月，在玉翠园建筑工地中开展夏日工地送清凉活动，加强全员安全培训教育，牢固树立安全生产意识。同时，加强安全检查和隐患整改，全区未发生等级安全事故。

【开展区属施工企业文明工地创建】 2018年，区住建局、区建管处，结合全市全国文明城市复检测评和建筑工地扬尘管控工作，开展文明工地创建，全年，区属企业获得市标准化文明工地1个，市优质工程“金山杯”1个，市优秀QC小组活动成果三等奖工程1项。

（牟建中）

区属房地产开发

【润州区房地产开发总公司】 润州区房地产开发总公司成立于1984年9月，现拥有注册资本5251万元，是一家具备城市综合开发二级资质的房地产开发企业。公司办公地址位于市朱方路98号四楼。截至2018年年末，有在职职工68人，其中，具备各类专业技术职称人员52人。公司下辖两个专业化子公司，分别为：润州区建筑装璜配套工程公司和润州房地产物业公司。

2018年，公司坚持以中共十九大精神为指导，深刻领会和把握习近平新时代中国特色社会主义思想，紧紧围绕区委、区政府的总体部署和工作要求，进一步解放思想、攻坚克难，不断加大“润康城”项目销售力度，全力推进下黄山村棚改项目，经济及各项事业取得了新的发展。

租售并举，全力推进“润康城”尾盘销售。2018年，面对房地产市场高位震荡，需求减弱，成交量明显萎缩的不利局面，公司聚焦“润康城”项目特色和优势，千方百计加大营销力度，完成润康城住宅销售1.68万平方米，商业销售0.5万平方米，销售收入约2.45亿元，回笼资金约1.7亿元，上缴税金0.22亿元。

全面发力，推进下黄山村棚改项目。下黄山村棚改项目是2018年区重点民生工程。下黄山村棚改项目总占地约29.2公顷，共搬迁居民123户约3.65万平方米、安置房屋约2.25万平方米。配套建设涉及约1.3公里高压杆线迁移、约1.3公里城市道路建设、约10万平方米城市绿化建设，需搬迁庙宇约3000平方米，土地整理总投资约6亿元。

积极响应，按规定完成车改任务。根据市、区国有企业公车改革的相关要求，2018年5月，公司启动车改，由主要领导亲自挂帅，分管领导牵头负责，在短短不到一个月的时间内，完成方案的制定、报批、拍卖等所有规定的流程，人员也得到妥善安置。

高度重视，全力配合区委巡察组开展工作。按照区委统一部署，公司被区委列为第五轮巡察被巡察单位。通知发布后，公司总经理室高度重视，把巡察工作作为领导班子履职情况的一次全面监督检查、贯彻落实党风廉政建设各项要求的一次有力鞭策。自10月19日巡察组进驻公司巡察以来，至12月10日驻公司巡察工作结束，期间没有发生一起因公司人员不到位、准备不充分、保障不周全等而影响巡察工作正常进行的事。

固本强基，充分发挥党组织的战斗堡垒作用。在党组织建设方面，公司党支部坚持以中共十九大精神为统领，认真学习贯彻习近平新时代中国特色社会主义思想，在上级党委的正确领导下，深入持续开展“两学一做”学习教育，牢牢把握意识形态主动权，围绕中心，服务发展，强基固本，狠抓薄弱环节，全面推进党建工作新发展。具体围绕五个方面开展：一是强化学习，坚定理想信念不动摇;二是品牌引领,创新党建工作新思路;三是固本强基,推进党建管理新提升;四是情系为民,展现联商共建影响力;五是多措并举,念好从严治党"紧箍咒"。

(陈爱红)

【润州区土地房屋开发总公司】 润州区土地房屋开发总公司(以下简称总公司)成立于1988年4月,是具备城市综合二级资质的房地产开发企业。截至2018年年末,共有在职职工180人,其中技术人员64人,占职工总数的35.6%。2018年,总公司全年缴纳税收2.1亿元,其中,南山里项目交易税金2.03亿元。

龚家湾棚户区改造项目推进。项目位于蒋乔街道嶂山村,东至茅以升大道,南至扬溧高速,北至金润大道,为三角地块,总占地面积63.8公顷,可建设面积56.67公顷。上市前的各项手续已完善,招商工作达成初步框架。

张家湾棚户区改造项目开展。项目位于南山风景区,紧邻官塘桥路,项目总占地面积82.73公顷,计划总投资20.57亿元,项目完成后可形成建设用地约53.33公顷。征拆工作已经启动。

何家湾棚户区改造项目实施。项目位于老黄山南路,紧邻南山风景区北入口。土地面积7.73公顷,项目总建筑面积约21万平方米。房屋征收工作已经全部完成,土地上市手续正在完善之中。

开展白湾棚户区改造项目。项目南至乔家门路,西至扬溧高速,北至团山路,用地面积54.87公顷,已完成地上建筑物的征拆工作。

蚕桑路西延工程建设。项目位于美的城地块项目内,全长720米,路宽24米,预计投入1400万元,正在施工建设中。

沟西路工程建设。项目北起金润大道,南至鸿润家园用地界线,全长396米,路宽45米,预计总投资1173万元。年前,已完成地质勘查、图纸审查及项目招标工作,正在施工建设中。

镇江实验学校远洋分校项目基本建成。该项目总占地面积6.67公顷,年内,10幢多层楼学设施主体全面封顶,建筑面积3.83万平方米。学校建设已进入收尾阶段,室内工作已全部完成,室外标准化运动场地正在施工建设中。

投资江苏益邦置业有限公司。总公司于2018年8月对江苏益邦置业有限公司投资,投资总额为5.47亿元,截至2018年9月,已到位投资款4.07亿元。已办理工商变更登记,一号楼展示厅现已出工,下一步将与南城控股进行项目开发洽谈。

镇江市和润创投有限公司成立。由总公司与镇江市润州区城市建设投资公司、镇江市润州区房地产开发总公司合资成立,公司经营范围包括受托管理私募股权投资基金,从事投资管理及相关咨询服务业务。公司注册资本为10000万元人民币。

镇江市润州区长江金融产业园管理有限公司成立。由总公司与南京长江金融信息服务股份有限公司合资成立,主要运营镇江长江金融产业园,公司注册资本为200万元人民币。目前,已顺利完成签约,产业园正在筹建之中。

(区土地房屋开发总公司)

城乡卫生管理

【概况】 2018年,在区委、区政府的正确领导下,区城管局以习近平新时代中国特色社会主义思想为指引,以人民为中心,以创新为动力,以问题为导向,推动落实改革举措,提升精细治理能力,夯实城市管理基础,圆满完成年度目标任务。

【运行机制更加完善】 一是深化"网格化"管理。合理划分33个网格,根据网格配备了826名网格员,形成"网中有格、格中有人,人在格上、事在格中"的服务管理格局,确保问题第一时间发现、第一时间协调、第一时间解决。二是加强平台建设。平台每日针对共享视频监控拍摄的问题,及时派单,督促整改,归并成档。通过对数字城管案件数据进行分析,梳理出各属地、各部门的难点、重点、容易反复的问题,督促开展专项整治行动,提升城市管理工作的针对性和有效性。三是优化考核评价。全年,依托城管数字平台共派遣日常考评案件22083件(市级案件16593;区级案件5490件),督办案件68件,转派下达重点任务577件,平均整改率达90%以上,保证长效考评机制的有效运行。

【专项整治更加扎实】 一是开展"散乱污"(露天烧烤、废品回收、路边洗车)专项整治,打好污染防治攻坚战。排查统计的230家散乱污点位全部整改到位,并取缔存在十多年的南山路鱼市、群众反映强烈的老黄山南路废品收购站等。二是开展占道经营专项执法行动。全年,共参与并组织专项执法行动200余次,查纠占道经营行为3200余起,有效解决了市民反映较多的三茅宫太平大道沿线长期占道卖水果、大润发中山桥流动摊点占道经营等问题,营造良好的市容环境秩序。三是开展违法建设整治,根据《镇江市城市建成区违法建设专项治理工作三年行动方案》要求,共上报存量违建418户、2.7万平方米,现已拆除376户、2.5万平方米,拆除面积百分比为93%,超额完成2017年、2018年两年的专项拆除任务。督促各街道加大对占压燃气管网违法建设整治力度,共完成107处整治任务。全年,全区共拆除违法建设1022起,5.5万平方米,创成3个无违建示范小区。四是开展渣土扬尘整治,强化源头管理,严格按照“六统一”净车出场要求,结合大气污染防控要求,严控1.5千米核心区域渣土运输线路,从严查处渣土运输抛洒污染、超限超载等违法违章行为,共下发整改通知书38份。五是开展户外广告整治。拆除违章及许可到期户外广告牌28块,3078平方米。根据市金融办清理非法集资小广告的要求,共清理乱涂乱画等小广告7720余处。创建中山北路和黄山西路两条市容模范路。

【市容环境更加整洁】 一是强化环卫保洁。严格按照《润州区道路扬尘污染专项整治行动方案》要求,加强道路市场化保洁质量的检查、监管和考核,督促市场化保洁公司加强路面保洁和积尘冲洗力度。推进厕所革命。首次采用整体招标采购的模式,选择有资质、有经验的设计、监理、施工单位对公厕进行全过程建设管理,完成城区范围内15座公厕改造。二是开展城乡生活垃圾分类和治理工作。牵头制定出台《全区城乡生活垃圾分类治理三年行动计划》《润州区城乡生活垃圾分类治理联席会议制度》,新增垃圾分类小区64个,累计完成垃圾分类设施投入的小区共127个。在西苑新村、翠堤春晓和紫阳花园3个小区进行生活垃圾分类市场化运作试点,实现党政机关垃圾分类设施全覆盖;在七里甸街道、官塘桥街道开展垃圾分类示范片区创建工作,建设有害垃圾暂存库和可回收物分拣中心各1个。三是保障重点任务。根据国家文明城市复审迎检工作的统一部署,持续开展卫生死角清理、店面外溢整治、店招破损修复、街巷美化、氛围营造等一系列专项行动,为全市顺利通过复审做出积极贡献。

【队伍管理更加规范】 一是党风廉政建设进一步落实。制定党风廉政建设主体责任清单,完善“三会一课”“民主三评议”等基本制度,积极开展廉政风险排查防控,充分运用履责记实平台进行全纪录。严格落实中央“八项规定”及省、市、区“十项规定”的有关要求,重点整治形式主义、官僚主义,持续开展“三查一监督”工作。二是推进“两学一做”学习教育常态化制度化,实施基层党建“书记项目”,组织开展十九大精神专题辅导讲座、十分钟微党课、“学十九大精神·展城管新形象”知识竞赛、解放思想大讨论、“纪念改革开放40周年”等一系列活动,全面从严治党不断深化。集中学习《中华人民共和国监察法》《中国共产党纪律处分条例》等,开展廉政谈话,增强廉洁从政意识。三是依法行政水平进一步提高。制定行政执法人员“每月一法”制度,集中开展以宪法为核心、以城市管理法律法规为重点的法律知识培训。严格依法履职,全面强化执法责任落实,对各类违反城市管理法律法规的行为,加大巡查力度,确保违法违规行为及时发现到位、快速查处到位。有效构建权责明晰、程序严密、运行公开、制约有效的执法运行机制。全年,未发生一例行政诉讼和行政复议案件。四是为民服务效能进一步增强。承接区政府交办建议提案共20件,其中,人大建议8件(主办6件,协办2件),政协提案12件(主办8件,分办2件,协办2件),在规定期限内,20件建议提案全部办结,答复满意度达到100%。“12345”政府服务热线共受理各类投诉电话4553条,办结率为100%。 (区城管局)

【润州区环卫所】 2018年,区环卫所秉持“科技环卫、绿色环卫、和谐环卫”发展理念,以精细化管理为抓手,集中精力推进自身建设发展,扎实工作、开拓创新,较好地完成了各项任务。全年,共清运垃圾103368.35吨,清理化粪池粪便6793.5吨。

强化作业质量提升和监管。垃圾清运方面:坚持定时、定人、定点,日产日清作业制度,落实标准,做到车走地净无滞留,行驶覆盖无抛洒。公管管护方面:日常保洁循环有序,重点突出,日常巡查有力,督促及时,内部设施维护较好,保障了居民的基本需求。业务监管方面:一是加强自身业务的检查考核、通报点评和年终考评兑现,促进自身管理水平。二是加强道路市场化保洁质量的检查、监管和考核,重点抓好节假日、保障任务、早晚时间节点和路口、交界线、人行道两则地理节点的保洁质量。

加大基础设施设备投入。一是现有设备设施维护。全年,例行中转站出新1次,压缩设施保养1次,一级清运车喷漆出新1次,维持好除臭设施运行。二是进行设备更新。全年,投入260余万元更新购置4吨置压缩车1台,8吨密闭车2台,拉臂车1台,吸粪车1台,电动垃圾清运车15辆,保证设备的运行可靠性。三是推进公厕革命。全年,投入80余万元对现有15座公厕进行达标维护和升级改造,进一步提升辖区公厕的整体面貌。四是配套垃圾分类工作。全年,改造垃圾分类运输车40辆,新增有害垃圾专用运输车3台,腾地建设有害垃圾暂存库和可回收物分捡中心各一处,指导市场化公司完成果壳处分类标识设置2200余只,共计费用约50万元。

提升社会互动力度。一是加大环卫宣传工作力度。2018年,累计在市级以上广播、电视、报纸等媒体用稿95篇。与社会公益组织合作,开展“山水有爱、情暖人间”十送环卫工活动;配合市总工会新建成功京江路安康驿站。二是积极参加协会活动,组织开展环卫技能大赛选拔。组织全所222名职工参加“有难大家帮——慈善互济添保障”计划,帮助因病因伤受困职工解决实际问题,先后为14人次办理保障计划兑现工作,共计获赔13540元。三是按照市数字化城市管理要求，认真办理群众投诉，做到件件有落实，事事有答复，对各类案件快速反应，及时处理，截至10月，共处置政府热线转办案件483件，办结反馈率100%。

加强党组织建设。一是组织党员扎实开展解放思想大讨论，激发担当和工作热情，对标找差补短板。二是落实书记项目，区环卫所所长和副书记先后两次去金山街道办事处，与分管城管的领导联系沟通，商量解决宝盖山顶居民生活垃圾乱扔积存现象。三是围绕“解放思想大讨论”这一主题，开设微型党课；对2名精准扶贫对象进行慰问，先后3次上门送上慰问物品，帮助缓解生活困难。

（区环卫所）

城管执法

【概况】 2018年，行政执法润州分局(以下简称润州分局)在区委、市行政执法局以及区城管局党委的正确领导下，紧紧围绕年初政府工作报告明确的目标任务开展工作，政治思想、业务工作两手抓、两手硬，不断强化队伍战斗力、凝聚力，着力解决市民反映强烈的露天烧烤、占道经营等难点热点问题，为打造“强富美高”新润州提供坚强执法保障。

【推进散乱污专项整治】 按照市、区污染防治攻坚战暨“116”专项行动会议精神及相关文件要求，明确职责任务，细化实施方案，制定工作措施。先后参与国控1.5千米范围内联合整治，组织南山路鱼市、老黄山南路、辖区废品回收站等一系列执法整治行动。针对露天烧烤、占道洗车、占道废品回收的问题，在加强日常管理的基础上，积极联合相关部门及属地街道开展夜间联合执法行动，通过常态化的拉网式整治，排查统计的230家店面已全部整改。

【开展车载占道经营整治】 成立联合整治行动协调小组，并多次联合交警部门开展集中执法行动，重点对朱方路、丁卯桥路、天桥路、南徐大道、中山西路、电力路、黄山南路、黄山北路、长江路、北府路、万达广场、运河路、大润发等路段进行重点整治，取缔车载经营瓜果摊贩车1453起，证据先行保存电动三轮车、电子秤等违章物品128起。

【开展校园周边整治行动】 为加强校园周边环境秩序治理工作，积极开展集中执法行动，重点对镇江实验学校、中华路小学、宝塔路小学等学校周边开展集中执法行动，共规范店面外溢70余家，清理校园周边违章占道停放摩托车、电动车、违章占道杂物若干，取缔流动摊点30余处，证据先行登记保存物品40余起，拆除占道经营披棚7个。

【开展校外培训机构整治】 根据区校外培训机构专项整治工作联系会议要求，润州分局对全区28家校外培训机构存在问题的户外广告进行了拆除，同时对39家晚托机构的户外广告名称进行了规范，拆除了“教育、培训”等不符合规定的字样。

【开展烟花爆竹禁放专项整治】 一方面，在全局干部职工中开展《禁止燃放烟花爆竹承诺书》签订活动，教育、引导全局干部职工及其亲属不在规定区域内燃放烟花爆竹。另一方面，各属地中队积极开展沿街门店巡查工作，重点加强对辖区内餐饮行业的宣传监管，结合市容环境卫生门前“三包”责任制的要求，督促餐饮饭店行业全面执行禁放工作。同时积极依法查处占道经营、燃放烟花爆竹污染路面行为。共检查沿街店铺230余家，发放禁放宣传告知书1000余份。

【加强队伍建设】 开展“强基础、转作风、树形象”专项行动，对照相关要求和目标，狠抓执法队伍作风和效能建设，更新和完善队伍内部管理、绩效考核、执法规范等一系列规章制度，不断提高执行力。严格执法队员的日常管理标准和辅助执法要求，每月组织培训，深化队伍管理基础，努力营造积极向上的工作氛围。同时，大力转变工作作风，严肃执纪问责规范执法行为，树立文明形象，要求执法人员在执法过程中坚持“四个做到”：一是做到依照规定穿着制式服装和佩戴标志标识；二是做到从事执法工作时主动出示执法证件；三是做到执法过程中坚持语言文明和举止规范；四是做到执法活动实行全过程记录，做到一线执法人员人手一台，并制定使用办法，通过指导和监督双管齐下，推动行政执法公开化、透明化。

【落实全面从严治党】 一是健全基本组织。进一步完善党支部书记负总责、分管领导分工负责、党支部推进落实、科室(中队)负责人“一岗双责”的党建工作责任体系，进一步健全完善党支部工作制度和工作规范机制，积极落实《党支部组织生活基本制度工作法》，明确工作职责，层层传导压力，把全面从严治党责任落实到每一个党员身上。二是建强基本队伍。积极开展“建设模范部门，打造过硬队伍”的活动，在辖区范围内全力打造示党员范岗1处(万达火车站南广场)、党员示范路段5条(长江路、黄山西路、檀山路、中山北路、官塘桥路)，党员干部带头巡查值守，保证辖区重要区域、高峰时段市容环境的整洁有序。三是开展基本活动。针对大队的工作特点，党支部平时以党小组为单位，支部委员联系各中队，指导队伍健康发展。把周三下午定为集中学习日，开展“学《党章》、学《条例》、学典型等教育活动，以学促做改优，实现学习活动入脑、入心。同时，通过开展“学十九大精神，展城管新形象”“十分钟微党课”“城管进社区·服务零距离”等活动，加强对党员的教育管理。四是完善基本制度。建立健全《党支部党风廉政建设责任制度》《党费收缴管理制度》《党支部学习制度》《党员发展制度》《党务公开制度》《党建工作例会制度》《党员进万家结对帮扶制度》《党内民主监督制度》《党委民主生活会制度》等10项工作制度，使党建工作有章可循，有规可依。五是落实结对帮扶。全年，支部先后3次对金山街道黑桥社区的贫困户时雯静开展了结对帮扶工作。走访人员不仅送去大米、油等生活用品，还与户主促膝交谈，详细了解其经济收入情况、身体健康状况、帮扶需求等情况，对其急需解决的问题仔细做好记录，同时讲解国家医疗、教育、保险等方面的惠民政策，鼓励他们自信自立、自强不息，积极面对困难。

【推进意识形态工作】 按照上级关于加强意识形态工作责任制考核办法的相关要求，以落实责任、突出重点、强化考核等举措，切实把意识形态工作责任扛在肩上、落到实处。一是强化组织领导，落实岗位责任。严格落实意识形态工作责任制，班子成员落实“一岗双责”责任，强化阵地意识，明确责任追究，形成意识形态工作齐抓共管的强大合力。二是夯实思想根基，发挥引领作用。开展观看警示教育片、学习纪委相关文件精神等系列活动，增强廉洁自律意识，并定期组织重温中央“八项规定”，使大家时刻保持清醒头脑，牢筑反腐防线。 （行政执法润州分局）

环境保护

【概况】 2018年，区环保局认真贯彻全省环保系统和市委、市政府，区委、区政府的决策部署，以改善生态环境质量为核心，全力推动打好污染防治攻坚战，生态环境质量持续改善。全年，市区空气质量优良天数比率为60.34%，同比上升7.56%，上升幅度全市最高。新河桥国控断面全年总体水质均值达Ⅲ类，达到国家考核目标要求，集中式饮用水质达标率100%。

【扎实推进约束性指标完成】 空气质量指标方面：全年$PM_{2.5}$年平均浓度为52.69微克/立方米，同比下降10.51%，在全市四个国控站点中，下降幅度最大，完成年度目标任务；空气质量优良天数比率为60.34%，同比上升7.56%，上升幅度全市最高。水质量指标方面：运粮河新河桥国控断面6月份水质考核结果为Ⅳ类，4月份为Ⅱ类，其余月份均Ⅲ类水质，总体水质均值达Ⅲ类，满足国家考核目标要求。污染物减排指标方面：2018年，大气污染物减排共削减二氧化硫排放量127.3吨、氮氧化物排放量1057.6吨，分别较2017年削减24.1%、55%；水污染物减排共削减化学需氧量排放量906.5吨、氨氮排放量110.8吨、总磷排放量93.2吨、总氮排放量12.8吨，分别较2017年削减25.4%、29.9%、15%、25.7%，超额完成市级下达的减排目标任务。

【全面推进中央环保督察“回头看”和省环保督察交办信访及反馈意见整改落实】 中央环保督察“回头看”及反馈意见整改方面：2018年6月5日至7月5日，中央第四环境督察组对江苏省“回头看”督察期间，共交办润州区5件信访件，均已整改到位，其中4件已完成区级销号，另外1件（文旅集团“金山壹号”游轮酒店问题）正向市级递交销号申请。在“回头看”反馈意见中，涉及到润州区需要整改的问题13个，区环保局牵头压实整改责任，落实每一整改事项的责任单位、责任人、整改时限、整改措施，会同各相关单位和部门，完成江豚保护区内违章建筑、水稻种植和渔业养殖清理工作，开展碳素行业专项整治行动，推动南山路、庄泉路、黄山南路烧烤店油烟净化运行不正常和喜来登酒店油烟在线监测问题的整改。省环保督察交办信访及反馈意见整改方面：省环境保护督察组向润州区交办来电来信举报总计68件，已完成整改67件；另外1件关于金山村太平圩银山河水体黑臭扰民问题，整治工作由市城投组织实施，正在加紧推进中。省环保督察反馈意见涉及到润州区的3个具体问题（长江征润州水源地环境修复未全部完成、西团结河中段整治未完成、四明河周边污水直排致河道黑臭），已完成相关整治工作。

【环保专项整治持续推进】 “263”专项行动：2018年，序时完成年初与市政府签订的“两减六治三提升”专项行动目标责任书中的各项目标任务。“两减”方面：联合水泥已完成水泥熟料生产线设备拆除工作。“六治”方面：国控运粮河新河桥断面达Ⅲ类考核标准，全区无劣Ⅴ类断面；新增垃圾分类试点小区28个、党政机关分类设施投放全覆盖；黑臭水体治理整治工作全部按序时推进；组织2个工业企业项目整治，开展7家重点汽车维修行业VOCs治理；清理整治影响饮用水水源地环境安全违法问题和重大隐患。“三提升”方面：完善环境执法与刑事司法联动，增添移动执法设备；开展12次“双随机”检查，处罚8家企业，罚款32万元。“116”专项行动：印发

《润州区"一江一河六行业"生态环境综合整治专项行动方案》;成立专项行动领导小组和8个工作组，在区污染防治行动指挥部指挥下统筹推进相关工作。"散乱污"企业专项整治:全年,全区共完成企业整治670家，完成率100%。

【环境空气质量管控】　主要抓好5个方面的工作:一是强化建筑扬尘管控。会同区住建局、街道等部门24小时不间断巡查，对辖区内在建、待建和拆迁工地实施精细化管理，督促各责任主体配套完善大气污染防治措施，发现问题立即整改。二是加强餐饮油烟整治。牵头区相关部门和街道开展常态化联合执法行动，推动完成重点区域内188家餐饮油烟净化装置的安装运行和5家重点餐饮单位油烟在线监控设施安装工作。三是工业废气排放提标改造。推动镇江东亚碳素焦化有限公司烟气脱硫技术升级改造，同步完成废气排放在线监测并与市环保局联网。四是控制无组织颗粒物污染。责令镇江东亚碳素焦化有限公司以及江苏船山集团有限责任公司开展生产全过程的无组织颗粒物排放深度治理，优化厂容厂貌,严控粉尘无组织排放。五是大气质量应急管控。扎实开展大气应急管控工作，及时发布重点工业企业限停产通知，加强对区域大气环境污染问题的巡查监管。

【水环境治理】　一是积极推进国控断面考核达标工作，积极协调市水利局进行生态补水，有效提升国控断面水质达标率，全年断面平均水质达Ⅲ类标准，满足考核要求。高标准完成水质自动监测站建设，新河桥断面水质自动监测站建设标准为全市第一,入选国家级百所"最美水站"评选名单。二是强化保障水环境安全。配合市级推进饮用水水源规范化建设，开展饮用水水源保护区问题隐患排查，全部完成征润洲水源地一级保护区内违法违规设施清理工作，二级保护区和准保护区环境隐患已基本消除。深入推进长江沿线饮用水水源地安全专项检查行动，全面开展征润州饮用水水源地安全保障达标建设,配合市级完成应急备用水源地保护区划定工作，提前两年完成征润州水源地达标建设。三是推进黑臭水体整治。扎实做好全区黑臭水体整治的督查推进工作，区水利局会同区住建局共投资5075万元,按时完成西团结河中及下段、御桥港中段及下段、周家河下段黑臭水体整治工程。持续跟踪推进解决四明河流域生活污水入河问题,协调市住建、给排水处等相关部门拿出切实可行截污纳管方案,倒排整治序时,圆满解决四明河流域生活污水入河问题。

【土壤污染防治工作】　积极配合市级部门完成重点行业企业用地土壤污染状况详查，完成农用地土壤采样工作。按照市级部署要求，建立污染地块名录，建立国土、规划部门共享账号,落实污染地块联动监管责任，确保土地开发利用符合土壤环境质量要求。有序推进原江南化工厂土壤及地下水修复试点项目实施，持续加强过程监管,防止发生二次污染。

【西南片区综合整治】　持续深入开展西南片区环境综合整治,重点抓好4项工作:一是对关停企业开展"回头看"。韦岗街道共投入100余万元,收回、封闭地块及厂房20余处,拆除违法建设850平方米。二是狠抓道路综合整治。对312国道、243省道沿线进行全面清理，出新沿路村庄5万多平方米,限高限宽设施2处,封堵路口7处,安装"蓝天卫士"高空云台3个。三是加大重点企业监管力度。狠抓船山集团生产扬尘和运输扬尘；狠抓东亚碳素环保设施建设和烟气达标排放。推动两家企业在线监控系统安装到位。四是提升整体生态环境。区国土会同韦岗街道精心制定生态复绿总体方案,2018年，投入130余万元对11宗约6.67公顷土地实施生态复绿。

【全国第二次污染源普查工作】
印发《润州区人民政府关于开展润州区第二次全国污染源普查的通知》和《润州区第二次全国污染源普查实施方案》,明确污染源普查的目的、范围、部门分工和时间安排。组织开展培训和宣传工作，先后组织30人次参加国家和省厅组织的普查电视电话会议及普查清查技术培训班。落实普查选聘工作,全区共选聘"两员"111人,其中普查员94人,普查指导员17人，为润州区污染源普查工作的顺利进行提供了队伍保障。全面强化工作责任落实,全年,共清查工业企业和产业活动单位45家、集中式污染治理设施1家、生活源锅炉18台、入河排污口21个、移动源15家，完成农业源表格3张，所有清查目标均已填报清查表并完成系统录入工作。

（区环保局）

综　　述

【概况】 2018年，润州区完成社会消费品零售总额124.33亿元，同比增长6.5%，增幅全市排名靠前。全区完成进出口2.8633亿美元，同比增产36.9%，增幅全市排名第一。其中，出口完成2.2916亿美元，同比增加37.7%；进口总额 0.5717亿美元，同比增长33.8%。2018年，全区服务外包执行额6474万美元，当年服务外包系统新增认证企业4家。

利用外资

【概况】 2018年，全区新批外资项目2个，完成注册外资264.62万美元；完成实到外资2871.4万美元。其中，江苏布达国际贸易有限公司，注册219.58万美元；奇博（江苏）电气科技有限公司，注册558.25万美元。

（区商务局）

2018 年润州区新批外资企业一览表

表 14　　　　单位：万美元

序号	企业名称	项目内容	外方单位	总投资	注册资本	协议外资	注册时间	所属单位
1	江苏布达国际贸易有限公司	食品进出口及销售；信息技术咨询服务；电子产品及通信设备销售及相关技术服务等	SROF 贸易有限责任公司	匈牙利	424.02	219.58	197.63	宝塔路
2	奇博（江苏）电气科技有限公司	输配电及控制设备、电气元器件等研发、制造、安装服务；弱电系统工程安装；电气产品安装、调试服务等	王婷、南京溯赛电气有限公司	加拿大	558.25	558.25	66.99	宝塔路

（区商务局）

对外招商

5月17—23日，区委书记高国成（左四）带队赴英国、芬兰开展人工智能、低碳技术等新兴产业领域招商　（区商务局　摄）

【概况】 2018年，为促进城市经济高质量发展，润州区招商引资工作转模式、强机制，围绕全区重点发展领域，精准谋划境内外招商活动70余次。赴英国、芬兰开展人工智能、低碳产业招商，赴法国、挪威开展现代服务业招商。境内主动赴北京、上海、广东等地开展小分队招商，洽谈推进航天创投项目、低碳储能变频项目、智能制造等一批在手在谈项目。

【赴英国、芬兰招商引资】 5月17—23日，区委书记高国成带领小分队赴英国、芬兰开展人工智能、低碳技术等新兴产业领域招商。期间，成功举办"润州区（芬兰）招商引资推介会"和"润州区（芬兰）低碳项目对接会"。拜会英国伯明翰市政府国际事务处主席安德鲁·邓巴先生，会见镇江友好城市——芬兰瓦萨市董事会主席金伯格先生和市长托马斯·海瑞先生以及芬兰黑岛市董事会主席埃里克先生。考察芬兰瓦锡兰、ABB等6家全球知名企业，正式签约1个项目，对接洽谈5个项目，获取一批有效项目信息。

【赴法国、挪威招商引资】 9月11日~18日，区长徐心田带队赴法国、挪威开展现代服务业招商活动。出访期间，拜访西蒙律师事务所、法国薇姿集团、挪威腓特烈斯塔市政府、CARTH TREE公司、HOIAX AS公司、安德森控股集团、长城集团等，现场参观腓特烈斯塔市低碳工业园区，洽谈推进韦岗温泉医养小镇、盈科律师事务所镇江分所、HOIAX AS热水器、地球树教育传媒等项目。

9月11—18日，区长徐心田（左四）带队赴法国、挪威开展现代服务业招商活动　（区商务局　摄）

【举办国际低碳（镇江）大会润州分会】 10月24日，润州区举办2018国际低碳（镇江）大会暨润州区城市经济高质量发展恳谈会。邀请国内各地的专家、学者以及投资人、企业家代表等100余人参会，宣传推介润州。大会加入招商项目路演环节，在场的多位专家、学者及投资人分别作点评、指导与互动交流，为现场嘉宾答疑解惑。大会期间，润州区围绕城市经济发展，成功引进26个项目。其中，国控宏业供应链管理项目、多用途节能环保燃烧器项目、尾矿库综合利用生态整治、南京银行镇江分行等十个项目在会场进行集中签约，签署战略合作协议。26个项目总投资40余亿元，集中签约项目总投资约6亿元。

10 月 24 日，润州区城市经济高质量发展恳谈会举行 （区商务局 摄）

商贸流通

【概况】 2018年，区商务部门多次与镇江市交通产业集团、供电公司、住建、消防等部门进行协调，推进远洋菜市场建设工作，并在菜市场移交属地后，对管理团队进行运营业务指导。2018年12月20日，远洋菜市场试营业，为周边居民的日常生活提供便利。

为支持内贸稳定增长、贸易流通体质升级，区商务部门结合实际情况，帮助云创便民超市和镇江农副产品批发市场有限公司成功申报市级开放发展资金128.5万元。同时，继续推广"互联网+便利店"的倍全模式，在南徐片区新布点10家，为居民提供安全、价廉质优的产品，进一步方便南徐片区居民的生活。 （区商务局）

对外贸易

【概况】 截至2018年年末，润州区共有外贸企业83家，区商务部门对辖区外经贸企业进行全面梳理，深度挖潜、培育新增长点，外贸进出口同比实现正增长，全年进出口总额同比增幅全市排名第一。向企业宣传扶持政策，用好镇商贷、镇贸贷、中信保等资金和保险扶持政策。组织企业申报国家、省、市级商务发展资金。组织企业参加"中国国际进出口博览会""大阪展""广交会""昆交会""软交会"等境内外展会，鼓励企业"走出去"。组织企业人员参加外贸业务培训会、市级资金平台培训会等多种形式的培训活动。截至2018年年末，润州区共有服务外包企业40家，全年服务外包发展增速稳定，服务外包执行额顺利完成预期指标。

2018 年润州区进出口前 15 强企业名单

表 15

序号	企业名称	性质	主要出口产品
1	镇江东亚碳素焦化有限公司	民企	碳素制品
2	镇江焦化煤气集团有限公司	民企	焦碳、炭素制品
3	镇江市汉华进出口有限公司	民企	五金交电、机械设备、卫生洁具、电子产品、日用百货、纺织品、服装
4	镇江市星洲进出口贸易有限公司	民企	化工产品(危险品除外)、金属材料、机电产品、碳素原料、沥青的销售
5	镇江瑞康进出口有限公司	民企	自营和代理各类商品及技术的进出口业务
6	镇江和顺进出口有限公司	民企	自营和代理各类商品及技术的进出口业务
7	正茂集团有限责任公司	民企	光学镜片
8	镇江嘉信国际贸易有限公司	民企	日用品、农副用品

续表 15

序号	企业名称	性质	主要出口产品
9	镇江市汉丰国际贸易有限公司	民企	纺织服装、日用品、五金工具、化工产品(危险品除外)、建筑材料
10	镇江源龙铝业有限责任公司	民企	铝及铝合金、复合材料
11	镇江捷斯达进出口有限公司	民企	五金工具、机械设备、建筑材料、化工产品(危险品除外)、日用百货、化妆品、眼镜、工艺品、服装及辅料、汽车配件
12	镇江蓝景进出口贸易有限公司	民企	服装、日用百货、办公用品、纺织品、化工产品(危险品除外)
13	汤始建华(江苏)国际贸易有限公司	民企	电子元器件、汽车照明灯、发光二极管、半导体照明器材
14	镇江国际经济技术合作有限公司	民企	承包境外工程和境内国际招投工程
15	江苏英汇能源科技有限公司	民企	甘油、燃料油、植物沥青、化工原料

(区商务局)

对外经济技术合作

【概况】 截至2018年年末，润州区共有外经企业6家。全年全区对外投资发展稳定，对外承包工程企业镇江国际经济技术合作有限公司和镇江建工建设集团在法国、英国、德国、比利时、澳大利亚等国有在建项目，对外劳务派遣企业五洲劳务稳定向日本输出劳工。组织企业参加“走出去”外经企业政策培训会和“一带一路”沙龙等活动，帮助企业争取商务发展专项资金 。全面开展排查外派劳务规范市场秩序，有效遏制各类损害国家利益和劳务人员合法权益的事件发生。

(区商务局)

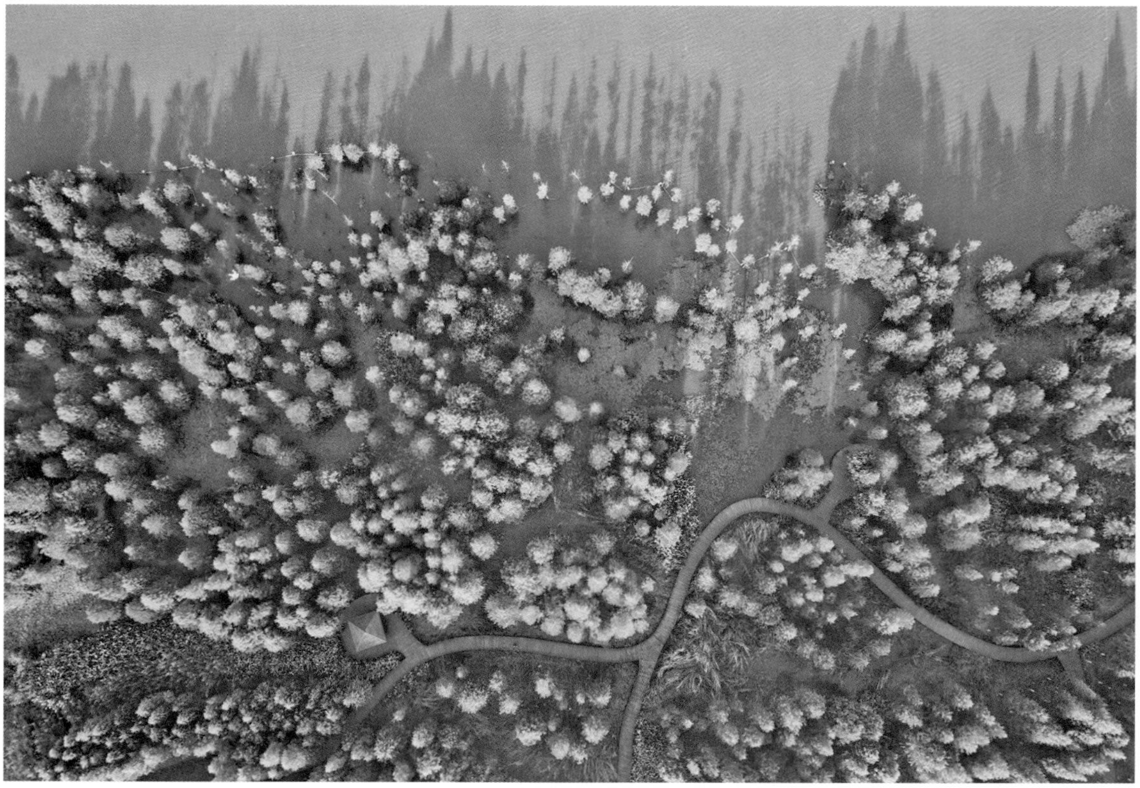

湖光秋色 (陈 岗 摄)

财　政

【概况】 2018年，全区经济下行和减收长期压力依然持续，税源经济发展动力仍在积聚，税收总量、增量处在低位增长，难以补足支出缺口，收支平衡压力难以缓解。为此，全区各级财政部门立足财政收支管理主线，积极稳妥、统筹兼顾，坚决守住财政收支底线，坚定推动财政管理水平提升，有效化解收支风险，为全区经济社会各项事业发展提供财力保障。

【护税协税】 围绕全年目标任务，着眼组织收入职能，以强化税源控管为核心，以构建综合治税体系为目标，牢固树立城市税源经济大局观，协同各地、各部门，进一步压实任务、压实责任、压实举措，着力强化对重点行业、关键企业的跟踪监控，加大对项目清算、税收清缴的工作力度，加强对零散税收、流动税源的排查征管，确保各项税收及时足额入库。全区，实现一般公共预算收入135828万元，完成年度预算的111.33%。其中，税收收入119867万元，税占比88.24%。

着力强化政策引导效应。立足经济提速、民生保障。进一步发挥好财政政策扶持作用，有效推动产业转型、科技创新、人才引育等政策落地，持续优化财政资金投入结构，积极向上争取专项资金，确保“金山英才”“联想之星”等重要项目资金的有效投入，以持续创新驱动地区产业发展和经济结构调整。进一步统筹好教育、卫生、社保等民生资金，深入细致做好社会托底工作。全年，区本级民生支出113866万元，占比预算支出78.94%。

【规范加强支出预算管控】 坚持厉行节约、控制规模，聚焦重点、调整结构，兜牢底线、守住平衡，以“保工资、保运转”为基本，大力压缩一般性支出，统筹考虑预算安排和资金使用，保重点、保急需，保民生、保发展。多措并举抓好支出预算进度管控、指标管理和执行分析，确保各类重点支出按时拨付、各项重点工作按序推进。进一步加强预算编制信息与预算执行环节的衔接和控制，严格履行预算审批程序和支出标准。严控预算调整追加，严肃预算执行，防止无预算、超预算拨款，切实增强预算刚性约束。从存量抓起，加大结转结余资金清理力度，全面对2018年年底结余的资金进行清理盘活、分类处理。

【持续优化预算管理方式】 2018年，区级预算管理工作取得长足的进步和发展，全口径预算管理的意识和能力有较大提升，体制机制更加健全，管理方式日趋成熟，预算改革稳步推进。预算编审体系更加完善，零基预算全面实施；预决算公开实现常态；财政资金全过程绩效管理和公开机制逐步健全，“全面规范透明、标准科学、约束有力”的现代预算体系建设不断向纵深推进。财政一体化系统的平稳运行、财政业务切块管理的高效运转，实现财政资金的全流程追溯和链条式管理，进一步提高预算编制、执行的准确性，确保财政资金使用安全规范。

【有效提升财务管理水平】 进一步严肃财经纪律，规范财务行为，全面加强对财政资金使用的管理与监督。进一步加强全口径预算管理，全面规范收支预算、政府采购预算，严格政府采购、国有资产管理，切实强化源头控制。进一步强化财务制度管理，加强费用报销审核，切实规范支出行为。进一步加强国库集中支付和银行账户管理，持续提升账务处理和会计核算水平。进一步落实财务管理责任，加强财务内控监管，加大监督检查力度，切实巩固财务长效管理基础。

【稳步推进财政体制调整】 基于调动各街道促进发展的积极性、推动区与街道财权事权相匹配两个目标导向，在区与街道两级收入划分、收支基数、超收分成等三个方面，稳步推进新一轮区对街道财政体制调整，进一步完善财政分配格局，促进财力向基层倾斜，实现区与街道财力同步增长，提高区与街道两级财政自我平衡能力，更好调动街道促进税源经济发展的积极性，更好支持全区经济社会各项事业发展。

【积极防范化解债务风险】 以“消化存量、控制增量、防范风险”为总思想，全面规范加强政府性债务管理。坚持从源头抓起，进一步规范融资行为，严控融资成本；坚持从根本着手，严肃化债方案执行，严格偿债责任落实，持续优化债务结构，切实实现规模可控、结构合理、机制健全的债务管控目标，有效防范和化解债务风险。

（区财政局）

税　务

【概况】 2018年，区税务局在区委、区政府和市税务局的坚强领导下，以服务经济发展大局为中心，以组织收入为重点，牢牢把握税务机构改革步伐，凝心聚力，真抓实干，圆满完成各项改革发展任务，先后被表彰为“镇江市文明单位”和“润州区优质服务单位”。

【突出党建工作引领】 一是压实责任强班子。按照中央要求，省、市、县三级税务部门“党组”改设“党委”，区税务局党委成立后，党委班子主动适应体制变化，积极健全党委议事规则和决策程序，细化落实党委书记“第一责任人”和班子成员“一岗双责”责任。二是狠抓作风强纪律。强化责任担当，支持执纪监督，狠抓作风建设，层层签订党风廉政建设责任书，围绕“以单定责、照单履责、按单问责”的要求，以责任清单“全覆盖”、责任层级“全贯通”推动责任落实，做到履责有痕、倒查有据、落实有力；抓住传统节假日等特殊节点，勤敲警示钟、常打预防针，筑牢党员干部思想防线，建立起防止腐败和职务犯罪的立体防线。三是打造品牌强成效。打造党员志愿服务品牌，成立“润税暖企”志愿者服务组织；结合全国文明城市创建，积极组织干部参与润州区文明创建工作，共安排37人次参与活动；以“学习改革典范，争做时代先锋”为主题，开展学习张成冰同志先进事迹系列活动；联合镇江海关开展基层党建共建活动；结对资助3名品学兼优的困难留守学生；组织“税法宣传进军营，税务心系国防情”主题党日活动；在荣获镇江市“四星双型”先进党支部的基础上，积极创建“五星”党支部，在机关工委初评中入围。

【征管体制改革】 面对国地税征管体制改革这一党中央作出的重大战略部署，区税务局全体干部思想上主动看齐中央及上级要求，行动上自觉拥护改革、主动投身改革、积极推动改革，讲政治、听服从，讲奉献、重团结。2018年9月，润州区税务局正式设立；9月30日，区税务局正式对外办公；10月25日，区税务局根据国家税务总局、省税务局、市税务局的统一安排，举行税务机构“三定”宣布仪式，宣布干部安排。随着“三定”方案的落实，区税务局上下迅速全面对接业务，加快协作融合，缩短磨合周期，不讲条件、不折不扣地将改革任务落实到位。对照专项要求把握时间节点，及时推进金税三期并库工作；积极落实社保费和非税收入征管职责划转工作。在区税务局党委的正确领导下，全局呈现出日常工作与改革工作齐头并进、相互促进的良好局面。

【税收征管水平提升】 一是提升收入质量。坚持依法组织收入，严格强化收入质量监控预警。2018年，共完成各项收入41亿元；完成润州区公共预算收入11.98亿元；累计完成基金费收入51.04亿元，其中社保费收入49.79亿元，为民生改善提供了充足财力保障。二是加强税费管理。全面宣传并落实增值税改革新政；做好年所得12万元申报，个人所得税全员全额申报率达99.9%，落实个税改革各项措施，围绕个税六项专项扣除个人电子信息采集、个税手机APP推行、新个税法的解读宣传等重点工作，到市政府市民大厅等场所开展新个税法宣传，切实保障个人所得税改革工作顺利落地；组织企业所得税年度汇算清缴，组织补缴税款1.01亿元，实现100%汇算清缴率；做好土地增值税项目基础信息管理和税收管理，加强对土地整体转让、企业股权交易、破产重整等事项的税源监控，完成土地增值税清算19户，组织入库清算税款1.96亿元，退库0.76亿元；跟踪土地交易信息，及时关注房土税源动态，组织契税入库4.99亿元，增长52.1%；加强非税收入管理，以上门服务方式化解相关舆情，清理陈欠成效在全市排名第一，三项基金费任务全面完成；年初，加强与环保部门的协调，环保税的开征工作进展顺利；接收欠税工作流程27户，清理

1408户次，共入库税金3630万元；申报破产企业税收债权5000余万元；启动“欠税企业领购发票特批”流程28次，解决企业因资金问题形成欠税无法领购发票问题。三是强化风险管理。严格按照风险应对工作模板和《纳税评估法律指引》开展评估，着力规范风险应对工作，全年，共完成108户风险应对，评定入库税款6345万元；落实快反机制，狠抓发票风险防控；开展增值税百万元限额发票核查；加强异地协助工作。

【全面优化纳税服务】 一是树立服务大局“态度”。密切关注地方宏观经济形势，充分利用税收数据，加强税收经济分析研判，做到底数清、情况明、预计准；充分研判企业普遍存在的困难、行业发展走势，护航经济平稳可持续增长；围绕经济运行情况、地区经济发展战略、区域之间比较、税收政策效应等方面进行分析研究，为地方党委政府决策服务，推动经济不断优化，带动税收结构更加合理，稳步提升各类财税贡献指标。二是加大重点推进“力度”。建立全覆盖宣传辅导、全环节咨询响应、全过程跟踪问效和全方位对标争取的政策服务体系，对重点企业设立专属档案和税收优惠备忘录，提供电话辅导、专题培训等个性化服务，确保纳税人对各项税收优惠政策应知尽知、应享尽享。三是倍增精准服务“温度”。聚焦减税降费、全面深化放管服改革，进一步简化办事程序、精简办税资料；按照“分类+属地”原则，实施“一户一方”的个性化订单式服务，提供前置化涉税咨询，及时从税收层面帮助企业和纳税人充分享受政策红利、提供办税便利、防控涉税风险、优化经营策略，全力营造良好的税收营商环境。

【积极推进依法治税】 坚持运用法治思维和法治方式深化改革、推动发展，将法治建设贯穿到税务工作的各个方面，税收管理在法治规范中日臻强化。坚持学以致用，将学习法律法规与依法行政、解决实际问题结合起来，通过法律手段来解决税收工作中出现的新情况、新问题，不断提高依法治税水平，建立区税务局纳税定额集体审议制度，从源头上抓好定期定额的核定工作；研究制定区税务局《重大涉税事项集体审议办法》和《一般涉税事项审批办法》；强化税务干部依法行政理念，坚持以法治思维和法治方式针对税费追缴清欠过程中执行难的问题，坚持严格规范公正文明执法，加大执法记录仪推广使用力度；主动加强与银行、法院等相关部门的对接，保障企业职工的合法权益；切实落实“谁执法谁普法”责任制，加强对辖区内政府机关的税收法治宣传服务工作，定期联合行政机关和事业单位开展诚信纳税普法活动。

【强化干部队伍建设】 区税务局始终把“团结奋进”作为队伍建设主基调，把促进团结、推动融合作为干事创业的重要前提，新机构成立后，区税务局干部队伍迅速融合，全局上下同心同向，积极浓厚干事创业氛围，以“心合”促“人合”，助“事合”达“力合”，在改革过程中全力保障工作不“掉棒”、服务不“断档”。在队伍建设方面，区税务局突出“严管”：按照“以岗选人、人岗相适”的原则健全岗责体系，明确“工作决策部署到哪里，督促检查就跟进到哪里”的工作要求，强化监督执纪，突出绩效管理，加强作风建设，提升机关效能；彰显“善待”：倾情关怀成长，开展日常谈话，关心干部诉求，倡导“快乐工作、健康生活”理念，区税务局成立健走、瑜伽等多个工会俱乐部，通过搭建好平台、利用好载体、开展好活动，不断增强区税务局干部的情感归属和组织认同。

（区税务局）

审　计

【概况】 2018年，区审计局完成计划项目14个，选派人员参与纪委巡察、巡视3批次，协调配合南京市审计局完成对润州区两位主要领导的经济责任审计、自然资源资产离任审计。

2018年，区审计局查处违纪违规金额1230万元，纠正管理不规范金额2120万元。向上级审计机关和区政府提交各类审计工作报告和信息8篇，向被审计单位提出合理化建议30余条，推动区政府出台制度性文件1份，较好的发挥了审计监督作用。完成固定资产投资审计项目45个，审计项目投资额3.65亿元，核减投资额0.76亿元，核减率达21%。

【审计全覆盖高定位推进】 继续推进审计全覆盖工作落实，建立并完善审计对象信息管理平台，对公共资金、国有资产、国有资源、领导干部经济责任履行情况建立相应的数据库，实行审计全覆盖动态监管。4月，区政府正式出台《审计全覆盖实施管理办法》，该《办法》是镇江市范围内，市、区两级率先出台的关于审计全覆盖具体实施办法的第一份规范性文件，是润州区政府加强和落实国家审计全覆盖的重大举措，标志着全覆盖在润州区正有序稳步推进。

【高成效做好固定资产投资审计】 一是进一步规范审计运作流程。根据区政府《关于切实加强政府投资项目审计监督的意见》中建立“全覆盖、全过程、全方位”审计监督体系的原则要求，严格落实审计监管机制，进一步规范审计运作流程。二是持续优化审计质量。在做“精”政府投资审计上下功夫，严把“质量关”和“效益关”。加强对招投标程序、工程施工质量等多方面的审计监督。三是不断加大审计核减力度。2018年，区审计局共完成固定资产投资审计项目45个，审计项目投资额3.65亿元，核减投资额0.76亿元，核减率达21%。

【领导干部自然资源资产离任审计首次开展】 领导干部自然资源资产离任审计是十八届三中全会提出的一项制度创新。2017年6月，习近平总书记主持中央全面深化改革工作领导小组会议，审议通过《领导干部自然资源资产离任审计规定(试行)》。此后，中办、国办明确从2018年起，领导干部自然资源资产离任审计由试点阶段进入全面推开阶段，这标志着一项全新的、经常性的审计制度正式建立。为贯彻落实这一制度，促进领导干部树立“绿水青山就是金山银山”理念。2018年，区审计局首次开展领导干部自然资源资产离任审计工作，并发现存在环保目标未完成、资金筹集管理使用不规范等问题，督促相关部门对自然资源资产的管理进行责任分解，确保自然资源专项资金的管理、分配和使用合规。

(曹　荃)

金　融

【概况】 2018年，区金融办在区委、区政府的高度重视和关心支持下，取得较为明显的成绩。

【加强理论学习，强化责任意识和廉政意识】 一是坚持理论武装，认真学习贯彻中共十九大精神，严格遵守党章党纪党规，自觉履行党风廉政建设岗位职责。结合《习近平新时代中国特色社会主义思想学习手册》，深入学习党的重大方针政策和十九大精神，深刻把握和领会其科学体系、丰富内涵和精神实质，力求在推进工作、指导实践上取得新成效。通过《党员干部党建知识应知应会手册》的学习，进一步提高自己的党性修养。区金融办高度重视意识形态工作，严守政治规矩，利用“三会一课”，引导部门党员自觉加强党性修养。二是以区委巡察为契机，进一步提升部门党风廉政建设。根据区委巡察工作统一部署，2018年3月15日至4月30日，区委第二巡查组对区金融办开展了集中巡察。6月1日，区委第二巡查组做了反馈。区金融办及时听取区委第二巡查组的意见反馈，主动接受监督，扎实开展巡察反馈意见整改工作，确保高质量完成各项任务。在区委第二巡查组巡察期间，区金融办积极配合做好巡察工作；开展《中共镇江市润州区委办公室关于印发〈2018年落实党风廉政建设“两个责任”责任清单〉的通知》《关于党内政治生活的若干准则》的学习，明确新形势下加强和规范党内政治生活的方向、目标、原则、任务、举措，筑牢拒腐防变的思想防线和制度防线，着力构建不敢腐、不能腐、不想腐的体制机制。在整个巡察期间，区金融办都积极配合，确保对本部门巡察工作的顺利开展。区金融办党组把谈心谈话作为促进整改的重要环节，结合巡察工作要求和部门自身安排，开展互相谈心交流，通过开展谈心交流，进一步增进思想交流和工作衔接。同时，对照《2018年落实党风廉政建设主体责任清单》，深入领会班子集体责任和班子成员责任，推进责任清单的落实。这次巡察对于加强党风廉政建设、改进工作作风、做好各项工作，起到了极大的指导和促进作用。三是严格执行八项规定，切实加强作风建设。对照中央八项规定精神，省、市、区委具体规定，以及纠正“四风问题”的相关要求，以“新时期共产党员思想行为规范”“学习系列讲话，强化‘四种意识’”“学习党章、贯彻党章、尽心尽责做好本职工作”“加强作风建设，推进暖企惠民”等主题展开学习，努力把廉政教育与实际工作结合起来，增强学习宣传教育的系统性和实效性。按照区纪委的要求，紧盯年节假期和重要时间节点，开展提醒提示，防止“隐形”四风现象。并坚持在实际工作中提升服务意识，不向服务对象提个人要求。按照“亲”“清”要求，为企业、银行提供服务。同时，对照《2018年落实党风廉政建设主体责任清单》，深入领会班子集体责任和班子成员责任，切实发挥“两个责任”纪实平台作用，做好党风廉政建设“两个责任”全程纪实，全年，个人在履职纪实平台共填报个人履职情况23条。为加强党支部建设，进一步提升党支部工作，经区金融办和区史志办党支部商议，并报区级机关工委和区委组织部批准，两支部于7月合并，成立联合党支部，党支部工作的内容和形式得到进一步的丰富和提高。

【支持金融业发展成共识，与金融机构沟通更加畅通】 随着润州区和高新区管理体制的调整以及营改增后税收分成体制的调整，金融机构(尤其是银行、保险业)对全区的贡献度日益突出。面对新形势，1月24日，区委书记高国成在润州区产业发展战略规划会上指出：润州要适应城市经济新形势，探索城市经济新路径，激发城市经济新动能，追求城市经济新境界。进一步明确金融业在润州发展城市经济中的新定位。区长徐心田也在区九届人大二次会议上进一步明晰全区金融业发展的目标：支持现有各类金融机构提升服务功能、加强金融产品创新，吸引各类金融机构在润州设立分支机构，力争用2～3年的时间，使金融分支机构数达到15家左右，金融业对税收的贡献率提升至20%左右。区委、区政府十分重视与相关金融机构的沟通和合作。2月2日，区委书记高国成、副书记贾敬远带队走访镇江农发行。3月14日，召开全区城市经济发展大会，邀请辖区内各大金融机构主要领导出席。在上半年和下半年组织开展的“企业集中走访月”活动中，区四套班子领导分头走访区内相关金融机构，了解发展情况，帮助协调解决相关问题。10月25日，区政府与江苏银行镇江分行成功举行政银合作恳谈会暨战略合作签约仪式，区委书记高国成出席并讲话，区长徐心田主持会议，区委副书记贾敬远和江苏银行签订战略合作协议。高国成在会上指出，润州区委、区政府将积极打造“政银关系最好，营商环境最优”的平台。5月29日，区人大主任会议听取区金融办《关于润州区金融业发展情况的报告》，对全区金融运行环境、金融税收贡献和发展前景作充分肯定，并提出进一步发展全区金融业的相关建议。10月11日，区政协通过《关于加快推进润州金融集聚区建设的建议案》。在区领导和全区上下的关心支持下，润州和区内金融机构的沟通渠道得到进一步畅通。区金融办主动服务，和辖区内金融机构保持密切沟通，及时跟进了解辖区内金融机构基本情况，协助和配合他们做好网点选址、企业对接、产品宣传等相关工作，润州金融机构发展的环境和氛围更加浓厚。

【金融业扶持政策正式出台】 从2017年下半年开始，区委、区政府就开始着手制定推进产业转型发展的一揽子扶持政策，区金融办牵头负责其中“加快发展现代金融业”部分的起草。2018年3月14日，全区召开全区城市经济发展大会，会上印发《润州区关于加快推进产业发展的政策意见》等一系列推进城市经济发展的政策文件。其中，对新引进的银行(保险)金融机构区域总部，按总部经济政策予以扶持；对引进各类股权投资公司、股权投资基金及管理企业，根据其规模给予相应的落户奖励、办公用房补贴、高管奖励等。相关政策的出台，引起金融机构的兴趣和关注，区金融办也主动开展金融扶持政策的解读和说明，和有意入驻润州区的金融企业做好重点对接，积极推进全区金融业发展。

【金融业发展态势良好】 2017—2018年，随着润州区和高新区管理体制的调整以及营改增后税收分成体制的调整，尤其是润州区作出大力发展城市经济的战略部署以来，全区金融业的贡献份额不断提升。2017年，金融业税收占全区税收收入近10%。2018前三季度，区金融业国、地税合计纳税32072万元，占比税收收入17.38%；金融业公共财政预算收入15959万元，占全区前三季度财政预算收入的16.08%，金融业税收贡献稳居全区第二(第一：房地产业，占29.04%；第二：金融业，占17.38%；第三：建筑业，占13.13%)，对全区财政贡献更加明显。

【金融产业园建设稳步推进】 在区委、区政府的高度重视和积极协调下，全区金融机构的引进和金融产业园建设取得明显成效。华夏银行镇江分行位于黄山南路的总部大楼正在加紧装修，年底正式启用，为润州金融业发展增添新的力量。南京银行镇江分行已与润州区正式签订协议，将于2019年将总部大楼迁至润州区。经区领导多方沟通协调，辖区内兴业银行镇江分行新办公大楼的建设也迈出了可喜步伐。广州证券镇江营业部也将于年底前迁至润州区中浩国际广场。在前期大量调研的基础上，镇江长江金融产业园于8月初正式签约，落户润州区茶砚山路。面积近20000平方米的金融产业园装修施工和招商正在同步展开，2019年二季度正式开园。区金融办和长江金融保持密切沟通，支持和配合长江金融做好产业园招商和当地合作伙伴的对接工作。11月27日，全区召开首次金融产业园招商推介会，30多家省、市金融机构参加，已有江苏新润保险经纪公司、南京中贝信用评级公司、天健会计师事务所等三家公司与金融产业园签订意向入驻协议。

【持续加强对小贷公司监管，推进新三板企业转板】 坚持每季度开展一次小贷公司运行状况分析，并以书面形式向市金融办报送非现场监管报告。定期开展现场检查，2018年上半年，对区内4家小贷(科贷)公司合规经营展开检查，加强风险管控，对不良率超出规定的小贷公司，督促及时拿出整改方案，限期压降不良。润州辖区共有建科集团、中谊抗震2家新三板企业，区金融办积极配合两家企业开展转板，建科集团历史沿革确认即将完成。

【宣传防范并举，全力消除金融风险隐患】 一年来，按照上级的统一部署，区金融办和处置办成员单位、各街道密切协作，全方位开展防范金融风险、打击和处置非法集资工作，取得了一定成效。上半年，区金融办结合“3·15”消费者权益保护活动，联合市场监管、公安等举行大型广场宣传；为提高社会公众风险防范意识，有效遏制非法集资行为，5月30日，作为协办单位，参加了由市处置办在金泉花园主办的2018年防范非法集资宣传月活动。通过宣传教育，努力营造全区良好的金融氛围。下半年，区金融办进一步提升工作力度，着力开展新一轮处非工作。8月28日，区委书记高国成专门召开会议，听取处置办各相关部门、各街道防范和处置非法集资工作情况汇报，对处非工作提出了六点要求：一是做实基础。要求把全区各类投资、理财等公司摸清底数，了解这些企业的经营状况，摸清情况，定期汇总。二是把好入口关。要求市场监管等部门坚决把好这类企业的入口关。三是加强研判。处置办成员单位、各街道要对企业情况会商研判，对有风险的企业要盯紧不放，督查整改，清除风险。四是讲究方法。要创新方法，让非法集资在润州区没有藏身之地。五是加强宣传，尤其是重点地区，要通过展牌、电子显示屏等强化宣传。六是强化协调指导。街道负主体责任，分管领导要具体负责，牵头定期研究、推进处非工作向纵深开展。区委副书记、常务副区长贾敬远亲自挂帅，按照属地街道负责、部门联动的工作模式，切实按区委书记高国成六个方面要求开展行动，在各街道成立街道、社区、属地派出所、市场监管部门等人员组成的工作专班，分片排查处置属地非法集资等金融风险。区金融办举办润州区打击和处置非法集资工作专班培训会，对排查摸底进行具体部署和辅导。各工作专班深入相关企业，通过查看营业执照、内部环境、宣传资料，以及和企业负责人、员工谈话等方式，了解各企业基本情况，指出存在的问题，宣传防范金融风险要求，对每一户企业填写基本情况表，记入工作档案资料。在工作过程中，发现违规宣传和非法店招及时进行了警告、清理。全区上门摸排企业情况阶段已经完成，共摸排企业222户，发现失踪或注销等企业达到144家，存在实际经营企业78家，数量明显减少。

（区金融办）

瑞雪金山　（陈　岗　摄）

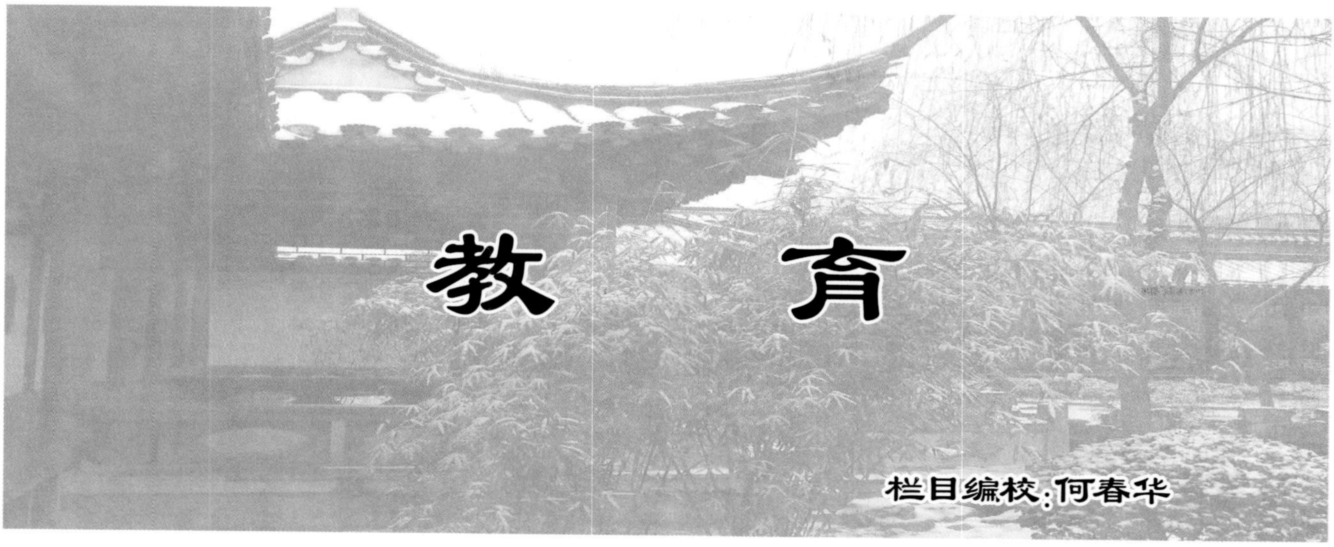

综 述

【概况】 2018年是润州教育“十三五”规划实施的关键之年，区教育局以更高水平、更高质量教育现代化建设为抓手，全力推进教育改革与发展，高水平创成“全国中小学校责任督学挂牌督导创新区”，国家督导委评估组专家高度评价润州区“率先建立学校视导员制度、实行全覆盖及全天候挂牌督导、创新实施挂牌督导工作内容、实行教育评议会督导”四大特色亮点走在全国前列。

教育民生工程实施有力。截至2018年年底，镇江实验学校远洋分校、长山学校和金山湖小学全面建成；丰盛山庄幼儿园于2018年秋季正式对外招生；远洋爱维叶幼儿园顺利开园；李家大山小学深化设计招标启动；润康城幼儿园和新城四期幼儿园完成“公办委托幼儿园”改革试点工作。建成融合教育资源中心4所。

教育重点工作成效卓著。教育现代化建设全省领先，2018年度教育现代化建设监测综合得分达93.94分，综合得分持续增长，连续4年达90分以上，继续保持全省前列。教育教学质量全市领先，小学综合技能学科质量检测综合成绩全大市第一，小学五年级语、数、英学业水平测试全大市第一，养成教育及德育常规检查成绩全市第一，小学生体质检测综合成绩全大市第二。2018年中考，润州区各学科成绩均列全大市第一，学生人均总分全大市第一，实现中考“十二”连冠。2018年职业院校对口高考，本科录取率24%，继续名列全市前茅，并包揽电子电工和市场营销两个专业对口高考大市状元；市职业学校体质健康抽测获全市第二。

各级各类教育优质发展。学前教育优质普惠发展，践行《指南》，区域推进幼儿园课程建设，举办“幼儿园课程方案组织与实施”系列研讨活动3期。11所幼儿园通过省优质园复审评估验收，机关幼儿园、润扬幼儿园被评为市陶行知研究会实验学校。办园体制改革被纳入《中共镇江市润州区委全面深化改革领导小组2018年工作要点》，以公开招投标形式引进高品质幼教集团，两所小区配套幼儿园成为公办委托管理幼儿园试点园。义务教育优质均衡发展，家校合育全面推进，制定下发《润州区家校合育工程意见》等文件，成立区家庭教育讲师团，研发区级家庭教育课程。成立区特殊教育指导中心，组建特殊教育专家团队，建立特殊教育联席会议制度。1个课题入选全省50个精品课题之一，实现润州教育史上此项目零的突破；1个教育科学研究成果被推荐参加全国教育创新成果博览会展出。2个项目分别入选省中小学生品格提升工程项目及省中小学课程建设项目。1名教师获省美术基本功大赛一等奖。选送的“草编美术工作坊”获省第六届中小学生艺术展演特等奖并代表江苏省参加国家级艺术展演。教体融合成效彰显，新增国家级“校园足球”特色学校1个，市级足球特色幼儿园4个。在市少儿乒乓球、篮球比赛中，镇江实验学校分获团体总分第一、初中男子组冠军。体育教师参加镇江市教师足球技能大赛获团体总分第一。全区学生体质健康抽测，平均合格率95%以上，优秀率10%以上。在2018年镇江市中小学生体质调研测试中，蒋乔小学获小学组均分第一，润州中专获职高组均分第二，润州区获均分第二。职业教育优质创新发展，成立镇江创业大学润州分院。省职业学校学业水平测试电子技能考点顺利通过评估验收，润州中专、江苏大灰熊科技有限公司实习就业网络平台合作正式签约。在省职业院校技能大赛中获1金3银6铜佳绩，其中网络搭建技能团队代表江苏省参加全国职业院校技能大赛获二等奖。创意机器人比赛获第八届省职业教育创新大赛中职组一等奖第一名，学生团队分获VEX工程挑战赛中职组二等奖、三等奖。2名教师分获市职业学校班主任基本功大赛一、二等奖，其中1名教师获省赛三等奖。3名教师代表镇江市参加省职业学校教师课堂教学大赛分获一、二、三等奖。1名教师获"省青年岗位能手"称号，2名教师成为省职业学校领军人才培养对象，1名教师被评为全国优秀禁毒教师并被列入市禁毒教育专家库成员。润州中专获第十六届市运动会高中组团体总分第二名。社会教育优质特色发展，现有省标准化社教中心8个，达标率100%；创成省标准化居民学校10个，达标率91%。承办全市社区教育推进会及社区公益课程推进会，社区教育实现"一居一品"，现有公益课程38项，惠及社区居民近2000人。社区教育科研成果丰硕，"十三五"省级社区教育课题达5个，其中2个顺利结题。

和谐教育生态全面构筑。教育核心竞争力持续增强，拥有省第五期"333工程"培养对象(第三层次)4名，市第五期"169学术技术带头人"3名，市2018年度有突出贡献的中青年专家2名；在职在岗省特级教师3名、市第七批中小学教师学科带头人22名、市第七批中青年骨干教师91名、市教坛新秀15名、区第四批中青年骨干教师176名、润州教坛新秀21名、区省特级教师后备人才20名；市第五批名校长3名、区第三批名校长6名。润州区教育各类拔尖人才占比在大市领先。三星党支部覆盖为100%，新增五星党支部1个，四星党支部2个。"青年教师领航工程"书记项目落地生根。出台师德问题处理办法、"堡垒指数"考核细则并将考核结果纳入年度各项考评。基层党组织建设触角伸向民办园，全面落实"全域党建"。党风廉政建设切实加强，先后制定下发《2018年润州区教育系统党风廉政建设实施意见》《2018年润州区教育局领导班子成员及机关各科室负责人党风廉政建设责任制目标分解方案》等。开展教育领域人民群众反应强烈突出问题的专项整治活动，对校外培训机构、中小学在职教师有偿补课及违纪违法问题开展专项督查。

（王云苏）

幼儿教育

【概况】 2018年，润州区幼教工作积极探索办园体制改革，强化管理，规范办园，紧扣镇江市《关于加快推进学前教育优质均衡发展的实施意见》，推进普惠性民办园认定工作，高质量完成各项创建工作；围绕《3~6岁儿童学习发展指南》，区域推进幼儿园课程建设。学前教育发展水平得到快速提升。

推进普惠性民办园认定工作。出台《润州区普惠性民办幼儿园评估方案》，从"安全管理""收费标准""办园质量""人员管理"等六方面采取实地考察、材料评审、日常抽查与集中检查、自我评价与组织鉴定相结合等方式，对全区14所民办幼儿园进行评估，进一步提升民办幼儿园办学水平，推动润州区学前教育优质均衡发展。

进一步规范办园行为。组成联合督查小组，从七个方面对全区各幼儿园进行两次规范办园行为专项督查。对于办园行为规范的幼儿园管理经验、特色亮点做法进行全区推广，对办园行为不规范的幼儿园，下达整改通知书，跟踪整改落实情况，督查结果与年终考核挂钩。真检查，真问题，真反馈，真整改，真落实，真运用。不断提升幼儿园保教质量。

积极探索办园体制改革。通过前期调研论证，报区委、区政府批准，润康城、新城四期两所小区配套幼儿园成为公办委托管理幼儿园试点园。此项目被纳入《中共镇江市润州区委全面深化改革领导小组2018年工作要点》。

开展学前教育宣传月活动。举办润州区学前教育宣传月启动仪式，各园围绕"我是幼儿园教师"主题，开展"五个一"活动，充分发挥媒体舆论导向优势，塑造新时代幼儿园教师爱岗敬业、积极向上的良好形象，形成良好社会宣传氛围。

区域推进幼儿园课程建设。举办"幼儿园课程方案组织与实施"系列研讨活动3期。朴园伟才幼儿园成功申报镇江市《指南》项目园。3所幼儿园迎接市级课程游戏化项目督查获专家组高度评价。机关幼儿园成果由省教育厅组织推荐参加第四届中国教育创新成果公益博览会，赴珠海进行全国布展交流。

出台《润州区教育局2018年学前教育招生工作意见》，召开招生工作会议，根据相对就近原则，指导各园开展生源摸排工作，制定招生计划、招生方案，保证区域内适龄幼儿入园。远洋爱维叶幼儿园顺利开园，有效缓解官塘新城适龄幼儿入园压力。完成中山西路幼儿园整体搬迁工作及山林苑幼儿园因山体滑坡造成的幼儿分流工作。

高质量完成各项创建工作，11所幼儿园通过省优质园复审评估验收。其中5所民办幼儿园在5所公办幼儿园的指导帮扶下，校容校貌、保教质量、人员配备、硬件配备等得到很大改善和提升，顺利通过现场评估。实验幼儿园第一分园高分通过省优质幼儿园评估。机关幼儿园、润扬幼儿园被评为镇江市陶行知研究会实验学校。

（周 鸿）

2018年润州区幼儿园基本情况表

表16

项　目	数　量
一、幼儿园所数(所)	33(其中含1所残疾儿童幼儿园)
其中:教育部门办	12
乡镇办	1
企业办	2
集体办	1
民办	17
二、幼儿园班数(个)	259
其中:教育部门办	110
乡镇办	5
企业办	9
集体办	7
民办	128
三、在园幼儿数(人)	7277
其中:教育部门办	3424
乡镇办	135
企业办	281
集体办	65
民办	3372
四、教师数(人)	621
其中:教育部门办	273
乡镇办	12
企业办	27
集体办	15
民办	294

(周　鸿)

中小学教育

【概况】 2018年年末，润州区有中等专业学校1所；有义务教育阶段中小学17所，其中小学13所，九年一贯制学校3所，初中1所。润州中专有41个班级，在校学生1461人。全区中小学有449个班级，其中小学班级348个，初中班级101个。在校小学生12986人、初中生4536人，在校生总数17522人，其中，外来务工人员随迁子女总数5715人，外来务工人员随迁子女占本地生源总数的48.4%、占学生总数的32.62%。

义务教育优质均衡发展。高标准普及九年义务教育，实现教育机会均等，助学体系完善，适龄健康儿童按时入学率、残疾儿童少年义务教育入学率、外来务工人员随迁子女入学率、小学及初中巩固率均达100%。义务教育布局合理,学校规模适宜;智慧校园建设稳步推进,8所学校完成市级智慧校园创建任务;教职员工配齐配足,校长及教师按要求交流;教师培训体系健全,建立教师研修的"层级体系",健全教师研修"专业模块";积极实施片区合作,发挥片区骨干教师传帮带作用,实现教师业务能力的均衡发展,促进了区域教育优质均衡发展。

义务教育综合办学水平全面提升,素质教育全面推进。坚持以立德树人为目标,推进区域德育体制改革,有省级品格提升工程项目1个和市级品格提升工程项目5个。积极推进课程改革,有省级课程基地项目3个。开设学生社团613个,学生参与率达100%,社团活动实现多元化和特色化发展。积极探索融合教育实践,建成区特殊教育指导中心和融合教育资源中心4个。全区中小学教学质量全市领先,学生综合素养评价优良率均达95%以上,学业合格率达95%以上,体质健康测试合格率97.15%,优秀率16.55%。在全市小学生学业质量综合监测与评价中,学业水平、综合技能、行为规范监测市区第一;中考均分列全市第一,实现"十二连冠"。

全区省级绿色学校创建率达94.1%,省健康促进金奖学校创建率达41.2%,市教育现代化先进学校创建率达94.1%。

2018年润州区学校基本情况表

表17

序号	学校全称	占地面积(平方米)	建筑面积(平方米)	班级数(个)	在校学生(人)	在职教师(人)	校长	联系电话	特色
1	省润州中等专业学校	70702	24836	41	1461	110	杜闽生	85334567	智力拥军
2	镇江实验学校	82912	39621	127	5972	314	夏建平	85628359	全人教育
3	镇江实验学校魅力之城分校	32349	14952	41	1656	114	谢雪岭	88698179	绿色教育
4	镇江市金山实验学校	26451	11289	31	1155	86	祝　锋	80875001	生本教育
5	镇江市官塘中学	17450	6259	9	358	35	田　静	84517467	自觉教育
6	镇江市宝塔路小学	11421	6687	25	829	64	许　强	85282687	民乐、阅读
7	镇江市中华路小学	9163	8192	19	632	62	罗雪梅	85277709	诗意教育
8	镇江市孔家巷小学	19400	5894	17	549	45	施玉霞	84423753	国学经典
9	镇江市李家大山小学	8500	5764	6	221	25	田　玉	85487008	润泽·自然教育
10	镇江市润州区实验小学	35600	24931	36	1323	82	靳钟琦	85596299	志愿者服务
11	镇江市穆源民族学校	16951	11869	15	424	48	苗　俊	85573900	民族教育
12	镇江市桃园小学	10187	4445	19	638	50	王　勤	80861729	京剧教育

续表 17

序号	学校全称	占地面积（平方米）	建筑面积（平方米）	班级数（个）	在校学生（人）	在职教师（人）	校长	联系电话	特色
13	镇江市金山小学	15778	9357	14	471	43	徐春英	85514999	智趣教育
14	镇江市南徐小学	32000	16022	36	1379	85	孙文生	81988201	物候探秘
15	镇江市朱方路小学	14900	11476	21	782	47	卢海程	80875118	行走课程体验教育
16	镇江市蒋乔小学	11698	3548	8	263	25	张　伟	85721071	科技教育
17	镇江市弖岗小学	16027	2590	6	61	14	方道清	85821560	毽绳
18	镇江市官塘桥小学	16700	3850	19	810	46	笪　炜	80862556	校园足球
	合计	448189	211582	490	18984	1295	—	—	—

（杨惠俊）

职业教育

【概况】 2018年，润州区职业教育优质创新发展，成立镇江创业大学润州分院；江苏省润州中等专业学校和江苏大灰熊科技有限公司签定实习就业网络平台开发使用合作协议；省职业学校学业水平测试——电子技能标准化考点顺利通过评估验收。在江苏省职业院校技能大赛中获1金3银6铜佳绩，其中网络搭建技能团队代表江苏省参加全国职业院校技能大赛获二等奖；创意机器人项目获第八届省职业教育创新大赛中职组一等奖第一名；在省职业学校课堂教学大赛中，获一、二、三等奖各1个；2018年对口单招考试，24人超过省本科录取分数线，本科录取率继续保持全市领先；省学业水平测试，公共基础课总体合格率达99.56%，参考的18门专业基础课，有17门合格率超过97%，其中14门为100%；2名教师分获市职业学校班主任基本功大赛一、二等奖，其中1名教师获省赛三等奖；1名教师获“省青年岗位能手”称号，有2名教师成为省职业学校领军人才培养对象，1名教师被评为全国优秀禁毒教师并被列入市禁毒教育专家库成员。润州中专田径队获第十六届市运动会田径比赛高中组团体总分第二名，女子篮球队获省职业学校篮球比赛第六名，男子足球队获镇江市第二届"市长杯”足球赛第二名。学校被评为"镇江市文明校园”、学校团委被团市委和市教育局表彰为“镇江市优秀共青团组织”。

（丁明云）

社会教育

【概况】 2018年，润州区7个街道全部创成省级标准化社区教育中心，省标率达100%，社区居民（村民）学校省标率达90%，全区近27万居民参与社区教育活动率超过60%。润州区社区培训学院先后荣获“2018年江苏省社会教育先进集体”“ 2018年江苏省全民终身学习活动周优秀组织奖”，在镇江市“赞歌致敬新时代，改革开放再出发”社区歌咏大赛和社区书法大赛活动中获优秀组织奖。

社区教育特色鲜明亮丽，社区教育品牌内涵丰富。全区实施共计2700多个学时的32个社区品牌项目和13个面向社区居民的免费公益课程项目，惠及社区居民近万人次。中艺茶艺培训点被省开放大学授予“江苏省名师工作室”称号；“炫彩社区大学堂”“数字化网络学习平台”“社区教育系列课程读本”分获江苏省社区教育成果二等奖、三等奖、优秀奖；七里甸街道居欣野被评为“江苏省社区教育先进个人”，万科社区夏光明被评为“江苏省百姓学习之星”，和平路街道王小凤被评为

"江苏省社区教育优秀志愿者"。社区培训学院通过组织开展"端午节传统文化宣传活动""七七抗日爱国教育""敬老月"主题鲜明的专项活动，评选出一批优秀学习型单位、学习型家庭、学习型个人。

发挥老年大学龙头作用，关心老年教育发展。区老年大学有教学班33个，在校学员1200多人，社团5个，课程20多门。积极参与社区服务、慰问演出、参展参赛、助民活动，先后承办市老年大学舞蹈中心教研组教研活动；多个节目在2019"'镇江福彩爱相随'中老年我要上春晚"海选活动中获选。此外，和街道联合办班，开办社区老年学校和办学点，解决老年居民就近上学问题。

（丁卫东　孔凡兵）

师资队伍

【概况】 2018年，润州区有在岗特级教师3名，省"333"培养对象4名，市"169学术技术带头人"3名、科技骨干21名；市学科带头人22名，市骨干教师91名，市教坛新秀15名。

实施"学历提升工程"，提高教师整体素质。公办幼儿教师专科率达100%，小学教师本、专科学历分别达85%和100%，初中教师研究生和本科学历分别达12%和98.6%。中等职业学校"双师型"教师达75.76%，研究生学历达20.8%。

实施"名师培养工程"，构筑人才高地。评选出6名"润州区第三批名校(园)长"、20名"润州区省特级教师后备人才"。91名教师被评为市级骨干教师，镇江实验学校魅力之城分校特级教师钱欣被评为镇江市第三批中小学名教师工作室主持人，区教师发展中心特级教师陆其勇被评为镇江市乡村骨干教师培育站主持人。建立名师培养激励机制，组织拔尖人才开展集中研修、分批跟岗培训；设立拔尖人才津贴，开展表彰激励。在镇江市"十佳教师"、润州区"劳动模范"及"优秀教育工作者"评选中，同等条件下，向一线骨干教师、名师培养后备人才倾斜。

实施"全员培训工程"，促进专业成长。继续教育有效落实，每位中小学教师在继续教育周期内积极参加区级及以上教师培训基地的集中培训和人事部门组织的公共科目培训，达到每年90学时目标。坚持"请进来"和"送出去"相结合，"请进来"依托教育培训中心定期举办名师讲堂、校长论坛。"送出去"依托南师大、北师大、华师大等高校，暑期举办校长、书记、骨干教师、农村学校教师专题培训。选拔14名优秀骨干教师到美国、英国、澳大利亚国家进行专业培训。青蓝工程扎实推进，开展新入职教师入职培训活动。重点开展新教师一个月的"岗前培训"和一年的"在岗实训"系列培训。制定《润州区中小学新教师在岗实训手册》，严格落实"拜师结对"制度和青年教师个性化成长方案。

（徐　进）

重点学校、幼儿园介绍

【镇江市桃园中心小学】 镇江市桃园中心小学创办于1982年，坐落在风景秀丽的国家AAAAA级旅游景区金山脚下，曾经是为"下放户"和回城知青子弟而建的桃园新村配套小学。2018年，学校有教学班19个，在校学生641人，教职工51名，其中市、区级骨干教师7人，高级教师8人。

学校坚持"国粹浸润快乐童年，品质点亮幸福生活"的办学理念，遵循"国粹砺学，品质立校"的办学思路，恪守"崇实"校训，以"搏学、善教"的教风，引领"乐学、善思"的学风，逐步形成"求真、向善、尚美"的校风。学校全面构建"品位管理、养正德育、求真课堂、尚美课程、国粹经典、智慧社区"六大工程，让师生在成长过程中不断追慕美好、追求卓越、追寻幸福。学校环境优美，布局精致，各功能教室齐全，设施设备均达到《江苏省中小学教育技术装备标准》Ⅰ类学校标准。学校各级社团活动中心设施先进，配套齐全，为教育现代化精品学校奠定了坚实的基础。

学校始终坚持走艺术教育特色之路，坚持京剧教育26年，校园京剧成为学校响亮的教育品牌，《京韵流芳——校园京剧特色文化建设》被江苏省教育厅确定为2018年小学课程基地特色文化建设项目。京剧小演员们曾受到原国务院副总理李岚清的亲切接见。"小杜鹃少儿京剧社团"先后被评为"全国优秀红领巾社团""江苏省特色文化团队"，参加各类演出300余场，屡获全国、省市级大奖，声名远扬。

学校坚持走素质教育特色发展之路，先后荣获全国教育科研先进集体、江苏省群众体育先进学校、江苏省现代教育技术先进学校、江苏省节水型学校、江苏省绿色学校、江苏省艺术特色学校、镇江市文明单位、镇江市数字化校园、镇江市社团建设先进学校等。

（桃园中心小学）

【镇江市中山西路幼儿园】 镇江市中山西路幼儿园是润州区教育局主办的一所公办幼儿园。2008年5月，由原中山西路小学改扩建而成；2008年12月评定为江苏省优质幼儿园；2014年被评为"镇江市现代化幼儿园"。2018年7月，因连淮扬镇铁路建设整体搬迁到丰盛山庄小区。

幼儿园走上快速发展道路，

先后获得“全国特色学校”“教育部规划课题全国重点实验基地”“全国重点实验幼儿园”“江苏省平安校园”“江苏省e学习试点学校”“镇江市文明单位”“镇江市绿色学校”“镇江市数字化校园”“镇江市A级食堂”“润州区妇保先进单位”等荣誉称号。幼儿园网站获得“全国优秀网站”，连续五年被评为“镇江市优秀校园网站”最高奖，连续两年获得“江苏省优秀网站”评比一等奖。

幼儿园遵循“基于儿童立场，实施科学保教，为培养完整儿童奠基”的办园宗旨；通过实施“琴”乐润性、“棋”趣启智、“书”香沁心、“画”美陶情的“合·欢”整合课程，培养“全面和谐、健康灵动、团结合作”的个性儿童，并逐步形成园所“合·欢”文化，在不断实现幼儿园内涵发展的同时培养幼儿完整人格，从而为打造“办园有特色、教师有特长、教学有特点、孩子有素养”的镇江市精品窗口幼儿园再上新台阶。

（中山西路幼儿园）

2018年润州区“区长杯”校园足球联赛　（区教育局　摄）

科技·卫计·广播 电视·文化·体育

栏目编校:何春华

科学技术

【概况】 2018年，润州区科技工作改变以往先建载体打基础再引项目谋创新的纵向叠加发展思路，采用平台搭建、主体培育、双招双引、项目储备、科技服务等同步横向推进的加速度工作方式，为高质量发展城市经济筑牢科技基石。全年高新技术产业产值占规模以上工业产值比重7.2%，研发费用支出占GDP比0.2%，新增国家高新技术企业2家，组织九三学社润州行、R&D高企培训、TSITE创业顾问研讨会等各类活动，全面完成上级下达的各项指标任务。

筑牢科技服务城市经济基石。2018年，润州区科技创新平台建设实现了公共服务平台、创新创业孵化平台和企业研发平台三维协同发展的良好态势。一是政府搭台，重点打造科技公共服务平台。与镇江市科技局在商务A区镇江知识城科技产业园范围内共建两个科技公共服务平台：镇江市低碳产业技术研究院和镇江市技术交易所。二是优化服务，全力支持创新创业孵化平台。三种模式孵化平台各具特色、各有成效。政企共建模式的星云加速器充分运用联想控股、联想之星的“联想系”资源，“双百菁英”科技企业家特训营，进行项目招商与加速服务、招募与指导创新创业者和小微创新型企业，年内入驻企业(项目)5个。街道主导模式的官塘远洋产业楼、七里金恒大厦等以闲置产业楼为载体，开展“双招双引”，差别化提供精准行政、资金、管理等服务，打造众创空间。民营运作模式的启迪协信众创工社和易沃客创意空间以文创产业、软件信息产业为主，为创新创业企业量身定制各个发展阶段需求的配套服务，打造创新创业互融、孵化投资联动的平台，分别有在孵项目7个、5个。三是持续助力，不断提升企业研发平台建设。引导支持正茂集团、飞亚轴承、船山集团等3个市级工程技术研发中心提档升级，重点培育冬云云计算与南京大学合作的实验室，中谊抗震与东南大学共建的工程技术研发中心，实现省级企业创新平台零的突破。

围绕高新产业开展“双招双引”。一是自主招引见成效。掌源智能科技以掌静脉识别与机器视觉技术为基础的系统开发与智能产品项目，大灰熊科技开发学生实习、就业、创业人才共享服务平台智能教育系统项目，实现当年落地、当年产出、当年盈利。二是储备一批人才项目。张磊博士基于微流体技术的纳米功能材料与器件项目、于华南博士的城市智能管理集成系统项目、史建琦博士的可信嵌入式工业控制器及云服务平台开发项目等。三是推进在谈科技项目。江苏大学教授团队的桑椹深加工关键技术与产品开发研究项目，获得科技立项支持；上海交大黄伟清博士团队的微型化多通道集成式可见-近红外光谱传感器项目，获C轮投资，研发生产高性能的机械臂、电动夹爪，提供解决方案等的慧灵机器人项目及树实科技项目正式签约。四是在地企业转型升级项目。冬云云计算公司与腾讯合作建云数据中心；爱园健康科技的功能性营养陶粒生产技术及产品研发项目获科技计划项目立项支持。

【深入企业挖掘课题项目】 2018年，润州区科技部门深入企业挖掘课题项目，精心组织、严格筛选，上报各类市级科技计划项目7项，其中“掌源生活——基于掌静脉识别技术的新零售系统研发”等3个项目获得立项资助，共争取项目经费60万元。

【指导企业申报国家高企】 2018年，润州区积极组织科技企业申报国家级高新技术企业，组织高新技术企业认定新政培训、专家答疑等活动，全年共指导6家科技型企业成功提交申报材料参加认定国家级高新技术企业，有4家企业获批，其中2家为首次认定。

【试点推行科技创新卷】 2018年，润州区试点推行科技创新券，针对区内经济实力薄弱、创新能力不足的中小企业，通过创新券事前申领、事后兑现的方式为企业提供资金支持，降低企业科技创新研发投入，激发企业创新意识、提升企业科技创新能力，累计发放备案有效的科技创新券245万元，惠及企业20余家。

【加强知识产权工作】 2018年，润州区继续加强知识产权工作，年内区级专利资助199件，共计26.55万元；全年对涉及专利产品进行专项检查，共查处假冒专利案件50件，调处专利纠纷10起；指导金山包装厂申请2018年度江苏省知识产权维权项目，是全市唯一获资助企业；组织企业知识产权管理规范培训，其中有7人获得“企业知识产权管理规范内审员”证书。

【开展“科技讲堂”讲座】 2018年，润州区持续开展“科技讲堂”系列讲座，围绕科技深化体制改革、解读江苏省科技创新大会若干政策、高企税收、研发费用加计扣除、知识产权等专题，组织全区各街道园区、科技型企业、创新载体负责人等1200多人次参加培训20余场。发挥科技金融效用，通过“苏科贷”等科技金融产品，引导银行为6家科技企业提供科技贷款6笔，共计1650万元，缓解中小微科技企业融资难题。 （尹雪斌）

卫生与计划生育

【概况】 2018年，为贯彻落实中共十九大、中央经济工作会议、省委十三届五次全会和市委七届八次全会精神，坚持以习近平新时代中国特色社会主义思想为指引，进一步深化基层卫生综合改革，大力加强健康润州建设，持续推进从严治党，努力建设群众满意的卫生和计生事业，润州区卫计委在区委、区政府的正确领导下，在市卫计委的关心指导和帮助下，取得较好的成效。顺利通过国家基本公共卫生服务项目省级绩效考核；七里中心被省卫计委列为首批社区医院建设试点，并顺利通过省级中期评估；黎明中心被列为江苏省2018年度家庭医生签约模式创新建设单位及家庭医生签约项目库应用省级联系点；七里甸社区卫生服务中心肾病科被评为省级特色科室；工业园社区卫生服务中心特色科室创建顺利通过市级验收。3月26日，省委书记娄勤俭考察润州区医改工作，对润州区首诊式签约服务等医改特色亮点工作给予高度评价。

一是做好家庭医生签约服务，通过推广家庭医生团队“首诊式”签约管理服务模式，面向辖区居民提供签约服务“菜单”，实现城乡居民自主“点单式”签约。相继开展了“家庭医生签约服务主题宣传月”“家庭医生签约服务机关行”等系列活动，全年累计开展活动120场次，现场咨询4000余人次，发放宣传资料1万余份，签订各类健康服务包10万余份。黎明社区卫生服务中心刘素萍家庭医生团队荣获“全国优秀家庭医生团队”称号；黎明中心荣获“江苏省家庭医生签约十大创新举措”第一名，成为江苏省家庭医生签约项目库应用省级联系点；黎明、宝塔路、工业园区、金山社区卫生服务中心获得“江苏省家庭医生服务模式创新建设单位”荣誉称号。截至年末，全区普通人群签约服务覆盖率达34.12%；重点人群签约服务覆盖率达到72.56%，形成家庭医生与居民长期稳定的契约服务关系，让普通居民家庭也能拥有自己的家庭医生。

二是深入开展卫生健康与促进行动。通过进社区、进学校、进机关、进企业、广场咨询等形式，广泛开展卫生健康与促进惠民活动，不断提升群众健康素养水平，有效促进了群众健康，打造健康惠民服务品牌。2018年，先后开展传染病防治知识进校园、结核病防治知识宣传、家庭医生签约服务和基本公共卫生服务项目宣传、妇幼保健知识进社区、老年人健康管理进社区等多次专项宣传活动，印发高血压、糖尿病、预防保健等各类健康知识2万多份，服务群众3万余人次。

三是大力推进“互联网+医疗”服务。加强以电子病历为核心的基层临床、管理、运营信息系统建设，通过信息化解放医生大量重复性劳动，提升工作效率和能力。实现与三级医院医疗信息的互联共享，将影像、超声、心电、检验和电子病历系统与三级医院实时对接，扩展医生服务能力和服务范围。居民医疗健康服务获取更加便捷、路径更加顺畅，患者就诊全流程引导和双向转诊实时便捷，手机APP预约医生时间精确到分钟，移动支付几秒钟便可完成。居民电子健康档案实时存储和调用，通过手机即可查阅自己的健康档案、检验检查、电子病历等所有健康信息。

四是打造更多黎明式社区卫生服务中心。制定下发《关于在全区卫计系统开展“对标黎明，我们怎么干”专题研讨活动的通知》，全系统各基层单位根据通知要求，积极组织到黎明社区卫生服务中心学习考察，召开专题研讨会，撰写专题研讨文章，制定本单位“对标黎明实施办法”等，全面复制推广黎明社区卫生服务中心成功经验，各中心按照制定的实施方案积极推进。

五是培树典型充分调动职工积极性。在全系统广泛开展“十佳医师”“十佳护士”评选表彰、家庭医生岗位技能竞赛、困难医师走访慰问等系列活动，庆祝首个“中国医师节”。举办润州区“十佳医师”先进事迹报告会，积极培树先进典型，弘扬卫生计生正能量。全区卫计系统1名医师被评为江苏省“优秀基层医师”，3名医师被评为镇江市“百名医德之星”等，10名医师被评为润州区“十佳医师”。开展新一轮基层卫生骨干人才遴选工作，制定《关于实施省级优秀基层卫生骨干人才协议工资制度的通知》，对19名省级基层骨干人才实施协议工资制，不断提高人才待遇水平，调动职工工作积极性。

【人口计生工作】 一是依法实施全面二孩政策。2018年，全区共发放优生指导手册2400份，政策解答305人，进一步提高全区群众对全面二孩政策的知晓率。共办理生育服务登记747例，其中一孩508例，二孩239例，全部当场办结。再生育审批8例，均在30天内办结。二是推进计划生育家庭健康服务。在全区公共场所和医疗单位全面实施母婴设施建设工程，基本完成5个公共场所和2个医疗单位母婴设施建设。开展免费孕前优生健康检查服务工作，全区共检查1320人；避孕节育知情选择率达95%以上；扎实开展避孕药具不良反应(事件)监测与防治，全区上报不良反应119例；积极开展“两癌”筛查工作，共检查2000人。三是积极落实利益导向政策。全区符合条件的持《独生子女父母光荣证》的城镇非从业居民、自由职业者共350人，累计发放一次性奖励金105万元；符合“奖扶”规定的共1512人，累计发放农村奖扶专项资金72.576万元；符合“特扶”规定的共522人，累计发放特别扶助专项资金181.77万元。加强部门配合，严格查处“两非”案件，集中开展全区“两非”检查1次，未发现涉嫌“两非”行为。四是加大计生特殊家庭扶助关怀力度。全区共成立6个失独家庭社团组织，开展关爱失独家庭活动31场次，累计参加活动人员230名。5月26日，江苏省计划生育特殊家庭心理健康服务项目“博爱驿站”在宝塔路街道电力路社区正式挂牌并投入使用，为67名失独老人开展服务。在全区推广计生特殊家庭签约服务工作，全区298户576名计生特殊家庭扶助对象全部签订家庭医生签约服务协议书，实现计生特殊家庭签约全覆盖。为全区计生特殊家庭60~70周岁之间老人免费办理公交卡和市民游园卡。

【疾控应急工作】 一是扎实开展健康镇江建设。组织各社区卫生服务中心在全区各街道社区范围内开展了普及健康素养基本知识与技能工作，共计开展健康教育知识讲座58场次、展板巡展225块、现场咨询75次。开展世界防治结核病日、全国儿童预防接种宣传日、全国疟疾日、世界无烟日等宣传咨询活动11场次。大力开展省级健康促进区创建工作，对已建成的健康公园、健康广场、健康小屋、健康步道等健康场景进行维护管理工作，完成金山宝地健康教育示范街更新工作，分阶段进行更新维护。二是突出抓好血、地、寄防工作。完成查螺面积2280万平方米，解剖钉螺数8781只，未发现感染性钉螺。查出有螺面积95万平方米，高质量完成药物灭螺面积450万平方米，钉螺死亡率为95.3%，密度下降率95.08%，达到市规定灭螺质量要求。全区开展疟疾镜检 783 人，血检阳性 1 人，为输入性病例。全年总计触诊和B超检测儿童甲状腺200名，学生尿碘监测200份，孕妇尿碘监测100份，饮用水水碘监测4份，居民食盐监测200份、零售层次食盐监测320份，碘盐合格率100%。监测量与2017年持平，增加B超检测。血防查治病8494人，积极做好各种防急感措施，全区未发生急性血吸虫病感染。三是做好重大传染病防控工作。全区未发生重大传染病疫情。截至9月31日，辖区内共报告甲乙类传染病269例，报告发病率89.97／10万，比上年同期下降7.56%。截至年末，区在管艾滋病病人147人，下沉社区139人，社区随访管理比例为94.6%，完成年度指标。区艾滋病患者治疗比例为87.1%，CD4检测比例达83%。四是开展省级慢病示范区复评审工作。成立“润州区慢病综合防控示范区复评审工作领导小组”，对照慢病综合防控示范区考评标准，进行部门分工和责任落实。5月16日，区政府专门召开慢病综合防控示范区复评审工作启动会，与各街道、各相关部门签订《2018年润州区慢病综合防控示范区复评审综合管理目标任务书》。慢病示范区领导小组办公室先后在7月、10月对创建成员单位组织开展联合督导，发现、解决创建中出现的问题，力争顺利通过省级慢性病示范区复评审。在示范区复评审的推动下，新申报健康家庭50户，健康社区6个，健康单位2家，健康食堂/酒店2个，建成自助式健康检测点6个。大力加强慢性病防治全民健康教育，在“润州发布”微信公众号开辟“健康”专栏，与润州广播电台合作开展媒体宣传，每日播出“健康伴你行”三次。为慢病示范区复评审工作打下坚实的基础。五是积极做好接种长春长生公司狂犬病疫苗接种者续种补种和观察咨询工作。根据国家和省、市统一部署，积极做好接种长春长生公司狂犬病疫苗接种者续种补种和观察咨询工作。成立工作领导小组，下设3个督查组和专家组、宣传组、联络组等6个工作小组。在区政府网站及时发布《润州区狂犬病暴露预防处置门诊一览表》，公示各处置门诊地址、联络人、电话等相关信息。在润州发布、健康润州微信公众号及时发布相关信息，印制了1000份《狂犬疫苗续种补种问答》并分发到各接种点，便于群众了解狂犬疫苗续种补种相关知识。迅速在七里、黎明、宝塔、工业园区、官塘5个社区卫生服务中心设立狂犬疫苗咨询服务点，配备专业医务人员负责咨询解答，并做好相关记录。六是加强严重精神障碍患者管理工作。截至9月底，全区在册患者总数1163人，在管患者930人，管理率79.9%，规范管理率78.9%，服药率77.3%，面访率40.3%。根据规范管理要求每季度开展二级培训和业务督导工作。年初开展易肇事肇祸患者管控排查工作，对符合条件的“以奖代补”患者和家属签订协议60份。建立一对一的关爱帮扶小组，积极配合参加维稳和重大事件的调查处置工作。七是大力开展爱国卫生运动。积极开展“除四害”活动，组织全区干部职工、群众清除“四害”孳生地451处。对重点部位和居民区18400个毒饵站进行集中投放，圆满完成了春季集中投药灭鼠任务。活动期间全区共计投放灭鼠毒饵60箱，投放灭蟑药16箱，药物灭蚊灭蝇70瓶，投资近8万元。积极组织开展“人人动手、清洁家园”活动。清除卫生死角4000余处，铲除小广告1200余处。组织120多名志愿者利用双休日上街开展义务劳动、清理社区（单位）积存的垃圾240余吨，发放健康宣传材料38000份。按照江苏省城乡生活垃圾分类治理三年计划要求，对全系统各单位生活垃圾进行“三分法”分类存放。

【卫生监督工作】 2018年，区卫计委严把卫生行政许可关，积极做好省、市级行政审批事项接收与下放的衔接，通过实施“一个窗口对外、一条龙服务、一次性办结”的一站式服务，为相关经营户提供了便捷的审批“绿色通道”，缩短办证时间，简化卫生计生行政审批手续。全年共受理卫生许可108件，均按时办结，许可建档率、满意率100%。受理各类投诉举报34起，回复率达100%。立案查处3起，及时结案率100%，处罚金额6000元。突出抓好专项整治，对地下“黑诊所”、社会游医、被处理过的无证行医者继续保持高压态势，切实加大宣传力度，提升市场巡查力度，发现一起查处一起。先后组织对全区12家药店，5家超市开展消毒产品专项监督检查；对辖区内16家口腔诊所和综合医院口腔科开展口腔器械消毒灭菌专项整治工作；对辖区内87家住宿场所、3家游泳场馆、3家大型商场及30家沐浴场所开展公共场所传染病防治监督检查等。针对检查中发现的问题，及时进行现场指导，下达卫生监督意见书督促整改并跟踪督查到位。

【润州区人民医院】 润州区人民医院（七里甸社区卫生服务中心）于1992年成立，地址位于朱方路245号。2018年，区人民医院有职工256人，卫生技术人员228人，其中正高级职称2人，副高级职称22人，中级职称47人，有床位300张；投入使用的门急诊病房综合楼，建筑面积2万平方米，设施先进，环境优美；设有预防保健科、全科（包含内科、外科、儿科）、中医科（含推拿针灸）、康复医学科、医学影像科、医学检验科、妇产科、口腔科、中西医结合科、临终关怀科、眼科、耳鼻咽喉科、麻醉科、肾病专科（含血液透析中心）等，中心同时具有社区卫生服务的“六位一体”功能和二级医院的综合服务能力，是康复集团优质护理示范点。拥有进口血透机30台，进口全自动生化分析仪2台、尿沉渣分析仪1台、进口三维彩超3台、进口奥林帕斯电子胃镜2台、进口麻醉机2台、24小时动态心电图1台、全自动数字化X光机（DR）1台、进口16排CT一台等先进医疗设备。医院于1998年开始向社会公开承诺，实行全天候无节假日医院，实行文明规范化服务，医院先后获“市级、区级文明单位”“市文明行业示范点”“物价计量信得过单位”“江苏省示范城市社区卫生服务中心”“全科医师省级示范培训基地”“全国示范社区卫生服务中心”等荣誉称号。2018年，润州区人民医院累计完成医疗总收入5569万元，完成门急诊总人次23.3万人次。

（王　静）

2018年润州区各社区卫生服务中心情况表

表18

单　位	中心面积(平方米)	辖区户数(户)	医护人员数(人)	地址	联系电话
宝塔社区卫生服务中心	4200	17622	45	鸿鹤桥路1号	85573006
和平社区卫生服务中心	1800	15480	25	中山北路19号	80829793
金山社区卫生服务中心	600	16258	56	魏同兴巷47号	80861667
七里社区卫生服务中心	20000	16137	256	朱方路245号	85619446
工业园区社区卫生服务中心	4200	9076	44	富润路1号	87055130
官塘桥社区卫生服务中心	3393	4845	27	官驸路2号	84510210
黎明社区卫生服务中心	4232	12176	76	黄鹤山路77号	84435299
蒋乔社区卫生服务中心	4000	9568	15	檀山路10号	80852906

（区卫计委）

广播电视

【概况】 2018年，润州区广播电视台始终以饱满的政治热情和严谨的工作态度,紧扣发展这条宣传工作主线,集中力量,精心组织,发挥特色,分阶段、有步骤地组织一系列新闻宣传，一着不让抓好全区城市经济建设、民生发展等重点题材的新闻宣传工作。新闻宣传工作既坚持把握大局，又强调突出特点,以策划致胜,用有温度的作品，生动鲜活的画面全力服务区委、区政府中心工作。分别在《润州天地》、“润州发布”手机报、FM100.3《润州新闻》及“中国.润州”门户网站相继开设“城市经济大家谈”“污染防治在攻坚.263润州在行动”、润州“两会镜头”等专题专栏,既强调时效性,更注重吸引力,找准快速与深度契合点,唱响主旋律,传递正能量。全年共在《润州天地》刊发50 期、600余篇新闻稿件。其中《百星讲坛暖心又惠民》《迎江路中心社区探索助残新模式》《“老矿工”“新主人”讲述韦岗点滴变化》等稿件,从微观层面入手，以小缺口展现基层经济发展、社会治理等方面的变化和实践,深得同行赞许,深受基层好评。

【主题宣传精准发力】 2018年，区广播电视台加强与国家、省、市级媒体沟通对接，报道“润州精神”,讲好“润州故事”。围绕润州文化民生工作,与人民日报社《民生周刊》杂志共同策划稿件《镇江润州：基层文化提振群众精神》,于当年全国“两会”期间刊发,供会场内全国“两会”代表取阅。围绕改革开放40周年主题,在《新华日报》刊发整版报道“新起点上再出发”,结合城市经济发展大会的召开,在《镇江日报》刊发《润州一揽子意见推动城市经济高质量发展》《润州营商环境“优”无止境》《解码城市经济的“润州答案”》等系列报道,全方位、多角度的聚焦润州如何走出具有润州特色的产业强区之路，展示润州开启高质量发展城市经济新篇章的决心。为润州产业转型发展创造良好舆论氛围。全年共计在省级以上媒体刊发稿件400多篇,《新华日报》头版3篇,《镇江日报》头版头条28篇,在各辖市区名列前茅。

【强化意识形态工作】 2018年，区广播电视台干部职工以对党高度负责的态度旗帜鲜明地站在意识形态工作第一线，组织召开专题研究会议和学习会议，传达学习习近平总书记系列重要讲话和区委相关文件精神，切实增强党员领导干部对意识形态工作极端重要性和紧迫性的认识。认真分析意识形态工作面临的新形势，进一步明确抓好意识形态工作的思路和措施,牢牢掌握舆论阵地，充分发挥宣传媒体的作用，唱响主旋律打好主动仗。制定意识形态工作实施方案和意识形态工作计划,确保各项工作有力、有序推进，意识形态工作责任得到真正落实。制定下发《意识形态工作责任制实施方案》,将各项任务层层分解,落实到具体工作部门,确保意识形态工作责任制建设落在实处。为切实加强对意识形态工作的领导,成立了以台长为组长,分管宣传工作的副台长为副组长，其他相关部门负责人为成员的意识形态工作领导小组。严格落实党管意识形态原则，党支部书记是意识形态工作第一责任人，旗帜鲜明地站在意识形态工作第一线，带头抓意识形态工作，带头管阵地把导向强队伍，支部其他成员根据工作分工，按照“一岗双责”要求，抓好分管部门、单位的意识形态工作，对职责范围内的意识形态工作负领导责任。把意识形态工作作为党的建设的重要内容，纳入重要议事日程，纳入领导班子、领导干部目标管理，与其它工作一同部署、一同落实、一同检查、一同考核。建立健全监督检查考核、追责问责等制度机制，确保意识形态工作责任制的全面落实。

【电台频率平稳过渡】 2018年，区广播电视台除通过网络不断更新曲艺类作品以外，还积极将央视、著名卫视等一些精品节目做了精心翻录和包装为我所用，以广播节目的形式帮助广大听众重温经典。如：《经典咏流传》《欢乐喜剧人》《我是歌手》《百家讲坛》等，受到广大听众的好评。充分发挥广播主流媒体的作用，积极服务中心工作，积极稳妥推进节目调整与创新，坚持精办细办各档节目。2018年对有播出30年历史的区电台来说是极不平凡的一年，9月底，因执行上级相关政策，调频100.3频率停播了，为此，按照区委、区政府要求，积极做好全台队伍稳定工作和推动新媒体转型工作。

【规范内部管理提质增效】 2018年，区广播电视台不断加强内部管理，严格规范人事、财务制度，继续做好对内对外协调，保证全台工作有条不紊持续推进。树立大局意识、服务意识、使命意识，努力把“全心全意为人民服务”的宗旨体现在每个工作的细节中。7月，顺利完成了事业单位的招聘工作，在招聘过程中克服困难，做到政审材料仔细认真，到偏远的外地进行外调政审，招聘1名优秀的在编新闻工作者，为全台发展奠定良好基础。按时按质完成市文广新局、区财政、统计部门各项统计报表工作。 （汤丽娟）

文　化

【概况】 2018年，润州区文化工作以省、市十三五时期公共服务功能配置标准为建设依据，以区委2018年工作要点的相关要求为出发点，坚持以人民为中心的文体工作导向，进一步健全文体公共服务体系，完善功能实施配置，规范提升服务管理水平，深入实施文化惠民工程，丰富群众性文化生活，加强文物保护利用和文化遗产保护传承。

文化建设工程提档升级。全区公共文化设施面积为80311.2平方米，万人享有3161.8平方米，较上年增加269.6平方米。对照省、市《“十三五”时期基层基本公共服务功能配置标准》以及目标任务分解要求，确定金星社区、天桥路社区、金桥社区等11个省级基层综合性文化服务中心提升任务。其中金星社区、金泉社区面积分别达1200平方米和1550平方米。韦岗村、曙光村、金山村等8个建制村都建有农村文化礼堂，并全部挂牌，其中曙光村、金江村打造市级农村文化礼堂示范点。韦岗街道建成文化广场12个，实现自然村文化广场全覆盖。南山街道成立综合文化站。

积极推进公共图书馆总分馆制建设。制定《润州区图书馆总分馆制实施方案》，投入93.1万元用于硬件设备添置。在实现与所有街道和农家书屋100%通借通还的基础上，实现与51.2%的社区通借通还的目标任务。大力推进文化馆总分馆制建设，出台《润州区文化馆总分馆服务体系建设实施意见》，区内7个街道文化馆分馆全部挂牌并正常运行，覆盖率达100%。

书香润州建设扎实推进。以第十届润心读书节为抓手，前后举办“送演出、送健康、送图书”三下乡、“带一本好书回家”“我的书屋·我的梦”农村少年儿童征文、“遇见更好的自己”诵读会、“迎新春 话发展”吟诗读书会、“海棠花开”吟诵会等全民阅读活动100场以上。新建红色教育公益阅读空间、江南苑阅读空间、幸福小院新空间3个，培育逸时阅读会、爱语社会公益服务中心、家家乐阅读社团等阅读社团10个。通过政府购买服务，引进家家乐助残助老服务中心阅读组织进万科社区，开展亲子阅读、读书沙龙、读书分享会等活动。开展“你点书我买单”活动，为农家书屋送书1000余册。加强和区电台的合作，开展《习近平的七年知青岁月》《中国道路能为世界贡献什么》等12本好书推介活动。润心书场邀请扬州曲艺研究所青年演员周佳越开讲扬州弹词《皮五辣子》《珍珠塔》，让社区居民在家门口就能听到流动书场，享受“免费文化大餐”。宝平社区获评镇江市四星示范农家书屋。“马副官的店”被评为省级共享阅读空间。年居民综合阅读率达94.00%，位列全市第二。在江苏省第二届江苏全民阅读“五十佳”名单评选中，张晓波荣获十佳阅读推广人。继续做好诗教工作内涵提升工作，举办教育系统第四届格律诗创作大赛和润州区第二届小学生诗词大会，五个学校（镇江实验学校、润州区实验小学、穆源民族学校、南徐小学、孔家巷小学）获得江苏省诗教先进单位荣誉称号。

积极推进全民艺术普及活

动。对照《润州区全民艺术普及三年行动计划》，积极开展全民艺术普及“六进活动”，推动文化艺术活动进社区、进校园、进农村、进企业、进机关、进军营，全年完成艺术知识普及、艺术技能普及讲座各85场，艺术欣赏普及讲座50场，艺术精品普及讲座8场，各项展览、广场活动110余场。成功举办润州区第四届美术书法摄影大赛，全区近千名爱好者参加了此项赛事。文化惠民精彩纷呈，“家在润州”文化广场月月演、“街巷剧场”“润心书场”、润州彩虹文化志愿服务等品牌活动成效得到进一步彰显。

重视非遗保护工作。创镇江先河出版发行《润州非遗——璀璨多姿的文化印迹》一书。组织区内非遗传承人学习《镇江市非物质文化遗产项目代表性传承人条例》，新增俞氏瓜果雕刻技艺等6项区级非物质文化遗产代表性项目和苏派装裱技艺的传承人于阿善等3人为第四批市级非遗传承人。杨一清墓修缮保护工程顺利结束，并通过验收，成为镇江文物保护的又一亮点。

2018年，区“扫黄打非”工作确立“试点先行,以点带面,整体推进”的思路，进基层取得实效，共完成第二批13个基层站点建设。南山街道五凤口社区被评为省级“扫黄打非”进基层示范点和市级“扫黄打非”先进单位，区文体局钱进、和平路街道鲍敏被评为市级“扫黄打非”先进个人。

（包文霞 曾竹花 韦文胜）

【校园文化建设】 2018年，润州区持续加大文艺创作生产与扶持力度，积极组织区内各中小学参加市级以上文艺赛事。镇江实验学校的“草编手工制作”学生艺术实践工作坊、中华路小学的朗诵《让大地洒满阳光》、宝塔路小学的民乐合奏《礼乐颂》分获江苏省第六届中小学生艺术展演特等、一、二等奖，其中实验学校还将作为镇江唯一学校参加全国展演。

（韦文胜）

【润州区图书馆】 2018年，润州区图书馆本着“一切为读者服务”的宗旨，围绕优化服务、拓展图书馆教育和信息功能，坚持免费开放，文化惠民，进一步提升公共服务水平，24小时自助图书馆和手机移动图书馆的成功上线，为市民提供全方面、全天候阅读服务。举办第十届“润心”读书节系列活动20余场，红领巾读书征文比赛、绘本亲子读书活动、文化志愿者系列体验活动、图书漂流跳蚤市场、流动书场连讲40场《八窍珠》、流动书箱进社区惠及外来娃、“阳光父母”学堂等活动精彩纷呈，让广大市民在阅读活动中充分享受阅读的乐趣，享受公共文化的惠民服务。继续做好“政府主导下公共图书馆服务体系建设”工作，推进全区总分馆制，为辖区内的22个社区提供通借同还图书32000余册。

（陈 洁）

【润州区文化馆】 2018年，润州区文化馆以“文化惠民”为主线，为居民提供优质的公共文化服务，共开展30余场文化广场的展演活动。“润心书场”邀请扬州优秀评话演员表演《芙蓉锦鸡图》《皮五辣子》，总共100多场次。区文化馆积极参加“全民艺术普及”工作，开展艺术知识讲座和技能培训共10场次。全区七个街道都成立文化馆分馆，并在11月进行各分馆的优秀节目展演。镇江第30届少儿故事创作表演比赛中，两个故事或创作类获三等奖名，表演类分获一等奖、三等奖，一名选手获“故事大王”称号。阳光合唱团演出的节目获镇江市第二届金山合唱节优秀奖。在镇江市首届群星奖评比中，文化馆自创歌曲《燕子窝山歌》获银奖，2人获评优秀文艺骨干。

（宛 晨）

2018年润州区集体获市级以上各类艺术比赛奖一览表

表19

时间	活动主题	主办单位	奖次	内容	获奖单位
6月	镇江市第二届金山合唱节	镇江市委宣传部	优秀奖	《燕子窝山歌》《跑马溜溜的山上》	润州区文化馆
12月	镇江市首届群星奖	镇江市文广新局	银奖	《燕子窝山歌》	润州区文化馆

2018年润州区个人获市级以上各类艺术比赛奖一览表

表20

<table>
<tr><th>时间</th><th>活动主题</th><th>主办单位</th><th>奖次</th><th>作品名称</th><th>作者（表演者）</th><th>单位</th></tr>
<tr><td rowspan="5">2018年12月</td><td rowspan="5">镇江市第三十届少儿故事创作演讲比赛</td><td rowspan="5">镇江市委宣传部
镇江市文广新局
镇江市教育局</td><td>辅导奖</td><td>《镇江肴肉的来历》</td><td>张晓波</td><td rowspan="3">区文化馆</td></tr>
<tr><td>创作三等奖</td><td>《王真的获奖作文》</td><td>张晓波</td></tr>
<tr><td>创作三等奖</td><td>《漂亮的蝴蝶结》</td><td>孟庆媛</td></tr>
<tr><td>演讲一等奖、故事大王</td><td>《镇江肴肉的来历》</td><td>陈心妍</td><td rowspan="2">区文化馆</td></tr>
<tr><td>演讲三等奖</td><td>《王真的获奖作文》</td><td>王宇轩</td></tr>
<tr><td rowspan="2">2018年</td><td rowspan="2">第三批群众文化“十百千”工程群众文艺骨干</td><td rowspan="2">镇江市委宣传部</td><td rowspan="2">文艺骨干</td><td rowspan="2">—</td><td>孙秋霞</td><td rowspan="2">区文化馆</td></tr>
<tr><td>孟庆媛</td></tr>
</table>

（曾竹花）

体　育

【概况】 全民健身活动。2018年，区文体局严格落实《全民健身条例》和《全民健身实施计划（2016年—2020年）》精神，认真组织群众性体育活动，着力打造群众体育工作特色，进一步完善全民健身各项规定，健全长效服务管理体系，实现全民健身制度化、规范化和特色化管理。

体育健身组织日渐成熟。区文体局全面实施《润州区体育协会年度工作管理考核办法》，重点抓好体育社团的规范化管理，突出体育单项协会、俱乐部的年审制度和财务制度，有效促进了体育健身组织的发展。2018新增体育协会1个，全区共有17个体育单项协会、46个体育特色健身团队，会员总人数达6500多人。

体育健身设施日渐完善。着力加强体育健身设施建设，新建韦岗街道体育公园，建设健身路径22套，安装室外乒乓球台22套；建设笼式足球场1块。2018年全区新增公共体育设施面积达3万多平方米，每万人拥有公共体育设施面积达38600平方米，居全市第一。

体育健身活动蓬勃开展。积极开展全民健身活动，着力增强群众幸福感和获得感。共组织较大规模的文体展示活动26场，约有1.5万人次参加；举办健身气功进社区系列活动 16场次，约有1万人次参与；区各健身站点配合社区文体中心开展全民健身志愿服务活动，深入社区、养老院等开展各类体育技能展示活动22场次，约有5000人次参与；组织参加各项体育技能交流比赛15场，约有2500人次参与；举办社会体育指导员骨干培训班8次，科学健身讲座6次，约有3000人次参加；组织广场教学活动38场，约有30000人次参与。

体育健身赛事精彩纷呈。大力发展体育赛事，先后举办“润州杯”武术交流大赛、润州区中老年人体育节开幕式暨老年人气排球大赛、润州区职工篮球赛、润州区职工羽毛球赛、润州区职工乒乓球赛、润州区健身气功站点联赛、润州区广场舞大赛、润州区教职工趣味运动会等赛事活动，参赛运动员达3500余人。

体育指导科学规范。区文体局依据国家体育总局颁发的《社会体育指导员管理办法》具体规定，坚持面向基层、服务大众、不断提高指导工作的标准化和规范化水平。出台《镇江市润州区社会体育指导员考核管理办法》，进一步加强对社会体育指导员的考核管理，建立“一人一档”制，有效地规范了社会体育指导员的管理与考核。

全区体育健身文化初步形成。以市民群众为主体,通过社会体育指导员骨干引导和管理,让大家在体育健身实践中共同创造生成体现时代特征和社会进步的价值观念、思维方式、行为规范及其活动结果。全民健身活动的开展已成为推进润州区全面建设,构建和谐社会的重要内容。有效地实现提升居民文化素养和人口素质的目标。2018年3月,区文体局被国家体育总局授予“2017年全国百城千村健身气功交流活动大赛二等奖”。

2018年,润州区积极规范学校体育工作,“阳光体育”全面普及。进一步完善“阳光体育运动方案”并组织了润州区中小学生校园篮球联赛、润州区“城际商圈”(区长杯)杯校园足球比赛、小学生田径运动会、小学生毽绳以及棋类竞赛,这些竞赛已成为润州区学校体育、竞技体育工作规范性赛事。同时承办2018年镇江市少儿乒乓球比赛。

进一步深化“教体融合”,切实加强后备人才培养。巩固阵地建设,狠抓业余训练,充分发挥镇江实验学校、南徐小学、孔家巷小学等体育传统校和青少年体育俱乐部的作用,创设良好的条件,接受更多的“市队校办”队伍,加大专业体育人才输送力度,拓宽后备人才输送渠道。积极组队参加上级主管部门组织的各类体育竞赛,并取得了良好的成绩。镇江实验学校在2018年度镇江市区中学体育竞赛中获初中组综合评分第一名,镇江实验学校参加2018年市少儿乒乓球比赛获团体总分第一名。在2018年市少儿排球比赛中孔家巷小学获得男子甲组第一名、男子乙组第二名,南徐小学获得女子甲组第三名、女子乙组第三名。孔家巷小学参加2018年市少儿羽毛球比赛获团体总分第三名。在2018年市区初中生篮球比赛中,镇江实验学校获得初中男子组冠军,初中女子组亚军,魅力之城分校获初中女子组季军,在2018年镇江大市级校园篮球比赛中镇江实验学校获初中男子组第二名,魅力之城分校获初中男子组第三名。润州区体育教师参加镇江市教师足球技能大赛获团体总分第一名。在2018年“市长杯”校园足球联赛中,润州区共有7支队伍获得各组别前8名,其中官塘桥中心小学获得小学男子甲组第二名,区信息中专获高中男子组第二名。2018年为市级单位新输送运动员35人,在训运动员113人。2018年润州区新增国家级“校园足球”特色学校1个,市级足球特色幼儿园4个。

学生体质不断提升,体育中考成绩喜人。全面实行《国家学生体质健康标准》,指导各校开展“达标争优”活动,确保全区学生体质健康平均合格率95%以上,优秀率10%以上。学生身体素质不断提升,润州中专在市高中生身体素质测试中获得职高组均分第二名,蒋乔小学、镇江实验学校在2018年镇江市小学生身体素质测试中学生身体素质成绩均名列前茅,润州区均分连续4年位列全市第二。在2018年镇江市区中考体育考试中润州区以39.04的均分名列市区第一,其中官塘中学均分位列市区学校第一名。

(孙立新　江俊斌)

2018 年润州区获市级以上各类体育竞赛奖一览表

表 21

时间	活动主题	主办单位	获奖项目（组别）	名　次	获奖单位
5 月	羽毛球	镇江市教育局 镇江市体育局	男、女少年组 男、女儿童甲组男、女儿童乙组	团体总分第 3 名	孔家巷小学
5 月	乒乓球		男、女少年组 男、女儿童甲组男、女儿童乙组	团体总分第 1 名	镇江实验学校
10 月	足球		小学男子甲组	第 2 名	官塘桥中心小学
4 月	武术		儿 童 组	第 2 名	南徐小学
7 月	篮球		小学女子组	第 2 名	镇江实验学校
			初中男子组	第 2 名	镇江实验学校
			初中男子组	第 3 名	魅力之城分校
8 月	排球		男子甲组	第 1 名	孔家巷小学
			女子甲组	第 3 名	南徐小学
			男子乙组	第 2 名	孔家巷小学
			女子乙组	第 3 名	南徐小学
4 月	棋类		国际象棋	第 2 名	中华路小学
			围棋	第 3 名	中华路小学
			围棋	第 1 名	镇江实验学校
5 月	镇江市老年人体育节	镇江市体育局	24 式太极拳	一等奖	润州区代表队
			42 式太极拳	二等奖	润州区代表队
6 月	江苏省健身气功站点联赛半决赛（中南部）	江苏省体育局	健身气功易筋经	二等奖	润州区代表队
			健身气功导引养生功十二法	二等奖	润州区代表队
10 月	江苏省健身气功站点联赛总决赛	江苏省体育局	健身气功易筋经	三等奖	润州区代表队
			健身气功导引养生功十二法	二等奖	润州区代表队

（曾竹花）

民政工作

【概况】 2018年，区民政局立足新时代、把握新形势，以现代民政示范区成功创建为新起点，进一步明确发展取向、工作导向、奋斗指向，全面深化改革、全力服务民生，打造有温度有质量的民政事业。

【救灾救济】 2018年，按照“全国综合减灾示范社区”标准化建设资料目录的要求，润州区积极推进综合减灾示范社区规范化、标准化、精细化建设，提升综合减灾示范社区创建综合能力。截至2018年年底，全区成功创建全国综合减灾示范社区12个，江苏省综合减灾示范街道1个，江苏省综合减灾示范社区7个，和平路街道长江村成功创建国家减灾示范社区。“5·12”防灾减灾宣传周，区民政局联合市民政局、市减灾委相关成员单位在和平路街道长江村举办了全市范围的防灾减灾主题活动——“行动起来，减轻身边的灾害风险”。同时以举办专题培训、放置展板、分发资料、悬挂横幅标语等多形式开展防灾减灾宣传教育活动，努力营造社会关心、参与防灾减灾工作的良好氛围。开展“惠誉万家”农房保险工作，提升保险效益，将每户参保费用由0.14元调升至2元。全区参保户数1686户，年保费3372元。

【积极配合参与创新网格化社会治理】 按照“一张网、五个要求”，协助和配合区委政法委、组织部推动现代科技与基层社会治理深度融合。划实润州一张网，全区共划分367个网格，其中339个自然网格，28个专属网格，网格长364名，网格员461名，并按统一要求对社会进行公示。

【2017年度社区党组织为民服务项目结项工作完成】 2017年润州区党组织为民服务专项资金项目结项评估工作于2018年5月22日正式展开，评估分为预评估(现场评估)+正式评估两个部分，第三方评估机构先将预评估结果以街道为单位，反馈至各社区。各社区按照评估意见，在一周内对项目台账进行整改工作，并于2018年6月8日前将项目台账纸质版汇总至区民政局，接受最终评估。在评估过程中除个别社区外，其余社区均能按要求如期开展项目，并制作相关台账，主动接受评估。在已经开展的项目中，70%的项目能通过社区自媒体、本地媒体及网络媒体，主动对项目进行宣传，将项目成果传播给更多的社区居民，提升了项目的影响力。相比于2016年，社区购买社会组织服务的数量有明显的增加，且效果良好。由社会组织承接的项目。相比于社区成立的社会组织承接的项目，更加规范和专业。

【2018年度社区党组织为民服务专项工作】 2018年年初，下发《关于认真做好2018年市主城区社区党组织为民服务专项资金项目化管理申报工作的通知》(镇民发〔2018〕15号)，进一步规范社区党组织为民服务专项资金的使用和管理，提升党支部建设质量，提高资金使用效益，提升社区党组织为民服务工作水平。2018年，润州区38个城市社区共申报党组织为民服务专项资金项目76个，金额722万元。重点打造金山街道杨家门社区(民族型)、和平路街道三茅宫第一社区(诚信型)、宝塔路街道黄山社区(创业型)、官塘桥街道宝平社区(法治型)、七里甸街道二道巷社区（文化型)5个

特色型社区，且与2018年申报的“三社联动”项目相结合。

【区域性社区服务中心建设】 全区中心社区全面推行“一门受理、一站式服务、全科社工”窗口服务；充分发挥片区中心医疗卫生、居家养老、文体活动、社区组织服务、社区教育服务作用。新建金泉社区中心社区，已于2018年底完成装修工作。

【“政社互动”运行机制全面推行】 1月，下发《关于〈印发2018年社区(村)协助党政部门工作事项等减负目录〉并做好签约工作的通知》(镇润办〔2018〕4号)，着力理顺基层群众自治组织与基层政府及其职能部门的权责关系，进一步规范政府行政行为，增强社区自治功能。全面推行社区事务准入制度，依据“两份清单”开展工作，减轻城乡社区负担。全区所有社区(村)均与街道签订《基层群众自治组织协助政府管理协议书》。形成政社分开、权责明确、依法自治的社会组织体制，做到“政社互动”运行机制全面覆盖。

【村(社区)减负工作高标准落实】 为把村(社区)减负工作落到实处，区民政局采取调查摸底，社区核查，部门对接和综合研究的方式，进一步摸清底数。经过多次探讨和修改，社区事务准入事项细分为三类，其中党建类11项，依法履职类17项，协助工作类42项，社区准入事项(盖章类)14项，已经通过区政府第13次常务会议。按照市民政局的要求，每月统计上报取消盖章事项落实情况。并以此为抓手，推动村(社区)减负增效工作。

【村(社区)工作者队伍管理进一步规范】 根据《关于润州区村(社区)绩效管理考核的指导意见(试行)》精神，为进一步规范村(社区)工作者队伍员额管理，制定并出台《润州区员额管理暂行办法》。结合村(社区)面积、人口规模、网格数量、工作需求等要素实际情况，立足长远发展需要，科学合理确定村（社区）工作者员额，依据全区人口规模和各街道服务人口数量、网格数量进行综合衡量，核定全区村(社区)工作者员额，控制总体规模。适时根据村(社区)服务人口和工作变化情况，实施动态调整。全区，村(社区)工作者核定员额为440名。

【省现代社区治理创新实验区建设持续推进】 2018年，按照《润州区参与式治理工作指导手册》规范的流程、规则、程序，按照参与式治理，打造一批示范街道、示范社区。润州区自2015年开展“全省现代社区治理创新实验区”创建工作，实验时间3年，2018年，根据《关于做好第一批全省现代社区治理创新实验区结项验收工作的通知》要求，于11月底前上报评估报告和申请表，并形成《社区治理经验做法和案例选编》和《社区治理文件资料汇编》等一套台账资料，得到评审专家充分肯定。

【积极构建“1+5”村(社区)工作者职业体系】 结合润州特色，构建村(社区)工作者“1+5”职业体系，建立基本待遇、绩效管理考核、社区事务准入、员额分级管理、招聘考聘转聘为主要内容的社区工作者职业体系。致力于解决村（社区)工作者系统化管理、专业化培养、职业化发展问题，为提升村(社区)服务治理质效提供人力保障。将“村(社区)事务准入”纳入职业体系建设中，明确区属各部门确需进入村(社区)的事项，严格申报和审批流程，开展定期督查检查，确保村(社区)减负增效工作落到实处，为着力破解村(社区)行政化、为民服务功能边缘化的难题。

【区划微调工作】 一是各街道间区划微调。为加强辖区的社会事务管理，提高为民服务水平，方便居民生产生活，根据区政府第9次常务会议精神，结合全区实际，对全区部分行政区划进行调整。调整和平路街道、宝塔路街道、南山街道、官塘桥街道、七里甸街道区域范围，并且明确金山街道四至范围。以上调整，涉及道路、河流的均以路线为界，涉及南山街道与官塘桥街道山林地的为概略线路，应以实际管辖线为准；二是焦北滩界线走向调整工作。润州区与京口区焦北滩界线走向调整工作，经过前期准备，已经完成前期勘界，两区政府达成一致意见并上报至市相关部门，目前正按照程序向省级上报。

【地名普查规划转化“图录典志”工作】 根据国家、省、市关于第二次全国地名普查工作的文件和相关会议精神，界桩管护资料能够按照要求每季上传，地名普查规划转化“图录典志”任务，根据新调整情况进行成果转化，制作《润州区行政区划图》。

【第四轮行政区域界线联合检查工作部署】 润州区行政区域界线主要有：京口润州线、润州丹徒线、润州句容线。根据国务院《行政区域界线管理》规定，按照联检计划安排，2018年，润州丹徒界线联检工作由润州区民政局牵头与丹徒区民政局工作人员一起检查行政区域界线及其两侧地貌、地物有无明显变化，界线实地位置是否清晰易认及界桩是否丢失、损坏、移动等情况。

【地名词典和地名志的编撰工作】 根据《第二次全国地名成果转化规划(2015—2020年)》要求和全国标准地名图录典志编撰工作视频会议精神，做好全区地名普查成果的转化利用，有序推进标准地名词典编撰工作。此次编撰工作确定地名词典第二部分至第八部分的词目共9条，对地名志4条词目进行2014年12月31日前资料的收集、整理、加工和储存。润州区及时交流情况、上下联动、齐头并进，根据专家审核要求不断完善，并于2018年12月底前完成词条最终编撰工作。

【双拥优抚工作】 认真完成各项双拥工作。在春节和八一前，由区委常委和四套班子主要领导带队，对驻区或有共建关系部队进行走访慰问，区本级投入慰问金43余万元。密切军政军民关系，支持帮助武警润州消防大队，进行警营网咖建设，积极协调子女就学入托和随军家属落户及工作安排相关问题。2018年，成功争创江苏省"第十一届双拥模范区"。有序开展各项优抚安置重点工作。做好义务兵家属优待金发放，共发放优待金198.24万元，发放大学生奖励金共97.65万元，发放立功奖励金达6.15万元。做好全区两参人员专项慰问金的发放，共发放107名42.8万元。做好革命伤残军人、参战涉核人员、带病退伍军人换证、评调残以及60周岁农村籍士兵评定工作。做好退役军人和其他优抚对象信息采集工作，全区共采集了6353名退役军人和其他优抚对象的信息。做好退役士兵退伍登记、档案接收和技能培训工作，2018年，全区共接收44名夏季退役士兵，其中参加中高级技能培训2人、成人学历教育32人、复学6人。完成退役士兵安置生活补助金的测算工作，全区共需发放安置生活补助金263.59万元。做好下岗、失业志愿兵(士官)生活困难补助费发放，全区共发151名128.90万元。

【养老服务】 扩大养老服务设施建设力度。新建2家使用面积不低于500平方米功能齐全的老年人日间照料中心和12个老年人助餐点。新建、扩建养老机构3家，合计新增床位409张，护理型床位占比52.8%。重点开展养老机构服务质量大检查、大整治活动。结合115项专项检查内容，深化"三查三改、对标达标"内容，督促养老机构自查自纠，提升服务质效。全年，发放养老机构运行补贴6225人次，合计金额66.82万元。落实各项惠老政策。为全区8992名老人发放尊老金651.85万元。为年满60周岁以上低保、失独、重点优抚对象、特困人员进行身体能力评估，符合条件全部纳入政府购买服务人群中，全区享受服务老人999名。为60周岁以上老人免费发放《老年优待证》2500多本。为40名分散供养城市特困人员和8名农村特困人员发放生活补贴72.21万元，并且全部签订"4+1"关爱照料服务协议。做好宣传及敬老慰问工作。敬老月期间，开展多项敬老爱老主题活动。在重阳节慰问辖区百岁老人、特困老人和部门养老机构入住老人。

【社会福利】 加强困境儿童保障工作。转发市民政局《镇江市农村留守儿童关爱保护及困境儿童保障工作常态化制度化实施意见》(镇润民〔2018〕65号)，筹备成立全区困境儿童保障工作联席会议，加强工作协调，明确部门责任，排摸全区困境儿童底数，重点聚焦因监护缺失或监护不当导致陷入困境的儿童。全年，困境儿童共计45人，其中，发放生活费8人，孤儿3人，共发放54468元；困境儿童5人共发放44490元。加强流浪乞讨人员救助管理，完善民政、公安、城管"三合一"联合救助工作机制，做好极端气候条件下流浪乞讨人员救助管理工作。发现后及时和市救助站联系，确保流浪乞讨人员第一时间得到救助。

【社会组织】 2018年，润州区社会组织数量稳步增长，共成立社会组织23家，共有社会组织402家，每万人拥有社会组织数达到16.8个。新建全区社会组织指导服务中心和5家社会组织孵化基地；新培育社会组织11家，累计共培育37家；为全区社会组织搭建交流沟通平台、能力建设平台和信息共享平台，提升全区社会组织服务能力和自我管理及创新能力。社会组织监督管理显现实效，优化年检程序，通过严格填报标准、强化办事效率，提升服务质量等措施，要求参检组织填报信息涵盖所填内容90%以上；会同各业务主管单位、各街道联合督促年检工作的落实，做好电话同步指导工作；简化业务程序，采取上报电子材料的方式，实现"不见面办理"，提升年检效率。对存在年检问题的23家社会组织发送文件、寄送挂号信要求其限期整改年检；对6家涉及培训的民办机构进行摸底排查，发放"致校外培训机构的一封信"，规范教育培训秩序，强化事中事后监管。开展"两新"组织党建工作专项检查，按照"情况摸准、不留死角"原则，对摸底排查工作进行分工，结合社会组织登记注册、年检、评估等情况，对全区社会组织情况进行地毯式、拉网式排查，对社会组织从业人员、负责人情况、党组织建立情况、未建党组织原因等进行逐个摸排，为下一步社会组织党建工作做好准备工作。

(区民政局)

民族·宗教

【概况】 2018年，区民宗局在区委、区政府的正确领导和市民宗部门的大力指导下，面对新时代民族宗教工作的新形势、新任务、新要求，强化责任担当、履职尽责、实践创新，推动全区民族宗教各项工作不断取得新进展、跨上新台阶、开创新局面。

2018年，区民宗局在市级以上网站刊登民宗工作信息73条，其中，省民宗局网站28条，圆满完成市民宗局下达的全年信息上报任务。2018年，在全市民宗系统信息工作评比中荣获先进单位和先进个人称号。

【民族工作】 民族工作力求“四个到位”：组织领导到位。区委、区政府高度重视民族工作，区委书记高国成多次调研、推进民族宗教工作。全区从区政府到基层民族工作示范社区逐级成立民族宗教工作领导小组，不断深化区、街道、村（社区）三级网络组织功能并形成合力，有效推动了民族工作的健康发展。重点活动到位。2018年，杨家门社区再次承办全市一年一度的民族团结进步宣传月启动仪式，区民宗局以此活动为契机，充分发挥2个省级民族工作示范社区、1个民族学校的亮点作用，由点带面促进全区民族工作的全面发展。其中，杨家门社区运用“五融工作法”培塑特色服务：与穆源民族小学联手开展“巧手绘画迎新年”活动；联合江苏大学留学生开展“留学生与少数民族居民感受传统文化魅力”“各族居民喜迎新年”“民族和谐一家亲欢欢喜喜过元宵”“法官进社区，为社区少数民族居民普法”“金融知识进社区，为少数居民科普知识”、社区各族小朋友“手绘风筝放飞春天”“古稀老人编书赠书，赠送辖区各族小朋友”等一系列的活动。同时，积极参加市公益创投，增设少数民族居民服务项目，引入专业社会工作理念，促进了社区少数民族居民的自我教育、自我管理、自我服务。同德里社区充分发挥中心社区“一个中心、三个工作站”的特色工作模式，依托“网络社会组织小屋”等新型载体，辐射更多的少数民族群众，为他们提供有针对性的特色服务。宣传教育到位。全区利用社区的墙报、黑板报、宣传栏、横幅、标语等形式进行民族知识的宣传，民族示范社区、学校更是利用形式多样的活动诠释民族文化，在全区形成各民族群众相互“尊重、关心、帮助”的良好社会氛围。3月，杨家门社区组织辖区少数民族群众学习中共十九大报告，并采取分组讨论的方式细品十九大报告的精髓。通过深度学习，进一步加强社区各民族群众的互学和交流，促进各民族共同团结奋斗、共同繁荣发展；穆源民族学校邀请市博物馆江科大的志愿者为该校的“小解说员”社团的同学们进行了有关“清明节气”的志愿讲解服务，为同学们讲解清明祭扫的一些习俗，树立文明祭扫的新观念。4月，穆源民族学校又一次开展安全疏散消防演练和“消防安全，从我做起”为主题的消防安全知识主题教育活动。通过活动，进一步增强全校师生的安全防范意识和应急逃生自救能力，为营造平安、和谐校园环境奠定坚实的基础。5月，区民宗局组织党员与润州区侨妈妈代表走进西津渡太平泥叫叫工作室，跟着省级非遗传承人周宝康老师边学边做，体验民族传统文化。下半年，以“宗教政策法规学习月”为契机，广泛深入开展党的民族宗教政策和相关法律法规的学习宣传，采取以宣传学习为指导、制定措施为前提，解决问题为根本、取得效果为目的的方式，狠抓“五个一”和“四进”等活动的开展，活动期间举办各类培训7次，百余人参加；制作宣传标语、展板、横幅等30余条；举办知识问答1次，确保学习月活动取得了实效。服务保障到位。润州区一直把民族工作作为一项“民心工程”来抓，全心全力做好少数民族群众各项服务工作。从2013年起，少数民族清真饮食补贴的发放工作被作为一项重点工作来抓，要求全区各基层社区（村）对此项工作做到“宣传到位，统计到位，发放到位”，切实保障少数民族群众权益。2018年，区民宗局更是针对发放过程中可能出现的漏登现象，建立发放人员信息表，详细登记发放对象的个人信息并采取跟踪服务，有效减少漏登、漏报现象。大力宣传少数民族成份变更新《办法》，对有需求的群众仔细核实情况、耐心解释政策，共接待少数民族群众业务咨询10余起，变更少数民族成份2起。同时，全区有关社区还出台措施，竭力帮扶少数民族困难家庭。社区充分利用共建单位的优势，为少数民族居民提供法律援助、就业帮扶等，其中杨家门社区帮扶困难少数民族居民50余人次。社区通过各种形式的帮扶，让少数民族群众倍感社会大家庭的温暖，主动融入到多民族的大家庭中，并自愿担当社区的网格长、志愿者、义务消防员，成为社区的骨干力量，从而逐渐形成各族居民相互交流、交往、交融的新局面。

【宗教工作】 宗教工作力促“四个坚持”：坚持正确方向，积极引导宗教与社会主义社会相适应。在宗教管理工作中，利用“导”字秘诀，做到“导”之有方、“导”之有力、“导”之有效，牢牢把握宗教工作主动权，坚决保护合法、制止非法、遏制极端、抵制渗透，防范和治理非法违法活动。4月，再次展开对辖区民间信仰集中点的调查与摸底，通过对31处集中点调查数据的分析，加强对重点区域的关注，确保辖区内民间信仰活动在可控范围内有序开展。5月，区民宗局配合公安、国保等部门开展“1116专项整治活动”，及时制止境外非法传教活动。6月，区民宗局采用“自查、督查、抽查”三查相结合的方法，在全区全力推进“扫黄打非”、非法有害出版物及信息专项清理工作。清理中，充分发挥区宗教三级网络平台的作用，加强民宗管理部门与宗教活动场所、属地街道社区的纵向联系，引导宗教活动场所宣传正确的宗教信仰观，筑牢思想防线，确保宗教管理工作有序高效。坚持依法管理，着力提升宗教工作法治化水平。2018年年初，区民宗局与辖区内各宗教活动场所签订《润州区宗教活动场所去商业化承诺书》，通过签订承诺书，提高宗教活动场所负责人的思想认识，并要求各场所也要抓好场所管理这个重点，持续加强自身建设，加快法治化进程，用行动积极诠释宗教与社会主义社会相适应的办教理念。严格依法行政，运用法治方式妥善处理宗教领域的各种矛盾与问题。针对高崇寺违法建设问题，区委、区政府主要领导亲自过问，分管领导靠前指挥，民宗、国土、住建、公安、审计等部门密切配合，切实树立"一盘棋"思想，互通信息、联动执法、形成合力，对整改过程中可能发生的情况或问题做到深思熟虑、心中有数，特别是对可能发生的突发性或群体性事件做到预案在前、防患未然，确保宗教和谐、社会稳定。同时，发挥宗教团体和宗教界人士在宗教事务管理中的作用，使其承担相应的社会责任。2018年，在区佛教协会的带领下，各佛教场所多行善举：3月，观音山圆通寺为江大药学院的5名困难学子捐款1万元；区佛教协会为三都县精准扶贫和中国佛学院建设捐助3万元；4月，高崇寺义工团队向市机关幼儿园患急性淋巴细胞白血病的王柯非小朋友义捐5000余元；5月，高崇寺带领义工团队赴世业洲慰问百岁老人张田氏和丁家满，给老人带去礼品和慰问金。区佛教协会还结合实际，出台安保措施，确保人大和政协会议期间佛教场所的安全与稳定。同时，作为区政协委员的曙法还在区政协会上积极建言献策。坚持问题导向，牢牢掌握意识形态工作主动权。将意识形态工作纳入到民宗三级网络二级责任中，实行分级负责和属地管理，牢固树立民族宗教工作无小事的思想意识，定期组织对民族宗教领域的安全稳定隐患及矛盾纠纷进行排查梳理，确保把问题解决在基层，解决在萌芽状态。牢牢掌握意识形态工作的引导权、管理权和主动权。5月，在市委、区委和市民宗局领导及区相关部门领导的共同关心下，历经7年的圆通庵拆迁补偿问题划上圆满句号。至年底，圆通庵搬迁工作已经结束，补偿款亦已到账，几年来居无定所的圆通庵可以正常开展宗教活动。果断解决困扰已久的宗教问题，有效避免宗教领域不稳定事件的发生。下半年，针对民族宗教意识形态督查工作中发现的问题，区民宗局及时整改、立即落实，采取有效措施，主动作为，切实做好新形势下民族宗教领域意识形态工作。坚持创新作为，切实增强自身管理服务能力。全面推进"互联网+政务服务"工作。通过互联网+把简政放权、放管结合、优化服务改革推向纵深。提高民宗管理部门的服务效率和透明度，更好更快的为群众、为宗教场所服务。全面提升宗教干部和宗教教职人员管理能力。4月，区民宗局组织区民宗侨台政协委员赴河南宗教场所参观学习；5月，组织局机关干部和宗教界代表人士参观南京牛首山；8月、10月两次邀请市民宗局局长夏和生赴润州授课，为润州区四套班子领导、各部委办局负责人、民宗工作领导小组成员、基层民宗干部、宗教教职人员讲授"新形势下的宗教问题与宗教工作"，提升全区民宗干部和宗教教职人员业务水平。

（余文谦）

润州区慈善总会

【概况】 2018年，区慈善总会紧紧围绕民生热点，坚持以问题为导向，突出"急、难、灾"救助优先，积极开展多种形式的慈善募救活动，着力营造社会向善氛围，在经济持续下行的压力下，全区慈善系统共同发力，慈善工作取得较好的成绩，得到社会各界的认可。金港磁性元件有限公司支学平董事长获省第四届江苏慈善奖"最具爱心捐赠个人"光荣称号；陈金凤、阮庆红、杨柯三人获市第三届"十佳慈善志愿者"称号；吴建东、张桦、杨梅芹、严龙泉、陈宝均、柳正、生国强八人获市"优秀慈善志愿者"称号。2018年，区本级共募集资金507.7万元，救助支出401.1万元，救助62018人次（助医59265人次）。

【慈善募捐】 5月，开展的全区慈善一日捐活动，区委办、区政府办专门下发《关于继续开展"爱在润州·慈善一日捐"活动的通知》。全区一个月内资金到位率87%。一是募捐的形式、范围创历史新高。区慈善总会不断创新募捐方式，采取多举并重的办法，整合社会资源，募集慈善资金，除了常规的"慈善一日捐"活动和企业冠名捐外，还开展了个人"小额捐""定向捐""商铺捐""校园捐""合作捐""商业销售捐""互联网捐""应急捐""宣传活动捐""公益活动捐""接济捐""定点捐"等多达15种募捐形式和范围。二是募捐种类创历史新高。慈善募捐除了捐钱外，2018年募捐的种类是历年从未有过的，有捐价值10万元健康体检卡的，捐价值早餐券6万元的，捐字画书刊的，捐油、米和日用生活品的，捐衣物的，捐保暖物品的，捐空调电器的，捐保健用品的，捐助残器械的，等等，达20种之多，其种类创历史新高，较好地满足了受助群体各种需要，丰富了慈善内涵。

【慈善救助】 一是创新建成慈善驿站。为了更好的方便困难群体的慈善救助，拓展慈善救助辐射范围，寓慈善救助于服务之中。2018年，金山街道迎江路中心社区在市、区慈善慈善总会的大力支持下，建成了润州区首家慈善驿站。该站的建成与使用，进一步提升慈善工作的内涵，受到困难群体的一致好评，得到社会公认。该站服务内容形式多样，如：理疗辅助服务、助浴卫生服务、助餐爱心服务、图书阅读服务、终端监护服务、助残应急服务等。二是创新慈善工作站与公益组织运作模式。由于润州区老城区多，需要帮扶救助的人数也较多。社会力量有限，需要更快捷、更大规模地引导公益慈善力量进入社区帮扶服务，构建公益慈善对社区帮扶服务的可持续供给的良性机制。金山街道迎江路社区现已经与雯心草公益服务中心、镇江市润州区康乃馨惠民服务中心、星星家园公益服务中心、镇江市山水义工服务社、兼爱失独沙龙等10家公益组织合作，打造一站式慈善服务体系，帮助辖区范围内更多的困难群众，填补了社区的各种服务供给不足的问题，创新了慈善工作站运作机制，整合了慈善社会资源，得到了社会各界的高度肯定与评价。三是创新应急扶贫救助模式。区慈善总会工作人员在日常工作中经常遇到不符合临时救助条件，但确实是很困难的这样一部分群体，他们需要慈善的关爱。在2018年的扶贫救助中，区慈善总会将不在市、区联动救助政策范围内的人（即本地户籍人员或是长期在本地居住的外籍人员）遭遇困难时，都同样纳入临时救助范围，实现了辖区常住居民应急救助的全覆盖，筑牢社会困难群体保障底线。为把这项工作做好，在总结经验的基础上，制定了《润州区慈善总会信访接待规则》。全年，接待上访90人次，应急扶贫救助74人次，应急临救资金发放20.15 万元。

【慈善公益】 多种形式开展慈善公益活动。2018年，各类慈善公益组织有针对性慈善关爱活动达82场次，参与志愿者人数近万人次。6月26日，润州区慈善总会和山水义工服务社联合举行的“慈善与您同行”关爱环卫工人义演义卖慈善公益活动拉开《十送“城市天使”身心健康关爱计划》公益项目帷幕，为环卫工人献上一份社会的关爱。通过夏日送清凉，送防暑用品，送团圆礼包，送免费体检，送健康讲座，送安全教育，送美丽影像，送电影文化，送文艺表演，送团圆饭等10项公益活动，从物质帮助和精神慰藉两方面实施关爱，提高环卫工人们的健康指数和职业归属感，体现政府和社会大家庭给予他们的温暖；由润州区慈善总会、张晓春、润州区紫阳口腔诊所合作的“夕阳红千人口服行动计划”项目有序开展；12月，区慈善总会联合康乃馨惠民服务中心、路虎镇江俱乐部的爱心人士，为迎江路中心社区24户特困家庭送上温暖的生活用品及慰问金。还有爱心单位为老人智能体检，兼爱失独沙龙“报团取暖”等有针对性的公益活动，让慈善救助更显得细致化、人性化，真正贴近受助群体的生活需求。加大公益组织的扶持力度。一是现金和实物捐赠等帮扶。区慈善总会经过协调，为镇江德仁民生社会工作创新发展中心、青柠檬公益服务中心、镇江市润州区山水义工服务社等多家社会组织提供了办公用房，同时给予一定的实物捐赠，让他们能更好地服务弱势群体。二是服务性工作扶持。社区提供用房，公益组织提供技能，包括面向困难群体的养老服务、精神慰藉、心理疏导、技能培训等专业化服务等。三是活动方式扶持。区慈善总会积极联合社会公益组织开展了多项慈善活动，为他们提供活动场地以及人才配合。通过慈善扶持力度的不断加大及一系活动的开展，扶贫的理念也更加的深入人心，慈善效应不断放大。2018年，区慈善总会已出资扶持公益组织的资金28.33万元，协调办公用房近300平方米以上。

【慈善文化宣传】 2018年，区慈善总会、慈善分会、慈善工作站三级网络联动紧密，合力强劲，在慈善宣传方面做到了事事有文章，周周有声音，月月见报刊。一是重要活动合力组织。2018年是《慈善法》颁布施行2周年，9月5日是第三个“中华慈善日”，区慈善总会、慈善分会、慈善工作站三级联动，统一定制标语横幅近200条在全区醒目地点悬挂，发放各类慈善宣传品2万余份。三级联动共开展30场宣传造势活动，社会反映强烈。为把联动宣传工作做好，区慈善总会和区民政局精心谋划并组织，全区会议统一布置、统一规定，副区长陆金火作具体要求，各街道、社区和慈善义工队伍紧密配合，形成了宣传的最佳效果。二是报道工作用力去做。慈善宣传工作是慈善事业发展的先导和组成部分，是营造全民慈善氛围的重要举措和主要抓手。2018年，区慈善总会通过在各新闻媒体共发布信息报道260篇。其中，镇江电视台新闻频道、民生频道专题采访共4篇，《中国社会报》《中国社区报》《慈善公益报》和光明网、东方IC、人民网、凤凰网、优酷视频、扬子晚报网、新浪网、江苏视觉合计14篇，《镇江论坛》2篇，《今日镇江》《镇江慈善》共2篇，《润州发布》5篇，《中国社会组织》《江苏慈善》杂志刊登信息共2篇，《镇江日报》26篇、《京江晚报》刊登信息4篇，《润州手机报》刊登信息23篇，《中国润州》刊登信息12篇，市电台播报2篇，区电台播报 80篇，《润州慈善网》36篇。组织慈善志愿者队伍一起进社区、进乡村、进机关、进企业、进学校开展慈善文化宣传,多形式、多渠道宣传"扶贫济困,关爱奉献"的慈善精神,普及慈善理念,弘扬慈善文化,提高慈善意识,让更多的群众了解慈善事业,参与慈善事业,使慈善理念深深扎根于群众心中,营造热于慈善、积极行善的良好氛围。2018年,各慈善分会、工作站发表的慈善信息报道共48篇,用稿量是2017年的2.5倍。

【自身建设】 区慈善总会多次组织慈善工作相关人员开展公益活动,到养老院,进社区,将培训融入活动中。7月和10月,润州区慈善总会重点组织志愿者开展以红色教育为主题的培训实践活动和理论研讨活动。区慈善总会全体人员、各分会负责人、慈善工作站及辖区内义工团队队长,参加红色教育加业务培训。到淮安的周恩来纪念馆、盐城的新四军纪念馆以及中华慈善博物馆进行参观学习并进行了业务知识培训及研讨,重温历史,净化心灵,感恩社会;10月,在九久养老院组织近90人的慈善养老研讨培训,大家一起交流慈善专业知识,分享工作经验,谋划发展方向。（陈江萍）

润州区见义勇为基金会

【概况】 2018年,润州区见义勇为基金会(以下简称基金会)在区委、区政府、润州公安分局的领导和市见义勇为基金会的指导下,继续深入贯彻落实国务院和省、市政府《关于进一步加强见义勇为人员权益保护的实施意见》的精神,进一步体现党和政府对见义勇为人员的关爱,切实加强对见义勇为人员的表彰、奖励和权益保护等方面工作的力度,全年工作取得一定成效。

【严格规范制度管理】 润州公安分局党委高度重视基金会工作,及时听取工作汇报,及时研究提出的问题。对基金会开展的各项工作和创新的措施,分局领导亲自过问、具体指导。同时,分局政治处主任定期参加理事长办公会,及时研究工作中遇到的问题,不断改进工作模式、完善各项工作制度,并且及时将基金会的有关工作在分局党委会上进行汇报,有力推动工作顺利开展。年内,基金会安排专人负责基层保安辅警人员见义勇为"一案一奖"材利的申报、研判,并对相关单位进行具体业务指导;基金会深入辖区基层所队、见义勇为工作站,组织开展调查见义勇为人员基本情况,充实完善基础台账;针对润州区地域变动情况,基金会积极主动向高新区管委会、润州区南山街道党委汇报沟通,争取党委领导对见义勇为工作的支持。同时,基金会到金山工作站指导新上任的工作站负责人着手建立志愿者之家工作。请公安分局相关领导联系市第一人民医院,推进建立见义勇为人员"绿色通道"和进行体检的细化措施。在组织和制度建设方面,基金会认真贯彻、落实《中华人民共和国慈善法》,并派出2人专门参加培训。根据省民政厅要求,基金会专门召开理事长办公会,组织全体同志认真学习《慈善法》,对照基金会实际现状进行自查,进一步完善各项规章制度;2018年,区基金会换届,基金会及时向润洲公安分局党委汇报,积极配合换届领导小组相关工作,对基金会五年来的工作进行总结,开展财务审计。对照慈善组织的要求,及时、全面地修改基金会章程,规范相关文件和手续,使基金会年审、换届、纳入慈善组织三项重要工作得以顺利完成。年初,区基金会在开展新年慰问活动同时,对9家派出所教导员进行相关业务培训,特别是在见义勇为行为的认定、申报材料、申报程序和批复核等方面作出新的具体要求。讲解了申报见义勇为材料中访问笔录模板的应用,充分体现出民警和见义勇为行为当事人交流的亲和力。还对各工作站2017年度见义勇为工作考核工作进行严格考评,签订《2018年见义勇为工作目标责任书》。

【稳妥把握褒奖节奏】 本着及时准确的原则,基金会对辖区涌现出的见义勇为人员,发现一个奖励一个,不重不漏,集中和单独表彰相结合。根据市见义勇为基金会布置,区见义勇为基金会积极参与镇江市首届十佳见义勇为好市民评选活动,推荐3名候选人,经评审,乔金城荣获"镇江市首届十佳见义勇为好市民"称号,朱崧麓、夏国萍荣获"镇江市首届十佳见义勇为好市民"提名奖。一年来,区见义勇为人员抢险救灾9人次,为公安机关提供线索或直接抓获犯罪嫌疑人29名。区基金会表彰奖励32名见义勇为积极分子,颁发奖金4.7万元;给积极协助公安机关抓嫌犯、破案件的68名基层保安辅警发专项奖励金2.19万元。

【拓展网络动态模式】 在对34名获得区政府以上表彰的见义勇为人员建立权益保护档案的基础上,不断保持上门走访慰问、电话常态联系的方式,对他们日常生活中出现的新情况新问题及时了解并帮助,个人基本信息的调整、个人健康的现状、家庭收入及困难新情况,变更、和完善他们的权益保护档案。建立全区见义勇为工作微信群和QQ群。区基金会网站上有图文并茂的见义勇为人员光荣榜和相关情况,使基础台账更为直观。年内,建立健全每一位见义勇为人员的奖励呈批表和表彰决定,冬夏两季的慰问金、困难补助金呈批表和决定,有关街道工作站见义勇为志愿者为见义勇为人员发放服务卡名册，生日蛋糕发放和免费健康体检，人身意外伤害保险等电子档案。

【权益保护】 为更好地贯彻落实各级政府《关于进一步加强见义勇为人员权益保护的实施意见》的精神，切实加强对见义勇为人员从思想政治和身心健康等方面的关爱。一是开展走访慰问，落实帮扶措施。根据见义勇为工作要求，基金会紧扣“见义勇为人员权益保护”主题，开展走访慰问，落实帮扶措施。区见义勇为基金会多次与各街道工作站以小型会议和个别登门的方式，分别对全区34名曾受到区政府以上表彰的见义勇为人员或家属、市见义勇为积极分子中的特困家庭进行走访慰问和座谈，列出帮扶重点，先后为帮扶家庭和人员共发放慰问金和困难补助金共计4.45万元。二是关心思想政治，赠订《京江晚报》。为进一步提升见义勇为人员政治素质，每年给受市政府以上表彰的具有固定住址的20名见义勇为人员订阅一份《京江晚报》，让他们感受到权益保护同时，更好关心时事、政治，熏陶良好的文化气息。2018年，结合报刊、媒体刊登的一些案例，组织见义勇为人员进行座谈，并进行警示教育，使他们珍惜荣誉，提高思想认识。三是续购人身保险，减轻意外负担。为曾受到市政府以上表彰的20名见义勇为人员继续购买每人300元的人身意外保险。四是从细节入手，多方位关心。每年，我们都安排相关的见义勇为人员进行健康体检，并建立健康档案。“七一”之际，对他们之中的党员进行党的生日祝贺，希望他们不忘初心。按时间节点，给受区政府以上表彰的见义勇为人员赠送生日蛋糕并发生日祝福短信，勉励他们珍惜荣誉，当好见义勇为的表率。

【强化宣传】 一是开展舆论宣传，增强社会影响。为营造弘扬见义勇为正气的浓厚氛围，区基金会将五年来见义勇为工作的发展与变化，制作成9块宣传展牌，印刷3000份《江苏省出台政策保障见义勇为人员生活、医疗、就业、求学、住房等权益》宣传单。区基金会和公安润州分局结合法制综治宣传，开展丰富多彩的见义勇为宣传活动。如区基金会组织七里甸街道见义勇为工作站，在金星市场开展“弘扬见义勇为精神，创建平安和谐社会”见义勇为宣传活动。现场摆放了区基金会制作的9块见义勇为宣传牌，工作人员进行了现场讲解，并发放了宣传资料；区基金会会同分局治安大队在润州广场开展“弘扬见义勇为 净化社会环境”的主题活动，见义勇为宣传展牌吸引了广场的群众和过路人；和平路和蒋乔街道在辖区先后开展“弘扬见义勇为光荣事业”的见义勇为宣传主题活动。二是密切联系记者，强劲宣传态势。区基金会和各个工作站经常保持和媒体的合作，通过报纸、电台、电视台和网络，及时宣传报道全区见义勇为人员的先进事迹，使见义勇为传统美德家喻户晓，全年，共有宣传报道41篇。三是以人为本，提升为见义勇为人员服务的水平。区基金会切实加强对各工作站志愿者队伍的建设和开展活动指导。各街道经常性开展志愿服务活动，利用辖区资源为曾受过市政府以上表彰的见义勇为人员提供理发、洗澡、电动车修理和法律咨询的免费服务，并充分利用辖区可用利用资源尽可能为他们做好优抚优待服务工作。

【加强自身建设】 一是加强制度建设，区基金会根据省、市基金会的工作要求，制定、修改和完善了区见义勇为基金会《关于进一步明确润州区见义勇为基金会专职工作人员职责分工的决定》《关于进一步规范申报见义勇为人员材料的细则》和《润州区见义勇为基金会奖励抚恤办法》等一系列规章制度，形成一整套严格规范、公开透明、高效运转的制度体系，使工作做到有章可循，规范操作。二是加强理论和业务学习，研究解决工作中遇到的难题。在工作中，区基金会利用每周二的办公会议，及时学习上级文件、外地的好经验、好做法。特别是涉及到对见义勇为行为认定方面，除了及时请示外，区基金会自身还充分研讨，大家畅所欲言，发表意见，最后形成共识，既避免了工作的误差，又提高了工作水平。区基金会还特邀江大心理学副教授、市优秀志愿者钱宇平对成员进行业务培训，拓宽工作思路。

（区见义勇为基金会）

社会保障

【概况】 2018年，全区居民生活与保障工作稳步运行，各项工作呈现良好态势。

【社会保障工作】 以让群众获得更可靠的保障为目标，织密扎牢民生保障网，持续增强群众获得感幸福感。前三季度各项社会保险基金累计征收达23791.8万元，同比增加8.9%。一是养老保险制度改革不断深化。继续做好机关事业单位养老保险准备期内清算和待遇申领工作，加强审核力度，确保清算数据和人员信息准确无误，为养老保险制度改革稳步推进，提供坚实的基础保障。二是社保征收划转工作稳步推进。认真清查全区单位社保缴费情况，对历史数据、问题数据进行梳理，确保移交给税务部门的社保征缴数据真实准确，2400余家单位的信息整理和核查比对工作已完成。

三是社会保障覆盖更广待遇更高。全面落实医保帮扶救助政策，将低保、特困人员等群体纳入城乡居民社保体系。2018年，已为581名困难人员办理医保救助；设立新生儿医保服务窗口，集中办理参保登记业务，已为523名新生儿办理居民医保；落实下岗、失业转业志愿兵（士官）社会保险政策，采用多部门“联合办理”模式，做好优抚安置工作，完成社保测算40人，28人已享受社保补贴；全面上调被征地农民基本生活保障标准，惠及4642人（含高新区2278人）。（区人社局）

【城乡低保工作】 落实低保动态管理。2018年，润州区新增城乡低保79户、105人，停发城乡低保350户、738人。截至2018年12月，全区共有城市低保2935户、5140人，农村低保268户、454人。做好低保提标和保障金发放。7月，按照《关于做好城乡低保提标工作的通知》，城乡低保月保障标准由655元/人提高至710元/人，全年，共发放城乡低保金3600万元。开展城乡低保节日慰问。在2018年春节来临前，区民政局根据市、区两级政府决定，对3426户、6146名城乡低保对象按照一人户400元、二人户600元、三人及以上户800元，分别发放了春节普惠制慰问金和市区特殊困难群众春节专项补助金，共计410万元。

【特困群体救助】 2018年，区民政部门和街道扎实开展临时救助工作，共救助困难群众530人次（不包含慈善救助），救助资金总额46.4万元，平均救助875元/人次，其中低保户458人次，低保边缘户47人次，因病392人次，其他66人次。（区民政局）

假日南山 （陈　岗　摄）

七里甸街道

【概况】 七里甸街道位于润州区南山路，是镇江市新行政中心和润州区区政府所在地，润扬长江公路大桥、城际铁路、扬溧高速、312国道等在境内均有接口，坐拥南徐新城"首善资源"，区位优势独特。辖区面积14.72平方千米，辖有12个村、社区，年末总人口62877人。2018年，街道上下深入学习习近平新时代中国特色主义思想和中共十九大精神，真抓实干，克难奋进，奋力谱写"强富美高"润州新篇章。街道聚焦新时代精神引领，围绕城市经济发展，主动谋划、勇闯新路，高质量、有效率的推进街道各项工作。

突出"城市发展"，街道经济建设再添新章。实现定报工业利税700万元，固定资产投资60147万元，公共财政预算收入2.2亿元，社会消费品零售总额6.4亿元；"四上"企业培育完成4家，现代服务业产业投资完成3000万元。一是产业项目重点突破。联想星云镇江创新中心，6月底展厅、培训场地及楼上办公室投入使用，举办镇江"双百菁英"科技企业家特训营课程四期；移动物联网中心项目，产业大厦外立面装修结束，内装进入装修收尾阶段；体北地块项目，住宅部分一号楼已出正负零，商业部分办理建设工程规划许可证。二是招商引资见成效。一方面积极参加区级小分队招商，并通过参与市级平台招商、区领导及相关部门引荐、走访企业等方式获取项目信息；另一方面想方设法去化存量楼宇，引进重大产业项目2个、总部企业3个、金融企业2个、建筑企业2个，同时引进玛吉特生活广场项目入驻朱方大厦。三是科技人才亮点纷呈。举办重点产学研活动2场次，顺利完成全年任务。申报"润州英才"人才计划11人，入选4人，R&D投入4500万元，超任务数达86%。

突出"精细长效"，城市管理水平显著提高。一是全年投入整治专项资金387万元，修复破损道路2860平方米，各类井盖159个，改造低洼积水路面1120平方米，清除违章路障、接坡120立方米，更换或修补破旧垃圾筒960只，完善公共厕所4座，清理卫生死角和杂草、乱堆乱放1017吨，新建围墙580米，出新街巷墙体7240平方米，清除小广告6571个，拆除违章广告800平方米，整治占道经营和店面外溢928起，高标准规范临时疏导点5个，整治规范菜市场周边环境秩序257个。考评整改件件落实，街道共收到市、区大城管协调委下发的考评整改案件计6600余条，回复率达100%，整改率达96%。同时落实网格长责任，对金星市场、万科社区配套农贸市场、丁卯桥路"120"急救中心、朱方路和南山支路沿线的占道经营和广告戗牌乱摆乱放的现象进行集中整治。二是环境治理全面加强。在散乱污整治专项行动中，排查出的81家散乱污企业(作坊)整改到位55家，整改完成率67.9%。在大气质量管控工作中，集中力量对建材市场、鱼市和国控点周边核心区域内的散乱污问题进行整治，并拆除相关违章建筑。在黑臭水体整治中，配合市排水部门对御桥港6个排口、枣林河3个排口进行整治。同时自筹资金对枣林河万科段实施清淤。三是小区管理有效提升。针对老旧小区物业管理突出问题，进行大规模整治和清理，由市财政拨款进行二道巷、朱方路两个社区17幢楼约2万平方米老旧小区改造。四是拆迁扫尾强势推进。5月至6月集中力量完成连镇铁路征收扫尾任务，涉铁房屋21户全部完成签约并交房。

突出"便民惠民"，各项社会

事业全面进步。一方面聚焦“便民项目”实现提档升级。7个城市社区完成党组织为民服务项目内容，申报社会组织10个，万科社区打造的500平方米日间照料老年服务中心按计划推进。同时持续推进大走访活动，街道入户走访4498户，帮助解决问题数29件，精准扶贫对象人数35人。另一方面聚焦“三类群体”实现就业创业。一是托住就业困难人员的“底”。通过入户走访了解就业困难人员、失业人员的基本情况及就业需求，建立一人一档，并着重在转变困难人员就业观念上下功夫。二是牵好高校毕业生的“线”。加大空岗信息采集力度，及时公布岗位需求信息，通过问卷调查、推荐工作岗位等途径，了解高校毕业生的就业期望和需求。三是拓宽特殊对象的“路”，针对辖区退役志愿兵的就业问题，通过摸排其就业需求、培训愿望、技能特长、家庭成员，推荐适合的就业岗位和培训项目。另外街道共创建省级创业型街道和四圩社区、万科社区、新城社区、五里社区、二道巷社区五个省级创业型社区，均已顺利通过考核验收。

突出“打防结合”，社会综合治理态势良好。司法上：按照首问负责、接待热情、办事认真、服务满意四项基本原则，积极开展法治惠民服务中心工作，提供调解民间矛盾纠纷、法律援助、协助办理公证登记、解答各类法律咨询等服务。综治上：一方面全力推进网格化建设，采用由点及面的方式，打造五里社区和新城社区两个区级示范点，并以此为蓝本，开展网格分中心的建设。另一方面深入开展铁路沿线安全排查、“清风行动”、严重精神障碍患者肇事肇祸排查、打击和防范非法集资等专项行动，有效解决突出问题和治安隐患，未发生有影响的重大公共安全责任事故。此外，街道荣获2018年省“社会治安综合治理先进集体”，新城社区荣获省“出租房屋安全隐患集中整治先进集体”。信访上：街道共接处各级信访件62批次，共计227人，阳光信访75件，全部按期办理结案；成功拦截并劝返进京途中上访人员7批5人次、劝退购票进京访9人次，实现重要敏感时期无一例进京非访。

聚焦“融合互通”，党建工作再谋新思路。积极实施“全域党建”，打造“七里样本”，成立街道“大工委”，吸纳汇典律师事务所、江苏银行镇江分行等5家驻区单位党员负责人担任兼职委员；打造光华“融合式”、金星“开放式”、万科“参与式”3大党建示范片区；成立街道党建联盟，吸纳成员单位24家，做法得到中央组织部组织二局视察肯定。扎实提升党支部建设，提升基层组织力。梳理完善全国党员管理信息系统，新建恒力等2个党支部，调优五里社区先锋党支部等10个党支部，申报5个四星先进党支部，光华社区融城党支部成功申报市级五星党支部评选，社区党总支获评全市党员干部现代远程教育优秀示范站点，万科社区党建360服务岗创成区级党员示范岗。培树村、社区党建品牌，提升服务质效。结合各村社区特色，打造“家捷帮”、红色“邻”距离、“炉火正红”等20余个“一社一特”党建品牌，统筹片区各单位的政策、人力、资金等资源，联合组建“红细胞”“爱芽教育”“城管义工”等特色党员志愿服务团队50多支。

【作风建设常抓不懈】 2018年，街道突出“责任担当”，作风建设常抓不懈。一方面细化方案抓督查，结合责任清单的有关要求，制定详细的督查方案，灵活运用谈话提醒、公开通报、典型曝光以及发放提醒告知书、处理决定书等手段进行监督问责。全年共编发《督查通报》7期、《专项督查通报》4期，组织日常督查30余次，暗访20余次。另一方面强化作风抓整改，将作风效能建设工作纳入到街道重点工作任务中，成立专门督查组，排定计划组织实施。5月，结合区效能办的有关工作要求重新修改实施方案，对街道工作人员的工作纪律、服务态度、服务效能进行重点督查和暗访，对发现的问题及时约谈有关人员，提出整改要求。同时紧盯春节、五一等重要时间节点，揪住“四风”这个重点，加大明察暗访力度，盯死盯牢，确保不反弹、不回潮。

【加大舆论宣传力度】 2018年，街道坚持正面宣传为主，围绕推进城市经济发展、社会主义核心价值观建设、基层党的建设等，在《人民日报（海外版）》《镇江日报》、新华网等各类媒体发布宣传报道80多篇；围绕新思想学习宣传，在街道、各社区制作30余块政治类主题宣传牌，取得良好的社会宣传效果。坚持新媒体优先，建立覆盖街道、各村社区的微信公众号矩阵，“魅力七里”微信公众号发布信息1000余条，订阅人数3560人，浏览量达3万次以上。

【强化党建为民服务】 2018年，街道依托区域化组织，强化党建为民服务功能。实施“组织联建凝心、服务联抓暖心、文化联办润心、力量联动同心”的“四心”融合实践，成立区域化党建联盟，有效连接各驻区企事业单位20多家，以庆祝改革开放40周年为主题，主办“庆祝改革开放40周年”群众文艺汇演，组织多批次党员群众观看江苏省庆祝改革开放40周年图片展，通过主题党日、文艺演出、主题征文、演讲比赛等形式，开展系列活动30多场次，大力宣传改革开放40年的新变化，引导基层党员群众凝聚改革共识，切实以大讨论活动激发群策群力新动能，力求解放思想遍地开花。

【严格自律依法办事】 2018年，街道坚持学法用法，严格廉洁自律和依法办事。认真学习好宪法修正案，对习近平新时代中国特色社会主义思想写入宪法、修改国家主席任期有关规定，做到充分领会、高度拥护。一是以建立学习型组织、廉洁性班子为目标，严格落实中心组集体学法制度，加强对新修订《中国共产党纪律处分条例》《中华人民共和国监察法》的学习领会，不断提高领导干部法律素质，不断提高党工委科学决策水平。二是以上率下，严格执行廉洁自律规定，认真落实领导干部报告个人有关事项制度，班子成员按照廉洁自律规定对相关情况进行报告。三是认真贯彻民主集中制，制定并下发《"三重一大"事项集体决策制度》，确保重大决策部署、重要人事安排和大额度资金使用集体研究决定。四是依法办事，坚持公开、公平、公正办事，自觉接受群众监督，全年无违法办事引起的信访事件和造成不良影响情形。 （居欣野）

2018 年七里甸街道各村、社区基本情况表

表 22

村、社区名称	面 积（平方千米）	总户数（户）	总人口（人）	村、社区党支部（总支）书记	村、社区主任	办公电话
光华社区	2	551	2225	江晓鹏	戴德荣	85626013
金星社区	1.2	850	2300	唐家义	唐家义	80316601
四圩社区	1.2	950	2600	张国平	张 翔	85597366
五里社区	1	560	2200	杨永全	曹 仁	80861076
曙光村	4.2	843	1883	季秀平	汤庆林	85625019
二道巷社区	0.4	1560	4680	陈静萍	陈静萍	85607517
朱方路社区	0.12	1255	3300	殷 骥	殷 骥	85639328
七里甸社区	0.4	1628	3900	杨玉坤	杨玉坤	85607811
天桥路社区	0.5	2590	4361	周以馨	周以馨	84430757
天和星城社区	1.2	2334	6328	程红福	程红福	82231902
万科社区	1.5	5830	15600	夏光明	严 皓	85625608
新城社区	1	5600	13500	杨永全	唐平平	15716101619

（居欣野）

官塘桥街道

【概况】 官塘桥街道位于镇江市南郊，是2011年7月20日由原蒋乔镇拆镇设街后成立的新街道，同时也是官塘新城开发建设的主阵地，街道办事处驻官驸路6号。该街道东毗邻镇江丁卯经济开发区，南相接丹徒新区，西北紧依南徐新城区，辖区有338省道、京沪高速铁路和沪宁城际铁路等交通干线。2018年，街道行政区域面积11.32平方千米，总户数2734户，总人口7921人，下辖官塘桥、平山、秀山三个村委会和宝平、远洋两个社区。辖区内有中学1所，小学1所，幼儿园1所，卫生院1所。

经济发展激发新的动能。2018年，街道以城市经济发展为新的方向，在官塘产业、项目、税源基本归零后，全面激发新的动能。主要经济指标达到目标,其中公共财政预算收入实现8522万元,占全年任务的1110.6%。激活了楼宇经济。以远洋产业楼为载体,落户中安传媒、易达财务、宁卫医药等总部经济,集聚小微企业近200家,新增年度税收超1000万元;新落户路桥公司、佳德施2家规模建筑企业;新增镇江"金山英才"和"润州英才"计划各2个,成效历年最好。启动一批税源项目。融创滴翠园、中企南山墅、远洋三期顺利开工、开盘,全年实现销售8亿元以上;原台江软件园地块成功盘活。开展了系列招商活动。深化与市级平台、区级平台联动招商,总投资9.5亿元的苏州外国语官塘校区项目正式落户,健康医疗、养老地产等一批项目在谈,经济发展的新动力正持续汇聚。

经济发展环境不断优化。以打响"蓝天""碧水""净土"保卫战为新的开始,用改革创新的办法破解难题,全面抓好生态环境建设。"老大难"问题在解决。城市污水管网下穿铁路、对接污水处理厂工程完成,困扰多年的小区污水直排入河问题得到有效解决。建成垃圾分类亭7个,实现城市社区4个小区垃圾分类投放全覆盖。"硬骨头"问题在推进。全面落实中央和省环保督查要求,持续巩固"263"整治成果,实现裸露土地、工地防护网基本全覆盖,"散乱污"企业排查整治基本完成,偷倒渣土、垃圾行为得到有效遏制,1.53公顷土地复垦范围已经明确。服从全区调度,参加恒顺北助拆,全区率先完成36户拆迁任务。"巡查难"问题在破解。持续以五个"零新增"为目标,实施24小时巡逻管控,在重点区域、主要路口设置值班岗亭,优化"网格化"管理,全年共拆除各类违建13处1427平方米,努力做到无缝隙、无盲区。

各项社会事业全面推进。以居民整体拆迁、全面融城为新的目标,持续提高群众幸福指数。群众生活在改善。启动完成官塘桥村、秀山村2个试点村集体产权制度改革。持续开展"五大红包"派发活动,三个村累计达到近500万元。狠抓实事工程,远洋社区老年人日间照料中心基本建成,远洋菜市场投入运营。注重文化惠民,举办首届农耕文化旅游节,持续开展非遗进校园、农民运动会、农民春晚等活动,先后20多次被省级以上媒体宣传报道。针对"病残孤老灾"等重点群体开展精准帮扶,23户成功脱贫8户。社会稳定在巩固。化解信访老案市交办件1件,涉军工作平稳可控,妥善处置近10家改制乡办企业工龄买断职工群体性上访,秀山美苑不动产登记工作抓紧协调,确保敏感时点信访稳定。严格落实安全生产工作责任制,深入督查生产经营单位392家,排查安全隐患507条,现场责令整改31条限期整改496条。各项事业在加强。街道获评全省科普宣传周特色活动优秀单位,官塘桥村和宝平社区取得"江苏省农村科普工作先进集体""江苏省科普示范社区"称号,这些荣誉不仅是2018年的"润州唯一",也囊括了全区省级科普所有奖项;此外,"农耕文化"项目是全区唯一获评镇江市2018年度全民艺术普及优秀文化项目、街道获评"镇江市人口和计生工作先进街道"、统计站被评为"省级农业普查先进集体"、远洋社区取得"镇江市人社基层示范平台"称号、辖区5户家庭被评为"省级健康家庭""镇江市最美家庭"等称号。与此同时,工会、共青团、妇联、关工委等各条战线服务大局,巩固了团结奋进的良好局面。

强力抓好基层党建工作。以区委"全域党建"为新的指向,有效整合资源、力量,全力提升党建工作质量,推动全面进步、全面过硬。党建联盟建立运行。17家联盟单位签订共建协议,开展活动30余次,建设6个行动支部、7个党建微家,远洋社区区域化党建平台正在施工,农批市场食品检验中心获批区级党员示范岗。"书记项目"落地生效。实施"建成文化传承行动支部,突出'进城'党员先锋作用"基层党建"一号课题",拨亮党建元素,强化支部功能,行动支部特色做法被市委组织部组工信息推介,该项目获评全区十佳基层党建"书记项目"。扎实推进5个村、社区"书记项目"联动落实,压紧压实基层书记抓党建第一责任,农批市场党支部书记黄俭被评为全区"十佳基层党组织书记"。党员教育扎实推进。严格执行"三会一课""统一活动日"等党的组织生活制度,邀请专家讲授主题党课4次,组织党员外出学习2次,发展新党员12名。全面排摸辖区"两新"党组织数量、党员队伍和党建基本情况,提升"两新"党组织覆盖率、应建尽建率,切实将全面从严治党要求向"两新"领域延伸。狠抓"两个责任"。以纪律规矩的刚性执行为新的使命,持续深化纪律建设,扎实抓好"两个责任"落实。层层落实目标责任。制定《2018年度党风廉政建设"两个责任"责任清单》,与班子成员、基层党组织负责人签订《党风廉政建设主体责任书》,定期开展党风廉政建设季度检查、半年专项检查、年度考核,进一步传导压力、压实责任。扎实推进履责记实。严格落实党风廉政建设"两个责任"全程记实,班子成员对照清单履职尽责、记实留痕,全年党工委集体履责89条,监督履责66条,个人履责460条,履责总数合计615条。严格履行"一岗双责"。党工委班子成员始终树立"一岗双责"工作意识,注重抓在平常、严在经常,把"两个责任"贯穿于街道各项工作全过程,建立各尽其职的责任体系。

狠抓作风效能和廉政建设。始终坚持"作风建设永远在路上”，以提升工作效能为重要抓手，进一步改进优化作风。更加注重贴近基层。持续开展“暖企惠民”大走访活动，全面落实联系企业、服务群众的工作机制，重点抓好社区治理“网格化”建设，初步建成“1+2”工作格局，加强与企业联系、倾听企业心声，扎实推动、积极协调解决企业反映的各类问题，进一步优化营商环境。更加注重整改成效。及时传达全区作风效能建设精神，定期通报全区效能建设问题，举一反三，抓细抓小。组织开展专项学习、自查自纠，对顶风违纪、隐形变异的“四风”问题排查梳理和甄别分析。建立首问负责、协商会办、限时办结工作机制，梳理规范为民服务清单，为群众生产生活提供优质高效服务。以省委巡视、区委巡察整改为新的要求，坚持问题导向，强化执纪监督，努力让“咬耳扯袖、红脸出汗”成为常态。突出廉政教育。研究制定党工委党风廉政教育学习计划，及时学习传达中央、省、市、区纪委全会精神，组织党员干部学习《共产党员纪律处分条例》，到市党风廉政文化陈列馆开展现场廉政学习。多形式开展廉政文化宣传，常态化开展“廉政春联进社区”“廉政故事大家讲”等活动。用好谈心谈话。党工委班子成员之间、与村、社区书记、部门负责人之间定期开展谈话，全年共开展谈心谈话48次，班子成员经常约谈分管部门负责人，谈话记录在纪实平台上做到留有痕迹，不断增强党员干部责任意识和严守党规党纪的自觉性。严肃制度落实。严格执行《“三重一大”事项决策制度实施办法》《党工委议事规则》，突出抓好、严格落实政府采购、工程招标等各项制度，扎实抓好全区关于严格财经纪律的要求，进一步明确程序，细化举措，认真落实。

把握意识形态工作主导权。紧扣主题主线。把学习贯彻中共十九大精神、习近平新时代中国特色社会主义思想作为首要任务，建立党工委定期学习制度。把学好用好中共十九大精神、习近平新时代中国特色社会主义思想作为必修课，加强对中共十九大精神的理论研讨和学习贯彻情况的经验交流，全年共组织意识形态专家授课2次，党工委中心组学习13次。聚焦重点难点。严格落实意识形态工作责任制，按照区委统一部署，将落实意识形态工作责任制同各项重点工作同部署、同考核，做到意识形态工作常抓不懈，久久为功。党工委班子旗帜鲜明地站在意识形态工作第一线，认真履行意识形态工作责任制，切实当好“第一责任人”，班子成员按照各自分工及挂钩联系点严格抓落实。推进共享共识。灵活运用“两微一端”优势，借助金山理论讲习所等平台，实施“线上线下”共享式学习交流，开展解放思想大讨论等活动，利用线上“魅力官塘”微信公众号定期推送学习内容进农村、进社区、进楼栋、进企业，努力做到学习宣传覆盖范围更广、学习成效更好。以群众喜闻乐见的形式，将“改革开放、一带一路、四个全面、五大理念、八项规定”等具有时代特征的内容融入“太平花灯”唱词，宣讲党的先进理论，增强主流意识形态的影响力号召力，形成强大的正面宣传声势。夯实基层基础。组建宣讲员队伍，牢守线上线下舆论阵地，对街道文体活动中心、道德讲堂、志愿服务站、金山理论讲习所等线下实体平台加强管理，发出声音。壮大文化志愿者队伍，培养5支政治坚定的宣传文化志愿者队伍，广泛参与服务基层文化建设和群众文化活动，通过舞蹈、演唱、小品等形式，教育群众、引导群众，传递正能量。强化专业知识培训，提高宣传条线人员意识形态领域舆情预判、分析、处理等能力，确保关键时刻能主动发声、正确引导、凝聚共识。

【坚持学法遵法普法用法】 2018年，街道投入10余万元建成宝平法治文化广场，打造群众法治教育和法律服务阵地；秀山村成功获批“江苏省民主法治示范村”，成为街道第四家省级民主法治村（社区），创建率达到80%。深入开展第四届“4·8”司法日、第五个“12·4”国家宪法日、联动法律服务、“遵法守法，携手筑梦”服务农民工公益法律服务行动等普法教育，加大法治理论宣传力度，认真做好“七五”普法中期考核验收迎检工作，为城市经济高质量发展及社会和谐稳定奠定了法治基础。成立街道依法行政领导小组，多次专题部署依法行政工作，督查各部门依法公开办事程序、办事时限、规范行政执法行为。在“两违”管控中，行政执法中队协助城管部门上门调查取证、宣传法规、下达法律文书，全年无一起执法“不作为、乱作为”案件。为确保经济普查数据质量的有效性，有针对性地组织统计人员开展经济普查培训2次，培训统计人员40余人次，圆满完成街道经济普查清查阶段的工作，为经济普查工作的顺利开展打下坚实基础。

【农副产品交易领跑全市】 2018年，官塘农副产品批发市场二季度交易量完成21.6万吨，交易额达29.5亿元，同比增长5.3%，交易额在全省同行排列第7位。其中，水果9.1万吨，交易额14.3亿元；蔬菜10.4万吨，11.2亿元；家禽17万羽，交易额0.82亿元，超额完成上半年既定计划。该市场在狠抓农产品检验检疫和溯源管理的同时，深挖营销潜力，加大产销对接力度，特别是贫困地区力度，发挥物流集散优势，带动农民增收。

【街道全力推进项目建设】 2018年，街道全力以赴抓项目，积极服务对接伊犁中亚之门、低碳小镇规划编制、重庆猪八戒网招商等，及时把产业政策送上门。辖区三个大项目，远洋地产三期，1至6月完成投资8481万元，328套住房销售326套；中星房地产6月正式开工，10月底开盘销售；融创地产一期首开135套，至年底，已销售十余套。

【举办农耕文化旅游节】 2018年6月21日，街道在林隐茶博园成功举办首届农耕文化旅游节。活动开始，街道党工委书记刘春光代表街道党工委、办事处致辞。农耕文化旅游节采用“展示区+表演区+体验区”的形式。展示区文化墙主要展示农耕文化的历史、传承和发展，既包括官塘人为“留住”传统文化做出的不懈努力，又展示官塘人与时俱进，让优秀传统文化“活”在当下，焕发活力的丰硕成果；表演区既有诗词朗诵、非遗表演、葫芦丝演奏、歌曲等传统节目，又有重新编排的《农田交响曲》和《采茶舞》表演；体验区为观众准备了一杯清茶，一场茶艺表演，一次茶知识课堂，让大家在品茗和茶艺鉴赏中体会茶文化魅力。

【举办第三届农民运动会】 2018年，街道在官塘中学操场隆重举办“农耕文化”子项目之第三届农民运动会，来自辖区的120余名农民与赛前通过网络征集的部分网友共同参与此次活动，共享运动的快乐，重温乡土文化情怀。官塘农民运动会，农味十足，农趣盎然，通过“原地抛秧”“抢收南瓜”“挑担接力”“运粮入库”“抗旱保苗”等富有“农耕文化”特色的比赛项目，展现官塘的文化底蕴，不仅是对乡土记忆的一种传承，更是提醒大家珍惜当今来之不易的幸福生活，让更多的群众，特别是年轻的一代在丰富精神生活的同时从中受到启发和教育。

【戏曲专场走进官塘新城】 2018年重阳节之际，淘文化戏曲专场演出在官塘桥街道宝平社区文化广场热闹开演。京剧《贵妃醉酒》、扬剧《卖油郎》、越剧《牡丹亭》选段、锡剧《沙家浜》选段、京歌《丰碑》等十余个经典唱段和剧目将演出推向多个小高潮。演员们优美动听的唱腔，丰富多彩的造型，栩栩如生的人物形象，耳熟能详的曲目，让现场老年朋友们大呼过瘾，连连叫好。戏曲专场演出不仅弘扬了中华优秀传统文化，普及戏曲艺术知识，也满足辖区群众多元化的文化需求，让大家感受到国粹的魅力。街道还将根据居民的需求，组织举办形式多样文化演出活动，让“新市民”们在家门口就能感受专业高雅文化艺术的魅力。 （王　倩）

2018年官塘桥街道各村(社区)基本情况表

表23

村、居名称	面积（平方千米）	村民户数（户）	总人口（人）	农民人均收入（元）	党总支书记	主任	办公电话
平山村	5	958	3183	27830	张义成	邱振宇	84522586
秀山村	2.7	780	2450	28300	雷志高	朱明辉	85968268
官塘桥村	3	690	1546	28178	朱荣平	朱荣平	84510985
宝平社区	0.22	108	317	—	徐　毅	—	84523580
远洋社区	0.4	198	425	—	鲍水靖	孙　俊	80310658
合　计	11.32	2734	7921	—			

（王　倩）

宝塔路街道

【概况】 宝塔路街道地处镇江市润州主城区，东至古运河及丁卯桥路，南至天桥路、南山路、北府路，西至檀山路、黄山北路，北至中山西路及京口闸，总面积7.63平方千米。街道下辖11个社区居委会，其中电力路片区服务中心含电力路、广东山庄、同德里三个社区工作站，街道年末总人口65572人，总户数21795户，是全区城市经济核心区、项目建设的主阵地，是集商贸服务、餐饮娱乐、文化旅游于一体的镇江商业新中心所在地。2018年，宝塔路街道深入贯彻习近平新时代中国特色社会主义思想和中共十九大精神，按照区委区政府的部署要求，坚持稳中求进的工作总基调，在抢抓机遇中乘势而上，在攻坚克难中砥砺前行，在从严治党中凝心聚力，紧盯目标、努力拼搏，聚焦高质量、高标准，坚持抓大事、谋实事，突出强责任、抓落实，各项工作统筹推进。

全力服务产业项目建设，经济发展提质增量。主要指标稳中向好。全年完成公共财政预算收入3.5126亿元，完成总量占全区的近四分之一；完成到位外资年度任务600万美元以上，成为全区首个超额完成到位外资的街道；完成服务业应税营业收入近42亿元，完成总量继续保持全区第一。产业集聚成效显著，华夏银行正式入驻、南京银行成功签约、兴业银行达成意向、长申超市火爆开业。加大重点项目的推进力度，帮助恒大、中海、中星、鸿鑫等项目企业解决难题。项目推进不断深化。2018年街道列入区级重点产业项目5个，其中：开工项目3个，续建项目2个。鸿鑫商业广场、中星城际广场、景天花园五期陆续开工建设；恒大铂珺花园、中海润泽园销售与续建并进。联合市交产集团、国控集团等主体，积极推介罐头厂、恒顺北等地块，争取及早引进国内知名投资商，打造多种业态、布局合理，特色鲜明的区域商住中心，为街道城市经济发展增强后劲。

全面提升城市管理水平，人居环境持续改善。加强街巷保洁的常态长效，通过增加清扫清运频次，突出整治拆迁地块周边等卫生死角，落实道路、小区、街巷保洁全覆盖。城市功能加速完善，落实污染防治攻坚行动；加强工地扬尘管控，按照建筑工地“六个百分百”“五到位一公示”的要求，对辖区内的工地采取湿化作业、铺设防尘网，改善大气质量，减少$PM_{2.5}$。开展散乱污整治行动，认真落实市、区污染防治攻坚战暨“116”专项行动工作要求，联合区城管局、城管执法大队、社区和志愿者对宝塔辖区内重点区域进行集中综合整治；对省环保督查交办的30个案件建立责任清单，落实整改责任，加强长效管控，定期进行整改情况复查，督促整改措施落到实处，防止问题反弹。

全速推进党建引领发展，发挥党组织政治功能。政治引领，突出党组织功能。通过星火计划联育、阵地标准联推、党员队伍联管、为民项目联认、党群事务联商等创新举措推进“全域党建”在宝塔的落地。成功举行宝塔路街道区域化党建推进会暨共驻共建单位集中签约仪式，共有24家参与共驻共建。镇江日报头版头条以《宝塔路街道着力推进城市基层党建创新发展不断提升党组织“堡垒指数”》为题进行专题报道。先锋引领，发挥模范带头作用。制定《2018年宝塔路街道青年干部素质提升行动计划实施方案》，通过三大工程9项子活动，以青年干部素质的提升引领街道经济社会跨越发展。在连镇铁路、恒顺北等的征收工作中，成立街道青年突击队，给予青年干部发挥成长的空间，在自身进步的同时带动整个街道年轻干部快速成长。

全心全意服务民生事业，群众获得感切实增强。受理困难群众临时救助99人，共计55600元；受理慈善救助困难家庭住院报销10人，共计21000元；公共租赁房屋保障有效推进。成功申报润州英才3人。综合治理扎实有效。进一步加强信访工作，规范信访行为，畅通信访渠道，维护群众合法权益，维护社会稳定。街道信访办共接待群众来信来访16起，阳光信访平台受理信访件74件，按期受理率、结案率达到了100%。安全生产常抓不懈。高度重视安全生产工作，全面落实“党政同责、一岗双责、齐抓共管”的责任体系，加强对企业的监管和隐患排查整改，辖区安全生产形势持续向好。2018年是烟花爆竹禁放第一年，街道对辖区内7家烟花爆竹零售经营网点劝导退出经营，对禁放重点区域不间断巡察，确保辖区内烟花爆竹一炮不响。

【重点项目建设】 2018年，总投资3.8亿元的鸿鑫商业广场项目由区级重点产业项目调为市级重点产业项目；总投资0.98亿元的华夏银行镇江分行入驻辖区办公、总投资0.5亿元的长申国际精品超市入驻常发广场，2019年元旦对外营业；南京银行镇江分行、江苏镇江安装集团有限公司总部等签订入驻协议，为拉动街道城市经济持续增长和效益的提升奠定了坚实基础。

【加大城市建设】 2018年，街道加大城市建设力度，全力推进罐头厂、连镇铁路、恒顺北、何家湾等地块征收工作。连镇铁路镇江联络线如期进入主城区施工攻坚阶段，街道被省总工会授予“五一劳动奖状”。顺利完成恒顺北和何家湾2个棚户区改造940户，启动运河路20号危房搬迁工作。同德里片区老小区改造启动，核心改造面积达2.2公顷，涉及16幢住宅、468户。

【加强社会服务】 2018年，街道运河社区搬迁新址，新增社区办公用房400多平方米。李家大山社区服务中心4000平方米的办公用房建设基本完成。建立"创业助手"团队，重点发掘辖区内的大学生创业者，困难人员创业者，新办企业，累计帮助39家企业申请政府贴息的创业贷款395万元。 （殷珊珊）

2018年宝塔路街道各社区基本情况表

表24

社区名称	总户数(户)	总人口(人)	党总支(党委、党支部)书记	主任	办公电话
黎明社区	2109	8730	吴爱民	崔正雪	85238837
李家大山社区	2612	8468	朱　晶	秦　瑶	87059566
黄山社区	2050	6047	徐　超	徐　超	85278928
运河社区	2209	5522	蔡春娟	蔡春娟	84496005
车站社区	1596	4200	于　敏	于　敏	85917058
凤鸣新村社区	2092	6126	满　化	满　化	85212983
润洲花园社区	1862	5800	薛顶雨	薛顶雨	85210226
金桥社区	1722	5212	倪　欢	倪　欢	84419081
电力路社区	2258	6450	许全鼎	许全鼎	85288433
广东山庄社区	2258	6450	李　实	李　实	85219608
同德里社区	1027	2567	黄　飞	黄　飞	85216522

（殷珊珊）

和平路街道

【概况】 和平路街道环抱金山，滨水而居，辖3个行政村(其中两个渔业村)、3个涉农社区和8个城市社区，陆域面积20平方千米，水域面积220平方千米，长江岸线93.56千米，常住人口6.5万人，是融市民、农民、渔民为一体的城乡结合型街道。

2018年，街道认真贯彻落实中共十九大会议精神，统筹推进"四个全面"战略布局，在区委、区政府的坚强领导下，在区各部门的关心指导下，以建设魅力和平、滨水新城为目标，以服务项目、保障民生为抓手，开拓创新，真抓实干，努力开创经济和社会事业新局面。全年完成服务业应税销售收入7.3亿元，占年计划的100%；完成产业类投资8.3亿元，占年计划的1000%；完成一般公共预算收入1.28亿元，占年计划的143.3%；完成R&D研发投入300万元，占年计划的100%；完成专利74件，其中发明专利申请数35件，实用新型专利39件，占年计划的114%。

项目建设成效明显。1个市级重点项目魔幻海洋世界进展迅速。4个区级重点项目有序推进：碧桂园滨湖湾誉园项目22栋楼全部开工建设；美的金山铭著项目完成各项手续的审批工作，2栋楼完成封顶，形成预销售；新城江山樾项目完成全部审批手续；金山东街项目签约6万平方米，俊江南1933酒店、绿野仙踪、亚朵酒店、极地摄影、芭比天使等商家已入驻，部分商户进行试营业。

项目招引蓄势待发。北京盈科律师事务所江苏区域团队赴街道考察。街道招商小分队分别赴成都、杭州等地招商，推进圆中集团投资生命健康产业园项目、精诚以诺文创集团投资建设数字产业园项目、杭州梦想天地项目和特色体育产业项目等。大力推介金山湖北地块，招引光大集团(香港上市公司）、台湾小镇集团等十余家实力集团公司现场考察。

党建内涵横纵延伸。吸纳辖区重点驻区单位党组织负责人进入街道领导班子，实行三级责任联动，做实“大工委”制；依托街道“旅游产业联盟”，持续壮大联盟队伍，21家驻区党组织加入街道党建联盟；依托已建成的新金江“红色形象体系馆”“红色驿站”“文化体育公园”三大区域红色惠民载体，实行示范片区联建，打造滨江新地标，街道、金山村、一泉社区均进行了VIS视觉建设；街道成立17支行动支部，组织生活、党群活动精彩多样；将党建触角向网格延伸，红色网格联治，红色物业全面启动。

舆论宣传氛围浓厚。全年在各类媒体上共发表宣传稿件1700余篇，其中《人民日报》《人民日报（海外版）》《新华日报》等省级以上重要媒体报道30余篇；《镇江日报》头版头条4篇。结合各大节日、文明城市创建、“暖企惠民”大走访活动、改革开放40年、学习“十九大”系列主题活动进行专题报道。党建类宣传稿件共452篇，其中市级以上重点媒体报道113篇；《镇江日报》头版头条2篇、二版头条5篇；《组工信息》2篇；《党建之窗》3篇；“润州先锋”专稿20余篇；“镇江先锋”专稿5篇。

【协力共推社会稳定】 2018年，街道圆满完成国家、省、市“两会”重要敏感时期信访稳控工作，实现了“零进京、零上访”的目标；顺利完成上合组织青岛峰会、中非合作论坛北京峰会、国际低碳（镇江）大会、上海进博会等敏感时期安保维稳任务。全年处理群众来信来访123件次，办结123件，处理省、市督办交办9件，应急协助处理围堵政府机关等群访事件6批次，成功化解市、区交办的重点案件5件，积案化解取得明显突破。

【大力提升安居指数】 2018年，街道积极配合市住建等职能部门做好朱方路96号、98号、102号老小区改造。稳步推进太平圩片区集体土地非居、国有土地非居搬迁及集体土地住户的搬迁工作，居住户214户全部搬迁完成，启动集体非居45户、国有非居7户。积极协调相关职能部门，做好琴园巷棚改工作。加强辖区治安巡逻，确保辖区治安稳定。

【社会救助全面覆盖】 2018年，街道努力实现社会救助全面覆盖，扎实开展城乡低保专项整治，全年共清退不符合标准的低保户101户，新进低保户8户；规范开展临时性救助，全年累计向78名困难群众发放临时生活救助资金5.98万元；“一户一册”开展精准扶贫结对帮扶，全年对19户精准扶贫家庭开展全面走访了解，实现脱贫3户，基本脱贫3户。

【有力提升城市环境】 2018年，街道加大巡查整治，排查辖区内露天烧烤及大排档26家，15家全部安装油烟净化装置进店规范经营，11家车载流动摊点全部取缔。排查辖区18处废品回收站，均依规回收。排查“散乱污”企业（作坊）共164家，服务业9家，工业23家，批零住餐132家。加大对新增违建的打击力度，全年共组织8次规模较大的助拆，拆除面积1.4万余平方米。

【有效维护生态环境】 2018年，街道辖区内豚类省级保护自然区整治限期完成，清除人类活动痕迹。及时清理运粮河周边种养殖。严控辖区范围内魔幻海洋世界等5个项目工地扬尘，确保空气质量。及时组织人员对金山村银山河建筑、生活垃圾进行全面清理，打捞漂浮物，协调给排水部门，及时进行排水、换水，水体黑臭情况得到有效改善。

【全方位满足文化需求】 2018年，街道全面完成和平文化体育公园建设，服务辐射滨江花城、金泉花园、金山水城等多个安置小区，惠及群众2万余人，填补镇江北部滨水区文体阵地空白，树立和平路街道文体崭新地标。扎实推进省级公共文化示范区及省级书香城市建设，所有村居软硬件设施全部达标，全年组织书香阅读活动10场以上。（王潇）

2018年和平路街道各村、社区基本情况表

表25

村、社区名称	面积（平方千米）	总户数（户）	总人口（人）	村、社区党支部（总支）书记	村、社区主任	办公电话
金泉社区	1.8	2230	4850	周松宝	—	85516592
金山村	2.3	4600	8500	倪彦勇	张玉忠	87057089
征润州社区	2	720	2008	王读明	丁贵平	—

续表 25

村、社区名称	面积（平方公里）	总户数（户）	总人口（人）	村、社区党支部（总支）书记	村、社区主任	办公电话
金江村	2.5	223	1057	黄　静	张春华	85520703
长江村	0.63	356	1039	常春平	吴明喜	85521070
金江社区	0.25	458	1403	刘长勇	刘长勇	85520998
三茅一社区	0.35	3608	11026	张　啸	张　啸	85609968
三茅二社区	0.3	1628	5732	丁　力	丁　力	85617516
金山社区	1.93	1712	4502	姜　丹	姜　丹	85520016
桃一社区	0.8	1528	4250	袁　强	袁　强	85529680
桃二社区	0.6	1425	4342	邹志萍	邹志萍	85320729
一泉社区	0.8	1610	4654	郭　亮	郭　亮	85529191
琴园巷社区	1	2710	6301	陈　锋	陈　锋	85627970
牌湾社区	0.4	2561	5162	孙贺敏	孙贺敏	88968308

（王　潇）

金山街道

【概况】 金山街道位于市区西部，辖区范围东起黄山北路，南沿中山西路，西接中山北路，北临长江。街道辖区总面积5.16平方千米，下辖10个社区，总人口近6万人。境内街巷古老，文化底蕴深厚，坐拥千年“文脉”西津渡古街、中外友好使者赛珍珠故居以及AAAA级国家旅游景区镇江博物馆等人文景观，是全市文物遗存最集中、人文资源最丰富、文化氛围最浓厚的街区。2018年是贯彻中共十九大精神的开局之年，是改革开放40周年，是决胜全面建成小康社会的关键之年，金山街道以中共十九大和习近平新时代中国特色社会主义思想为指引，深入贯彻落实市委七届六次、区委八届四次全会精神，紧紧围绕“对标苏南加油干，精准务实惠民生”这一重要目标，解放思想、加速发展、加快转型，在党建、经济、文化、生态环境等建设上取得较大进展，实现街道稳步发展的良好局面。

经济指标平稳向好。2018年，街道公共财政预算收入完成1.51亿元；现代服务业产业投资全年累计完成5115万元；净增“四上”单位2个，实际完成4个，超额完成年度指标任务；服务业应税营业收入完成年计划7.1亿元指标。

项目建设强力推进。全年新建、续建市区重大产业项目6个。星光时代广场项目商场已经封顶，购物中心正在装修中，商业街已完成交付，胡桃里等部分商铺已对外营业；星光时代广场已有CGV国际影院、电子竞技项目X未来工厂、康美健身、儿童游乐项目乐满堂等面积超过1500平方米大型主力店完成签约。西津渡历史文化小镇项目环云台山功能提升项目已完成人脸识别系统、人流统计系统等设备安装；二楼南书房项目施工图设计已完成。大西路商业中心项目已完成规划许可办理工作，施工合同已经签订，挖土机等设备已经进场平整土地，统计入库的相关资料正在申报中。启迪协信镇江低碳智创园项目现启迪众创工社已经完工并注册投入使用，孵化项目入住率80%。太古山邻里中心项目规划总平面图已修改完成，并上报发改委等待审批，建设工程消防设计已经送审。

社会事业取得新成果。一是环境质量不断提高。2018年是打好防治污染攻坚战的重要一年，街道全面贯彻落实省、市、区关于污染防治攻坚战的决策部署，围绕区委、区政府下达的目标要求，全力做好街道的污染防治工作，促进经济、社会、环境的全面可持续发展。街道辖区内2个建筑工地、2个拆迁工地裸土全部覆盖到位，整治整改烧烤店7家、散煤燃烧49家、废品回收站7家、餐饮55家，使环境空气质量明显改善，生活环境更加宜居。二是文体事业不断发展。街道以“街巷剧场”为核心，有效推进街巷剧场的项目化运作，重点围绕“改革开放40周年”这一主题，通过“图片展”活动，展现城市40年来的时代变迁；结合书香城市创建工作，开展“全民阅读春风行动”，实现宣传、文化有机融合，对街道、社区综合文化服务中心提档升级。三是社保体系不断完善。2018年，街道共有低保户1335户，保障人口2360人，全年发放低保金1348.8万元；开展低保专项治理工作效果显著，全年共清退低保户124户，新增20户。街道共有185户精准扶贫家庭，通过一人一档，一人一措施的方式，帮助115户精准扶贫家庭实现了脱贫。街道失业人员实现再就业580人，比上年同期增加32人，其中就业困难人员再就业126人，比上年同期增加8人；扶持创业90人，创业带动就业467人；监察网格化覆盖率100%，采集信息更新完成率100%，超额完成下达的各项指标任务。四是社会持续和谐稳定。街道全面推进网格化服务管理，健全街道、社区、网格长三级网络，在现行行政区划框架内，根据社区、小区楼幢、自然村落分布特点、人口数量、居住集散程度、群众生产生活习惯等因素，以200户到300户为单位，把综治维稳工作触角延伸到各居民小区，全街道共划分58个服务管理网格，每个网格配备1至2名专职网格员，并明确网格员采集上报综治相关信息的工作职责，认真参与综治信息系统业务培训。全力打造全要素网格示范社区——黑桥社区。

城市建设快速推进。2018年，街道征收工作围绕全面完成西荷花塘项目征收安置和太古山二期、民主街项目扫尾，兼顾推进太古山一期项目善后工作，聚合力量，提振精神，乘势追击，切实保障了街道征收工作有序推进，截至到年底，共完成征收、扫尾165户（西荷花塘项目104户、太古山二期项目37户、民主街项目22户、太古山一期项目2户），其中西荷花塘二期项目2月底完成全部交拆房工作，项目实施既快又稳，未留任何后遗矛盾。全年共实施杨家门45号、宝盖路169号等多个危房解危项目，累计签约61户。

党的建设得到新加强。一是积极推进全域党建工作。积极探索实践全域党建“六统十八联”，与25家单位共同成立“党建联盟”，建立“大工委”制，吸纳5名兼职委员，开展共建共享活动，有效提升“全域党建”整体效应，因地制宜打造“天井众议院”等16个别具风格的党建微家，组建“红色一条街”等17个特色行动支部，深化“麒麟巷”等9个红色微网格内涵，开展系列学习、议事、服务活动，进一步凝聚党心民心。二是探索推行流动党员“5S”模式。创新流动党员管理服务发放，加强流动党员管理教育、开展关爱帮扶活动、引导流动党员爱心奉献，实现流动党员“离土不离线”“离土不离情”“离土不离心”。三是大力实施为民服务项目。各社区设计了10个补短板、接地气的“书记项目”。迎江路中心社区启用2000平方米新服务用房，打造“印江红”党建品牌，创新“橙色26℃”服务工作法，提高服务群众水平。建立民生项目“排行榜”“爱心小饭桌”“惠民洗浴坊”“幸福老人计划”等11个重点项目由“党建联盟”单位认领，让共建有深度、服务有温度，群众幸福指数再度提升。四是提升支部建设质量。着力实施党支部建设质量提升工程，进一步优化二级支部，完善组织架构，选出党性观念强、组织能力好、群众基础牢的党员担任支部书记，严格组织生活制度，迎江路中心社区康乃馨党支部积极争创五星先进党支部和市级党支部书记工作室。结合“三会一课”和统一活动日，开展创意式组织生活，通过“百星讲坛——先锋微党课”“红色流动书屋阅读会”“七夕情书话家风”“党员初心生日会”等体验式、互动式、开放式活动，让组织生活更有党味、鲜味、趣味。注重支部党员作用发挥，推动党支部和党员创先争优常态化，迎江路中心社区康乃馨惠民服务中心、西津古渡社区“红色驿站”被评为区级党员示范岗。

【创新举措落实“全域党建”】 2018年，金山街道积极将原有党建品牌与“全域党建”深度融合，结合自身实际创新落实“六统十八联”工作，有效提升了城市基层党建的整体效应。在共建共享中系统推进。党建联盟多维化、优势资源共享化、统筹谋划系统化，签订润州区首份《城市基层党建双向服务清单》，并在全区推广，实现双向“契约化”服务。在项目运作中凝聚力量。成立了“红色一条街”“四色关爱”“邻里帮”等17个特色行动支部，开展服务景区，帮扶特殊群体等活动，取得良好社会效应。在精准服务中惠民便民。坚持6年邀请“党建联盟”单位“搭台唱戏”，共同打造“街巷剧场”，弘扬红色文化和街巷文化。坚持党群事务联商，积极推行“兼职委员”制度，引导共建单位党员到基层亮身份、当先锋，利用“流动小板凳”，共同在群众家门口现场“开方”，解决违章搭建、危房搬迁、基础设施配套不到位等多个问题。

【纪念改革开放40周年】 2018年12月，由金山街道主办的巨变金山——庆祝改革开放40周年大型主题图片展暨精品节目展演在西津渡西津画院举办，吸引了众多辖区居民和游客前来观展。此次图片展共分七个篇章，以“巨变”为主题，突出了金山街道改革开放40年内的“重大节点、重大成就、重大事件、重要人物”，通过各种视角见证发生在身边的精彩场景、激动时刻、感人故事、难忘面孔，在过去40年里，金山街道经历了翻天覆地的巨大变化，展示金山街道日新月异的新变化、新景象，折射着改革开放的伟大进程。

【成立旅游产业联盟】 2018年8月，街道成立旅游产业联盟，标志着街道旅游事业发展迈出了关键一步。金山街道境内街巷古老，文化底蕴深厚，坐拥千年“文脉”的西津渡古街、中外友好使者——赛珍珠故居，以及国家AAAA级旅游景区镇江博物馆等人文景观，是全市文物遗存最集中、人文资源最丰富、文化氛围最浓厚的街区。金山联盟成立后，集中各方面的智慧和资源，形成以西津渡景区为中心，以文化为载体，以美食带动的旅游品牌。街道旅游产业联盟不仅最大化地整合区域旅游资源，还在提供优质高效旅游服务的同时，带动人流、提升人气，对促进区域旅游产业发展具有重要意义。

【太古山路正式开通】 2018年12月20日，金山街道辖区内太古山路正式全线贯通。太古山道路工程是镇江市“7+1”旧城改造项目之一，对于提升道路周边片区的城市功能，完善区域配套，改善市民居住环境有着重要的意义。该项目南起中山西路，北至宝盖路，道路全长865米，全线采用城市次干路标准，红线宽度32米，设计时速50公里/小时，双向四车道。

【展翅新飞工作坊】 2018年，金山街道司法成立展翅新飞工作坊，专门为特殊人群未成年子女免费进行心理辅导。运用团体辅导的方式，对特殊家庭未成年子女，免费提供心理健康服务，开展心智发展辅导，以帮助他们恰当应对心理困扰，提升学习能力，提高社会适应能力，强化自尊，增强自信，健全人格，促进心智健康发展。工作坊常年不定期组织，根据实际需要，确定专题，利用双休日、寒暑假，分期举办。首期工作坊一开班，便引起社会各界的广泛关注，《江苏法制报》、《镇江日报》、法制网、山东大众网、中国江苏网、宿迁市人民检察院网等众多媒体关注、报道。省司法厅领导作出批示，予以肯定和赞扬。

【党建微家重温《共产党宣言》】 2018年5月5日是马克思诞辰200周年，同时也是马克思主义经典著作《共产党宣言》发表170周年。5月2日，金山街道银山门社区联合党委组织党员在“天井众议院”党建微家共同学习《共产党宣言》，“天井众议院”是金山街道银山门社区为打造党员群众家门口的“组织生活圈”而成立的社区党建微家。微家设立在老党员王琴凤家的院落中，毗邻润州区党员教育基地——嵇直（镇江第一个马克思主义传播者）故居，为党员的教育、议事营造出浓厚的红色文化氛围。

（单维维）

2018年金山街道各社区基本情况表

表26

类别 单位	总人数（人）	总户数（户）	党总支（党委、党支部）书记	主任	电话
迎江路中心社区	9316	4683	阮庆红	张葛亮	85291392
西津古渡社区	4862	2858	史梅玲	史梅玲	85296871
杨家门社区	8028	3678	田桂芳	田桂芳	86100098
风车山社区	5272	2112	何永慧	何永慧	86107055
太古山社区	4840	2318	苏文峰	苏文峰	88081195
黑桥社区	2831	1273	宋国琴	宋国琴	88081181
银山门社区	7878	3343	蒋菊花	蒋菊花	86100061
润州山路社区	4272	2422	张亚芳	张亚芳	88081191
红光社区	2199	441	卢庆荣	朱明德	88081193
京畿路社区	2047	681	郦玲花	郦玲花	86107031

（单维维）

韦岗街道

【概况】 韦岗街道地处镇江西郊，距离市中心约20公里，东北面与丹徒区高资街道相邻，西南面与句容市边城镇交界，是润州区的一块“飞地”。街道属丘陵山区地形，地势平缓、地质较硬、地耐力较强，土质以黏土为主。街道交通便利，243省道、新改线的312国道、110县道（石韦路）穿境而过，距京沪高铁站、沪宁高速入口仅15分钟车程，境内通22路、42路、小衣庄专线三条公交线路（平均每15分钟一个班次）。街道下辖1个村、17个村民小组，共有农户834户、农业人口1911人，2018年底户籍总人口5083人。街道总面积10.52平方千米，其中耕地172.9公顷，林地271公顷。街道十分重视特色服务业发展。重点依托韦岗温泉、新四军“韦岗战斗”胜利遗址、燕子窝山歌狮舞非遗文化等，发展以“红色旅游”“温泉旅游”为核心的旅游业。韦岗温泉资源是全国少有的纯天然“氡锶复合泉”，水温恒定在50℃，泉水矿物质丰富，含有30多种人体有益元素，具有非常独特医疗价值。2005年8月被中国地热开发管理委员会评价为“医疗热矿泉”。2018年，韦岗街道在区委、区政府的坚强领导下，深入贯彻落实中共十九大精神，严格按照上级的部署，自加压力，迎难而上，狠抓落实，各项工作取得较好成绩。

经济发展稳步提升。2018年，街道上下围绕年初下达的各项指标任务依然紧抓不放、克难奋进，保证重点经济指标维持稳定。大部分指标超额完成：完成公共财政预算收入5808万元，占年度计划的145.2%，较上年同比增长33.24%；完成工业应税营业收入10亿元，占年度计划8.5亿元的116.47%；上报总部经济企业2家：分别是镇江博汇信息科技合伙企业和江苏船山集团；重大产业项目1个：与镇江市长山投资发展有限公司签订《生态综合利用整治项目》；同时，韦岗旅游康养小镇项目有序推进；引进建筑业企业1家，镇江利欣建筑工程有限公司。

街道环境焕然一新。街道花费10余万元，对船山河进行清淤治理工作。与区交通部门联合对飞黄路破损路段近2000平方米进行修复，为沿线村民提供安全出行保障。积极展开多次卫生集中整治行动，改造低洼积水路面200平方米，清理修建排水沟380多米，沿街投放20多个垃圾桶，改造或修补破旧（损）垃圾房7座，清理河道池塘漂浮垃圾50处，清理卫生死角和乱堆乱放30多处，清除小广告200多处，修剪管护苗木花草200平方米，整治占道经营和店面外溢41起；清理废旧轮胎堆放点3处，取缔废品收购点1处，清理各类偷倒垃圾点8处，计100多吨；安排专人每日对辖区内3座公厕进行打扫，改变了原本脏、臭、差的面貌。对辖区的废品收购站和汽车修理厂进行统计，并对店面进行整改。

民生事业全面推进。完善民政救助和社会福利体系，做到应保尽保、应退尽退，经过客观、详实的调查后，对不符合低保标准的人员及时清理，将切实需要保障的贫困家庭纳入低保保障体系；发动“慈善一日捐”救助活动，累计捐款5万元，加大对弱势群体的关心关爱。广泛开展政策宣传及解释，保证计生政策平稳推进，街道办理准生证人数显著增加，同时，通过宣传月等活动优化计生服务、全面落实计生奖扶、特扶，提升群众满意度。全面落实省、市、区有关文件规定的创业培训、小额贷款支持、社会保障等优惠政策，持续完善创业服务功能。设立街道创业服务场所，形成“街居有窗口、工作有专人”的二级服务网络。全年支持自主创业带动就业50人，创业型街道创建取得一定进展。

社会管理扎实有力。充分发挥社会组织作用成立志愿者巡防队，大力开展平安创建宣传、夜间义务巡逻、矛盾纠纷调度等工作，辖区发案率呈持续下降趋势；排查出不稳定因素4起，均控制在萌芽状态，共调处矛盾纠纷70余起，调处成功率95%以上，未发生重大有影响群体性事件，无进京上访人员，确保韦岗街道的大局稳定。完善网格化管理工作，在韦岗村配备四名网格长，及时对该村各种信息进行采集报送，指导督促网格员开展工作，实行“定人定岗定责”，逐步建立网格化管理阵地，完善网格化管理相关制度并挂牌上墙。加强对重点区域治安整治力度，整合韦岗村村组综治工作人员队伍，规范村级治保、调解、治安巡逻等各项工作，提高综治工作整体水平。进一步重视韦岗小学校周边以及韦岗农贸市场等重点区域安全防范工作，加强治安整治力度，防止较大治安问题的发生。安全生产、城建城管、征兵等工作有序推进，“12345”热线、市长信箱、网上论坛等来件投诉做到有问必答、依法处置。

党建工作扎实开展。启用全国党员管理信息系统，做好“两新”非公企业党组织情况排查，新建“高骊蓝”和“旌旗红”两个党建微家，组建“高骊蓝”行动支部。支部已有党员31名，已授旗并成功开展组织生活。积极选塑先锋标杆，培育韦岗村党总支书记、村委会主任王健为“润州名书记”，韦岗街道综治办主任孙有才和经济服务中心主任秦勇华为“润州先锋”。加强韦岗村级党建，把17个村民小组划分成5个网格，积极发展有影响力的党员骨干为网格长，为建强红色微网格打下基础。推进“法治型、服务型”先进党支部建设，通过支部书记座谈、法治理念教育、专家讲课、视频学习、红色参观、远程教育等，强化了党员理想信念，增强了为民服务宗旨意识。

廉政建设稳步推进。严格落实党风廉政建设“两个责任”，明确党工委主体责任、纪工委监督责任。街道召开党风廉政建设工作大会，根据分工和职务，制定并签订具有“个性”的党风廉政建设责任书，形成一级抓一级、层层抓落实的责任体系和领导机制，开展廉政风险防控机制动态管理，将党风廉政建设责任制融入日常工作。通过召开党工委会、专题警示讲座，警醒党员干部严守警戒线。推进街道作风效能建设，要求全体干部、职工对照各自工作职能、各项管理制度，进行自查自纠。切实做好廉政风险防范，增强重要岗位人员的风险防范意识和廉洁自律意识。全面规范和保障基层权力运行，深入研究和落实区委第二巡察组巡察反馈意见，认真制定整改方案进行整改。制定《韦岗街道村务用车改革的指导方案》，完成韦岗村公车拍卖。

【“263”专项治理持续深入】 2018年，街道结合污染防治攻坚行动，协调推进燃煤锅炉淘汰、重点行业产能控制及高点烟囱减排等工作，做好汽修厂（喷漆工段）等扬尘污染管控，开展大型货运车辆超限整治，加强对露天矿山开采、收储土地、裸露地块及西南片区等扬尘污染防治的监督管理。全面开展畜禽禁养回头看，增强水生态自修复能力，确保水质达到功能区要求。全面推进街道辖区内建筑工地扬尘防治工作，加强对辖区内建筑等施工工地的监督。环保督办案件全面完成。

【推进“弘扬韦岗精神”书记项目】 一是不忘初心传承红色基因。建立韦岗街道基层党支部常态挂钩联系机制，成立“高骊蓝”志愿服务联盟与行动支部，更有效地开展志愿服务和组织生活。开展文艺汇演、主题征文、书画展览等纪念活动，汇编韦岗战斗胜利80周年纪念诗词作品选，印制连环画，拍摄党建微视频，邀请茅山新四军纪念馆周再兴馆长开展红色党课教育、微党课拍摄等纪念活动，联动镇江第一外国语学校，纪念韦岗战斗胜利80周年，传承革命精神，永葆革命斗志，提升党员意识。二是牢记使命发扬矿工精神。与江苏船山集团有限责任公司党委结对共建，共享党建创优提水平，解决基层党组织实际工作中存在的问题，共同对韦岗小学旁的健身小广场和篮球场、韦岗战斗胜利纪念碑下停车场两个场所进行改造。精心打造韦岗街道党建综合展示厅，引导党员干部发扬红色战斗胜利精神和矿工精神，加强大家对韦岗的认同，提高党组织的影响力和战斗力。三是砥砺前行引领转型发展。年初制定《关于韦岗街道2018年度“党建为民”十项实事责任分解的通知》，引导党员积极投入西南片区环境综合整治复垦复绿生态修复工程、排岗坝防洪能力提升工程、“红色印记”深化工程等十项惠民实事，把抗日战争年代韦岗大捷的顽强不屈精神与现代韦岗人的苦干实干精神作为干事创业的动力之源，融入到推动党建和经济社会发展等各项工作中，共同建设生态幸福韦岗。

【推进韦岗村股改和土地确权】 2018年，韦岗村成立股改工作小组，逐户调查摸底，共登记1628户，5358人（其中农业性质627户，1338人），统计3种类型个人股共计3049人。10月16日，召开股份经济合作社成立暨第一届股东代表大会，讨论通过《章程》，选举产生股份经济合作社组织机构，宣告股份经济合作社成立，韦岗街道成为润州区第一家百分百完成股改工作的街道。土地确权工作于上年完成，年内为662户农户发放648本证，完成97%。

【打造体育健身广场】 2018年，街道在原韦岗小学篮球场的基础上进行扩建，依托周边现有的绿化环境，通过挖掘、整合、定位，打造占地面积约400平方米的生态体育公园，公园包括篮球场、羽毛球场、乒乓球场、健身器材区和塑胶步行慢道。建设完成健身路径6处，为村民和学生提供可供锻炼的体育场所。

【排水沟渠防涝升级改造】 2018年，街道对韦岗社区医院旁的30米暗沟和沿街200多米的排水沟渠进行扩宽改造与清理，保证水流畅通，避免每逢下大雨因暗道窄，水流不及，沿街群众被淹，造成不必要的经济损失。

【交通干线沿线专项整治】 2018年，街道对“243”省道路两侧垃圾偷倒点进行重点整治，共清理各类垃圾100余吨，加装限宽墩及防护栏60多根，并积极做好后续工作，安排专人加强巡查，确保长效机制。 （赵艺玮）

南山街道

【概况】 南山街道，管辖范围东至沪宁铁路线，转谷阳路、官塘桥路、环山路，南与丹徒区接壤，西到九华山路，北接南徐大道、转至南山路、林隐路，总面积约16.28平方千米。下辖五凤口社区、鹤林社区、檀山社区、回龙社区、黄鹤山社区、白龙湖社区和回龙山水库管理所。辖区内共有36个居民小组，户籍人口7503人，常住人口6295人。党工委下辖13个党支部，428名党员。

2018年，南山街道在区委、区政府的正确领导下，紧紧围绕高质量发展的目标，深入学习贯彻中共十九大精神，始终坚持“以人民为中心”的主体地位，团结带领广大干部职工解放思想、务实笃行、履职尽责，强化资源整合，突出问题导向，攻克发展短板，各项工作取得新进展。

党建工作多点开花。一是党建打通组织“末梢”。按照全域党建VIS视觉系统标准，实现五凤口社区、檀山社区党群服务中心阵地提档升级。全力推进“初心小院”“红色驿站”等党建微家的实体化运行，成立“文化传承”“守护绿色”等7个行动支部，“胜地南山、龙泉佑福”民俗节、“大气污染防治攻坚”等工作的开展，展示党员模范先行的形象，不断提升群众认可度和获得感。二是党建融入社会治理。搭建“党群会客厅”“清源议事亭”等协商议事平台，实施“1+N”联动机制，制定党群议事“六步工作法”，引导党员、群众、辖区单位有序参与基层治理，有效发挥党建引领、各方联动的整体优势，使各条线工作联通互融。三是党建助力民生工程。以“普惠、可持续”为原则，扶持一批能自我发展、自我提升的优质服务项目。为不同年龄阶段、不同文化水平、不同利益需求的群体量身定制，实施了“青少年融城周末”“村庄记忆”“馨语心港，为老护航”等党建服务项目，切实解决群众最关心、最迫切、最需要的问题。

经济发展稳中前行。一是狠抓指标，收入产值稳定增长。狠抓重点经济指标，对辖区企业多次深度摸排、对税源潜力一挖再挖，建立税源管理长效机制，突破税源管理盲区。公共财政预算收入全年完成3178.9万元。R&D投入930万元，占全年任务的186%。净增“四上企业”一家。二是积极招商，力促转型升级。引进南京精石汇科技有限公司，注册江苏大灰熊科技有限公司，公司研发副总吉林师范大学计算机学院谭振江教授入围2018年金山英才计划面试。培育税源新增加点，立足现有产业基础，针对汽车4S店集聚的现状，拉长产业链条，形成产业集群。积极协调鹏龙星徽租赁房屋产权等问题，力促北汽新能源汽车、北汽自主品牌汽车及二手汽车交易市场建成。三是整合资源，拓展创收渠道。提升旅游文化产业热度，成立南山文化旅游产业促进会，商讨南山周边文化旅游产业的开发与合作，提升南山休闲旅游品牌知名度、市民美誉度。凝集村级经济发展合力，成立回龙农业创意产业园，占地面积12.66公顷，一期投入资金50余万元，完成园内四周围挡80米，果树大棚搭建3400平方米，塘坝整治0.73公顷，二期及三期项目结合土地复垦积极规划和推进。

社会事务频出实绩。一是民生改善持续推进。落实民生保障政策，建设“一门受理”平台，融入街道社会事务“一站式”服务理念，方便群众办事。二是持续打出环境综合整治组合拳。扎实推进“263”和“116”专项行动，强力推进污染防治攻坚行动，严格实施大气质量管控，通过拉网式排查，巡查散煤使用区域227户，处理67起。整治“散乱污”企业(作坊)26家。纵深推进河长制工作，各级河长全年共巡河322次，按时保质完成交办任务。整治8家废品收购站，查处各类违法建设 22起，拆除违法建设1万平方米，全年在市大城管考核中共获得6次优秀。三是积极推进农村“三治理一挂牌”工作。拟定农村集体资产股份制改革试点工作操作办法，建章立制促规范，不断推动社区股份制改革，确定序时进度，狠抓计划落实，试点社区五凤口和檀山基本完成股改工作。不断完善清产核资工作，集体资产产权交易全面入市。

社会治理多措并举。一是信访维稳常抓不懈。持续对热难点问题进行分析、研判和商讨，康湾群众反映的物业费补偿问题圆满化解；年内共化解信访老户4户，其中化解区交办重点信访户2户，有力推进招隐花苑被拆迁户调剂安置工作。把信访工作责任扛在肩上、抓在手上，周密部署，在国庆及国家低碳会议及重大时间节点，未发生一起上访事件。二是做好森林防火工作。完善应急防火设施建设，鹤林社区和回龙社区的森林防火值班室建成并投入使用，街道下属四个涉农社区配有8台风力灭火机，7台油锯，80箱灭火弹，扑火队服装、盔帽41套，铁扫把、铁锹、外线电话等设备若干。三是智慧平台联通治理。联合软通动力，打造基于微信服务号的轻量级“智慧社区”服务平台，整体提升社区精细化管理水平，切实提升辖区居民的获得感和幸福感。

文体工作成果佳。2018年街道在文体工作方面稳扎稳打，创新思维、努力将各项活动办成具有南山特色的系列品牌化活动，杜绝活动碎片化、零散化，要求每项活动主题有深度、有内涵，好活动大活动持续开展。积极寻求与譬如文化类企事业单位、高校文体组织等的合作。年内公共文化达标率近80%；全民阅读活动3场，居民综合阅读率90%以上；作品版权登记30件达标率100%；全民艺术普及活动2场，达标率66.6%；非遗传承保护活动2场；全民健身活动3场，达标率100%；社区教育活动2场，学习型社区创建率20%已达标。

【街道党建工作】 2018年，街道成立“文化传承”“守护绿色”等7个行动支部，开展“大气污染防治攻坚”等工作。搭建“党群会客厅”“清源议事亭”等协商议事平台，实施“1+N”联动机制,制定党群议事“六步工作法”。实施“青少年融城周末”“村庄记忆”“馨语心港,为老护航”等党建服务项目。

【街道经济发展】 2018年,街道R&D投入0.093亿元,占全年任务的186%。净增“四上企业”一家。引进南京精石汇科技有限公司,注册江苏大灰熊科技有限公司。成立南山文化旅游产业促进会,提升南山休闲旅游品牌知名度、市民美誉度。成立回龙农业创意产业园,占地面积12.66公顷。

【环境综合治理】 2018年,街道扎实推进“263”和“116”专项行动。巡查散煤使用区域227户,处理67起。整治“散乱污”企业(作坊)26家。各级河长全年共巡河322次,查处各类违法建设 22余起,全年在市大城管考核中共获得6次优秀。

【持续改善民生】 2018年,街道发放城乡低保金、优抚等民生资金等各类民生保障资金296万元。办理《就业创业登记证》210本,支持成功自主创业人数35人,创业带动就业164人。认真落实兜底保障政策,结对帮扶、按需救助,实现10户精准扶贫对象全部脱贫。

【街道文体工作】 2018年,建设街道图书馆分馆、文化馆分馆,完善公共文化机构服务项目和流程,建立公共文化需求的征询反馈制度。开展“这个春天,书香正浓”南山街道图书漂流活动,“在诗文中遇见南山”4·23世界读书日读书分享会活动。成功举办“胜地南山,龙泉佑福”二月二龙抬头大型民俗文化展示活动、“红五月”广场文艺演出。

(杨　健)

2018年南山街道各村、社区基本情况表

表27

社区名称	面积(平方千米)	总户数(户)	总人口(人)	社区党支部(总支)书记	社区主任
五凤口社区	6.6	784	1762	杨　斌	孙正斌
鹤林社区	2.5	484	1567	周玉宝	张海明
檀山社区	1.33	450	1386	刘立新	汪晓祥
回龙社区	3.5	357	989	鲍荣根	王裕平
黄鹤山社区	3	1245	2209	郑　仙	郑　仙
白龙湖社区	1.2	339	1024	刘立新	—

(杨　健)

镇江市黄山园艺场

【概况】 镇江市黄山园艺场又名镇江市金黄实业总公司,位于镇江市南山路33号。2018年在区委、区政府的领导下,按照区委、区政府的工作要求,紧紧围绕全年目标任务,以习近平总书记一系列重要讲话精神为统领,咬定目标不放松,发扬团结、民主、勤廉、奋进的黄山精神,坚持稳定、发展不动摇,围绕工作重点,积极做好各项工作。

一是全面推进现有资产的清理工作。年初和市交投集团续签了南山路菜场地块租赁合同后,始终关注跟踪交投集团永久菜场拟建设地块的运作情况,并积极做好新建菜场周边居民群众的解释说明工作,确保南山路新菜场顺利开工建设。加大对承租户的清理力度,在完成对大部分承租人的清退后,在律师主持下,成功完成对剩余两户进入司法诉讼的承租人的调解撤诉,确保场部办公地块下一步市场运作前的清理准备。对黄鹤山下加油站地块,按照区政府要求对清退出的房屋进行封闭处理,确保环保达标。与中石化镇江分公司进行了多次磋商,最终方案待区委区政府定夺后实施。

二是积极参与城市文明创建

工作。积极与天桥社区结对，每逢天桥社区安排任务，全场干部职工都能以志愿者身份积极参加创建活动。急群众之所急，黄山小区是该场多年前主导开发的老小区，由于设施不配套、小区未封闭、物业跟不上等原因而成为全市为数不多的失管小区，在群众遇到困难需要帮助时，主动配合天和星城对小区的道路、绿化、环境卫生实施维修改造，赢得了居民的认可。

三是加强信访工作，切实维护群众利益，推动和谐社会建设。坚持领导干部接访和下访制度，认真做好“大接访”，加强对信访信息资源的分析运用，加大信访处理力度，建立健全矛盾纠纷排查化解长效机制，进一步完善疑难复杂信访问题的解决机制。高度重视群众信访举报工作，不断完善信访工作大格局，加强对与群众利益密切相关的信访问题的督查督办，帮助群众解决实际问题。同时认真开展巡回接访工作，设立流动举报信箱，拓宽信访监督渠道，对长期存在的事改企信访隐患问题始终保持高度关注，一旦发现苗头，及时处置化解，努力做好场内退伍军人的劝导工作，避免信访矛盾的发生。全场未发生一起进京赴省上访事件，未发生去市、区集访事件。

四是抓党建工作责任落实，构建齐抓共管工作格局。坚持把党建工作摆在突出位置，从思想上高度重视，在实践中身体力行，真正进入“角色”，种好自己的“责任田”。一是完善目标责任考评。年初，召开班子会议深入分析研讨，把党建目标任务进一步细化量化，并与各支部签订党建目标责任书，把党建工作融入到经济、社会和作风建设的各项工作中。作为“第一责任人”，深入联系点开展党建专题调研，组织实施党建“书记项目”，围绕“三个到位”抓推进，做到组织到位、领导带头到位、支部督导到位；打造“三大课堂”抓实效，推行“车间课堂”，建立“党员讲堂”，创建“实境课堂”，同时认真做好 “书记上党课”活动，为全体党员上一堂党课。二是坚持例会制度。每月召开一次党政班子党建例会，安排督查党建工作进展情况；每季召开一次党建协调会，每次会议着重解决党建工作中的一两个问题，并明确分管领导亲自抓落实。要求领导定期到联系点，开展调查研究，帮助基层单位理清工作思路，制定党建工作计划，协调解决具体困难和问题。形成党建工作第一责任人总体抓，分管领导具体抓的工作机制，上下联动，层层抓落实的责任机制。

五是抓班子，带队伍。一是完善学习制度，提升领导班子领导水平。进一步建立健全了场党委中心组学习制度，制定周密的学习计划，认真学习，通过加强学习，增强班子成员的思想觉悟、政治素质、工作水平和领导能力。二是抓民主集中制，促领导班子团结。坚持按照党委议事规则和决策程序办事，对重大问题坚持集体研究，集体决策。集体决策后分工负责，落实责任。严格要求党委成员讲党性、讲大局、讲原则，认真执行党委决议决定，正确处理好责任与权力的关系，自觉维护班子的团结。三是强化干部职工管理。制订完善企业干部职工管理制度，实现党政班子自身建设和乡村干部管理的制度化、规范化，各级党员、领导、干部的责任意识、服务意识明显增强。

六是抓教育管理，健全和完善基层党组织生活制度。以现代远程教育网络等为载体，采取举办培训班、上流动党课、举行报告会等形式，推进党员学习教育常态化制度化。做到“全面”，学习教育及组织生活覆盖到退休党支部。针对年老体弱党员行动不便的问题，采取送学上门、结对帮教等方法，针对党员难以集中的问题，采取开展网上组织生活党员教育管理的做法，构建多种组织生活方式。坚持“固定”，用“党员统一活动日” 制度进一步强化党员的政治意识、组织意识、纪律意识，同时结合活动日，开展推进企业工作的活动和帮扶活动。管理“积分”，加强党员积分管理。按照上级要求对党员进行积分管理，半年公布一次党员积分情况，年度向支部大会通报每个党员的全年积分情况，以此作为民主评议的重要依据，促进党员精神面貌的转变，进一步增强党员的自我约束意识，充分发挥党员的先锋表率作用。 （赵庆华）

镇江市水产养殖试验场

【概况】 镇江市水产养殖试验场位于镇江市南山路9号，与百年学府镇江中学相邻，2018年下辖5家企业，其中：国有企业2家，改制民营企业3家。

2018年，该场坚持以中共十九大精神为指导，牢牢把握习近平新时代中国特色社会主义思想，紧紧围绕区委、区政府提出的总体目标和要求，扎实开展“两学一做”学习教育常态化、制度化机制建设，咬定目标，攻坚克难，开拓进取，不断创新，各项工作取得了明显成效。

盘活存量，聚焦资产保值增值。聚焦资产经营和资金清收两大主题，全面盘活存量资产，确保国有资产保值增值。一是确保场部大楼租金等收益按时足额到位。二是积极协助众联车饰公司办理经营所需各项手续。三是接受区财政局、国资委委托的第三方会计师事务所完成对全场资产清理清查工作；继续协助被拆迁户完成“富润华庭”安置房权证办理。四是进一步加大陈欠资金清收力度，全年清收到位资金200万元。

帮扶化解，始终确保和谐稳定。加大对困难职工的帮扶面和帮扶力度，努力减轻困难职工家庭的生活压力，全年累计投入帮扶资金近万元。针对个别已离职员工反映的社保金欠缴等历史遗留问题，本着弄清原委、坚持政策、耐心说服、正向引导为原则，妥善加以化解。对个别不稳定因素，着力从思想上耐心疏导，工作上细致入微，方法上突出重点，措施上处置有力，从而使问题和矛盾总体可控。

从严要求，着力强化党员教育。一是以学习好、宣传好、贯彻好中共十九大精神为首要任务，要求党员把握重点、学深悟透，牢固树立“四个意识”，坚定“四个自信”，坚决做到“两个维护”，切实提高政治站位。二是持续抓好“两学一做”，完善落实常态化、制度化工作要求。三是围绕“党要管党，从严治党”方针，认真落实党风廉政建设“两个责任”，班子成员“一岗双责”，并安排专人负责网上全程记实。

保持长效，持续抓好后续整改。一是按照区委巡察工作要求，继续抓好后续整改落实工作，责任到人，销号管理，举一反三，确保件件有落实，事事有回音，不再发生类似问题。二是积极配合区委巡察组做好跟踪巡察工作，对巡查组提出的个别整改不到位、不彻底、不清晰等问题，按照巡察提出的意见要求再次进行整改，确保真改、实改、彻底改。

（桑绍彪）

润州茶场

【概况】 镇江市润州茶叶良种场属国有场圃，地处官塘桥街道境内，西与丹徒区交接，距沪宁高速公路镇江出口和312国道及镇南立交桥约4000米。拥有国有土地66公顷，其中茶园26.6公顷。茶场生产的《丹茗》牌“三山香茗”绿茶曾获得丹徒区陆羽杯名优绿茶金奖，茶色清纯、香气益人，多年来一直受到广大消费者好评。

2018年，茶场围绕职工做好各项服务工作，严抓质量关，提升绿茶品质，塑造优秀的企业品牌。以人为本，以职工为中心，提高为人民服务意识，保障职工“两金”到位，做到职工有生活保障。认真贯彻上级部门各项指示，努力完成上级部门交办的各项事宜，加强学习，提升服务意识，加领导班子强作风建设，提高工作效能。一是维持信访工作稳定。茶场是一个特困农业场圃，先后经历了区划调整、事改企和职工生产承包等制度改革，历史遗留矛盾很多，全年职工来场部上访共计20余批次。场部将职工反映的问题集中分类，梳理清晰，耐心细致的做工作，逐个予以解答，做到变上访为下访，上访不出场。二是扎实开展“大走访”和精准扶贫。根据上级部门要求，积极开展了大走访和精准扶贫活动，深入职工居民家中，听取职工提出的宝贵意见和建议，共搜集职工意见和建议40余条，通过大走访活动既密切了干群关系，又改正了工作中的不足之处，更好的为职工提供服务。三是农村环境卫生长效管理效果显著。全年对茶场范围内多次进行了环境卫生集中整治，投入资金数万元，在村庄各个自然组设置垃圾分类标准化收集点位10个，并在场部办公区域增加了垃圾分类收集设施，对茶场辖区内的道路两侧进行了绿化。加大宣传力度，通过发放“致全场职工的一封信”和悬挂宣传标语等方式，提高职工和居民的环境卫生意识，创造整洁、优美、有序的茶场新环境。在全年的城管卫生考核中，成绩名列前茅。四是争创星级党支部。积极开展星级党支部创建工作，根据创建要求，全体党员动员，先后陆续开放党员阅览室、谈心谈话室等场所，方便党员职工的业余文化学习。加大党建力度，定期与党员职工进行谈心谈话，了解党员心声，完成三星级党支部创建。五是全力以赴跟紧官塘新城建设步伐。因茶场处于官塘新城开发建设范围内，可能即将面临拆迁，在区委区政府的同意下，完成了茶场境内的建筑物调查和评估，为官塘新城建设需要做好相关准备工作。（谢平亮）

新任党政领导

蒋 勇

2018年8月任润州区委常委、区委宣传部部长。

1970年11月出生,江苏镇江人,中共党员,研究生学历。1990年7月在镇江师范附小任教、少先队大队辅导员;1993年2月任润州区文教局团委副书记(主持工作);1993年9月任区纪委办公室副主任;1996年6月任区纪委办公室主任(副局级);1998年7月任润州区委办公室副主任;2001年10月任蒋乔镇党委副书记;2003年12月任蒋乔镇党委副书记、人大主席;2005年4月任宝塔路街道党工委书记、人大工委主任;2006年2月任润州工业园区党工委书记、管委会主任;2006年8月任区委组织部副部长;2007年1月兼任党联办主任;2010年1月兼任新经济社会组织工委书记;2010年12月任民发委党工委书记;2011年7月任蒋乔街道党工委书记;2012年4月任区发改经信委党组副书记、主任;2012年9月任区发改经信委党组书记、主任;2013年5月任润州区委常委(援藏)、区发改经信委党组书记、主任;2013年7月任润州区委常委(援藏)、达孜县副县长;2016年7月任润州区委常委;2018年8月任润州区委常委、区委宣传部部长。

胡如明

2018年8月任润州区委常委、区委统战部部长。

男,1964年11月生,江苏泰州人,1984年7月参加工作,1993年7月加入中国共产党,大学学历。1984年7月,润州区计经委工作;1986年1月,先后在润州区工业局、团区委、长城开关厂、第二毛纺厂工作;1989年1月,润州区工业局区属管理股股长;1990年3月,润州区计经委基建技改科科长,外资外经科科长;1992年9月,蒋乔镇经济实业总公司副总经理;1995年11月,蒋乔镇党委副书记、经济实业总公司总经理;1996年8月,中华路街道工委副书记、办事处副主任;1999年4月,宝塔路街道工委副书记、办事处副主任;2003年12月,宝塔路街道工委副书记、办事处主任;2005年4月,润州区科技局党组成员、区科协主席;2007年1月,润州区发改经贸委党组副书记、副主任;2008年2月,润州区发改经贸委党组副书记、副主任、民营经济发展局局长;2010年2月,润州区发改经信委党组副书记、副主任;2010年12月,润州区发改经信委党组副书记、副主任、旅游局局长;2011年8月,润州区科技局党组书记、局长;2013年3月,润州区政府副区长;2018年8月,润州区委常委、区委统战部部长。

张　成

2018年10月任润州区委常委。

1978年12月出生,江苏江都人,中共党员,研究生学历。

2000年7月至2005年12月历任江苏省军区炮兵团排长、政治处干事;2006年1月至2009年11月历任润州区人武部参谋、助理员;2009年12月至2013年2月任丹徒区人武部参谋;2013年3月至2014年2月任扬中市人武部副部长兼军事科科长;2014年3月至2017年6月任镇江军分区副团职助理员;2017年6月任润州区人武部部长;2018年10月任区委常委。

王家振

2018年8月任润州区政府党组成员、副区长。

1982年11月出生,汉族,江苏仪征人,全日制大学学历、学士学位,在职党校研究生学历,2005年4月加入中国共产党,2005年8月参加工作。

2005年8月镇江团市委科员;2009年1月—2011年9月任镇江团市委办公室副主任,学少部副部长;2011年9月任镇江团市委城工部部长;2011年11月任丹徒区江心洲生态农业园区党工委副书记、管委会主任;2014年1月任丹徒区高桥镇党委副书记、镇长;2015年9年任丹徒区高桥镇党委书记、高桥临港经济产业园党工委书记;2018年8月任润州区政府党组成员、副区长。

逝世人物

张家箴,男,汉族,山东蓬莱人,1930年12月出生,1947年7月参加工作,1950年5月加入中国共产党。1947年7月在旅大金县苏军被服厂工作;1949年2月旅大公安部队检查员、战士;1950年11月中国人民志愿军后勤押运员;1951年11月东北军区后勤部辑安办事处警卫员、通化办事处保密员;1954年8月中国人民解放军某军官学校五连学员、军人服务社主任;1958年6月镇江市象山乡国有商店支书;1960年8月镇江市象山园艺场党委副书记;1965年8月镇江市畜牧场党委书记;1969年7月镇江市汝山园艺场革委会主任、党委书记;1976年5月镇江市谏壁镇党委书记、建区领导小组组长;1983年8月镇江市郊区区委副书记;1986年5月镇江市润州区人大常委会副主任。1991年3月离休。2018年3月11日逝世。

于英泉,男,汉族,山东汝山人,1925年3月出生,1943年1月参加工作,1944年2月加入中国共产党。1943年1月入伍,历任乳山县四区中队独立营三连战士、营部战士、副班长、干事、副特派员;1947年3月东海军分区政治部后勤处审批干事、特派员;1949年5月胶东某旅炮兵政治处、军区炮团、某旅炮团保卫股副股长;1950年8月先后任炮兵某师、华东炮兵某师炮团保卫股股长;1951年11月南京市电业局保卫科科长;1957年8月江苏省电业局生产技术处副处长;1960年12月溧阳县委副书记;1965年8月镇江市谏壁发电厂副厂长兼政治部主任;1971年8月镇江市郊区革委会主任;1974年10月镇江市革委会生产组副组长、工交办副主任、财贸办副主任、主任;1983年6月镇江市商业局党组书记、副局长;1984年5月镇江市润州区人大常委会主任。1985年3月离休。2018年5月21日逝世。

市级以上先进集体名录

2018 年润州区获市和市级以上表彰的先进集体名录

表 28

单位名称	荣誉名称	授予单位
黎明社区卫生服务中心刘素萍家庭医生团队	2017 年全国优秀家庭医生团队	国家卫计委办公厅
润州区法院立案庭	全国三八红旗集体	全国妇联
润州区	2016–2017 年度全省法治建设示范县(市、区)	省委办公厅、省政府办公厅
润州区	江苏省新一轮服务业综合改革试点区域	省发改委
润州区	2017 年度江苏省国土资源节约集约利用模范县(市、区)	省国土厅
润州区	2017 年度江苏省土地执法先进县(市、区)	省国土厅
润州区	江苏省第十一届双拥模范城(县、区)	省民政厅
润州区法院	2013–2016 年全市社会治安综合治理先进集体	市委、市政府
润州区法院立案庭	集体三等功	省高院
润州区法院办公室	全省法院联络工作先进集体	省高院
区法院未成年人和家事审判庭	全省法院家事审判工作先进集体	省高院
七里社区卫生服务中心	江苏省首批社区医院建设试点	省卫健委
黎明社区卫生服务中心	江苏省家庭医生签约模式创新建设单位	省卫健委

续表 28

单位名称	荣誉名称	授予单位
金山物流中心创业孵化基地	江苏省创业孵化示范基地	省人社厅
金山街道、七里甸街道、韦岗街道	省级创业型街道(镇)	省人社厅
镇江市农副产品批发市场有限公司	农业部蔬菜定点批发市场	农业部
金山街道迎江路中心社区、金山街道黑桥社区、金山街道风车山社区、金山街道银山门社区、金山街道杨家门社区、七里甸街道五里社区、七里甸街道四圩社区、七里甸街道新城社区、七里甸街道二道巷社区、七里甸街道万科社区、韦岗街道韦岗村、和平路街道金山村、和平路街道牌湾社区、和平路街道三茅宫第二社区、和平路街道一泉社区、宝塔路街道李家大山社区、宝塔路街道凤鸣新村社区、宝塔路街道车站社区、南山街道五凤口社区	省级创业型社区(村)	省人社厅

市级以上先进个人名录

2018 年润州区获市和市级以上表彰的人物一览表

表 29

姓名	性别	荣誉名称	授予单位
贺设平	男	一等功	公安部
顾忠卫	男	全省涉法涉诉信访工作先进个人	省委政法委
贺设平	男	江苏好人	省文明办
刘　彤	女	江苏好人	省文明办
贺永欣	女	2013—2016 年全市社会治安综合治理先进个人	市委、市政府

区委、区政府表彰名录

2018 年度润州区先进集体名录

镇润发〔2018〕6 号

一、特别贡献单位(10 家)

润州区金山街道
润州区宝塔路街道
润州区人民法院
润州区人力资源和社会保障局
润州区市场监督管理局
润州区民政局
润州区人民检察院
润州区交通运输局
润州区财政局
润州区土地房屋开发总公司

二、服务发展先进单位(7 家)

镇江市公安消防支队润州大队
镇江市规划局润州分局
镇江市国土局润州分局
镇江市地方税务局第三税务分局
镇江市国家税务局第二税务分局
镇江市公安局润州分局
镇江市公安局润州交巡警大队

润州区"三聚三提五创"活动先进典型表彰名单

镇润发〔2018〕7 号

一、忠诚团结创新担当好班子(8 个)

七里甸街道
宝塔路街道
区法院
区检察院
区财政局
区市场监管局
区交通运输局
区科技局

二、发展富民好搭档(2 对)

金山街道党工委、办事处 周　藜(女) 汤小东
官塘桥街道党工委、办事处 刘春光 张　铁

三、服务基层好班长(6 名)

区商务局 范海进
区司法局 张志荣
区人社局 孙祥波
区发改经信委 吴斌斌
区民政局 夏兴政
区委党校 卢春生

四、从严治党好书记(2 名)

南山街道党工委 朱　震
区教育局党委 庄炳锁

五、勇于担当好助手(20 名)

七里甸街道 郑奇斌 周景润
官塘桥街道 张　浩
宝塔路街道 康　云
和平路街道 石光亚
金山街道 卢庆荣
韦岗街道 姚　继
区法院 马　力
区编办 张　伟
区发改经信委 向　绯(女)
区教育局 钱　进
区财政局 殷荣栋
区人社局 徐子强 陆承宝
区住建局 池鹤云
区城管局 李　俊
区水利局 张建明
区招商中心 邓　燕(女)
区审计局 施耘宁(女)
区安监局 顾万银

润州区首批区级党建微家、行动支部、红色微网格名单

镇润办〔2018〕32 号

一、首批区级党建微家(10 个)

和平路街道金山水城社区“幸福小院”党建微家
金山街道西津古渡社区“红色驿站”党建微家
宝塔路街道电力路社区“家在身边”党建微家
南山街道五凤口社区“初心小院”党建微家
金山街道银山门社区“天井众议院”党建微家
和平路街道金江社区“红烛”党建微家
韦岗街道“高骊蓝”党建微家
七里甸街道天桥路社区溪园新村党建微家
官塘桥街道官塘桥村“党员充电站”党建微家
宝塔路街道凤鸣新村社区“书香庭院”党建微家

二、首批区级行动支部(10 个)

官塘桥街道“农耕文化传承”行动支部
金山街道迎江路中心社区“四色关爱”行动支部
和平路街道金山村“磁石”行动支部
金山街道西津古渡社区“红色一条街”行动支部
七里甸街道五里社区“红色健跑团”行动支部
润州法院金山湖法庭“家和”行动支部
韦岗街道“高骊蓝”行动支部
南山街道五凤口社区“文化传承”行动支部
和平路街道金江社区“红烛义工”行动支部
润州区房地产开发总公司“安全帽”行动支部

三、首批区级红色微网格(10 个)

七里甸街道光华社区红色微网格
宝塔路街道润州花园社区红色微网格
七里甸街道朱方路社区光华雅居红色微网格
官塘桥街道宝平社区南山一品红色微网格
和平路街道三茅宫第二社区红色微网格
金山街道杨家门社区麒麟巷红色微网格
宝塔路街道广东山庄社区 38 号大院红色微网格
和平路街道桃一社区红色微网格
韦岗街道韦岗村红色微网格
南山街道檀山社区红色微网格

重要文件选录

中共镇江市润州区委　镇江市润州区人民政府
关于印发《关于实施“润州英才”计划的意见》的通知

镇润发〔2018〕10号

各街道党工委、办事处，各场圃，区各部委办局，各人民团体，各直属单位：

《关于实施“润州英才”计划的意见》已经区委常委会会议研究同意，现印发给你们，请认真抓好贯彻落实。

中共镇江市润州区委员会
镇江市润州区人民政府
2018年3月12日

关于实施“润州英才”计划的意见

为进一步推进人才强区战略，优化引才育才环境，加快引进和培养一批高层次创新创业人才和行业发展急需人才，努力为全区城市经济发展提供强有力的人才和智力支撑。根据上级有关文件精神，结合全区实际，现就实施“润州英才”计划，提出如下意见。

一、领军人才引进计划

（一）创业领军人才引进对象及申报条件

创业领军人才是指以带技术、带项目、带资金的形式来我区投资创办高成长性科技型企业或现代服务业企业的人才，应同时具备以下条件：

1. 申报人具有硕士及以上学位，年龄不超过55周岁。拥有与创业领域产品、技术相关的自主知识产权或关键技术，在产品开发和企业经营管理方面具有比较丰富的实践经验；

2. 创办企业的主导产品具有自主知识产权，技术水平达到国际先进或国内领先，符合我区产业发展方向，有较好的市场发展前景和预期经济效益；

3. 申报人应为所创办企业的主要负责人，在所创办企业的实收资本中货币出资不少于财政资金资助额，占股不少于30%或是自然人第一大股东；企业一般尚未落户或落户时间不超过2年；

4. 对已落户人才、具有海外背景、层次较高的人才(如"国家千人""长江学者""国家杰出青年科学基金获得者"等)优先支持；对申报人所创办企业在税收、就业、社保等方面贡献大或已有社会资本投入的优先支持。

(二)创新领军人才引进对象及申报条件

创新领军人才是指从外地引进到我区企业从事科学研究、技术创新和经营管理的领军人才和团队，应同时具备下列条件：

1. 一般应具有博士学位，年龄不超过55周岁；海外人才应在境外知名高校、科研院所、知名企业中担任中、高级专业技术职务，从事重大项目、关键技术研究工作；国内人才应主持过重大科研任务、领衔高层次创新团队、领导国家级创新基地和重点学科建设，其研究工作具有重大创新性和发展前景；

2. 具有较高的科技创新能力或经济金融、人文社科研究能力，其研究专业符合我区产业发展方向，研发水平、成果为业内公认，达到国际国内领先水平；

3. 人才来润州时间不超过2年，入选后能连续在引进单位工作3年以上，且每年工作时间不少于6个月；

4. 申报人需与我区用人单位签订具有法律效力的劳动合同或工作协议，并受聘担任科技、营运等负责人以上职务，申报单位给予的薪酬月均不低于15000元，以申报单位代扣代缴个人所得税完税证明为准；

5. 对层次较高的人才（如"国家千人""长江学者""国家杰出青年科学基金获得者"等)优先支持；申报人有资金投入并占有股份的优先支持；落户企业税收、就业、社保等贡献较大的优先支持。

(三)支持政策

1. 对经评定的领军人才，按照创新成就、企业或者项目运行质量、经济和社会贡献等，评出重点资助项目和一般资助项目，分两年给予总计50万元或30万元的创新创业资金。对创新类人才，用于个人补助的不得低于30%，并不得抵扣工资待遇。

2. 对未落户的创业领军人才，企业注册地所在街道负责提供不少于100平方米工作场所，3年内免收租金。在我区自行租赁办公用房的，3年内按同地段年租金市场指导价的50%给予补贴，累计不超过6万元。

3. 新注册成立的人才创业企业，自税务注册登记年度起5年内，按税收区级留成部分前2年60%、后3年40%的标准给予奖励。同一项目按"就高不就低、不重复享受"原则执行，不与区其他税收奖补政策同时享受。

4. 引进人才在润州区购置首套商品房的，一次性给予6万元的购房补贴。引进人才的适龄子女接受学前教育的，由教育部门在公办幼儿园就近优先安排；接受义务教育的，优先安排公办学校入学。

5. 优先推荐入选人才申报国家、省、市各类人才计划，所获资助资金与"润州英才"计划资助资金同时享受。人才落户后，入选国家级、省级人才资助计划的，区财政再给予50%、25%的配套奖励。

二、行业紧缺型人才引进计划

(一)引进对象及申报条件

行业紧缺型人才是指来我区企业工作的产业发展急需人才，应同时具备下列条件：

1. 一般应具有硕士以上学位或副高以上职称，对我区产业发展有重大影响、能进行技术攻关解决关键技术难题、工作实绩突出、对我区经济社会发展作出特殊贡献的人才；

2. 申报人须于2018年1月1日后来润州且全职在申报企业工作，签订劳动合同并缴纳社会保险。硕士研究生或副高职称人才在企业工作须满3年，博士研究生或正高职称人才在企业工作须满2年；

3. 属于现代金融、文化旅游、软件与信息技术服务、新能源、低碳技术、节能环保等紧缺急需领域；

4. 所在企业须在润州登记注册并依法纳税。

(二)支持政策

对认定的行业紧缺型人才：

1. 硕士研究生或副高职称人才一次性补助2万元；博士研究生或正高职称人才一次性补助5万元。

2. 硕士研究生或副高职称人才在润州区购置首套商品房的，一次性给予3万元的购房补贴；博士研究生或正高职称人才在润州区购置首套商品房的，一次性给予5万元的购房补贴。

3. 企业每引进一名博士研究生或正高职称人才，可享受1万元引才补贴。

三、组织保障

(一)加强组织领导。"润州英才"计划在区委、区政府统一领导下，由区人才工作领导小组统筹组织实施，区人才工作领导小组办公室牵头做好综合协调、政策完善和考核督查等工作，其中：创新创业领军人才引进计划由区人才办牵头组织实施，行业紧缺型人才引进计划由区人社局组织实施。各相关部门要结合本部门职能，认真履行职责，努力形成齐抓共管的工作合力。各街道要成立专门机构、配备专门人员，具体负责高层次人才引进工作，切实将"一把手"抓"第一资源"落到实处。

(二)健全保障机制。设立专项资金，专门用于"润州英才"计划实施、人才项目资助和相关人才服务政策兑现。建立财政分担机制，领军人才项目资助资金由区级财政和落户地按照区、街道财政体制共同承担。加大资金监管力度，对违法违纪、违反学术道德规范，产生不良社会影响以及因个人原因不能发挥作用的，经相应责任部门会同区人才办报区人才工作领导小组批准后，取消其获资助资格，并依法依规追究相应责任。

（三）营造引才氛围。打造“润州英才”品牌，统筹运用各类媒体资源，大力宣传我区引才优惠政策和良好创新创业环境，不断扩大政策的知晓度和影响力。聘请高校专家教授、行业知名企业家等担任“引才大使”，帮助我区招才引智。积极培树先进典型，加大优秀人才项目宣传力度，将高层次人才列入党政领导联系专家的范围，加强日常联系和服务。

本意见自2018年1月1日起实施，由区人才工作领导小组办公室负责解释。与我区此前出台政策有重复、交叉的，按照“从新”的原则执行。

中共镇江市润州区委　镇江市润州区人民政府
关于印发《润州区关于加快推进产业发展的政策意见（试行）》的通知

镇润发〔2018〕12号

各街道党工委、办事处，各场圃，区各部委办局，各人民团体，各直属单位：

《润州区关于加快推进产业发展的政策意见（试行）》已经区委常委会会议研究同意，现印发给你们，请认真抓好贯彻落实。

中共镇江市润州区委员会

镇江市润州区人民政府

2018年3月12日

润州区关于加快推进产业发展的政策意见（试行）

为深度对标苏南，深化改革创新，加快构建以现代服务业为主体、新兴产业为先导、先进制造业为支撑的现代产业体系，加快推进润州城市经济大发展大繁荣，特制定如下政策意见：

一、支持重大产业投资

1. 支持重大项目引进。对新引进总投资1亿元以上的先进制造业项目和战略性新兴产业项目，总投资0.5亿元以上的现代服务业项目，总投资0.1亿元以上的科技创新项目和农旅结合项目进行重点扶持，综合考虑项目实际投资额、项目技术水平及预期产出等因素，按实际投资额的1%给予奖励，最高不超过1000万元。根据建设周期，按开工、竣工、投产三个节点4：4：2的比例进行兑现，其中开工阶段奖励须在完成计划总投资30%以后兑现，最长不超过3年。

2. 支持工业企业加大技改投入。对符合润州产业发展方向，年度新增技术和设备投资额在500万元以上的投资项目，项目竣工后，按新增技术和设备投资的5%给予奖励，最高不超过150万元。项目周期原则上不超过2年。

二、支持特色产业发展

3. 鼓励发展总部经济。经认定后给予以下扶持政策：

——落户奖励。对新引进或新设立的总部企业（标准另订），按企业实际到位注册资本的1%给予补贴，分5年兑现，每年20%，总额累计最高不超过500万元。

——办公用房补贴。对新引进或新设立的总部企业，在本区新建或购买办公用房的，按购建费的3%给予补贴，自取得产权证后分3年兑现，最高不超过400万元。在本区租赁办公用房的，3年内按同地段租金市场指导价20%给予补贴，最高不超过100万元。

——经营贡献奖励。对新引进或新设立的总部企业，自税务注册登记年度起，按税收区级留成部分前2年60%、后3年40%的标准给予奖励。区内现有企业职能归并提升为总部企业，经认定后，年纳税300万元以上的，其税收区级留成超基数部分，按前2年80%、后3年50%的标准给予奖励。

——高管奖励。对新引进或新设立的总部企业，年纳税300万元以上的，5年内对企业高管（每家不超过5人）予以奖励，奖励标准为年度个人所得税区级留成部分的100%。

4. 加快发展现代金融业。

——对新引进的银行（保险）金融机构区域总部，按总部经济政策予以扶持。

鼓励引进各类股权投资公司、股权投资基金及管理企业，给予以下扶持政策：

——落户奖励。对新引进或新设立的股权投资机构及其管理企业，注册资本1亿元以上的，按实际募集资金额的1%予以补贴，最高不超过300万元，分5年兑现。

——办公用房补贴。对新引进或新设立的股权投资机构及其管理企业，按其管理基金规模，给予不超过100万元的购租房补贴。

——项目退出奖励。股权投资机构在本区实现投资项目退出的，退出后按其年度缴纳税收区级留成部分的60%给予奖励。

——高管奖励。对新引进或新设立的股权投资机构及其管理企业，5年内对企业高管（每家不超过5人）予以奖励，奖励标准为年度个人所得税区级留成部分的100%。

5. 鼓励生产性服务业投入。优先发展研发设计、信息技术服务、节能环保服务、检验检测认证、电子商务、商务服务等生产性服务业，经备案的企业，项目设备、研发等实际投资达到200万元以上，在项目竣工验收后按实际投资额的5%给予奖励，最高不超过50万元。

6. 支持生活性服务业提升发展。对新引进或改造提升的健康养老、体育产业、旅游休闲、社区服务等方面的项目，设备、研发等实际投资额达到500万元以上的，在项目竣工验收后按实际投资额的3%给予奖励，最高不超过50万元。

7. 积极发展战略性新兴产业。鼓励发展低碳技术、节能环保、智能制造、医疗设备、电子信息、通信设备、云计算与大数据等战略性新兴产业。经认定备案的企业，获得市级产业政策资金扶持的，给予20%的额外奖励。

8. 扶持楼宇经济。

——鼓励盘活楼宇资源。对整体盘活本区指定的闲置商业载体（楼宇单体面积5000平米以上），租赁期限不低于三年的专业运营管理机构，租赁期内给予最高不超过300万元的补贴。对新建或新盘活的、企业入驻面积超过楼宇面积70%以上的楼宇，按其引进企业年度税收区级留成部分50%的标准，给予楼宇运营方奖励，不超过3年。

——提升楼宇贡献奖励。对各项税收总额首次超过500万元、1000万元、5000万元、1亿元的楼宇，当年度分别按楼宇所有企业实现税收区级留成新增部分的25%、15%、10%、5%按累进计算给予楼宇运营机构奖励。

——街道、村社区盘活集体闲置资产满足以上条件的，参照执行。

三、支持科技创新和载体建设

9. 鼓励创建高新技术企业。对新认定的国家、省级高新技术企业，分别给予10万元、5万元奖励。

10. 实施专利资助。国内发明专利申请后，每件给予1500元资助，授权后再给予3000元奖励；实用新型专利授权后，每件给予500元资助。申请并受理的国际专利（PCT）按实际缴费额的50%给予补贴，最高不超过10万元。

11. 支持企业研发机构建设。对当年被认定为国家级、省级企业工程技术研究中心、企业技术中心等的，分别给予50万元、20万元奖励。对被认定为省级企业院士工作站的，给予20万元奖励。

12. 支持科技载体建设。对被认定为国家级、省级公共技术平台、公共服务平台以及科技企业孵化器（加速器）和众创空间的，分别给予50万元、20万元奖励，对新获批的市级公共服务平台给予10万元奖励。

四、支持质量品牌提升

13. 对新获"省长质量奖"、"市长质量奖"称号的企业，分别给予25万元、10万元的奖励。

14. 对新获国家级、省级品牌的企业，分别给予10万元、5万元奖励。

15. 对新获国际标准、国家标准、地方标准的主要起草单位，分别给予15万元、10万元、3万元的奖励。

五、支持企业做优做强

16. 对年度纳税全区排名前十的企业（房地产业除外），第1名给予20万元奖励，第2~5名给予15万元奖励，第6~10名给予10万元奖励。

17. 对年度纳税额在500万元以上且增幅在全区排名前十的企业（房地产业除外），第一名给予15万元奖励，第2~5名给予10万元奖励，第6~10名给予5万元奖励。

【第16、17条奖励对象为企业班子成员，其中法人代表不低于奖励总额的50%。】

18. 对年度纳税额在200万元以上且增幅在15%以上的企业（房地产业除外），对于企业主要负责人按年度个人所得税区级留成部分的50%给予奖励。

六、配套支持政策

19. 人才政策。对新入选的被评为"金山英才"和"润州英才"计划的人才给予一定额度的资金补助。具体政策分别参照《关于印发镇江"金山英才"计划的通知》（镇办发〔2016〕10号）、《关于实施"润州英才"计划的意见》（镇润发〔2018〕10号）和《关于进一步优化人才发展环境的实施意见》（镇润发〔2018〕11号）执行。

20. 设立产业发展资金。年度资金规模拟定为5000万元，由区财政每年安排预算，专项用于本政策的奖励兑现、补贴、“双招双引”工作经费等。

21. 设立产业引导基金。基金规模首期拟定为1亿元，由区财政和社会募集资本设立，作为母基金，通过参股设立产业子基金，引导社会资本发展本区先进制造业和现代服务业。

22. 企业上市政策。对企业在境内证券交易所首发上市的，分阶段予以奖励，奖励总额300万元。对企业在新三板挂牌的，分阶段予以奖励，奖励总额最高100万元。具体参照《关于扶持企业上市工作的实施意见》(镇润政发〔2015〕41号)执行。

七、实施要求

1. 成立区产业发展政策服务工作领导小组，区政府主要领导任组长、分管领导任副组长，成员单位由区发改经信委、财政局、商务局、科技局、金融办、人才办、统计局、市场监管局等部门组成。

2. 建立相应的联席会议制度，各牵头部门负责具体政策实施细则的制订、解释、宣传和落实兑现工作。

3. 在评审年度扶持资金时，除新引进、新设立的外，要考虑企业当年税收贡献情况，原则上奖补总额不高于年度区级税收留成额度。本意见中同一项目、同一事项不得多头申报，按“就高不就低、不重复享受”原则确定资金扶持额度。奖补对象不包含房地产项目和政府性投资项目。

4. 对符合本区产业发展方向的重大产业项目，可按“一事一议”给予扶持。

5. 对出现严重安全生产事故、环保违法、偷税漏税以及其他违法行为的，实行一票否决。

6. 享受本政策扶持的企业，须承诺5年内注册地不迁离本区，不改变在本区的纳税义务，不减少注册资本。若被扶持企业违背承诺，将追回已经发放的扶持资金。

7. 除项目开工奖外，其他项目集中申报时间为每年3月14日–4月15日和11月14日–12月15日。

8. 本意见自2018年1月1日起试行，之前本区制定的涉及产业发展的相关政策同时中止。

中共镇江市润州区委　镇江市润州区人民政府
关于印发《镇江市润州区产业转型发展引导基金管理办法》的通知

镇润发〔2018〕14号

各街道党工委、办事处，各场圃，区各部委办局，各人民团体，各直属单位：

《镇江市润州区产业转型发展引导基金管理办法》已经区委常委会会议研究同意，现印发给你们，请认真抓好贯彻落实。

中共镇江市润州区委员会
镇江市润州区人民政府
2018年3月12日

镇江市润州区产业转型发展引导基金管理办法

第一章　总则

第一条　为充分发挥财政资金杠杆引导和放大效应，推动全区产业转型升级和创新发展，根据有关法规政策规定，结合润州区实际，制定本办法。

第二条　本办法所指产业转型发展引导基金(以下简称“母基金”)，是指由润州区政府出资设立并按市场化方式运作的政策性基金。主要用于开展“双招双引”(招商引资、招才引智)活动，支持本区产业发展的股权投资基金(以下简称“子基金”)，引导社会资本投资于先进制造业、金融、文化创意、旅游、健康服务、软件与信息服务、低碳经济等现代服务业,聚焦支持我区城市经济发展、科技创新和产业优化升级,促进优质资本、项目、技术和人才向润州集聚。

第三条 母基金首期规模1亿元，资金由区财政预算安排,视情况分期到位。

第四条 母基金遵循“政府引导、市场运作、科学决策、防范风险”的原则,采取市场化方式运作。

第二章 组织构架

第五条 区政府授权区财政局为母基金主管部门,负责研究制定母基金的经营考核目标和激励约束监督机制,落实母基金绩效考核与日常监督,保持规范运作。

第六条 区财政局委托区国有企业履行财政资金出资人职责。受托的区国有公司负责设立母基金公司,成立股东会、董事会。母基金公司独立核算,独立承担母基金的法律责任。

第七条 母基金公司聘请专业机构作为母基金管理公司。

第八条 母基金管理公司履行职责如下:

(一)负责从具备行业资质、业绩优良的知名基金团队中遴选出合作伙伴,设立子基金;

(二)对子基金管理团队提交的资料及方案做尽职调查,并进行初步筛选;

(三)提出子基金组建方案,报董事会审定。组建方案应包括政策意图、子基金总规模、财政出资额度、投资方向、受托管理机构、风险管控等主要内容;

(四)负责母基金的日常管理运作、执行经董事会批准的投资方案和决议等;

(五)对已定子基金组建方案进行调整变动;

(六)监督母基金托管银行的托管工作、跟进母基金投资活动情况并针对重大变动及时制定调整方案,加强投后管理;

(七)定期向董事会报送母基金运作情况报告。

第九条 母基金管理公司委托在本区有分支机构的商业银行对母基金进行资金托管。托管银行按照托管协议,负责资产保管、资金拨付和结算等日常工作,并对投资活动进行动态监管,定期向母基金管理公司提交监管报告。

第三章 投资运作

第十条 母基金以股权投资的方式进行出资,唯一运作方式为参股设立子基金。母基金仅作为有限合伙人,不参与具体经营且不能成为最大出资人。

第十一条 母基金参股设立子基金,出资比例原则上不超过子基金实收资本的30%。

第十二条 子基金需满足以下具体要求:

(一)注册地。子基金及其管理机构应当在镇江市润州区依法设立并注册,组织形式为公司制或有限合伙制;

(二)出资额。子基金对单个项目的累计投资额不得超过子基金自身注册资本的30%。子基金对本区内投资应保持一定额度,原则上按市场规则进行,具体在设立子基金合同(协议)中明确。

(三)存续期。子基金存续期一般不超过七年,出现股权资产转让或变现受限等情况,在各方协商一致的情况下最多可延迟两年。

第十三条 子基金管理机构应具备以下条件:

(一)具有国家规定的基金管理资质,管理团队稳定,专业性强,具有良好的职业操守和信誉;

(二)具备严格规范的投资决策程序、风险控制机制以及健全的财务会计管理制度;

(三)注册资本不低于500万元,管理运营过的股权投资基金总规模不低于2亿元，主要股东或合伙人具有较强的综合实力;

(四)至少有3名具备3年以上股权投资基金管理工作经验的专职高级管理人员，至少主导过3个以上股权投资的成功案例;

(五)机构及其工作人员无违法违纪等不良纪录;

(六)按不低于1%的比例入股拟管理的投资基金。

第十四条 母基金的投资在收回本金和门槛收益的基础上,可对项目投资或子基金管理团队给予奖励。

第四章 风险控制

第十五条 母基金依据基金章程或合伙协议约定进行股权投资、管理和退出。章程(协议)应约定,有下列情况之一的,母基金出资部分可无需其他出资人同意,单方决定退出投资;如无法实现退出,则子基金应当进入清算程序:

(一)未按章程或合伙协议约定投资的;

(二)与子基金管理机构签订合作协议超过1年,子基金管理机构未按约定程序和时间要求完成设立手续的;

(三)子基金设立之日起满1年未开展投资业务的;

(四)投资领域不符合约定的;

(五)其他不符合约定情形的。

第十六条 母基金应与其他出资人在章程（协议)中约定,当子基金清算出现亏损时,由出资人按现行法律法规及协议约定方式承担,母基金以出资额为限承担有限责任。

第十七条 母基金管理公司根据年度总体投资计划,按照基金设立进度,和其他出资人按照投资协议，将认缴资金同步划转到投资基金选定的托管银行。

第十八条 子基金的投资应符合国家、省和市产业政策、产业发展规划，不得实施任何形式的对外借款(可转股债权投资或夹层投资除外)，不得直接通过二级市场买卖挂牌交易的股票(上市公司非公开发行及以并购重组为目的的除外)，不得投资于远期、期货、期权、掉期等金融衍生品，不得从事商业性房地产投资，不得发放贷款、资金拆借、对外担保、赞助和捐赠，以及国家法律法规禁止从事的其他业务。

第五章 绩效考核与监督管理

第十九条 由区财政局牵头，成立母基金考核领导小组，重点针对母基金运作、管理、效果、资产情况，吸引撬动金融和社会资本投入规模、支持项目数量和成长情况、投资效益等，定期对母基金进行绩效考核，考核办法另行制定。考核领导小组成员由区财政局、金融办、发改经信委、科技局、商务局、审计局等部门组成。如考核不达标，报区政府批准，可更换母基金管理公司。

第二十条 母基金管理公司应自行对母基金投资规模、资金投向、投资效益及其资产情况定期进行评价。同时，在每年8月底之前向母基金考核领导小组和董事会报送上半年的投资运作报告，在每年4月底之前报送上一年度的投资运作报告，主要汇报母基金使用情况和存在的问题及建议。

第二十一条 母基金管理公司应自觉接受财政、审计等部门的监督检查。对在基金管理中出现的违法违纪行为，依照有关规定进行处理。如出现因滥用职权、玩忽职守或因人为故意、重大过失造成基金严重损失，依法追究法律责任；构成犯罪的，移交司法部门依法追究刑事责任。

第六章 附 则

第二十二条 本办法自发布之日起实施。

中共镇江市润州区委
关于印发《关于深化红色形象体系的实施意见》的通知

镇润政办〔2017〕57号

各街道、场圃党(工)委，区委各部委办，区各委办局党组(党委)，各人民团体，各直属单位：

《关于深化红色形象体系的实施意见》已经区委常委会会议研究同意，现印发给你们，请认真抓好贯彻落实。

中共镇江市润州区委员会

2018年3月12日

关于深化红色形象体系的实施意见

红色形象体系实施以来，全区基层党组织阵地建设标准化、组织生活规范化、党员作用有形化显著提升，组织的存在感和凝聚力、党员的归属感和向心力、群众的认同感和支持力极大增强。红色形象体系已经成为在全省有一定影响的党建品牌。为深入贯彻党的十九大精神和习近平新时代中国特色社会主义思想，认真落实全国、全省、全市城市基层党建工作会议要求，进一步提升组织力，增强政治功能，推动全面从严治党进一步向“末梢”延伸，现就深化红色形象体系提出如下实施意见：

一、红色视觉工程

突出政治属性，全面落实“四统一”(统一标识、统一元素、统一功能、统一风格)要求，重点打造4大红色阵地。

1. 室内的静态阵地。实行“6个标配”(党旗党徽、党章党规、领袖肖像、经典语录、制度规定、活动展示)，完善“一窗一墙三室”功能设置(党员服务窗口、党建展示墙、支部活动室、书记工作室、党员宣誓室)，亮出家风家规,晒出党员全家福,实现标准化静态阵地全覆盖。

2. 网上的互动阵地。以“红色e网”计划为抓手,拓展“互联网+党建”内涵,加快党建信息化建设。建强“润州先锋”微信公众号,探索构建覆盖全区的党建微矩阵,实行区、街道、村(社区)分级控制、分级管理,区域联动、数据共享、信息互通,形成全区所有党组织和党员的“掌上红色家园”。

3. 移动的活动阵地。各级党组织开展各类政治活动、志愿服务均应亮出党旗、“润州先锋”标识,党员应佩戴党徽,亮身份、树形象、作表率。在广场、街巷、商铺、楼道分别设置党建文化长廊、党员责任区、党员商铺、楼栋党员服务站。开展党员家庭“亮户定星”,依托群众性广场文艺演出、党员教育实境课堂等载体,增加唱“红歌”、送“红书”等元素,推动红色文化进社区、进楼宇、进家庭,形成红色风景线。

4. 门口的党建微家。按照就近服务、便于活动、自我管理等原则,在居民小区、商务楼宇等,探索打造一批具备政治学习、组织活动、便民服务、邻里调解、党群议事等功能的小微型阵地,体现党的元素、营造家的氛围,将活动安排、服务职责及负责人联系方式等公示上墙,打造党员群众家门口的“组织生活圈”“红色服务圈”。

二、红色基因工程

聚焦党员教育管理,创新学教方式,激活“红色基因”、增强“红色情怀”、彰显“红色气质”,提高党员队伍的整体素质和生机活力,增强支部活动的创意指数和魅力指数。

5. 打造行动支部。创新支部设立方式,从有利于加强党员教育管理、有利于开展支部活动、有利于发挥支部主体作用的角度,鼓励引导志向相同、爱好相投、专长相近的党员,成立行动支部。结合行动开展“三会一课”、组织生活会、主题党日,形成“边行动、边活动”的组织生活方式,提升支部活力。

6. 拓展红色课堂。在党支部中推广组织生活基本制度工作法,对“三会一课”、谈心谈话、组织生活会等4项基本制度,按城市社区、机关事业单位、“两新”组织等5个领域,分类明确开展频次、时间、内容、步骤等。探索体验式、开放式、创意式组织生活,试行“党员点单、支部接单”的组织生活项目认领制。积极打造党员教育实境课堂等学的阵地、“党性教育10分钟”“红色故事会” 等讲的载体、“党员议事会”“党群会商会”等议的平台,增强基层组织生活的吸引力和感染力。

7. 完善红色积分。细化党员红色积分管理,在对党员学习教育、活动参与、作用发挥、岗位贡献等情况如实记载和量化计分的基础上,注重区别同一支部中在职党员、离退休党员、流动党员等不同群体,合理设置基础积分和先锋积分,让积分更科学、更真实地反映每一位党员“先进不先进、优秀不优秀”。每年根据积分情况,对党员实行奖惩。

8. 健全红色关爱。健全党员关怀、帮扶、激励“三项举措”,探索设立区、街道两级“党员关爱资金”,救助老病重残、下岗失业、创业初期等有困难的党员,帮扶思想懈怠、政治意识不强的后进党员,激励工作表现好、发挥作用突出的先进党员,通过政治上关怀、思想上关心、精神上鼓励、物质上激励,增强党组织的凝聚力和向心力。

9. 严格督查评议。对党组织开展党内政治生活情况,深入实施“拉网式”集中督查、“推磨式”互学互查、“暗访式”随机抽查机制,推动以“查”促改。推行党员评支部工作、党员评书记绩效、群众评党员表现“民主三评议”,把思想政治工作、从严教育管理党员、群众工作落到支部,形成上下结合、内外并重的科学考评机制。

三、红色先锋工程

突出先锋领航,全面构建“3+”格局,积极探索党建引领城市基层治理有效途径,更好发挥基层党组织战斗堡垒作用和党员先锋模范作用。

10. 做大“党建+”。突出街道社区党组织的领导核心作用,将党建工作有机融入服务、民生、公益、治理等各领域。试点党建示范区建设,推行“1+X”雁阵工作法,以党建示范点为引领,打破组织关系隶属、行业条口壁垒,实行融合共建、引领带动,推动整片建强、整区联动、整体提质。建立红色微网格,整合组织、综治、民政、安监、城管等资源,在居民小区(楼栋)、机关事业单位、工商企业集聚地等基本单元划分网格,并建立党支部或党小组,由社区“两委”成员、党员骨干等担任网格长,积极吸纳有专业特长的志愿者担任网格员,分片负责、责任到人,实现党建引领下的网格化治理。

11. 做实“支部+”。普遍推行“支部建在身边、支委沉到网格、党员联进家中”,大力推行楼长、片长“两长制”,绘制“红色民情图”,做到提户知人、提人知事、提事知情、提情知策。发挥党支部书记工作室在领学促学、谈心谈话、民情收集、党群议事等方面的作用,每年评选表彰区级优秀党支部书记工作室,并实行动态管理。把支部书记纳入全区培训体系,每年开展轮训。

12. 做强“党员+”。深化“红色先锋·五大看齐”行动,教育引导党员在勤廉实干、和谐向善、创新转型等方面发挥先锋作用,积极认领红色责任岗,当好政策宣讲员、红色帮办员、党建指导员、发展参谋员。选树“润州先锋”等先进典型,放大示范引领作用,以身边事教育身边人,传递红色正能量,引导党员增强党员意识,履行党员责任,不忘初心、牢记使命。

中共镇江市润州区委
关于印发《关于推进城市基层“全域党建”的意见》的通知

镇润发〔2018〕38号

各街道、场圃党(工)委,区委各部委办,区各委办局党组(党委),各人民团体,各直属单位:

《关于推进城市基层“全域党建”的意见》已经区委常委会会议研究同意,现印发给你们,请认真抓好贯彻落实。

中共镇江市润州区委员会

2018年7月20日

关于推进城市基层“全域党建”的意见

为深入学习贯彻习近平新时代中国特色社会主义思想,认真落实全国、全省组织工作会议和上级城市基层党建工作会议精神,准确把握新时代党的建设总要求和党的组织路线,聚焦提升组织力加强组织体系建设,全面加强党领导城市工作水平,经研究,决定在总结试点经验的基础上,在全区全面推行城市基层“全域党建”(以下简称“全域党建”),现提出如下意见。

一、目标要求

按照推动基层党组织全面进步、全面过硬的要求,树立“全域党建”理念,坚持以提升组织力为重点,以街道社区党组织为核心,加强区域统筹,通过全域化布局、多元化融合、精准化服务、标准化保障,推进街道社区党建、单位党建、行业党建互联互动,实现全域组织共建、资源共享、机制衔接、功能优化的系统建设和整体建设,构建“公转带自转、自转促公转”的协调运行机制,形成全区域全领域党组织共同发展的态势,进一步提高城市基层党建工作整体效应。

二、基本原则

坚持以人民为中心。以巩固党在城市执政基础、增进人民群众福祉为出发点和落脚点,增强城市基层党组织政治功能和服务功能,发挥党的群众工作优势和党员先锋模范作用,引领基层各类组织自觉贯彻党的主张,确保基层治理正确方向。

坚持系统思维。把城市基层党建作为一项系统工程,以组织体系建设为重点,注重全面统筹、系统推进,以全区为整体单元,全地域有力融合,全领域有效统筹,全要素有序流动,全功能有机衔接,在更大范围、更宽领域、更深层次上推动城市基层党建全面发展。

坚持开放融合。各领域党组织打破行政隶属壁垒,破除各自为政障碍,拆除相互封闭藩篱,更好地实现街道社区党建、单位党建、行业党建互联互动,推动资源深度融合,不断增强基层党组织整合力,有效提升城市基层党建工作整体效应。

坚持改革创新。以解决突出问题为突破口,进一步解放思想,着力补齐城市基层党建的突出短板,着力破解基层社会治理的突出难题,着力解决群众反映强烈的突出问题。注重集成创新,鼓励基层因地制宜创造各具特色的新鲜经验。

三、实施举措

建立以“六统十八联”为核心的全域党建工作机制,聚焦政治统领、组织统联、阵地统建、队伍统管、资源统用、治理统抓6个方面,做实18项互联互动工作。

(一)政治统领,强化红色主轴

1. 三级责任联动。区级在党建工作领导小组下新设指导委,做深街道“大工委”和社区“大党委”制,吸纳驻区单位党组织负责人以及业委会、物业公司中的党员负责人担任街道党工委和社区党组织兼职委员。健全“大工委”“大党委”运行机制,建立完善工作例会、议事决策、联席会商等制度。

2. 条块横向联手。抓好行业系统党建,推动行业主管部门同步抓好业务工作和党建工作,推动行业系统所属单位主动融入属地中心任务和全域党建工作中。探索街道社区与驻区单位之间双向压实责任、双向沟通协调、双向考核激励、双向管理重点企业、双向评价干部机制。

(二)组织统联,打造红色联盟

3. 组织共建联席。区级制定党建联盟章程,引导街道社区与驻区单位、跨区单位、有关部门、“两新”组织签订共建协议,开出“双向服务”清单,积极推动街道社区与驻区单位党组织开展“契约化”共建、“紧密型”联席,实现党组织实质“兼容”。

4. 示范片区联建。创新“1+X”雁阵工作法,以一个名书记或名社区为领头雁,成立非建制联合党委,带动周边1平方公里范围内的社区、“两新”组织等党组织,通过经验输出、跟班学习、资源共享、活动联办等方式,以点带面推动整片建强。

5. 星火计划联育。联合网信、民政、司法、住建、市场监管、发改经信等行业主管部门,重点在互联网业、社会组织、律师行业、物业企业、商圈市场、商务楼宇、创业孵化器7个领域,遴选培育一批龙头型、引领型党建工作示范标杆,推动形成各新兴领域党建工作标准。

6. 行动支部联组。按志缘、趣缘、业缘、地缘灵活采取建制型或非建制型,鼓励党员自由结合,成立功能型行动支部。将学习教育、日常管理、组织生活等党内活动与兴趣爱好、民生服务、社会治理等志愿行动有机结合,形成“边行动、边活动”的红色风景线。

(三)阵地统建,突出红色视觉

7. 阵地标准联推。推广城市基层党建VI系统,积极引导有条件的驻区单位、“两新”组织等各领域党组织按照“四统一”“六个有”标准,即统一标识、统一元素、统一功能、统一风格,有党旗党徽、党章党规、领袖肖像、经典语录、制度规定、活动展示,按照“一窗一墙(厅、馆)三室”要求,即党群服务窗口、党建展示墙(厅、馆)以及书记工作室、党员活动室、党建工作室,因地制宜、灵活设置。

8. 党建微家联心。按照就近服务、便于活动等原则,在居民小区、街巷广场、商务楼宇等,利用党员中心户、小区院落、文化长廊、闲置空间等,打造集学习、活动、服务、调解、议事等功能为一体的小微型阵地,构建党员群众家门口的“组织生活圈”“红色服务圈”。

9. 网络平台联通。以“润州先锋”微信公众号为基础,打造直属党(工)委、村(社区)和“两新”组织党组织微信公众号数据共享、信息互通、分级管理的统一平台,建立区、街道、社区三级党微矩阵,开展党员网络报到、线上考试、积分管理等,形成覆盖全区各领域党组织和党员的“掌上生活圈”。

(四)队伍统管,激活红色基因

10. 书记队伍联培。制定全域内各类型党组织书记培养计划,纳入全区干部教育培训总体规划,联合开展教育培训,联合评选表彰名书记。遴选优秀党务干部、业务骨干、专业社工等纳入后备书记库,进行梯度化培养使用。开设全域“书记讲坛”,促进工作交流,提升业务水平。

11. 工作队伍联抓。建立基本待遇保障、绩效管理考核、社区事务准入、员额分级管理、区级统一招录为主要内容的社区工作者职业体系。通过区基层党建创新小组成员包片指导、各领域党务干部集中轮训等方式提升党务工作者业务水平。

12. 党员队伍联管。实行党员分类管理,对纯居民党员“直管”、在职党员“双管”、流动党员“共管”、离退休党员“协管”。在实施党员红色积分的基础上,全面推行党支部“堡垒指数”和党员“先锋指数”考评机制,党支部“堡垒指数”由共性指数、个性指数和反向指数构成,党员“先锋指数”由基本指数、正反向指数和清零指数构成,均按百分制量化考评。

(五)资源统用,汇聚红色力量

13. 区域载体联享。充分整合区域内各单位的组织资源、物质资源、信息资源、阵地资源、人力资源和服务资源等,建立健全共享体系,定期对外发布全区党建资源开放目录,供党组织、党员群众预约使用。

14. 关爱基金联筹。采取党组织拨付、党员捐献、企业捐助、社会募集等形式,设立“红色基金”,全域范围统筹使用,对生活困难党员群众,及时给予帮扶。

15. 为民项目联认。街道社区党组织牵头,定期收集梳理群众需求,建立“排行榜”,以项目化方式对外发布,引导发动区级机关党组织、辖区内党组织、共建单位、社会组织、志愿团队和在职党员等承接认领。

(六)治理统抓,彰显红色先锋

16. 红色网格联治。结合网格布局,优化调整党组织设置,建立“网格党支部—楼栋党小组—党员中心户”架构,让党建触角向网格延伸。建立由社区“两委”成员担任网格长,社区党员骨干担任网格员,党员群众主动参与的红色微网格。试点推行“1+1+1”模式,即在具备条件的1个网格中建设1个党建微家、成立1个行动支部。

17. 党群事务联商。社区党组织牵头,针对辖区内物业矛盾、环境整治等党员群众关心的热点难点问题和区域发展、民生服务重大事项,邀请驻区单位、职能部门、党员群众等利益相关方,通过党群议事会共商,寻求利益各方“最大公约数”。

18. 六项服务联办。以社区党组织为核心,凝聚社会组织、专业社工、社区志愿者、在职党员等,开展政务服务、生活服务、法律服务、文体服务、关爱服务、党员服务。

四、有关要求

1. 强化组织领导。区委将全域党建作为基层党建“一号工程”,区委党建工作领导小组负责全域党建全面工作,区指导委负责全域党建日常推进。街道党工委、社区党组织要将全域党建纳入整体工作部署和党的建设总体规划,整片建强、整体推进。其他各领域党组织要以街道社区党组织为领导核心,主动开放、深度融入。各级党组织书记要履行第一责任人职责,强化全域思维,谋划开展好全域党建各项工作。

2. 加强考核督查。建立健全全域党建考核评价机制,把抓全域党建工作情况作为区委常委、党员副区长履行分管领域、挂钩联系单位党建责任的重要内容，将推进绩效作为街道、相关职能部门、社区党组织书记述职评议考核的重要内容，作为履行党建责任的重要指标。加强督查指导，对推动“六统十八联”重点工作任务等情况，及时检查反馈、督促整改。

3. 注重典型宣传。加大先进典型的培育，选树一批工作实绩突出、示范引领作用强的党建示范区、党组织书记、党员先锋典型，进行表彰奖励，强化典型宣传，浓厚工作氛围。

文件题录

区委

表30

序号	文号	标题
1	镇润发〔2018〕1号	关于印发《关于进一步规范提升村(社区)干部待遇保障水平的意见》的通知
2	镇润发〔2018〕2号	关于印发《中共镇江市润州区委常委会2018年工作要点》的通知
3	镇润发〔2018〕3号	关于区委常委分工的通知
4	镇润发〔2018〕4号	关于调整区委常委、副区长挂钩基层联系点的通知
5	镇润发〔2018〕5号	关于调整区机构编制委员会成员的通知
6	镇润发〔2018〕6号	关于表彰2017年度先进集体的决定
7	镇润发〔2018〕7号	关于表彰全区“三聚三提五创”活动先进典型的决定
8	镇润发〔2018〕8号	关于转发《润州区政协2018年工作意见》的通知
9	镇润发〔2018〕9号	关于申请选派第十一批“科技镇长团”来润州工作的请示
10	镇润发〔2018〕10号	关于印发《关于实施“润州英才”计划的意见》的通知
11	镇润发〔2018〕11号	关于印发《关于进一步优化人才发展环境的实施意见》的通知
12	镇润发〔2018〕12号	关于印发《润州区关于加快推进产业发展的政策意见(试行)》的通知
13	镇润发〔2018〕13号	关于印发《2018年润州区招商工作实施意见》的通知
14	镇润发〔2018〕14号	关于印发《镇江市润州区产业转型发展引导基金管理办法》的通知
15	镇润发〔2018〕15号	关于印发《关于深化红色形象体系的实施意见》的通知
16	镇润发〔2018〕16号	关于全面加强城市基层党建工作的实施意见(试行)
17	镇润发〔2018〕17号	关于刘国明同志兼任润州区老区开发促进会和润州区扶贫开发协会职务的请示
18	镇润发〔2018〕20号	关于印发《润州区生态环境保护工作责任规定(试行)》的通知
19	镇润发〔2018〕21号	关于印发《关于润州区村(社区)绩效管理考核的指导意见(试行)》的通知
20	镇润发〔2018〕22号	关于朱贵玉同志兼任润州区见义勇为基金会第三届理事会理事长的备案报告

续表 30

序号	文　号	标　　　题
21	镇润发〔2018〕23 号	关于印发《润州区关于开展农村集体产权制度改革工作的实施方案》的通知
22	镇润发〔2018〕24 号	关于蔡文龙等同志兼任润州区政协工作理论研究会职务的请示
23	镇润发〔2018〕25 号	关于蔡文龙同志兼任润州区乒乓球运动协会职务的请示
24	镇润发〔2018〕26 号	关于陈家军等同志兼任润州区思想政治工作研究会职务的请示
25	镇润发〔2018〕27 号	关于刘凯成等同志兼任润州区人大工作理论研究会职务的请示
26	镇润发〔2018〕28 号	关于陆金火同志兼任润州区慈善总会职务的请示
27	镇润发〔2018〕29 号	关于高亚明同志兼任润州区诗词楹联协会职务的请示
28	镇润发〔2018〕30 号	关于刘永飞同志兼任润州区篮球运动协会职务的请示
29	镇润发〔2018〕31 号	关于蒋卫东同志兼任润州区老年人体育协会职务的请示
30	镇润发〔2018〕32 号	关于印发《2018 年度“三聚三提五创”活动实施方案》的通知
31	镇润发〔2018〕33 号	关于印发《润州区区管领导班子综合评价和领导干部 360° 适岗评价办法》的通知
32	镇润发〔2018〕34 号	关于进一步明确各街道管理范围的通知
33	镇润发〔2018〕35 号	润州区村(社区)工作者员额管理暂行办法
34	镇润发〔2018〕36 号	关于印发《润州区干部鼓励激励、容错纠错、能上能下实施细则(试行)》的通知
35	镇润发〔2018〕37 号	关于建议陈家军等同志为考察对象人选的请示
36	镇润发〔2018〕38 号	关于印发《关于推进城市基层“全域党建”的意见》的通知
37	镇润发〔2018〕43 号	关于成立润州区污染防治攻坚行动指挥部的通知
38	镇润发〔2018〕44 号	关于区委常委分工调整的通知
38	镇润发〔2018〕44 号	关于区委常委分工调整的通知
39	镇润发〔2018〕45 号	关于调整区委常委、副区长挂钩基层联系点的通知
40	镇润发〔2018〕46 号	关于胡如明同志兼任润州区老科技工作者协会第二届理事会会长和法定代表人的请示
41	镇润发〔2018〕48 号	印发《关于贯彻〈中共共产党党务公开条例(试行)〉的暂行办法》的通知
42	镇润发〔2018〕51 号	关于张成同志分工和挂钩基层联系点的通知
43	镇润发〔2018〕53 号	关于印发《关于推进安全生产领域改革发展的实施意见》的通知
44	镇润发〔2018〕54 号	关于区委机构编制委员会组成人员任职的通知
45	镇润办〔2018〕4 号	关于印发《2018 年社区(村)协助党政部门工作事项》等减负目录并做好签约工作的通知
46	镇润办〔2018〕6 号	关于印发《中共镇江市润州区委全面深化改革领导小组 2018 年工作要点》的通知
47	镇润办〔2018〕7 号	关于成立润州区创新网格化社会治理机制工作领导小组的通知
48	镇润办〔2018〕8 号	关于印发《关于创新网格化社会治理机制的意见》的通知

续表 30

序号	文　号	标　　题
49	镇润办〔2018〕9 号	关于印发《润州区城市治理与服务十项行动分解落实方案》的通知
50	镇润办〔2018〕10 号	关于转发《润州区关工委 2018 年工作意见》的通知
51	镇润办〔2018〕11 号	关于转发《中共镇江市委办公室关于印发〈党委(党组)理论学习中心组学习实施细则〉的通知》的通知
52	镇润办〔2018〕12 号	关于实施 2018 年度宣传思想文化重点项目的通知
53	镇润办〔2018〕13 号	关于印发《润州区 2018 年诗教工作意见》的通知
54	镇润办〔2018〕14 号	关于成立润州区机关作风效能建设领导小组的通知
55	镇润办〔2018〕15 号	关于成立润州区绩效管理考核工作领导小组的通知
56	镇润办〔2018〕16 号	关于印发《2018 年落实党风廉政建设“两个责任”责任清单》的通知
57	镇润办〔2018〕17 号	关于加强和改进区政协民主监督工作的实施意见
58	镇润办〔2018〕18 号	关于印发《润州区 2018 年度街道绩效管理考核实施意见》的通知
59	镇润办〔2018〕19 号	关于印发《2018 年润州区区级机关绩效管理考核办法》的通知
60	镇润办〔2018〕20 号	关于印发《村(居)全面巡察专项工作规划》的通知
61	镇润办〔2018〕21 号	印发《关于进一步加强和改进离退休干部工作的实施意见》的通知
62	镇润办〔2018〕22 号	关于推进“走村进企入户”大走访常态化长效化的实施意见
63	镇润办〔2018〕25 号	关于继续开展“爱在润州·慈善一日捐”活动的通知
64	镇润办〔2018〕26 号	关于印发《关于开展解放思想大讨论活动的实施方案》的通知
65	镇润办〔2018〕27 号	关于印发《区委常委会开展解放思想大讨论活动方案》的通知
66	镇润办〔2018〕28 号	关于区纪委派驻纪检组更名及相关事宜的通知
67	镇润办〔2018〕29 号	关于印发《2018 年法治润州建设工作要点》的通知
68	镇润办〔2018〕30 号	关于成立润州区农村集体产权制度改革工作领导小组的通知
69	镇润办〔2018〕32 号	关于命名首批区级党建微家、行动支部、红色微网格的决定
70	镇润办〔2018〕33 号	关于严明纪律切实保证机构改革顺利进行的通知
71	镇润办〔2018〕34 号	关于印发《润州区“一江一河六行业”生态环境综合整治专项行动实施方案》的通知
72	镇润办〔2018〕38 号	关于成立区“三责联审”联络工作领导小组的通知
73	镇润办〔2018〕39 号	关于成立区委巡视联络工作领导小组的通知
74	镇润办〔2018〕40 号	关于印发《2016-2021 年区委巡察工作规划(修订)》的通知
75	镇润办〔2018〕41 号	关于印发《区属场圃、工贸总公司绩效管理考核实施方案》的通知
76	镇润办〔2018〕42 号	关于成立区机构改革领导小组的通知
77	镇润办〔2018〕43 号	关于加强和改进党委信息工作的意见
78	镇润办〔2018〕44 号	关于调整区党务公开工作领导小组成员的通知

续表 30

序号	文　号	标　　　题
79	镇润办〔2018〕48 号	关于成立全区领导干部“政治体检”暨研判评价工作领导小组的通知
80	镇润办〔2018〕49 号	关于印发《润州区推动高质量发展工作方案》的通知
81	镇润办〔2018〕50 号	关于印发《润州区关于落实高质量发展综合考核指标的工作方案》的通知
82	镇润办〔2018〕51 号	关于印发《润州区关于落实高质量发展监测评指标体系的工作方案》的通知
83	镇润办〔2018〕53 号	关于成立区推动长江经济带发展领导小组的通知
84	镇润办〔2018〕55 号	关于进一步加强区委巡察整改和成果运用工作的意见
85	镇润办〔2018〕56 号	关于成立润州区委农村工作领导小组的通知
86	镇润办〔2018〕57 号	关于调整润州区农村产权交易管理领导小组的通知
88	镇润办〔2018〕59 号	关于在全区开展“中秋、国庆”安全生产大检查的通知
89	镇润办〔2018〕60 号	关于进一步加强与党外代表人士联谊交友工作的通知
90	镇润办〔2018〕62 号	关于印发《润州区全面推行湖长制工作实施方案》的通知
91	镇润办〔2018〕63 号	关于在解放思想大讨论活动中开展对标找差专项活动的通知
92	镇润办〔2018〕64 号	关于印发《2018 年润州区推动长江经济带发展工作要点》的通知
93	镇润办〔2018〕65 号	关于调整区委民族宗教工作领导小组成员的通知
94	镇润办〔2018〕66 号	关于印发《镇江市润州区深化农村集体“三资”管理监督工作实施方案（试行）》的通知
95	镇润办〔2018〕67 号	关于认真学习贯彻《中共共产党纪律处分条例》的通知
96	镇润办〔2018〕68 号	关于成立润州区区属国有公司（场圃）综合纪检组的方案（试行）
97	镇润办〔2018〕69 号	关于调整区委反腐败协调小组成员的通知
98	镇润办〔2018〕70 号	关于成立润州区大运河文化带建设工作领导小组的通知
99	镇润办〔2018〕71 号	关于印发《大运河文化带（润州段）建设实施方案》的通知
100	镇润办〔2018〕72 号	关于调整区“扫黄打非”工作领导小组成员的通知
101	镇润办〔2018〕73 号	关于做好全区 2019 年度重点党报党刊征订工作的通知
102	镇润办〔2018〕74 号	关于印发《润州区建设新时代更高水平文明城市行动纲要（2018–2020 年）》的通知
103	镇润办〔2018〕75 号	关于印发《润州区文明城市长效管理工作区领导挂钩联系街道安排》的通知
104	镇润办〔2018〕76 号	关于成立润州区服务业综合改革试点工作领导小组的通知
105	镇润办〔2018〕77 号	关于印发《镇江市润州区省级服务业综合改革试点实施方案》的通知
106	镇润办〔2018〕78 号	关于印发《镇江市润州区 2018 年度省级服务业综合改革试点实施计划》的通知
107	镇润办〔2018〕79 号	关于印发《关于进一步加强财务管理严肃财经纪律的意见》的通知
108	镇润办〔2018〕80 号	关于印发《进一步规范区级行政事业单位财务报销的若干规定》的通知
109	镇润办〔2018〕81 号	关于转发《润州区老区开发促进会、扶贫开发协会关于进一步加强街道、村（社区）组织建设的指导意见》的通知

续表 30

序号	文 号	标 题
110	镇润办〔2018〕84 号	关于印发《润州区创建省级健康促进区实施方案》的通知
111	镇润办〔2018〕85 号	关于在全区开展形式主义、官僚主义集中整治的通知
112	镇润办〔2018〕86 号	印发《关于进一步加强和规范干部外出学习培训和党性教育活动管理的规定（试行）》的通知
113	镇润办〔2018〕87 号	关于统筹规范督查检查考核工作有关事项的通知
114	镇润办〔2018〕88 号	关于印发《省改革专项督察反馈意见整改工作润州区贯彻落实举措》的通知
115	镇润办〔2018〕89 号	关于印发《关于构建润州区社区（村）工作者职业体系的意见（试行）》的通知
116	镇润办〔2018〕90 号	关于开展 2019 年元旦、春节安全生产大检查的通知
117	镇润办〔2018〕91 号	关于做好 2019 年元旦、春节期间有关工作的通知
118	镇润办〔2018〕92 号	关于明确 2019 年社区（村）工作事项并做好签约工作的通知

区人大常委会

表 31

序号	文 号	标 题
1	镇润人〔2018〕1 号	关于周向群等同志免职的通知
2	镇润人〔2018〕2 号	关于周向群等同志职务任免的通知
3	镇润人〔2018〕3 号	公布 2017 年度效能建设测评结果的通知
4	镇润人〔2018〕4 号	关于表彰 2017 年度机关效能建设优秀单位的通知
5	镇润人〔2018〕5 号	关于表彰 2017 年度基层人大百分考核先进单位的决定
6	镇润人〔2018〕6 号	关于印发《2018 年区人大常委会工作要点》的通知
7	镇润人〔2018〕7 号	关于提请暂停孙康职务的报告
8	镇润人〔2018〕8 号	关于张世龙等同志职务任免的通知
9	镇润人〔2018〕9 号	关于孔庆鸣等同志免职的通知
10	镇润人〔2018〕10 号	关于许可对人大代表孙康采取强制措施的决定
11	镇润人〔2018〕11 号	关于提请恢复杜伟民同志代表职务的议案
12	镇润人〔2018〕12 号	关于王志祥的同志免职的通知
13	镇润人〔2018〕13 号	关于同意接受童国祥辞职的决定
14	镇润人〔2018〕14 号	关于王家振同志任职的通知
15	镇润人〔2018〕15 号	关于张耀林同志职务免除的通知
16	镇润人〔2018〕16 号	关于提请恢复孙康同志代表职务的议案

续表 31

序号	文　号	标　　题
17	镇润人〔2018〕17 号	关于付志宇同志任职的通知
18	镇润人〔2018〕18 号	关于陈雪元同志免职的通知
19	镇润人〔2018〕19 号	关于确定拟选任人民陪审员人数的通知
20	镇润人〔2018〕20 号	关于提请补选庄金泉等同志为市人大代表的议案
21	镇润人〔2018〕21 号	关于补选庄金泉、徐燕、杨坚等同志为镇江市第八届代表大会代表的报告
22	镇润人〔2018〕22 号	关于表彰区人大代表活动先进小组、优秀区人大代表、优秀议案和建议的决定
23	镇润人〔2018〕23 号	关于张群林同志任职的通知
24	镇润人〔2018〕24 号	关于曹东升等同志职务任免的通知
25	镇润人办〔2018〕1 号	关于召开区九届人大常委会第十次会议的通知
26	镇润人办〔2018〕2 号	关于召开区九届人大常委会第三十一次主任会议的通知
27	镇润人办〔2018〕3 号	关于召开区九届人大常委会第十一次会议的通知
28	镇润人办〔2018〕4 号	关于加强区人大代表各组与被测评单位对口联系的通知
29	镇润人办〔2018〕5 号	2018 年区人大代表小组开展活动的意见
30	镇润人办〔2018〕6 号	关于召开区九届人大常委会第三十四次主任会议的通知
31	镇润人办〔2018〕7 号	关于赴开封市龙亭区等地学习考察的通知
32	镇润人办〔2018〕8 号	关于召开区九届人大常委会第三十五次主任会议的通知
33	镇润人办〔2018〕9 号	关于召开区九届人大常委会第十二次会议的通知
34	镇润人办〔2018〕10 号	关于孙学斌等同志述职评议情况的通报
35	镇润人办〔2018〕11 号	关于房东升等同志述职评议情况的通报
36	镇润人办〔2018〕12 号	关于举办人大干部履职能力提升培训班的通知
37	镇润人办〔2018〕13 号	关于印发区人大 2018 年落实党风廉政建设主体责任清单的通知
38	镇润人办〔2018〕14 号	关于召开区九届人大常委会第三十七次主任会议的通知
39	镇润人办〔2018〕15 号	关于召开区九届人大常委会第三十九次主任会议的通知
40	镇润人办〔2018〕16 号	关于召开区九届人大常委会第十三次会议的通知
41	镇润人办〔2018〕17 号	关于魏娜等同志述职评议情况的通报
42	镇润人办〔2018〕18 号	关于朱明等同志述职评议情况的通报
43	镇润人办〔2018〕19 号	关于预算联网监督建设项目经费的请示
44	镇润人办〔2018〕20 号	关于召开区九届人大常委会第四十一次主任会议的通知
45	镇润人办〔2018〕21 号	关于召开区九届人大常委会第四十三次主任会议的通知
46	镇润人办〔2018〕22 号	关于召开区九届人大常委会第十四次会议的通知
47	镇润人办〔2018〕23 号	关于召开区九届人大常委会第四十五次主任会议的通知

续表 31

序号	文　号	标　　　　题
48	镇润人办〔2018〕24 号	关于召开区九届人大常委会第四十七次主任会议的通知
49	镇润人办〔2018〕25 号	关于召开区九届人大常委会第十五次会议的通知
50	镇润人办〔2018〕26 号	关于评选区人大代表活动先进小组、优秀区代表组长等通知
51	镇润人办〔2018〕27 号	关于召开区九届人大常委会第四十九次主任会议的通知
52	镇润人办〔2018〕28 号	关于报送对政府工作部门、垂直管理部门和“两院”开展效能建设测评的通知
53	镇润人办〔2018〕29 号	关于召开区九届人大常委会第五十二次主任会议的通知
54	镇润人办〔2018〕30 号	关于召开区九届人大常委会第十六次会议的通知
55	镇润人办〔2018〕31 号	区九届三次人代会经费的请示
56	镇润人办〔2018〕32 号	关于召开区九届三次会议的通知（单位）
57	镇润人办〔2018〕33 号	关于召开区九届三次会议的通知（代表）
58	镇润人办〔2018〕34 号	关于召开区九届三次会议的通知（列席代表）

区政府

表 32

序号	文　号	标　　　　题
1	镇润政〔2018〕1 号	关于提请周向群同志免职的报告
2	镇润政〔2018〕2 号	关于李志鹰等同志免职的通知
3	镇润政〔2018〕8 号	关于开展润州区第二次全国污染源普查的通知
4	镇润政〔2018〕10 号	关于印发《润州区生态河湖行动实施意见（2018–2020 年）》的通知
5	镇润政〔2018〕16 号	关于张悦等同志职务任免的通知
6	镇润政〔2018〕17 号	镇江市润州区人民政府国有土地上房屋征求决定书
7	镇润政〔2018〕18 号	镇江市润州区人民政府国有土地上房屋征求决定公告
8	镇润政〔2018〕20 号	镇江市润州区人民政府国有土地上房屋征收补偿决定书（祁国洪）
9	镇润政〔2018〕21 号	镇江市润州区人民政府国有土地上房屋征收补偿决定书（江庚和）
10	镇润政〔2018〕22 号	关于印发《润州区政府 2018 年“六大任务 百项工作”目标责任分解》的通知
11	镇润政〔2018〕24 号	关于对宝盖路 169 号等危房解危搬迁的公告
12	镇润政〔2018〕25 号	关于对杨家门 45 号等危房解危搬迁的公告
13	镇润政〔2018〕26 号	关于开展第三次全区土地调查工作的通知
14	镇润政〔2018〕36 号	关于润州路东西两侧地块棚户区改造项目（润州路东太平圩）的搬迁公告

续表 32

序号	文　号	标　　　　题
15	镇润政〔2018〕37 号	关于印发《润州区人民政府有关部门和单位安全生产工作职责规定》的通知
16	镇润政〔2018〕38 号	润州区人民政府“三重一大”事项集体决策制度实施办法
17	镇润政〔2018〕40 号	关于冯斌等同志免职的通知
18	镇润政〔2018〕45 号	关于竹林路 17 号周边环境整治项目的搬迁公告
19	镇润政〔2018〕58 号	关于提请王家振同志任职的报告
20	镇润政〔2018〕59 号	关于做好我区第四次全国经济普查工作的通知
21	镇润政〔2018〕62 号	关于区长副区长分工的通知
22	镇润政〔2018〕65 号	关于在市场体系建设中建立公平竞争审查制度的实施意见
23	镇润政〔2018〕67 号	关于印发《润州区创建国家公共文化服务体系示范区建设规划(2018–2020年)》的通知
24	镇润政〔2018〕69 号	运河新村 20、21 号危房解危搬迁公告
25	镇润政〔2018〕71 号	关于提请付志宇同志任职的报告
26	镇润政〔2018〕72 号	关于孙路等同志任职的通知
27	镇润政〔2018〕73 号	关于调整区对街道财政管理体制的意见
28	镇润政〔2018〕74 号	下黄山村棚户区(城中村)改造项目搬迁公告
29	镇润政〔2018〕77 号	山巷路东西两侧爸爸巷 7 号等危房解危搬迁公告
30	镇润政〔2018〕78 号	山巷路东西两侧杨家门 1 号等危房解危搬迁公告
31	镇润政〔2018〕79 号	山巷路东西两侧薛家巷 26 号等危房解危搬迁公告
32	镇润政〔2018〕80 号	黑桥社区福寿巷 3 号等危房解危搬迁公告
33	镇润政〔2018〕81 号	关于施耘宁同志免职的通知
34	镇润政〔2018〕82 号	镇江市润州区人民政府国有土地上房屋征收决定书
35	镇润政〔2018〕83 号	镇江市润州区人民政府国有土地上房屋征收决定公告
36	镇润政〔2018〕91 号	关于认真做好 2018 年度随军家属安置工作的通知
37	镇润政〔2018〕92 号	关于付志宇副区长分工的通知
38	镇润政〔2018〕94 号	张家湾片区棚户区改造项目搬迁公告
39	镇润政〔2018〕101 号	关于郑奇斌等同志职务任免的通知
40	镇润政〔2018〕103 号	关于朱邦政等同志免职的通知
41	镇润政〔2018〕104 号	关于提请张群林同志任职的报告
42	镇润政〔2018〕105 号	关于王志华同志职务任免的通知
43	镇润政〔2018〕106 号	冯家湾地块搬迁公告
44	镇润政办〔2018〕1 号	关于做好雨雪冰冻天气工作的紧急通知

续表 32

序号	文　号	标　　题
45	镇润政办〔2018〕4 号	关于印发《镇江市润州区无证幼儿园整改工作方案》的通知
46	镇润政办〔2018〕5 号	关于印发《润州区河湖“三乱”专项整治行动方案》的通知
47	镇润政办〔2018〕6 号	关于印发《2018 年“3·15”国际消费者权益日主题活动暨消费维权全年重点工作方案》的通知
48	镇润政办〔2018〕7 号	关于印发《润州区创建江苏省节水型社会示范区工作实施方案》的通知
49	镇润政办〔2018〕8 号	关于印发《润州区国有企业重大事项管理暂行规定》的通知
50	镇润政办〔2018〕10 号	关于公布《润州区第一批进驻市政务服务中心润州综合窗口政务服务事项目录》的通知
51	镇润政办〔2018〕11 号	关于转发《润州区审计局 2018 年度审计工作意见》的通知
52	镇润政办〔2018〕12 号	关于印发《2018 年全区食品安全重点工作安排》的通知
53	镇润政办〔2018〕13 号	关于印发《润州区占道经营专项执法行动方案》的通知
54	镇润政办〔2018〕14 号	关于成立区产业发展政策服务工作领导小组的通知
55	镇润政办〔2018〕15 号	关于下达 2018 年度一般公共预算收入任务的通知
56	镇润政办〔2018〕16 号	关于印发《润州区 2018 年一般公共预算收入预期目标综合评价办法》的通知
57	镇润政办〔2018〕18 号	关于调整区防汛防旱指挥部成员的通知
58	镇润政办〔2018〕19 号	关于印发《润州区审计全覆盖实施管理办法》的通知
59	镇润政办〔2018〕21 号	关于印发《润州区第二次全国污染源普查实施方案》的通知
60	镇润政办〔2018〕23 号	关于公布《润州区第二批进驻市政务服务中心润州综合窗口政务服务事项目录》的通知
61	镇润政办〔2018〕26 号	关于下达 2018 年度全区国民经济和社会发展主要指标的通知
62	镇润政办〔2018〕28 号	关于印发《润州区事业单位公务用车制度改革实施意见》的通知
63	镇润政办〔2018〕29 号	关于印发《润州区国有企业公务用车制度改革实施意见》的通知
64	镇润政办〔2018〕40 号	关于印发《润州区 2018 年度地质灾害防治方案》的通知
65	镇润政办〔2018〕41 号	关于印发《润州区校外培训机构专项治理方案》的通知
66	镇润政办〔2018〕48 号	关于印发《润州区创建全国义务教育优质均衡发展县(市、区)工作方案》的通知
67	镇润政办〔2018〕52 号	关于印发《镇江市润州区供销合作总社主要职责内设机构和人员编制规定》的通知
68	镇润政办〔2018〕53 号	关于印发《润州区第二期特殊教育提升计划(2018-2020)》的通知
69	镇润政办〔2018〕55 号	关于印发《润州区 2018 年“两减六治三提升”专项行动工作计划》的通知
70	镇润政办〔2018〕58 号	关于印发《关于市区国有土地上房屋因征收造成停产停业损失及其房屋价格评估补偿(补贴)的暂行意见》的通知
71	镇润政办〔2018〕60 号	关于印发《镇江市润州区行业协会商会与行政机关脱钩实施方案》的通知
72	镇润政办〔2018〕61 号	关于建立润州区城乡生活垃圾分类和治理工作联席会议制度的通知
73	镇润政办〔2018〕62 号	关于印发《润州区安全生产各专业委员会工作方案》的通知

续表 32

序号	文　号	标　　　题
74	镇润政办〔2018〕65 号	关于印发《润州区城乡生活垃圾分类和治理三年行动计划(2018–2020)》的通知
75	镇润政办〔2018〕66 号	关于印发《润州区“散乱污”露天烧烤、废品回收、路边洗车专项整治行动实施方案》的通知
76	镇润政办〔2018〕67 号	关于印发《润州区集中开展“散乱污”企业(作坊)专项整治行动方案》的通知
77	镇润政办〔2018〕68 号	关于印发《镇江市润州区土地整治规划(2016–2020 年)》的通知
78	镇润政办〔2018〕69 号	关于印发《润州区区属场圃财务预算管理方案》的通知
79	镇润政办〔2018〕71 号	关于调整区征兵领导小组成员的通知
80	镇润政办〔2018〕72 号	关于印发《2018 年度科技工作目标考核办法》的通知
81	镇润政办〔2018〕73 号	关于认定江南幼儿园等 14 所幼儿园为镇江市润州区普惠性民办幼儿园的通知
82	镇润政办〔2018〕74 号	关于组织开展集中无偿献血活动的通知
83	镇润政办〔2018〕75 号	关于开展全区党政机关办公用房清理整改工作“回头看”及做好市专项督查准备的通知
84	镇润政办〔2018〕76 号	关于印发《润州区保障农民工工资支付工作考核办法》的通知
85	镇润政办〔2018〕77 号	关于印发《润州区行政执法公示制度》等三项制度的通知
86	镇润政办〔2018〕78 号	关于成立润州区创建国家公共文化服务体系示范区工作领导小组的通知
87	镇润政办〔2018〕79 号	关于印发《润州区创建国家公共文化服务体系示范区实施方案(2018–2020 年)》的通知
88	镇润政办〔2018〕80 号	关于成立润州区“菜篮子”工程领导小组的通知
89	镇润政办〔2018〕81 号	关于调整润州区创建“土地执法模范区”工作领导小组的通知
90	镇润政办〔2018〕82 号	关于调整区安全生产委员会成员的通知
91	镇润政办〔2018〕83 号	关于开展创建“2018 年度江苏省土地执法模范区”活动的实施意见
92	镇润政办〔2018〕84 号	关于成立润州区从事生产经营活动事业单位改革工作领导小组的通知
93	镇润政办〔2018〕85 号	关于印发《区退役军人和其他优抚对象信息采集工作方案》的通知
94	镇润政办〔2018〕86 号	关于转发《镇江市 2019 年政府集中采购目录及采购限额标准》的通知
95	镇润政办〔2018〕87 号	关于调整我区被征地农民 2018 年基本生活保障标准的通知
96	镇润政办〔2018〕88 号	关于建立润州区物业管理工作联席会议制度的通知
97	镇润政办〔2018〕89 号	关于印发《润州区食品安全突发事件应急预案》的通知
98	镇润政办〔2018〕90 号	关于下达镇江市“菜篮子”市长负责制润州区目标任务的通知
99	镇润政办〔2018〕91 号	关于印发《润州区物业管理工作考核暂行办法》的通知
100	镇润政办〔2018〕92 号	关于印发《润州区 2017 年度渔业油价补助资金发放实施方案》的通知
101	镇润政办〔2018〕93 号	关于转发《镇江市财政局关于印发〈镇江市市级行政事业单位通用类资产配置标准〉》的通知

续表 32

序号	文　号	标　　　题
102	镇润政办〔2018〕95 号	关于做好《润州年鉴(2018)》和《镇江年鉴(2018)》发行工作的通知
103	镇润政办〔2018〕96 号	关于做好《润州年鉴(2019)》编纂工作的通知
104	镇润政办〔2018〕97 号	关于印发《润州区“大棚房”问题专项清理整治行动“再排查、再回看”工作方案》的通知
105	镇润政办〔2018〕98 号	关于印发《镇江市润州区行政事业单位国有资产有偿使用管理暂行办法》的通知
106	镇润政办〔2018〕99 号	关于印发《镇江市润州区行政事业单位国有资产管理实施办法》的通知
107	镇润政办〔2018〕101 号	关于印发《润州区河湖违法圈圩和违法建设专项整治工作方案》的通知
108	镇润政办〔2018〕102 号	2018 年长江润州区段豚类保护区清理整治违规网具专项行动实施方案
109	镇润政办〔2018〕103 号	关于公布《镇江市润州区“不见面审批(服务)”事项清单(2018 年版)》的通知
110	镇润政办〔2018〕105 号	关于印发《润州区社区(村)工作者基本报酬体系暂行办法》的通知
111	镇润政办〔2018〕106 号	关于印发《润州区社区(村)工作者转聘、考聘、招聘暂行办法》的通知
112	镇润政办〔2018〕107 号	关于印发《镇江市润州区清理拖欠民营企业中小企业账款工作方案》的通知

区政协

表 33

序号	文　号	标　　　题
1	镇润政协〔2018〕1 号	中国人民政治协商会议镇江市润州区委员会提案工作条例
2	镇润政协〔2018〕2 号	关于对润州区政协基层联络委员会组成人员进行调整的通知
3	镇润政协〔2018〕3 号	关于撤销蒋志诚区政协委员资格的通知
4	镇润政协〔2018〕4 号	关于加快推进润州金融产业集聚区建设的建议案
5	镇润政协〔2018〕5 号	关于表彰六届二次理论研究会优秀论文的决定
6	镇润政协〔2018〕6 号	关于调整区六届政协提案委员会组成人员的通知
7	镇润政协〔2018〕7 号	关于撤销施耘宁区政协委员资格的通知
8	镇润政协〔2018〕8 号	关于表彰 2017-2018 年度“优秀政协委员”“先进界别活动组”的决定
9	镇润政协〔2018〕9 号	关于表彰 2017-2018 年度优秀提案和提案承办先进单位的决定
10	镇润政协〔2018〕10 号	关于召开政协镇江市润州区第六届委员会第三次全体会议的决定
11	镇润政协〔2018〕11 号	关于加强润州区城市历史文化街区保护和利用的建议案
12	镇润政协办〔2018〕1 号	关于举办润州区政协委员“重走革命圣地,践行发展理念”综合素能提升培训班的通知

续表 33

序号	文　号	标　　　　题
13	镇润政协办〔2018〕2 号	关于征集区政协六届二次理论研讨会论文的通知
14	镇润政协办〔2018〕3 号	关于区政协委员综合素能提升班培训费的请示
15	镇润政协办〔2018〕4 号	关于开展民主监督“263”各项活动的通知
16	镇润政协办〔2018〕5 号	关于加强区政协信息宣传网络建设的通知
17	镇润政协办〔2018〕6 号	关于开展“履职尽责，勤政为民”民主评议活动的通知（区卫计委）
18	镇润政协办〔2018〕7 号	关于开展“履职尽责，勤政为民”民主评议活动的通知（区民政局）
19	镇润政协办〔2018〕8 号	关于开展区政协委员视察重点项目活动的通知
20	镇润政协办〔2018〕9 号	关于印发《润州区政协开展解放思想大讨论活动实施方案》的通知
21	镇润政协办〔2018〕10 号	关于召开全区政协系统学习习近平总书记关于加强和改进人民政协工作的重要思想理论研讨会的预备通知
22	镇润政协办〔2018〕11 号	关于对新一轮教育布局规划调整实施情况进行视察的通知
23	镇润政协办〔2018〕12 号	关于举办润州区政协委员第二期“重走革命圣地践行发展理念”综合素能提升培训班的通知
24	镇润政协办〔2018〕13 号	关于开展润州区卫生和计划生育委员会民主评议活动的通知
25	镇润政协办〔2018〕14 号	关于开展区政协委员述职活动的通知
26	镇润政协办〔2018〕15 号	关于开展先进界别小组、优秀政协委员优秀提案评选的通知
27	镇润政协办〔2018〕16 号	关于开展润州区民政局民主评议活动的通知
28	镇润政协办〔2018〕17 号	关于区政协委员综合素能提升班培训费的请示
29	镇润政协办〔2018〕18 号	关于做好区政协六届三次全体会议提案征集工作的通知
30	镇润政协办〔2018〕19 号	关于视察“医养融合”发展模式推进情况的通知
31	镇润政协办〔2018〕20 号	关于申请拨付区政协六届三次全体会议经费的请示

统 计 公 报

2018年润州区国民经济和社会发展统计公报

润州区统计局

二〇一九年五月二十二日

2018年，全区上下在区委、区政府的正确领导下，紧紧团结和依靠全区人民，攻坚克难、奋力拼搏，积极应对区划调整带来的新变化、新挑战，抓转型、求实效，较好地完成了各项目标任务，在润州转型发展的新征程中迈出了坚实有力的步伐。

一、综合

2018年，全区实现地区生产总值218.4亿元，按可比价格计算，比上年增长4.2%，其中：第一产业增加值0.64亿元，下降13.1%；第二产业增加值42.6亿元，增长2.7%；第三产业增加值175.15亿元，增长4.5%。

经济结构进一步优化，服务业增加值占地区生产总值比重进一步提高，三次产业比例为0.3:19.5:80.2。

全年，完成财政总收入24.14亿元，增长14.96%；其中一般公共预算收入13.58亿元，增长21.24%；一般公共预算收入中各项税收收入11.99亿元，增长29.08%。全年完成财政总支出30.14亿元，增长65.88%；其中一般公共预算支出16.72亿元，增长8.78%。

二、农业

全区，农林牧渔业总产值（现价）1.12亿元，下降10.72%；农业增加值0.67亿元，下降13.25%。粮食总产量0.07万吨，同比持平；茶叶产量7吨，同比持平；水产品产量0.06万吨，下降52.71%；蔬菜1.12万吨，下降38.61%。

全年，农作物播种面积0.56千公顷，同比下降6.84%；其中：粮食播种面积0.08千公顷，同比持平；蔬菜播种面积0.48千公顷，同比下降36%。

全年，化肥施用量（折纯）420吨，农村用电量3316万千瓦时。

全年，粮食单产38.27公斤/公顷，水稻播种面积73.33公顷，水稻单产661公斤；发放耕地地力保护补贴16.56万元，补贴面积92公顷、724户。完成了4个险种的农业保险，保险面积108.22公顷，保费8.5万元。其中主要种植业保费4.23万元，高效农业4.27万元，高效农业保费占比为72%。全区化肥施用总量为420吨，化肥使用量较2015年削减37%，达到控制指标。推广使用高效低毒低残留农药替代高毒高残留农药，农药使用量为8吨，实现农药零增长。

共完成成片造林8.93公顷；四旁绿化5.14万株；培育珍贵用材树种8.27万株，珍贵用材树种成片造林

5.33公顷。全区林木覆盖率为32.31%。新增韦岗村燕子窝"三化"示范村1个。目前湿地总面积2572.33公顷，其中自然湿地2122.83公顷，受保护的自然湿地1281.23公顷，自然湿地保护率为60.35%，修复湿地6.67多公顷。

润州区开展农村承包地确权的韦岗街道韦岗村13个村民小组662户农户，承包合同全部签订，登记簿已经建立，确权档案已移交进润州区档案馆，发放农村土地承包经营权证648本，颁证率超过97%，已经通过省级验收。润州区农村产权交易平台2018年度共成交项目118个，成交总额2921.7万元。

2018年，润州区冬春农田水利基本建设完成投资约350万元。完成土方约10万方，疏浚县乡河道1条，疏浚长度2千米；新建塘坝1座、新建泵站1座、新增节水灌溉面积0.67公顷；改善灌溉面积133.33公顷；改善除涝面积133.33公顷；长效保洁河道13.5千米。

三、工业和建筑业

年末，拥有规模以上工业企业15家(其中2家企业年报退出)。全年规模以上工业企业完成总产值30.81亿元，同比增长19.40%。分轻重工业看，轻工业3.72亿元，同比增长15.80%；重工业27.09亿元，同比增长19.91%。分行业门类看，采矿业5.08亿元，同比增长25.46%；制造业10.63亿元，同比上升13.40%；燃气生产和供应业15.10亿元，同比增长21.96%。在总计中，股份制企业12.32亿元，同比增长18.44%；外商及港澳台商投资企业15.10亿元，同比增长21.96%；其他经济类型企业3.39亿元，同比增长12.21 %。在总计中，民营工业15.71亿元，同比增长17.03%，其中私营企业8.22亿元，同比增长11.79%。在总计中，大中型工业企业21.16亿元，同比增长20.44%。

全年，规模以上工业企业实现主营业务收入32.69亿元，同比增长20.27%；利税5.52亿元，同比增长21.85%；利润4.32亿元，同比增长26.32%。规模以上工业企业总资产贡献率、主营业务收入利润率和成本费用利润率分别为16.39%、13.22%和15.09%，产品销售率为100.73%。规模以上工业企业主要产品产量见表。

主要工业产品产量

表 34

产品名称	计量单位	累计	同比 +-%
石灰石	吨	8739775	-0.23
鲜、冷藏肉	吨	918	-4.11
非织造布(无纺布)	吨	127	-58.63
商品混凝土	立方米	89132	125.37
石墨及碳素制品	吨	100956	-9.86
滚动轴承	万套	531	-18.05

年末，拥有资质以上建筑业企业67家，年平均从业人员25590人。全年签订合同额279.36亿元，同比增长25.36%，建筑业房屋施工面积493.32万平方米，同比下降2.18%。全年建筑业实现总产值108.17亿元，同比增长2.58%。竣工产值76.8亿元，同比增长71.2%。

四、固定资产投资

全年，完成固定资产投资108.66亿元，同比增长5.8%。其中二产投资完成2亿元，同比下降9.2%；三产投资完成106.66亿元，同比增长7.9%；产业投资完成5.16亿元，同比下降60.5%。

全区房地产投资完成69亿元,同比增长137%。施工面积287.88万平方米，同比增长11.79%；竣工面积36.22万平方米，同比增长7.77%。房地产销售面积完成36.76万平方米，同比下降8.1%，其中，住宅销售面积35.01万平方米，同比下降3.87%。商品房平均售价12020元/平方米，同比增长16.94%，待售面积20.79万平方米，同比下降14.13%。

五、国内贸易和开放型经济

2018年，实现社会消费品零售总额124.33亿元，增长6.5%。按消费形态分，批发业实现零售额31.34亿元，下降14.4%；零售业实现零售额68.31亿元，增长25.7%；住宿业实现零售额7.56亿元，增长5.5%；餐饮业实现零售额17.12亿元，下降8.2%。

全年，限额以上法人批发和零售业消费品中，服装、鞋帽、针纺织品类实现零售额0.42亿元，比上年增长2.5%；石油及制品类实现零售额21.36亿元，比上年下降7.2%；家用电器和音像器材类实现零售额3.15亿元，比上年下降26%；中西药品类实现零售额0.83亿元，比上年增长11.6%；金银珠宝类实现零售额0.07亿元，比上年增长53.5%。

年末，拥有亿元贸易市场 2个，分别是：镇江九州国际装饰家居广场有限公司、镇江农副产品批发市场有限公司，实现成交额66.9亿元。

2018年，完成进出口总额2.86亿美元，同比增长36.9%，其中出口总额2.29亿美元，同比增长37.71%；进口总额 0.57亿美元，同比增长33.75%。全年全区实际利用外资2871万美元，占市计划的96%，按完成率排名，全口径实到外资我区排第2名。

六、科学技术和卫生

新增国家级高新技术企业2家。年末，拥有国家高新技术企业数11家。3个科技项目获市以上立项，为企业争取扶持资金60余万元。全年，共申请专利338件，其中发明专利申请106件；专利授权213件。

2018年末，拥有医疗卫生机构 17 个、床位 762 张；有卫生技术人员 640 人，其中：执业医师 223 人、注册护士371 人、药剂人员 46 人。城乡居民合作医疗同步实施，农村新型合作医疗覆盖率100%，卫生服务体系健全率100%。(卫生部分含高新区)

七、教育、文化和体育

年末，全区拥有小学13所、初中1所、九年一贯制学校3所；现有在校小学生12986人，初中生4536人。九年义务教育对象入学率100%；小学、初中在校生巩固率均达100%；初中升高中段的比例达到100%。职业教育、成人教育继续发展，现有中等职业类学校1所，在校学生1451人。年内向普通高校输送新生101人。（教育部分含高新区）

年末，全区拥有文化馆（站）7个，各村（社区）综合文化服务实现全覆盖，农家书屋实现电子阅览室全覆盖。群众性文化活动蓬勃开展，全年举办区级演出、送戏下乡30场、送展览8场、送电影96场。全区文艺创作者在市级以上获奖作品100余件，在书画、美术、舞台文艺等方面发表作品200余件。

全年，认真抓好各竞赛项目的运动员队伍选拔和训练，共向上级运动单位推荐、输送运动员113名。积极组队参加省、市两级比赛，在2018年镇江市青少年阳光体育运动联赛少儿体育竞赛中，润州区积极参赛，参加了田径、篮球、排球、足球所有组别的竞赛，并获得优异成绩。全区已建成体育健身路径点119个。目前，社会体育指导员2400人。

八、生态环境

2018年，润州区全年总监测天数365天，环境良好天数213天，空气质量优良天数达标率为60.34%，较2017年上升4.24个百分点；PM2.5浓度为52.69微克/立方米，同比下降10.51%。2018年润州区省考以上断面运粮河的新河桥断面水质为Ⅲ类，达到省考核目标。全区集中式饮用水水质达标率100%。

九、人民生活和社会保障

2018年，是润州区全面贯彻落实中共十九大精神、高质量发展城市经济的开局之年。全区上下深度对标苏南，把惠民作为工作的出发点和落脚点，奏响发展城市经济的最强音，经济社会发展呈现平稳运行、持续向好的态势，并有力带动了城镇居民收支稳定增长。一体化住户调查资料显示，2018年润州区城镇常住居民人均可支配收入达48144元，同比增加3359元，增长7.5%，扣除价格因素，实际增长5.4%，比人均GDP增速快1.2个百分点。从收入来源看，工资性收入、经营净收入、财产净收入和转移净收入分别为29363元、6045元、5081元和7655元，同比分别增长6.4%、3.6%、13.0%和11.6%。城镇居民人均消费支出28997元，同比增加1744元，增长6.4%。从同比增速来看，八大类消费呈现出全面增长的特点。从消费比重上看，食品、居住和教育文化娱乐支出位居前三位，比重分别为26.6%、21.3%与15.9%；其次是交通通信、衣着、生活用品及服务、医疗保健和其他用品及服务支出，比重分别为15.7%、7.3%、5.8%、4.3%和3.1%。

2018年，全区新增城镇就业人员11780人，帮助下岗失业人员再就业6040人，实现农村劳动力转移200人，2018年末城镇登记失业率1.55%。全区创成3个省级创业型街道、21个省级创业型社区（村）、1个省级创业孵化基地、7个省级大学生优秀创业项目、1个市级创业孵化基地、12个市级标准化示范平台，挂牌成立镇江市第一家创业大学分院——润州分院。（含高新区）

2018年，全区城乡基本社会保险覆盖率达98%，共有4409名城乡老年居民享受到政府养老补贴。

注：1.公报中各项统计数据均为初步统计数，正式数据以《润州统计年鉴2018》为准；本公报中部门统计数据分别来自区财政局、区农业农村局、区水利局、区商务局、区科技局、区卫健委、区教育局、区环保局、区人社局等相关部门。

2.地区生产总值、各产业增加值绝对数按当年价格计算，增长速度按可比价格计算。

3.除标注含高新区外，其余段落部分的数据均不含高新区。

统 计 数 据

基本概况

表 35

指标名称	计量单位	2018 年实绩
行政概况		
街道	个	7
村民委员会	个	8
居民委员会	个	52
全区总面积	平方公里	89

注:全区总面积取自区民政局。

国民经济与社会发展主要指标

表 36

指标名称	计量单位	2018 年实绩	比上年 ± %
国民经济核算			
地区生产总值	亿元	218.40	4.2
#第一产业	亿元	0.64	-13.1
第二产业	亿元	42.60	2.7
#工业	亿元	8.61	6.0
第三产业	亿元	175.16	4.5
农业			
农林牧渔总产值	万元	11179	-10.7
#农业	万元	5450	-27.9
林业	万元	42	-10.6
牧业	万元	0	—
渔业	万元	5173	27.1
农林牧渔服务业	万元	514	32.8

续表 36

指标名称	计量单位	2018 年实绩	比上年 ± %
工业			
规模以上工业总产值	亿元	30.81	19.4
规模以上工业增加值	亿元	10.93	6.8
规模以上工业销售收入	亿元	32.69	20.3
规模以上工业利税总额	亿元	5.52	21.9
规模以上工业利润总额	亿元	4.32	26.3
国内贸易			
社会消费品零售总额	亿元	124.33	6.5
对外经济			
工商注册实际到位外资	万美元	2871.4	—
进出口总额	万美元	28633.11	36.9
进口	万美元	5716.99	33.8
出口	万美元	22916.12	37.7
固定资产投资			
固定资产投资	亿元	108.66	5.8
#第二产业	亿元	2.00	-9.2
第三产业	亿元	106.66	7.9
#房地产	亿元	69.00	137.0
财政收支			
财政总收入	亿元	24.14	-9.7
#一般公共预算收入	亿元	13.58	-10.1
财政总支出	亿元	30.14	81.5
人民生活			
在岗职工平均工资	元	96873	3.5
城镇常住居民人均可支配收入	元	48144	7.5
教育卫生			
在校学生数	人	26260	2.8
医院床位数	张	762	1.3
卫生技术人员	人	640	9.9
#护士	人	371	9.8

规模以上工业(分街道)

表 37　　单位:亿元、个、万人

单位名称	工业总产值	主营业务收入	利税	利润总额	资产总计	负债合计	企业个数	平均用工人数
合计	30.81	32.69	5.52	4.32	34.47	14.58	15	0.31
七里甸街道	1.11	1.09	0.07	–0.02	1.39	0.60	2	0.04
官塘桥街道	0.42	0.44	–0.03	–0.05	1.07	1.01	1	0.00
宝塔路街道	15.10	15.10	3.59	3.34	14.89	6.99	1	0.05
和平路街道	4.17	4.15	0.16	0.07	3.60	2.51	5	0.04
金山街道	0.00	0.00	0.00	0.00	0.00	0.00	0	0.00
韦岗街道	8.03	9.87	1.89	1.14	10.23	2.14	5	0.12
南山街道	1.99	2.04	–0.15	–0.16	3.29	1.33	1	0.06

建筑业主要指标

表 38

指标名称	计量单位	2018 年实绩	比上年 ± %
企业个数	个	65	20.37
签定的合同额	亿元	279.36	25.74
建筑业总产值	亿元	108.17	2.58
竣工产值	亿元	76.80	71.20
房屋建筑施工面积	万平方米	493.32	–2.18
#新开工面积	万平方米	155.62	164.70
年末从业人员总数	人	20397	–11.16
年末从业人员年平均人数	人	25590	13.57

注:本表建筑业企业均为具有资质等级的总承包和专业承包建筑业企业(不含劳务分包建筑业企业)

固定资产投资

表 39

指标名称	计量单位	2018 年实绩	比上年 ± %
固定资产投资	亿元	108.66	5.80
#产业投资	亿元	5.16	–60.50
工业投资	亿元	2.00	–9.20
现代服务业产业投资	亿元	3.70	—
按产业分			
第一产业	亿元	—	—
第二产业	亿元	2.00	–9.20
第三产业	亿元	106.66	7.90
#房地产	亿元	69.00	137.00

房地产开发投资

表 40

指标名称	计量单位	2018 年实绩	比上年 ± %
房地产开发投资完成额	亿元	69.00	137.00
房屋施工面积	万平方米	287.88	32.2
房屋竣工面积	万平方米	36.22	7.8
商品房销售面积	万平方米	36.76	–8.1
#住宅	万平方米	35.01	–3.9
商品房销售额	亿元	44.18	7.5
#住宅	亿元	41.72	11.5
商品房平均售价	元	12020.00	16.9
#住宅	元	11918.01	16.0
待售面积	万平方米	20.79	–14.1

城镇非私营单位从业人员和劳动报酬

表 41

指标名称	年末从业人员数（人）		年末从业人员劳动报酬（千元）		在岗职工平均工资（元）
		在岗职工		在岗职工工资总额	
合计	34733	29256	3307558	2985410	96873
1.国有单位合计	16225	13873	1867625	1709898	118705
2.城镇集体单位合计	643	456	37617	29174	58318
3.其他单位合计	17865	14927	1402316	1246338	78535
按企业、事业、机关分组					
1.企业	20850	17058	1695494	1462237	81633
2.事业	7474	6005	734256	656110	102782
3.机关	6344	6130	869711	859203	138270
4、民间非营利组织	65	63	8097	7860	124569
按国民经济行业分组					
1.农、林、牧、渔业	23	23	1388	1388	60348
2.采矿业	1704	1511	126737	113463	72421
3.制造业	844	753	42448	37924	48457
4.电力、燃气及水的供应业	536	407	56342	50144	105032
5.建筑业	8886	6622	679638	567500	77209
6.批发和零售业	1395	1387	82703	82588	63292
7.交通运输、仓储业	1875	1357	184188	143739	104456
8.住宿和餐饮业	1113	957	57536	49574	49925
9.信息传输、计算机服务和软件业	855	855	99065	99065	113477
10.金融业	702	699	76557	76436	107808
11.房地产业	1289	1247	109122	106583	83826
12.租赁和商务服务业	444	416	29222	27921	70220
13.科学研究、技术服务和地质勘查业	1831	1647	213111	178545	122586
14.水利、环境和公共设施管理业	683	444	53356	40351	77259
15.居民服务和其他服务业	120	106	11164	10243	93555
16.教育	2580	2038	268761	247741	113176
17.卫生、社会保障和社会福利业	1246	1130	130358	123573	107142
18.文化、体育和娱乐业	1058	547	93871	58292	83433
19.公共管理和社会组织	7549	7110	991991	970340	132707

社会消费品零售总额(分街道)

表 42

指标名称	计量单位	2018 年实绩	比上年 ± %
润州区	万元	1243338.7	6.5
七里甸街道	万元	64332.2	6.5
官塘桥街道	万元	5294.8	6.5
宝塔路街道	万元	815350.5	6.6
和平路街道	万元	145774.7	6.5
金山街道	万元	66640.9	6.6
韦岗街道	万元	3800.0	6.4
南山街道	万元	142145.6	6.4

利用外资(分街道)

表 43

指标名称	实际利用外资(万美元)
合计	2871.40
七里甸街道	—
蒋乔街道	—
官塘桥街道	—
宝塔路街道	660.00
和平路街道	—
金山街道	—
韦岗街道	—
工业园区	—
南山街道	—
区土地房屋开发总公司	1057.40

财政总收入

表 44

指标名称	2018 年实绩	比上年 ± %
一、工商税收(万元)	225472	-9.16
国税(万元)	144596	-15.15
地税(万元)	80876	3.93
二、农牧业税(万元)	—	—
三、专项收入(万元)	6048	15.72
四、其它收入(万元)	3955	-34.34
五、行政事业性收费收入(万元)	5958	-24.75
六、基金收入(万元)	—	—
本年收入合计(万元)	241433	-9.71

财政总支出

表 45

指标名称	2018 年实绩	比上年 ± %
一、一般公共服务(万元)	19670	-13.64
二、外交(万元)	—	—
三、国防(万元)	163	91.76
四、公共安全(万元)	9760	-7.17
五、教育(万元)	35222	-1.93
六、科学技术(万元)	2090	-40.06
七、文化体育与传媒(万元)	667	-15.46
八、社会保障和就业(万元)	25289	64.90
九、医疗卫生(万元)	6043	-11.64
十、环境保护(万元)	1781	-23.86
十一、城乡社区事务(万元)	149738	619.17
十二、农林水事务(万元)	4764	-28.05
十三、交通运输(万元)	738	-39.46
十四、工业商业金融等事务(万元)	3352	-51.62
十五、其他支出(万元)	42144	29.79
本年支出合计(万元)	301421	81.43

教育

表 46

指标名称	2018 年	比上年 ± %
全区学校总数(所)	54	5.55
1.高中	—	—
2.初中	4	0.00
3.职中	1	0.00
4.小学	16	0.00
5.幼儿园	33	9.09
全区学生总数(人)	26260	2.77
1.高中	—	—
2.初中	4536	4.37
3.职中	1461	-8.42
4.小学	12986	2.94
5.幼儿园	7277	3.97
全区班级总数(个)	749	3.60
1.高中	—	—
2.初中	101	3.06
3.职中	41	-7.32
4.小学	348	0.28
5.幼儿园	259	10.04
全区当年毕业生数(人)	6405	3.40
1.高中	—	—
2.初中	1447	11.82
3.职中	517	3.67
4.小学	2088	5.45
5.幼儿园	2353	-2.63
全区当年招生数(人)	6811	1.27
1.高中	—	—
2.初中	1483	-7.88
3.职中	463	-27.20
4.小学	2293	7.90
5.幼儿园	2572	7.00

续表 46

指标名称	2018 年	比上年 ± %
全区教职员工总数(人)	2383	5.90
# 专任教师	1787	1.79
1.高初中	309	3.56
2.职校	112	-1.78
3.小学	880	0.68
4.幼儿园	1082	11.60
中学专任教师职称人数(人)	297	3.70
1.高级教师	107	8.41
2.一级教师	147	0.68
3.二级教师	43	2.30
小学专任教师职称人数(人)	828	-1.70
1.高级教师	88	3.40
2.一级教师	641	-3.40
3.二级教师	99	5.00

注:专任教师数不含工人。

医疗机构

表 47　　单位:个、张、人

分组名称	机构数	床位数	卫生技术人员	其中		
				执业医师	注册护士	药剂人员
总计	17	762	640	223	371	46
医院	7	230	164	61	98	5
综合医院	7	230	164	61	98	5
专科医院	—	—	—	—	—	—
社区卫生服务中心	7	532	447	146	261	40
卫生院	—	—	—	—	—	—
妇幼保健所	1	—	17	6	12	1
疾病预防控制中心	1	—	10	10	—	—
卫生监督所	1	—	—	—	—	—

说 明

一、本索引采用主题分析索引方法编制,按索引词第一个字的汉语拼音字母顺序排列(同音按声调),音、调相同按第二个字音序排列,依次类推。

二、索引词后的阿拉伯数字表示内容所在的页码,数字后的拉丁字母a、b、c表示该页码从左到右的栏位。

三、凡空二字起排,为二级索引,是一级索引词的“附见”。

四、特载、专记、大事记等内容不作索引。

A

安全生产监督管理 115a
　　概况 115a
　　安全生产管理体系建设 115a
　　安全生产执法工作 115b
　　重点行业领域整治 115c
　　安全生产保障工作 116a

B

宝塔路街道 185a
　　概况 185a
　　重点项目建设 185c
　　加大城市建设 185c
　　加强社会服务 186a
　　宝塔路街道各社区基本情况表(2018 年)
　　　表 24 186

C

财政 147a
　　概况 147a
　　护税协税 147a
　　规范加强支出预算管控 147b
　　持续优化预算管理方式 147c
　　有效提升财务管理水平 147c
　　稳步推进财政体制调整 148a
　　积极防范化解债务风险 148a
财政·税务·审计·金融 147
残联 93a
　　概况 93a
　　全国残疾预防试验区创建全力推进 93b
　　换届选举圆满完成 93b
城管执法 140a
　　概况 140a
　　推进散乱污专项整治 140a
　　开展车载占道经营整治 140b
　　开展校园周边整治行动 140b
　　开展校外培训机构整治 140b
　　开展烟花爆竹禁放专项整治 140b
　　加强队伍建设 140c
　　落实全面从严治党 140c

推进意识形态工作 141a
城市建设 133a
概况 133a
润州山路南段(中山西路至崇实女中段)建成通车 133a
新西门桥危桥改造工程竣工通车 133b
太古山路建成全线通车 133c
团山路西段城市化改造工程竣工 133c
“263”和“一湖九河”整治工作完成 134a
金山湖路及周边道路绿化提升改造工程竣工 134a
西津音乐厅及实验剧场工程通过“中国建筑工程鲁班奖”现场复查 134b
和平路文体公园建成开放 134b
润州广场提升改造工程竣工 134b
全国文明城市复检测评顺利通过 134c
城区防汛工作 135a
城乡建设·环境保护 133
城乡卫生管理 138b
概况 138b
运行机制更加完善 138c
专项整治更加扎实 138c
市容环境更加整洁 139a
队伍管理更加规范 139a
润州区环卫所 139b
慈善总会 174c
概况 174c
慈善募捐 174c
慈善救助 175a
慈善公益 175b
慈善文化宣传 175c
自身建设 176a

D

大事记 25
档案工作 50c
概况 50c
档案资源体系建设 50c
档案利用体系建设 51a
档案安全体系建设 51a
档案法制宣传 51a
润州区档案馆通过省 AAA 级数字档案馆测评 51a
档案业务培训班 51b
档案工作督查 51b
党校工作 55a
概况 55a
创新实施干部教育培训 55a
着力打造“周末课堂”升级版 55c
在“对标找差”中加强自身建设 56a
干部教育培训情况表(2018 年) 表 4 56
“周末课堂”实施情况统计表(2018 年) 表 5 57
对台工作 48b
概况 48b
对台项目招引 48b
对台专项交流工作 49a
对台基层基础工作 49a
对外经济技术合作 146a
概况 146a
对外贸易 145c
概况 145c
润州区进出口前 15 强企业名单(2018 年) 表 15 145
对外招商 144a
概况 144a
赴英国、芬兰招商引资 144a
赴法国、挪威招商引资 144b
举办国际低碳(镇江)大会润州分会 144c

F

法院 106c
概况 106c
法治·人民武装 97
法制政府建设 99c
概况 99c
服务业 129c
概况 129c
现代商贸业 130a
文化旅游业 130a
商务服务业 130b
软件信息业 130b
成功入选省级服务业综合改革试点 130b
全力构建亲上加清的良好政企关系 130c
多维开展“招商引资招才引智”活动 130c
扎实推进全区重大项目按序时完成 131a

妇联 90b
概况 90b

G

工贸总公司 131a
概况 131a
全力推进巡察整改工作 131a
严格落实党风廉政建设“两个责任” 131b
以“书记项目”破解党建难题 131b
资产管理精细化 131c
工商联 86c
概况 86c
工商联参政议政 87a
“亲清”新型政商关系教育活动 87b
商会内部友爱互助活动 87c
工业 129a
概况 129a
多方位服务企业发展 129a
对上争取各类项目扶持资金 129b
不断强化生态文明建设 129b
工业·服务业 129
公安 100c
概况 100c
润州公安分局机关及所辖派出所一览表
表 13 103
供销合作总社 131c
概况 131c
专项试点工作 132a
“三代会”召开 132a
项目建设 132b
为农服务 132c
巡察工作 132c
关心下一代工作 94c
概况 94c
主题教育活动 94c
校外辅导站和电子阅览室阵地建设 95b
维护青少年成长环境 96a
关爱青少年弱势群体 96b
自身建设 96c
官塘桥街道 181a
概况 181a
坚持学法遵法普法用法 183c
农副产品交易领跑全市 183c
街道全力推进项目建设 183c
举办农耕文化旅游节 184a
举办第三届农民运动会 184b
戏曲专场走进官塘新城 184c
官塘桥街道各村(社区)基本情况表(2018 年)
表 23 184
广播电视 164a
概况 164a
主题宣传精准发力 164b
强化意识形态工作 164c
电台频率平稳过渡 165a
规范内部管理提质增效 165a
国土资源管理 113c
概况 113c
资源保护工作 113c
用地管理工作 114a
群众权益保障工作 114a
污染防治工作 114b
“互联网 + 国土资源应用”新突破 114b
党风廉政建设 114c
国有资产管理 113b
概况 113b

H

和平路街道 186a
概况 186a
协力共推社会稳定 187a
大力提升安居指数 187b
社会救助全面覆盖 187b
有力提升城市环境 187c
有效维护生态环境 187c
全方位满足文化需求 187c
和平路街道各村、社区基本情况表(2018 年)
表 25 187
红十字会 93c
概况 93c
环境保护 141b
概况 141b
扎实推进约束性指标完成 141b
全面推进中央环保督察“回头看”和省环保
督察交办信访及反馈意见整改落实 141b
环保专项整治持续推进 141c
环境空气质量管控 142a

水环境治理 142a
土壤污染防治工作 142b
西南片区综合整治 142b
全国第二次污染源普查工作 142c
黄山园艺场 194a
概况 194a

J

机关党建工作 51c
概况 51c
注重组织引领,带动机关党建整体强素质 51c
推进书记项目,提升党组织建设水平 52a
突出特色培育,扩大机关党建工作影响力 52a
投身全域党建,彰显机关党建服务功能 52c
组建社会监督员队伍,监督提升机关作风效能 52c
抓强自身建设,机关党工委走在前列 52c
机关事务服务中心工作 69c
概况 69c
后勤管理 69c
后勤服务 70a
后勤保障 70a
纪委、监察委 79
纪委常委、委员名单 79
监委委员名单 79
检察 104a
概况 104a
严格规范制度管理 176b
稳妥把握褒奖节奏 176c
拓展网络动态模式 176c
权益保护 177a
强化宣传 177b
加强自身建设 177b
建筑业管理 136c
概况 136c
服务区属建筑施工企业的发展 136c
有效管控建筑工地扬尘 137a
建筑业安全生产管理 137a
开展区属施工企业文明工地创建 137b
交通运输管理 116b
概况 116b
交通沿线环境整治 116b
官塘新城拆迁扫尾 116c
农村公路管养 117a
道路运输市场效能提升 117a
党建工作质量提升 117b
党风廉政建设 117c
教育 153
街道·场圃 179
金融 150a
概况 150a
加强理论学习,强化责任意识和廉政意识 150a
支持金融业发展成共识,与金融机构沟通更加畅通 150c
金融业扶持政策正式出台 151a
金融业发展态势良好 151b
金融产业园建设稳步推进 151b
持续加强对小贷公司监管,推进新三板企业转板 151c
宣传防范并举,全力消除金融风险隐患 151c
金山街道 188a
概况 188a
建立党内关爱帮扶机制 186c
创新举措落实"全域党建" 189c
纪念改革开放40周年 189c
成立旅游产业联盟 190a
太古山路正式开通 190b
展翅新飞工作坊 190b
党建微家重温《共产党宣言》 190c
金山街道各社区基本情况表(2018年) 表26 190
经济发展与计划管理 112a
概况 112a
城市经济破题开篇 112a
大项目建设有效推动 112b
招商引资扎实开展 112c
科技创新成效明显 113a
积极助理防污攻坚战 113a
社会事业全面进步 113a
经济和社会发展 17b
国民经济 17b
社会事业和人民生活 17c
九三学社润州委员会 86a
概况 86a
九三学社参政议政 86a
邀请九三学社江苏省委科技专门委员会专家走进润州 86b
九三学社思想组织建设与社会服务 86c

居民生活与社会保障　170

K

科技·卫计·广播电视·文化·体育　160
科协　91b
　　概况　91b
　　基层开展各项创建活动　91b
　　学会工作开创新局面　91b
　　自主品牌活动特色亮眼　91c
　　微型科普馆建设　91c
　　青少年基地建设　91c
　　农技协建设　91c
科学技术　160a
　　概况　1607a
　　深入企业挖掘课题项目　160c
　　指导企业申报国家高企　161a
　　试点推行科技创新卷　161a
　　加强知识产权工作　161a
　　开展“科技讲堂”讲座　161a

L

老干部工作　53a
　　概况　53a
　　突出离退休干部政治建设首位度　53a
　　管理服务彰显真情实效　53c
　　润州区老年人体育协会　54a
　　润州区诗词协会　54c
利用外资及港资　143b
　　概况　143b
　　润州区新批外资企业一览表(2018 年)
　　　表 14　143

M

民革润州支部　83a
　　概况　83a
　　民革参政议政　83a
　　小话剧《中山装·1915》在南京人民大会堂
　　　演出　83a
　　民革思想组织建设和社会服务　83b
民建润州基层委员会　84b
　　概况　84b
　　民建参政议政　84b
　　民建思想组织建设和社会服务　84c
民进润州综合支部　84c
　　概况　84c
　　民进参政议政　84c
　　民进思想组织建设和社会服务　85a
民盟润州支部　84a
　　概况　84a
　　民盟参政议政　84a
　　民盟思想组织建设和社会活动　84a
民政工作　170a
　　概况　170a
　　救灾救济　170a
　　积极配合参与创新网格化社会治理　170b
　　2017 年度社区党组织为民服务项目结项工作
　　　完成　170b
　　2018 年度社区党组织为民服务专项工作　170c
　　区域性社区服务中心建设　171a
　　“政社互动”运行机制全面推行　171a
　　村(社区)减负工作高标准落实　171a
　　村(社区)工作者队伍管理进一步规范　171a
　　省现代社区治理创新实验区建设持续推进　171b
　　积极构建“1+5”村(社区)工作者职业体系　171b
　　区划微调工作　171c
　　地名普查规划转化“图录典志”工作　171c
　　第四轮行政区域界线联合检查工作部署　171c
　　地名词典和地名志的编撰工作　171c
　　双拥优抚工作　172a
　　养老服务　172a
　　社会福利　172b
　　社会组织　172c
民主党派·工商联　83
民族·宗教　172c
　　概况　172c
　　民族工作　173a
　　宗教工作　173c

N

南山街道　192c
　　概况　192c
　　街道党建工作　193c

街道经济发展 194a
环境综合治理 194b
持续改善民生 194b
街道文体工作 194c
南山街道各村、社区基本情况表(2018 年)
表 27 194
农工党润州支部 85b
概况 85b
农工党参政议政 85b
农工党思想组织建设和社会服务 85b
农业 126a
概况 126a
农业发展蹄疾步稳 126a
农村改革行稳致远 126b
农业生态环境标本兼治 126c
农业行政执法加大力度 127a
农业安全生产警钟长鸣 127a
农业法规政策严格执行 127a
农业·水利 126

Q

七里甸街道 179a
概况 179a
作风建设常抓不懈 180b
加大舆论宣传力度 180c
强化党建为民服务 180c
严格自律依法办事 181a
七里甸街道各村、社区基本情况表(2018 年)
表 22 181
侨联 93c
概况 93c
强化网络建设,做好思想引领 94a
整合资源,提升影响力 94a
送温暖,大走访活动 94b
中国侨联副主席、江苏省侨联主席周建农
首次到镇调研 94b
侨务工作 70b
概况 70b
发挥海外资源优势,搭建经贸合作桥梁 70b
借助海外媒体资源,拓展海外宣传渠道 70b
发挥政府部门桥梁纽带作用,搭建企业家交流
平台 70c
组织企业互相交流,助推商企合作发展 70c
搭建侨务联络渠道,积极涵养海外侨务资源 70c
贯彻落实侨务政策法规,加强为侨公共服务体系
建设 70c
改善侨界民生,做好侨务扶贫救助 71a
开展文化交流,增强侨务凝心聚力 71a
指导基层"侨之家"活动阵地,开展融侨为侨服务
71b
加强侨务信息工作,搭建海内外信息家里平台
71b
加强侨务法治建设,深入宣传和贯彻执行侨法
71c
坚持涉侨依法行政,推进行政权力网上办事 71c
区情概要 15a
位置、面积、区划 15a
环境、交通 15b
地貌、资源 15b
雨情、水情、气象 16a
风景名胜 17a
民族、方言 17a
人口 17a
区属房地产开发 137b
润州区房地产开发总公司 137b
润州区土地房屋开发总公司 138a
区委 36
区委、区政府表彰名录 202
区委常委领导分工 36
区长、副区长工作分工 65

R

人大 58
人大常委会主任、副主任工作分工 58
人大常委会组成人员名单 58
人民武装 110c
概况 110c
政治思想建设扎实有效 110c
民兵组织整顿创新求实 111a
民兵演训活动紧贴实战 111a
战备工作逐步规范 111b
兵役征集工作保质择优 111b
安全管理工作持续加强 111c
人事劳动管理 117c
概况 117c
就业创业工作 118a

人才队伍建设　118b
劳动关系持续和谐稳定　118b
人事管理工作　118c
人物　197
荣誉榜　199
润州茶场　196b
概况　196b
润州概况　15

S

商贸流通　145a
概况　145a
商业经济　143
社会保障　177c
概况　177c
社会保障工作　177c
城乡低保工作　178b
特困群体救助　178c
社会教育　157b
概况　157b
社会团体　88
审计　149c
概况　149c
审计全覆盖高定位推进　149c
高成效做好固定资产投资审计　149c
领导干部自然资源资产离任审计首次开展　150a
生态文明建设　18b
生态文明建设　18b
师资队伍　158a
概况　158a
史志工作　50a
概况　50a
《润州年鉴(2018)》出版发行　50a
《江苏地方志工作条例》宣传　50b
联合市博物馆举办镇江历史文化名人展　50b
市场监督管理　122a
概况　122a
经济发展供给质量实现新跃升　122b
公平有序经济秩序实现新成效　122b
职能转型服务质效实现新跨越　122c
群众生活幸福指数实现新突破　123a
作风效能建设水平实现新提升　123b
市级以上先进个人名录　201
市级以上先进集体名录　200
逝世人物　199
水产养殖场　195c
概况　195c
水利　127b
概况　127b
防汛防旱工作成效显著　128b
水法规宣传形式多样　128b
水行政执法稳扎稳打　128c
节水型社会建设稳步推进　128c
税务　148a
概况　148a
突出党建工作引领　148b
征管体制改革　148b
税收征管水平提升　148c
全面优化纳税服务　149a
积极推进依法治税　149a
强化干部队伍建设　149b
司法行政工作　109a
概况　109a
高效助理“三大攻坚战”　109a
提升护航“城市经济”发展能力　109b
筑牢维护社会稳定“第一线”　109c
提升服务特殊人群实效　110a
精准开展法治宣传教育　110b
全面加强服务保障与队伍建设　110b

T

体育　167a
概况　167a
润州区获市级以上各类体育竞赛奖一览表（2018 年）　表 21　169
统计公报　225
统计管理　123c
概况　123c
国民经济各行业经济数据、调查监测数据的报送与发布　123c
第四次经济普查　124a
第三次农业普查后续工作圆满完成　124b
推进法治与双基建设,深化大走访　124b
海洋经济调查继续开展　124c
统计宣传工作成效显著　124c
统计队伍人才建设不断强化　124c

统计数据 228
统计资料 225
统战工作 47b
概况 47b
思想政治工作 47b
联谊交友工作 47b
服务发展工作 47c
网络社会组织统战工作 47c
民族宗教工作 48a
团委 89a
概况 89a
基层组织建设 89b
服务青年创业就业 89b
青年志愿者服务工作 89c
服务青年婚恋交友 90a
预防青少年违法犯罪 90a
学校及少先队工作 90b

W

韦岗街道 191a
概况 191a
“263”专项治理持续深入 192a
推进“弘扬韦岗精神”书记项目 192a
推进韦岗村股改和土地确权 192b
打造体育健身广场 192c
排水沟渠防涝升级改造 192c
交通干线沿线专项整治 192c
卫生与计划生育 161b
概况 161b
人口计生工作 162a
疾控应急工作 162b
卫生监督工作 163b
润州区人民医院 163c
润州区各社区卫生服务中心情况表(2018 年) 表 18 164
文化 165b
概况 165b
校园文化建设 166b
润州区图书馆 166b
润州区文化馆 166c
润州区集体获市级以上各类艺术比赛奖一览表(2018 年) 表 19 166
润州区个人获市级以上各类艺术比赛奖情况一览表(2018 年) 表 20 167
文件题录 213
文件选录·题录 203
文联 91c
概况 91c
制作广播剧“初心难忘” 92a
区 10 家单位被授予“江苏省诗教先进单位”称号 92a
曾竹花诗歌创作丰硕 92b
举办“润州情社区廉政文化书画展” 92b
吕祥顺出版《尘世烟雨》 92b
钱罗成出版 2 部诗集 92c
举办“墨韵淳雅”高淳、润州九人书画联展 92c
润州 3 作家入省作协 92c
润州区诗词创作和发表成绩斐然 92c
区诗协组织诗词大赛获奖 92c
全区诗词活动丰富多彩 93a
物价管理 119a
概况 119a
价费改革工作 119a
收费统计制度、年度报告制度 119a
“暖企惠民”活动 119b
价格服务管理工作 119b
电网和转供电环节收费清理规范工作 120a
平价商店建设 120a
小区物业收费和停车收费管理 120b
市场价格监测和数据上报工作 120c
市场监督工作 120c
价格认证工作 121b
机关作风建设 121c

X

信访工作 49b
概况 49b
严格落实接访下访制度 49b
加强信访工作规范化建设 49c
深入开展矛盾隐患排查 49c
推进信访积案“挂图作战” 49c
全面提升应急处置能力 50a
新任区级党政领导 197
宣传工作 45a
概况 45a
解放思想大讨论活动 45c

宣传思想文化项目 45c
更高水平文明城市建设 46a
文化产业建设 46b
文化事业发展 46c

Y

幼儿教育 154b
概况 154b
润州区幼儿园基本情况表(2018年) 表16 155

Z

政法委及综治工作 97a
概况 97a
全区政法暨信访工作会议 99a
创新社会治理专题研修班 99b
全市首例涉黑涉恶团伙案件公开宣判 99c
政府 65
政协 72
政协润州区第六届委员会主席、副主席、秘书长工作分工 72
政协润州区第六届委员会常务委员会 72
政治建设 17c
政治文明建设 17c
职业教育 157a
概况 157a
致公党润州总支委员会 85c
概况 85c
致公党参政议政 85c
致公党思想组织建设和社会服务 85c
中共镇江市润州区第八届委员会委员、候补委员名单 36
中小学教育 155a
概况 155a
润州区学校基本情况表(2018年) 表17 156
重点学校、幼儿园介绍 158b
镇江市桃园中心小学 158b
镇江市中山西路幼儿园 158c
重要会议 38c
中共润州区第八届委员会第五次全体会议 38c
中共润州区第八届代表大会第三次会议 39b
重要会议 60c
区人大常委会议 60c
区人大主任会议 61b
重要考察活动 61c
区第九届人民代表大会第三次会议 61c
区人大常委会会议情况一览表(2018年) 表6 62
区人大常委会2018年主任会议情况一览表 表7 63
重要会议 66a
润州区召开全区城市经济发展大会 66a
润州区政府召开组成人员全体(扩大)会议 66c
国际低碳(镇江)大会润州分会举行 67b
润州区政府重要会议一览表(2018年) 表8 67
重要会议 75a
关于加强润州区城市历史文化街区保护和利用的建议 75a
关于加快推进润州金融产业集聚区建设的建议 72b
关于发展润州城市经济的建议 75c
关于加快发展特色化养老产业的建议 75c
区政协2018重要活动一览表 表9 76
区政协2018年常委会会议情况一览表 表10 77
区政协2018年主席会会议情况一览表 表11 78
重要文件选录 203
住房管理 135a
概况 135a
重点工程房屋征收拆迁 135b
大桥家园建成安置 135b
茶砚山庄保障性安置房项目竣工 135c
老小区改造工作 135c
危旧房解危工作超额完成 136a
润州辖区直管公房维修任务完成 136a
住房保障工作 136b
住宅小区物业管理工作 136b
房改工作 136c
综合服务和协调工作 68a
区政府办公室工作 68a
外事工作 69a
综合管理 112
综述 37a

概况　37a
区委办公室工作　38b
保密工作　38c
综述　58a
概况　58a
提高政治站位,服务发展大局有作为　58b
聚焦热点难点,发挥人大监督有刚性　59a
弘扬法治精神,推进依法治区有力度　59c
创新工作机制,发挥代表作用有成效　60a
强化自身建设,推动履职能力有提升　60b
综述　72a
概况　72a
把握政治方向,突出思想引领,在弘扬主旋律中增进共识　72c
聚焦转型升级,积极资政建言,在推动新发展中主动担当　73b
情系民生实事,助理幸福润州,在践行新理念中恪尽职守　74a
加强团结协作,激发履职活力,在实现新作为中展示风采　74b
政协六届二次全体会议　75a
综述　79a
概况　79a
纪检监察体制改革　80a
巡察工作　80a
监督执纪"四种形态"　80b
专项治理工作　80c
"贴牌信访"问题破解　80c
涉农"微腐败"治理　81a
纪检监察"深耕"行动　81c
查办案件统计表(2018年)　表12　82
综述　143a
概况　143a
综述　153a
概况 153a
总工会　88a
概况　88a
推动"两新组织"建会　88a
工会改革　88b
职工技能竞赛　88c
职工文化建设　88c
工资协商全程写实　89a
女工工作　89a
组织工作　39c
概况　39c
"三聚三提五创"活动　40c
区管干部"政治体检"　41a
年轻干部"润苗工程"　41a
干部教育培训　41b
干部监督管理　41b
基层党建"书记项目"　41c
"全域党建"工作探索　41c
社区(村)工作者职业体系建设　42a
"润州英才"计划　42b
特色招才活动　42c
党的基层组织数量情况和换届情况表　表1　42
党员基本情况表　表2　43
党员学历构成情况表　表3　44
组织机构及领导人名录　18c

润州区七里甸街道四圩社区

“ 家捷帮 ”党支部与区人社局机关党支部开展结对共建活动

党总支组织党员到红色教育基地参观学习

润州区七里甸街道四圩社区位于润州区政府北侧，2004年村改居，占地面积1.0平方千米。人口近2900人。辖区内有7个居民小组、5个居住小区。社区组织机构健全，设有“一委一居一站一办”。近年来，社区立足打造和谐社区，大力发展社区经济，全面决胜小康社区，切实转变干部工作作风，提高办事效率，改进服务质量，创优投资环境，取得了良好的经济效益和社会效益。近年来，社区先后荣获全国侨法宣传角、全国创建学习型家庭示范社区、江苏省文明社区、江苏省民主法治示范社区、江苏省示范妇女儿童之家、江苏省优秀居民学校、省级青年之家、镇江市文明社区、镇江市十佳主题活动社区、润州区先进基层党组织、润州区优秀基层党建书记项目等称号。十几年来，社区未发生一起上访、集访事件。社区已逐步形成安居乐业、知礼立德、守望相助、其乐融融的新型和谐社区。

党总支书记为辖区环卫工人送上热腾腾的爱心面条

工作人员为老党员上门送学“ 学习强国 ”APP 的使用

联合江苏科技大学志愿者为居民开展志愿服务

润州区官塘桥街道官塘桥村

官塘桥村位于镇江市南大门，是官塘桥街道办事处驻地，全村面积3平方千米，下辖9个村民小组。总人口1546人，近年来随着官塘新城建设的推进，全村已拆迁847户、34.52万平方米、安置失地农民1152人、回迁安置1690套房屋。集体资产有远洋香奈城售楼处1656平方米、创业楼6674平方米以及官塘绿苑1000平方米商办用房等。随着官塘新城项目的进展，官塘桥村围绕基础设施建设、民生事业、经济发展等重点工作，取得显著成绩，重点打造“南山翠茗”“林隐白茶”等中高档茶叶品牌。远洋创业楼为自主创业人员提供创业平台，已有多家公司入驻。官塘桥村先后获得“全国综合减灾示范村”“全国科普惠农兴村先进单位”“江苏省优秀科普惠农服务站”“江苏省民主法治示范村”“省级标准化居民学校”“镇江市社区综合文化服务中心示范点”“镇江市文明村”等多项荣誉。

村党总支书记、村委会主任　朱荣平

股份经济合作社第一届股东代表大会第一次会议暨成立大会

慰问困难党员

志愿者陪失独家庭过端午节

乐学皮影戏开心度暑假

洋学生体验茶文化

润州区官塘桥街道平山村

村党总支书记 张义成

村党总支副书记、村委会主任 邱振宇

官塘桥街道平山村位于沪蓉高速南出入口，北与南山风景名胜区管理委员会五凤口村交界，南与秀山村接壤，东与大港新区丁卯街道毗邻，是官塘新城建设的核心区。全村面积6.7平方千米，下辖21个村民小组，1297户居民，常住人口3479人；近年来，村“两委”班子，以中共十九大精神为指导，深入贯彻习近平总书记系列重要讲话精神，坚持走群众路线，紧密围绕街道党工委、办事处的工作部署，率领全体党员干部抢抓机遇，转型升级，圆满完成各年度制定的工作目标。促使村级经济和社会事业快速、稳定、可持续发展，先后获得江苏省社会主义新农村建设示范村、江苏十佳草莓基地、江苏省文明村等多项荣誉。

开展“七一”活动，参观周恩来纪念馆，缅怀先烈

开展暑期青少年活动：读一本好书，培养孩子读书好习惯

志愿者端午慰问

开展烟花爆竹禁放宣传

农民春晚猜字谜

国庆中秋平山姐妹团演出照

润州区官塘桥街道秀山村

村党总支书记　雷志高

村党总支副书记、村委会主任 朱明辉

运动会上拔河比赛

秀山村地处官塘桥街道东南，距离镇江市中心约8千米，东与沪宁城际相邻，南接338省道，西至镇南立交桥、市农批市场，北与润州茶场、平山村交界。属于丘陵山区。全村占地面积6平方千米，下辖9个自然村，19个村民小组，共有农户760户，农业人口约2350人，耕地面积55公顷。全村工业销售5680万元，工业利税210.6万元，三产营收额9.5亿元，三产利税4120万元，农民年人均收入23680元。流转高家组、韦巷组、马湾3、4、5组廖家3组土地约87公顷，征地安置2200余人。2018年获得省级电子商务示范基村（社区）、省级民主法治示范村、镇江市远程教育示范平台、区级优秀党员示范岗等称号。

小候鸟开心摘草莓体验农家乐

蔬菜安全检测服务上门

秀山太平花灯在西津渡民俗会上演出

秀山产业楼

润州区官塘桥街道远洋社区

社区党支部书记　鲍水靖

社区党支部副书记、居委会主任　孙俊

党员走进沙家浜“七一”系列活动

远洋社区成立于2016年12月，地处镇江市南大门，沪宁高速出口东侧。辖区总建筑面积51万平方米，户籍人口425人，常住人口5250人。2018年以来，社区荣获“江苏省健康社区”“镇江市劳动示范平台”“镇江市道德先锋文明进万家示范楼道”“镇江市四星先进党支部”“区级节水型示范社区”等多项荣誉称号。

中医就在你身边 健康服务进社区

志愿服务助民工兄弟网上购票

变废为宝倡勤俭 DIY 活动

润州区官塘桥街道宝平社区

社区党支部书记　徐毅

党支部开展“七一”系列活动

官塘桥街道宝平社区于2015年11月成立，办公地点位于镇江市谷阳路18号南山一品13幢，建筑面积为1800平方米。社区东临宝平路，南临周湾路，北靠谷阳路，西邻官山路。辖区有秀山美苑和南山一品两个住宅小区，总人口5000人，是一个集拆迁安置居民、小高层住宅居民和别墅区居民为一体的多元化社区。

社区以社会化服务为抓手，以“平安和谐温馨型社区”为目标，以“围绕服务抓党建，抓好党建促服务”为宗旨，设立“一站式”服务大厅、建立信息研判制度、拓宽民意收集渠道，实施全程代办服务，为居民办理各项业务提供便利。辖区内建有近5000平米集党建宣传、历史长廊、体育文化、亲子娱乐为一体的综合性宝平文化广场，开展了“新小小市民”融城成长记、“小候鸟”假日课堂、律师进社区司法惠居民、变废为宝话环保、社区娃娃乐学科普等主题鲜明、内容丰富、形式多样的群众文化教育活动，营造社区浓厚的文化氛围。社区先后获得江苏省民主法治示范社区、江苏省新闻出版广电系统先进集体、镇江市廉政文化建设示范点、镇江市科普示范社区、镇江市人社基层服务标准化示范平台、镇江市优秀基层综合性文化服务中心等多项荣誉。

律师进社区司法惠居民

禁毒宣传进社区

非遗传承进社区

金融知识宣传进社区

“小候鸟”假日课堂

润州区宝塔路街道黎明社区

社区党委书记　吴爱民

区委领导调研黎明社区股份制改革工作

宝塔路街道黎明社区地处镇江城区南端，东至黄山东路，南靠南山风景区，西至老黄山南路，北依沪宁铁路线。辖区占地0.81平方千米，常住人口1.3万人，有小学和幼儿园各1所，企事业单位2家，大型生活夜市公园1个。社区所辖六个成熟封闭小区及部分零散楼栋，五个成熟封闭小区分别是亚东朴园、景天花园、红星牡丹园、红星瑞香园、样板安置小区红星桃花源。

社区连续被评为“省级文明社区”,多次荣获市级“双拥模范社区”、市级“退休人员社会化管理服务示范点”、市级“廉政文化示范点”、连续被评为人口和计划生育工作市级“示范社区”等多项荣誉称号。

党建结对单位慰问辖区青少年

社区被授予全市第 100 支“红细胞”生命呵护志愿者服务队

党建联盟军休所义诊进社区

京剧知识体验进社区

开展老年人防诈骗防套路宣讲活动

润州区和平路街

“家在润州”文艺汇演

润州区和平路街道新金江社区联合党委成立于2010年9月，下辖金江村、长江村、金江社区3个党支部，有党员130人。社区现有居民1179户、3556人，其中涉渔人口700余人，上岸渔民2800余人。金江村、长江村是镇江目前从事长江捕捞的专业渔业村，所辖水域捕捞范围上至句容大道、下至丹阳新河口，沿江一线水域约90余千米。社区联合党委以区委红色形象体系建设为契机积极打造红色渔文化的社区名片，不断推动渔民党建在拓展党群阵地、浓厚红色氛围、深化融城服务等方面探索和延伸，着力打造一座党旗红、百姓安、产业富的魅力滨水新城。

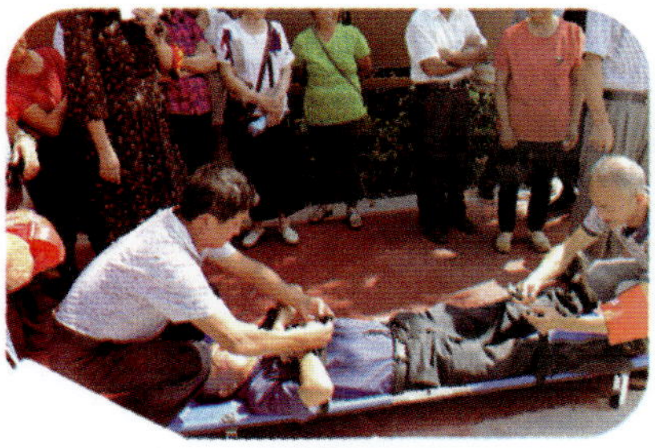
开展地震灾害演练

开展趣味运动会

江鲜烹饪现场

“滨江渔乡 · 时代新景”摄影大赛开幕式

道新金江社区

《新时代里“渔家傲”》

父老乡亲大家好，咱们登台来汇报，说说书记新思想。新思想！
总书记，不一般，不负人民圆国梦，一带一路有远见。老厉害！
八个明确为核心，十四坚持是纲领，相辅相成结伴行。结伴行！
主要矛盾已转换，平衡充分求发展，撸起袖子加油干。加油干！
不忘初心记使命，凝心聚力正能量，干部群众齐夸赞。顶呱呱！

党的政策真正好，夯实基层筑根基，为民造福是王道。是王道！
反腐斗争真敢抓，苍蝇老虎都拿下，全国人民都要谢。习大大！
精准扶贫攻坚战，输血造血齐并行，全面小康一定赢。一定赢！
生态环境大保护，绿水青山秀不停，金山银山在眼前。在眼前！

再看基层变化大，为民服务有花样，男女老幼笑哈哈。哈哈哈！
新金江，新气象，样样新鲜样样亮，欢迎八方朋友来。来逛逛！
主题公园已建好，健身运动任你挑，文化生活多精彩。忒逍遥！
无论男女与老少，早晚广场来报道，唱歌健身和跳舞。真热闹！
弘扬社会正能量，好人好事上了墙，互助精神齐发扬。真真棒！

经济增长显成效，渔民家家不等闲，和谐稳定又安全。又安全！
如今生活有保障，文化生活新风尚，文明素养齐增长。指数高！
再次感谢党领导，上下齐心当自强，宏扬正气美名扬。美名扬！

今天咱就说到这，随便说说随便讲，都是邻里好乡亲。莫见笑！
还望大家捧个场，莫嫌嘴笨来打赏，点个赞、鼓个掌。求表扬！

回龙社区
—HUILONG SHEQU—

镇江市润州区

回龙社区隶属南山街道，地处南山腹地，属涉农社区，主要以农副业为主，辖区总面积3.5平方千米，山林占面积的70%，东临官塘桥村，南至312国道、缪家甸村、驸马庄社区，西至嶂山村，北靠檀山社区、五凤口社区。有8个居民小组，总户数约340户，户籍人口953人，其中官平山组、新村组、庄前组、上黄山组、下黄山组已整体搬迁。社区党支部围绕“听民声、知民情、解民忧、帮民富、暖民心”，实行一线工作法，开设绿色民情反映机制；发挥党员模范作用，利用远程平台，打造“新型绿色农业”远教示范基地，实现红色精神引领，生态和谐发展，彰显“绿色党建 魅力回龙”为主题的支部党建特色；从生态、绿色出发，成立“守护绿色”行动支部，以“护绿、守绿、创绿”主要目的，充分发挥党员的带头模范作用，带动周围群众参与到“守护绿色”行动中，共同营造生态美、环境美的良好宜居家园的行动中。

润州区政协督查村庄整治项目

润州区人大代表参加高铁沿线环境整治宣传活动

社区党支部与共建单位开展当日活动

回龙社区办公楼

南山街道回龙社区

“守护绿色”行动支部开展植树活动

社区志愿者扫雪

社区志愿者开展森林防火演练

开展未成年教育活动

社区“七·一”党员活动

镇江市润州区城市建设投资公司

完成彭公山道路道路、路灯、绿化、环卫移交

完成庆丰圩路路灯、环卫移交

2018年，在国家经济转型发展下行压力的大形势下，小额贷款公司本着服务“三农”、稳健可控、市场运作的原则，全年公司累计发放贷款15笔0.19亿元，实现利息总收入513万元，缴纳税款45万元。

富润华庭五区安置房项目：富润华庭五区安置房项目占地面积1.72公顷，总建筑面积4.1万平方米，总投资约2.3亿元，6幢安置房已于2017年12月全部竣工。

镇江市润州区妇幼保健计划生育服务中心

卫生保健会议

基层妇儿保培训

镇江市润州区妇幼保健计划生育服务中心，位于檀山路10号，建筑面积约3800平方米。是一个集保健、医疗、培训、指导、信息统计为一体的区级妇幼计生机构，担负着全润州区妇女儿童健康保健计生重任，是基层妇幼保健计生工作的业务指导中心。多年来在“以保健为中心，以保障生殖健康为目的，保健与临床相结合，面向群体、面向基层和预防为主”的妇幼卫生工作方针指引下，为我区妇女儿童健康工作做出了贡献。以妇女保健、儿童保健为两大主线，妇女保健以妇女病查治、孕产妇管理和计划生育技术指导为主；儿童保健以0~7岁儿童保健、托幼机构卫生保健指导为主。从事婚前医学检查、临床与保健相结合、妇幼保健两个系统管理和《出生医学证明》发放管理工作。始终坚持“以服务对象为中心”，竭诚为全区人民，尤其是广大的妇女儿童提供规范、便捷、安全、优质、经济的医疗保健计生服务。

倡导母乳喂养呵护母婴健康

“爱牙日”宣传

进幼儿园健康知识讲座

单位外貌

润州区宝塔路社区卫生服务中心

市级督查专家组指导中医药服务能力提升工程“十三五”行动计划工作

美国杜克大学汤胜蓝教授一行来中心参观考察

健康镇江，服务百姓大型义诊活动

宝塔路社区卫生服务中心成立于2005年10月，下设凤鸣新村社区卫生服务站。承担辖区内51072人的基本医疗和公共卫生服务。是康复医疗集团全科医师规范化培训基地。中心以基础设施现代化、与集团协作紧密化、基本医疗均等化、基本公卫特色化，赢得了较好的口碑。

2014年中心积极配合政府完成了“7+1”旧城区城中村拆迁改造项目建设，后投入700余万元租用了3700平方米的临时综合办公用房，中心现有职工62人，其中卫生专业技术人员56人，高级以上职称5人，2018年中心就诊人次达15.84万，总收入3036.46万元（其中医疗收入2167.25万元，药占比74.23%）。

中心拥有数字化X光机（DR）、全自动生化分析仪、全自动血球分析仪、GE-F8彩超等医疗设备。中心着力打造数字化社区卫生服务中心，依托信息化实现与集团核心三甲医院医疗资源整合，利用互联网技术改善群众就医繁琐程序，实现基本医疗和公共卫生工作的相互融合，实现市级区域卫生平台信息共享。

家庭医生签约服务

糖尿病特色科室移动课堂

润州区黎明社区卫生服务中心

省委书记娄勤检调研黎明社区卫生服务中心

魏琳荣获江苏省“优秀基层医师”

镇江市润州区黎明社区卫生服务中心是全国首批百强社区卫生服务中心，中心是由市、区两级政府共同出资7200万元新建的现代化、高标准的社区卫生服务中心。中心设有全科门诊、内、外、妇、儿、中医、康复医学科等临床科室。

中心是镇江市第一人民医院医疗集团核心社区医院，与市第一人民医院实现资源共享、数据互通，开通双向转诊绿色通道。中心拥有1680余万元的医疗设备，包括：16排CT、500mA数字化X光机（DR）、数字乳腺钼靶、全自动生化分析仪、全自动化学发光免疫分析仪、血球分析仪、骨密度分析仪等。均与市一院实施远程诊断，每周一到周五有市一院专家坐诊及查房。

康复医学科是江苏省基层医疗重点建设专科，下设神经康复、骨科康复、腰腿疼痛康复、是全市唯一专业开展骨科康复的治疗机构。

开设神经康复、骨科康复两个病区70张床位，康复医学中心面积500平方米，拥有百万元以上设备数台。

我们的服务宗旨是：为社区居民提供一流的优良基本卫生服务。我们的服务理念是：亲情关怀，让健康走进千家万户！

刘素萍家庭医生团队北京领奖照片
全国优秀家庭医生团队

黎明中心家庭医生签约服务机关行

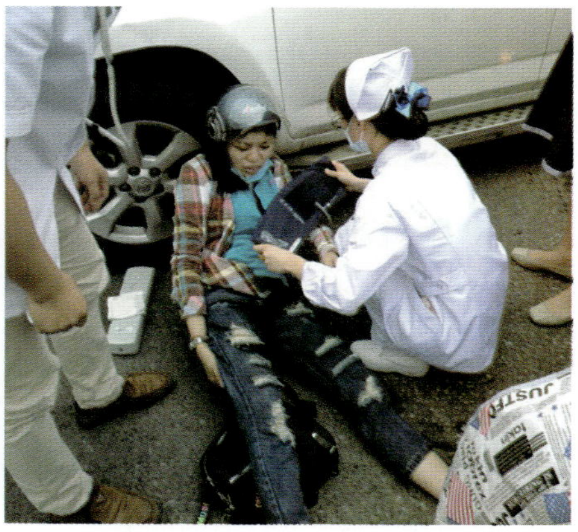

黎明中心医护人员白衣天使抢救车祸伤员

镇江市农业产业化经营龙头企业

镇江市五峰茶场

开展创新产业链上学习教育活动

制茶车间

镇江市五峰茶场地处镇江市西郊、五洲山北麓，属宁镇丘陵地区。茶场创建于1986年2月，茶园面积62公顷，分布在五洲山坡上，生态环境极佳，茶树优良品种率达90%以上，茶园方圆5千米内无工业“三废”排放企业。茶场年产各类绿茶23吨，品种包含：五峰黄金芽、五峰白茶、五峰迎春茶、金山翠芽茶、五峰香怡茶;产销率高达100%，历年来呈现供不应求的趋势。镇江市茶场是镇江市市级农业产业化经营龙头企业，中国茶叶学会首批命名的全国12家“茶叶科技示范基地”之一。茶场先后通过无公害农产品产地和产品认证、绿色食品认证，并在全省茶叶企业首批通过QS市场准入质量安全认证。

茶场产品品牌响、质量优。茶场拥有的“彭公”牌商标和“五峰迎春”牌商标双双被评为“江苏省著名商标”；“五峰迎春茶”被评为“江苏名牌农产品”。“彭公”牌“金山翠芽”“五峰迎春”茶在国际名茶评比中多次荣获金奖。在国内各级别，国家级“中茶杯”、省级“陆羽杯”、市级“三山杯”名特茶质量评比中连续多年荣获特等奖、一等奖。

采茶

金山翠芽 五峰香怡 五峰迎春 五峰白茶

金山翠芽

五峰白茶

五峰迎春

五峰香怡

镇江文化旅游产业

市长张叶飞调研项目现场

副市长许文调研魔幻海洋项目

镇江文化旅游产业集团是镇江市政府于2014年8月组建的国有独资企业。作为文化旅游资源市场化、产业化、资本化运营主体，主要承担镇江市文化旅游资源的综合开发运营、文化旅游产业发展、园林景区开发建设、古运河开发建设、文化创意产业发展等功能，着力打造成集观光产业、休闲产业、创意产业、旅游地产及配套产业等全链条的大型文化旅游产业集团。

文旅集团坚持以“市场化、专业化、资本化”为发展目标，通过全面优化配置、拓展开发、建设营运、品牌打造等方式，融合推动文化、旅游两大产业融合发展，同时积极拓展经营范围，实现多元化、立体化、全产业链发展。通过近年来的努力，文旅集团基本形成了景区运营、文化创意、酒店管理、项目建设等四大主业板块，产业涉及旅行社、景区、酒店、文化传播、工程施工等多个领域。自成立以来，文旅集团获得40多项省、市颁发的先进集体荣誉称号和10多项个人荣誉，目前集团正在加快打造“金山湾”旅游度假区。我们将在既有“南山北水中运河”的基础上构建起旅游发展的大格局，以点带面、提升层次、打造品牌，形成文化旅游企业集聚发展的新局面，形成较为完善的文化旅游产业链，奠定镇江作为长三角重要旅游目的地地位，提升城市形象和城市价值。

金山

集团有限责任公司

魔幻海洋世界效果图

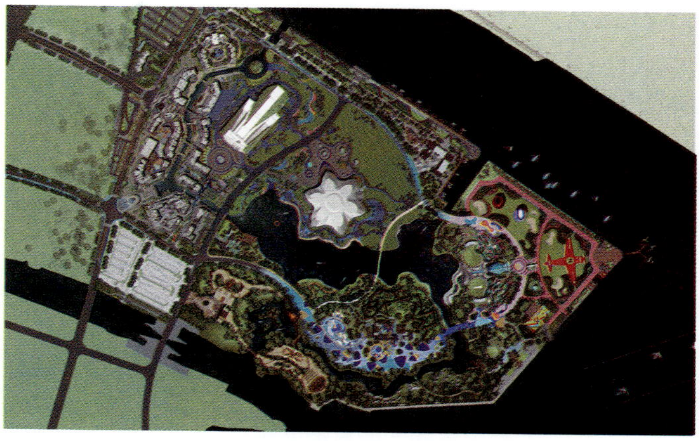

魔幻海洋世界彩色平面图

一泉餐饮

金山东街效果图

焦山东大门

镇江润州长江村镇银行

“炉火正红”党员志愿服务队

镇江润州长江村镇银行拓展培训

镇江市春季家装展业务宣传

镇江润州长江村镇银行经银监分局批准于2015年2月5日正式开业，内设业务发展部、风险管理部、综合管理部和营业部四个部门，下设城南支行。该行成立以来，坚持以服务小微和三农、服务地方经济为己任，为“三农”、小微客户创造平等的融资机会，为客户量身打造金融产品和服务流程，大力实施普惠金融政策。致力于打造一家集社交、休闲、金融服务于一体的新型社区银行，让广大客户切身感受和体验到优质快捷的金融服务，全力打造“真诚服务小微客户的特色银行”。2018年度，城南支行作为社区银行全面发展零售业务,深化“三化营销＋”的内涵，通过整体联动，使零售业务成为该行重要的利润增长点和持续发展的稳定器。同时，落实好柜面服务五部曲和厅堂营销要求，整合资源提升网点服务效能。

“普及金融标准”专题宣传

金融知识普及月启动仪式宣传活动

恒大集团 世界500强 | 恒大华府 EVERGRANDE PALACE

人居典范 臻品华宅竞争藏

品质居所，无装修烦恼，凝聚每一个细节，打造全方位装修标准。实景华宅眼见为实，百余家知名品牌，匠心定制，尊享全屋，品质从心体验。现在买，年底住，御湖美宅触手可及，理想生活即刻呈现。

CENTRE MANSION

鎏金之地 纳享繁盛

一城之上，市府北枕，俯瞰一城风华。依托万达广场、常发广场，容纳都市繁盛。临近李家大山小学、镇江市实验初中、镇江中学、江苏科技大学，翰墨书香，浸润成长。近镇江第一人民医院、第二人民医院、镇江体育会展中心，同时规划配建沿街商业、业主会所，一席繁盛犒赏峰境人生。

立体交通 御领时代

踞守黄山西路与九华山路交会处，南徐大道、檀山路、沪宁高速、扬溧高速等交通要道交错。多线公交接驳，便捷无虞。临近镇江站、城市候机楼，江山繁华自由驰骋。

EVERGRANDE PALACE

恒行天下 府定镇江

恒大集团，世界500强，23载深耕，布局全国280余城市约810个项目，实现600多万业主宜居梦想。如今，恒大以扛鼎实力，敬献镇江，定制府院生活新样本。

天工锻造 阔景华宅

精心打造建筑面积约27.5万方御湖华宅，超百米宽阔楼间距，匠心品质。建面约114-171m²阔景高层，仔细打磨，细心考究，并配备恒温地暖、中央空调、新风除霾系统，回归居住生活本真，历久弥新的品质生活大宅，造就生活雅致意境。

匠心雅园 诗画胜境

约3.6万方新中式园林，呈现五重立体园林景观，数百种珍稀树木采用全冠移植的手法，打造繁茂浓荫之境。约2300m²中央湖景，优美水景，营造山水连绵不尽之感，自然灵气，悠享院落时光慢居生活。

大家风范 礼序归家

恒大集团旗下物业公司——金碧物业，拥有物业管理资质，24小时礼宾级物管服务，为您的奋斗全程保驾护航，省却一应后顾之忧。细腻贴心悠享礼遇，传承东方礼制下的归家气度。

品鉴热线 0511 8383 9888

项目地址：镇江市润州区黄山西路与九华山路交会处

备案名：镇江铂珺花园 开发商：镇江盛耀房地产开发有限公司 本广告相关文字、图片是对项目所做的示意表现，仅供参考。最终以政府有关部门批准的文件、图则为准。经政府批准的详细规划已在销售现场公示，敬请查看。广告中对项目周围规划、环境、交通、公共设施的图片示意及文字介绍旨在提供相关信息，不意味着本公司对此作出了任何承诺。本广告为要约邀请，买卖双方的权利及义务以双方签订的《商品房买卖合同》为准；以上面积为预算面积，准确面积以签署《商品房买卖合同》为准，相同户型单位因楼栋、楼层、单元不同，局部结构、面积等可能有所不同。本资料于2019年05月15日启用，相关内容如有更新，请以最新资料内容为准。具体适用楼盘范围可能根据当地政策规定调整，详询各售楼部。预售证编号：镇住建第20180020号、镇住建第20180055号、镇住建第20180081号、镇住建第20190042号。

vanke

践行产品与
万科镇江持

万科：城乡建

深耕镇江十四载

镇江万科，自 2005 年初遇镇江，迄今已走过 14 个年头。截至 2019 年 6 月，镇江万科已交付项目 5 个，在售及规划中项目 6 个，逐步构建都荟系、金域系、翡翠系等城市体系化人居布局。

服务理想
卖探索实践

与生活服务商

提供满足多元化日常需要的丰盛生活

区域内各项目发挥自身独特属性，集成周边各类生活配套与自然资源，打造具有代表性的纯熟社区，为客户提供满足多元化日常需要的丰盛生活，并辐射和带动了镇江南徐区域的发展。

为镇江人民共创美好生活

同时，随着大港、润州区、京口区项目的落地，镇江万科也在不断践行城乡建设与生活服务商，为镇江人民共创美好生活，2018年，万科企业股份有限公司跻身《财富》世界500强第332位。

美的城 Midea City ·3街区
时代大成
GLORI
荣璟藏品 约建筑面积 95-138m²
HOTLINE
0511 8082 8888

双百亿 新沪苏
美的荣璟
CITY
云邸高层 收官盛惠进行时
址：镇江市润州区南徐大道与朱方路交汇处

智慧停车

ABOUT US 公司简介

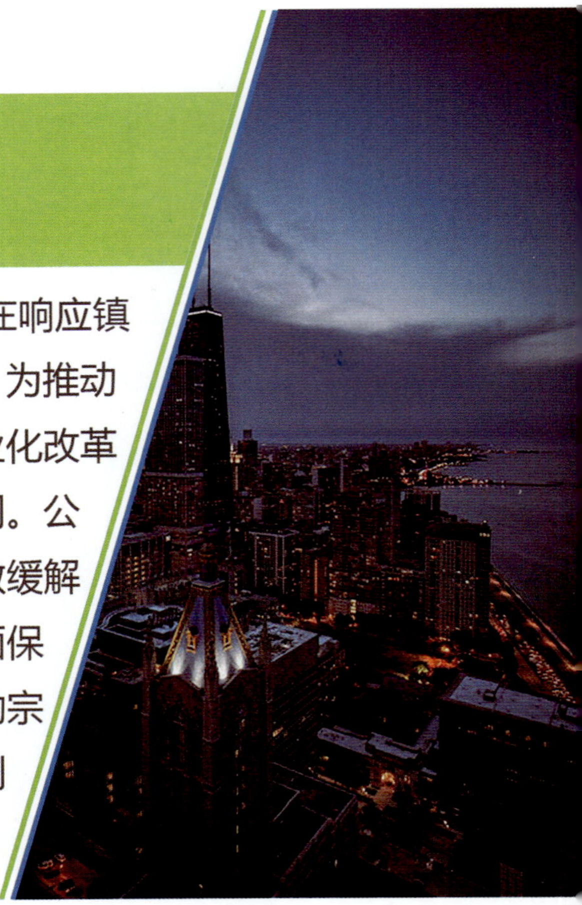

镇江智慧停车有限公司成立于2018年，是在响应镇江市政府关于建设“智慧镇江”的基础上，为推动全市智慧停车发展，结合市属产业集团专业化改革总体要求而专门设立的专业化、市场化公司。公司致力于加快城市公共停车设施建设，有效缓解停车难问题，提高城市治理水平，以全方面保障市民出行便利为目标，以服务民生为行动宗旨，努力发展成为一家集城市智慧停车规划设计、停车信息化基础投资建设及运营管理为一体的智慧停车全产业链运营商。

镇江智慧停车APP
Intelligent parking

镇江智慧停车手机APP是为推动全市智慧停车发展，有效缓解市民停车难问题，专门开发的惠民APP，是一个集信息查询、停车诱导、自助缴费等功能于一体的**综合性服务的移动应用。**

信息查询： 通过APP搜索功能用户可以精准定位停车场并查询空余车位

停车诱导： 以智能化信息手段引导市民停车，缓解路面交通压力，方便市民出行

自助缴费： 实现无感支付，用户驶离停车场，APP系统自动扣费，体验智能给生活带来的便利

中国电信
CHINA TELECOM
美好家
电信造
智能宽带
让生活更简单
“隔堵墙信号就不满
游戏还怎么玩？
每个房间信号都满格
网速处处都快才更畅快！”
全屋信号满格
智能组网
让联机更简单
“厌倦了各种遥控器？
查个天气还要用手机？
老人在家没人陪聊天？
交给小翼音箱就对了”
智能音箱
让沟通更简单

和
中国移动 China Mobile
全心全意为您服务
致敬平凡 成就卓越
好网选移动
全心全意为您服务
网络随心 计费安心
服务贴心 消费放心
中国移动 China Mobile
www.10086.cn
热线 短信 10086
服务监督 10080
广告

润州区摄影家协会

2018 摄影家协会主要工作

过去的一年，润州区摄影家协会以习近平总书记对文艺工作的重要指示精神为引领，继续坚持以人民为中心的创作导向，树立精品意识，办好品牌活动；自觉顺应时代发展大趋势，提升服务质量，以更好的精神风貌、更优的工作成绩向改革开放四十周年献礼。摄协在摄影创作、人才培养、文化惠民、协会管理等方面做出了一定的成绩。

巨变金山·庆祝改革开放四十周年摄影展 陈岗 摄

改革开放40周年的伟大成就用影像呈现是最直观的方式，协会围绕这一重要时间节点，积极组织会员开展主题创作，用影像记录时代变化，艺术的展现新人、新景、新风貌，鼓励会员用精品力作参加各级有关纪念改革开放40周年的图片展示活动。协会与和平路街道、镇江报业集团、新金江联合社区、金山网合作共同举办了纪念改革开放四十周年“滨江渔乡，时代新景”的摄影大赛。征集了一批优秀摄影作品，通过精美的影像作品讴歌新时代长江渔民的精神风貌，以及生产生活的变化。10月，协会与金山街道联合举办的“巨变金山、庆祝改革开放四十周年大型主题图片展”在西津画苑展出，受到各界广泛关注。展出的200余幅图片，多视角展现了金山街道这个历史文化沉淀深厚的老城区发生的巨大变化，既是展现文明进程、发展成就，同时，也为历史名城的变迁留下一部丰厚的影像录。

一年来，协会发挥专业优势，积极推动影像服务，延展服务领域，不断提高会员服务社会的意识和能力，提升协会的社会影响力。协会与区水利局深入合作，承担了编辑《水韵润州文艺作品选》的任务，在精选三届摄影大赛入选作品的基础上，将该局历届书画、诗词、征文作品精心编辑，历时近一年成书，让读者在阅读中知水情、话水利，增长水知识、关注水文化。

协会将一批会员精彩的作品精心制作，赠与区人大，美化工作环境。区旅游协会成立之初，摄影家协会精选了一批展现润州区良好自然人文环境的图片装裱相赠。

协会积极支持和平路街道新金江联合社区打造长江流域独具特色的渔文化馆，通过深入调研，多次召开有关座谈会，启动了摄制工作。

今年为推动《印象西津渡》画册的拍摄工作，协会邀请老干部协会、江科大协会及有关摄影人参加观片座谈，共商推进拍摄工作。

一年来，协会继续开展影像惠民活动，先后为新金江联合社区20多户渔民拍摄了“全家福”。

《我的船我的家》陈岗 摄

《北极熊与冰川》严勇进 摄

《花海门源》吴国杰 摄

《我们的家乡似花园》罗秀龙 摄

《回家》刘茂春 摄

《茶园乐》张元景 摄

《多依树梯田》言燕华 摄

《梨园梅影》柴樵 摄

《雪地风情》田冰 摄